中国当代散文大家。辽宁省作家协会名誉主席，南开大学等校兼职教授。曾任中共辽宁省委常委、宣传部部长，并任鲁迅文学奖散文杂文奖评奖委员会主任。早年接受系统的国学教育，大学毕业后做过教师、记者、官员，人生阅历、社会经验极为丰富，是当今文学创作与学术研究的「通才」。历史文化写作的代表作家，享有「南秋雨，北充闾」之誉。

文脉

我们的心灵史

王充闾 著

图书在版编目(CIP)数据

文脉:我们的心灵史/王充闾著.—北京:北京大学出版社,2020.1
ISBN 978-7-301-30461-7

Ⅰ.①文… Ⅱ.①王… Ⅲ.①中华文化—文化史 Ⅳ.①B2

中国版本图书馆 CIP 数据核字(2019)第 080711 号

书　　　名	文脉:我们的心灵史 WENMAI：WOMEN DE XINLINGSHI
著作责任者	王充闾　著
策 划 编 辑	王炜烨
责 任 编 辑	王炜烨　杨书澜
标 准 书 号	ISBN 978-7-301-30461-7
出 版 发 行	北京大学出版社
地　　　址	北京市海淀区成府路 205 号　100871
网　　　址	http://www.pup.cn
电 子 信 箱	zpup@pup.pku.edu.cn
新 浪 微 博	@北京大学出版社
电　　　话	邮购部 010-62752015　发行部 010-62750672 编辑部 010-62750673
印　刷　者	北京中科印刷有限公司
经　销　者	新华书店
	965 毫米×1300 毫米　16 开本　35 印张　460 千字 2020 年 1 月第 1 版　2023 年 8 月第 4 次印刷
定　　　价	98.00 元

未经许可,不得以任何方式复制或抄袭本书之部分或全部内容。
版权所有,侵权必究
举报电话:010-62752024　电子信箱:fd@pup.pku.edu.cn
图书如有印装质量问题,请与出版部联系,电话:010-62756370

目　录

序章

003　第一篇　中华传统文脉

第一章　基因：大道之行

023　第二篇　大道之源
036　第三篇　非常道
064　第四篇　万世师表
076　第五篇　《诗》中至美
088　第六篇　逍遥游
101　第七篇　燕赵悲歌
109　第八篇　魅力工匠精神

第二章　自觉：性本爱丘山

117　第九篇　大风歌
133　第十篇　人伦遭遇政治
141　第十一篇　洛阳年少
148　第十二篇　凤求凰
160　第十三篇　人间正道是沧桑

171 第十四篇 自在心
183 第十五篇 另类六朝人物

第三章 大气：扶摇直上九万里

199 第十六篇 唐僧形象
209 第十七篇 逃禅
222 第十八篇 千古文章未尽才
230 第十九篇 百年歌自苦
247 第二十篇 "文宗"求仕
257 第二十一篇 风雅大宋朝
271 第二十二篇 无字碑
284 第二十三篇 灵犀
303 第二十四篇 魂断五国城
318 第二十五篇 枉凝眉
327 第二十六篇 孤枕梦寻
337 第二十七篇 道学家的矫情
346 第二十八篇 何人说断肠

第四章 平淡：人有悲欢离合

357 第二十九篇 一代天骄
379 第三十篇 狮山梵影
396 第三十一篇 要留清白在人间
402 第三十二篇 画家多诗人
417 第三十三篇 龙湖之会
424 第三十四篇 宦祸

437　第三十五篇　初心意味长
453　第三十六篇　拷问灵魂
466　第三十七篇　词心
482　第三十八篇　两千年一"梦"
492　第三十九篇　深情者
500　第四十篇　末代之累
521　第四十一篇　长夜先行者

末章

533　第四十二篇　家国天下

序章

中华传统文化从学理上讲,有儒、道、释三大支柱。儒、道是本土的,东汉以后佛教传入,形成三足鼎立的局面。儒、道、释相生相发,相辅相成。

第一篇

中华传统文脉

I

　　文化是一个民族的根脉、血脉与命脉,是人类心灵栖息的家园。纵览人类文明发展史,中华文化拥有独一无二的理念、智慧、气度、神韵,在中华民族内心深处增添了高度的自信和无比的自豪。在这里,思想理念是骨骼、传统美德是经络、人文精神是血肉,它们共同构成了中华优秀传统文化的有机统一体。

　　文化可以分为三个层次:物质层面是表层的,而价值观念、道德规范、宗教信仰、思维方式、审美趣味等是属于最深层次的,制度、体制则又介乎两者之间。就一个民族的文化传统来说,应该包括典籍文物中传承下来的文化和生活习俗中流传下来的文化这两大类。传统文化涵盖了一个民族的整体生活方式和价值系统,是一个民族内部彼此认同的核心,是区分此一民族与彼一民族的根本标志。所以说,传统文化是民族之根、文化之源。而社会主义核心价值体系,则根植于中华传统文化的沃土之中。没有中华传统文化之根,就没有中华民族精神之源。

　　中华传统文化从学理上讲,有儒、道、释三大支柱。儒、道是本土的,在中国最先产生;东汉以后,中经魏晋南北朝与隋唐,佛教传入、传播,与儒、道形成三足鼎立的局面。作为中华传统的人生智慧,儒、道、释相生相发,相辅相成。儒家讲求入世进取,强调刚健有为,志在修身、齐家、治国、平天下,以天下为己任;道家讲究精神超脱,道法自然,安时处顺,无为而治,以柔克刚,以静制动。二者交融互济,看似对立,实则互补。佛家讲究出世,强调万物皆空,排除干扰,化烦恼为菩提,淡泊名利,"放下为上"。这在我们生活的当下,也不无劝诫意义。从前有个说法"以儒治世,以道治身,以佛治心"(南宋孝宗),大致反映了它们的特点。

一个民族的精神传承,是靠固有的文化来体现的。国学是这种精神文化的重要载体。何谓"国学"?它是相对于西学、新学而言的。清末,欧美学术进入中国,人们便把中国固有的学问称为国学。所谓"国学",就是本国固有的学术,一般是指以儒学为主体的中华传统文化与学术。

现在,人们往往将国学与中国的传统文化等同起来,这是不科学、不严谨的,它们是两个不同的概念。传统文化的内涵要宽泛得多,有物质文化(如器物、服饰、饮食、建筑等)、制度仪式文化、精神文化(知识、信仰、艺术、宗教、哲学、法律、道德等);而国学,仅是中国传统文化的一部分,范畴相对狭窄一些,以学科分,国学包括今天的哲学、史学、宗教学、文学、礼俗学、考据学、伦理学、版本学等;以思想分,有先秦诸子百家,儒、道、释三家学说等,长期以来儒学贯穿并主导着中国思想史,其他则列在从属地位。

国学是根脉之学、凝聚之学、兼容之学、经世致用之学。它的价值与意义,可以从哲学、历史、文化艺术三个层面来阐释:

在哲学层面上,学习国学可以领悟中华民族古老的智慧——在处理人与自我、人与社会、人与自然三大核心关系方面,形成知己的自我哲学智慧、知人的政治哲学智慧、知天的自然哲学智慧。

在历史层面上,学习和研究国学,可以把握历史脉搏,总结历史传统,借鉴历史上治理国家和社会的各种有益经验,增强自立于社会、分析世事、解决问题的本领。

在文化艺术层面上,可以学习优秀传统文化博大的人文蕴涵、高尚的精神旨趣,塑造民族灵魂,提高民族素质,从中获得精神鼓舞,升华思想境界,陶冶道德情操,完善优良品格,培养浩然正气。

关于中华优秀传统文化的核心理念,当代思想史家张岂之认为,可以这样归纳:天人和谐、道法自然、居安思危、自强不息、诚实守信、厚德载物、以民为本、仁者爱人、尊师重道、和而不同、日新月异、天下大同。应该说,中华优秀传统文化、中华国学，不仅作用于本民族，在世界范围内也为人类提供了宝贵的思想文化资源。

在中国历史上，国学曾经有过三次"热潮"：第一次是在春秋战国时期。这一时期周室衰微，诸侯力政，合纵连横。知识分子则获得了从未有过的思想自由，涌现出春秋时期以孔子、老子、墨子为代表的，战国时期以孟子、庄子、荀子为代表的一批思想伟人，也产生了一批对后代影响巨大的皇皇巨著。第二次在魏晋南北朝时期。这个时期思想自由度较高，学者们或参与朝政，或著书立说，或设坛授徒，他们在哲学、历史、文学、地理等多个领域建树颇丰，涌现了一大批著名学者和文化巨匠。第三次在民国初期。这个时期清帝国覆灭，学者们获得了空前的思想自由，再加上五四运动以及"西学东渐"，出现了前所未有的"国学热"，涌现了诸如章炳麟、王国维、陈寅恪、胡适等一批国学大师。

先秦时期一批思想文化巨人，他们的出现是带有世界性的。德国哲学家雅斯贝尔斯提出了人类文明"轴心时代"的概念。在几千年的人类文明史上，曾经出现过这样一个神奇的现象：几乎在同一时期（大约公元前6世纪—前2世纪），世界范围内几大文明古国，在相互隔绝、独立发展的情况下，都分别出现了一批伟大的思想家，中国有老子、孔子、墨子、孟子、庄子等，古希腊有赫拉克利特、苏格拉底、柏拉图、亚里士多德等，印度有释迦牟尼，以色列有犹太教的先知们。他们对于人类所关注的宇宙、社会、人生等最高层次的根本问题，都提出了独到的见解，进而形成不同的文化传统，作为东西方文明的共同精神财富，在两千余年的漫漫征途中，润泽着人类饥渴的心灵。

这个"巨人时代"，在中国恰值春秋战国时期。这一时期，无疑是典型的衰世、乱世与浊世，但它又是以"百家争鸣"为标志的中华文明史上第一个群星灿烂、光焰四射的文化昌盛期。现代学者钱穆认为："中国历史上第一等大人物，多在乱世衰世。所谓大人物，他不仅在当世，还要在身后，对历史有影响、有作用。"比如，儒家的创始人孔子、孟子，道家的创始人老子、庄子，"其影响后代中国，实在大极了"。

>>> 在中国历史上,国学曾经有过三次"热潮":第一次是在春秋战国时期。这一时期涌现出春秋时期以孔子、老子、墨子为代表的,战国时期以孟子、庄子、荀子为代表的一批思想伟人,也产生了一批对后代影响巨大的皇皇巨著。第二次在魏晋南北朝时期。这个时期思想自由度较高,学者们或参与朝政,或著书立说,或设坛授徒,他们在哲学、历史、文学、地理等多个领域建树颇丰。第三次浪潮在民国初期。这个时期清帝国覆灭,学者们获得了空前的思想自由,再加上五四运动以及"西学东渐",出现了前所未有的"国学热"。

梁启超说，国学是关于德性的学问，也就是砥砺自我之品格、德行的学问。抛开国学，就有可能丧失道德底线。市场经济下，货币拥有重新划分社会等级及地位的巨大功能。这是过去未曾遇到过的严峻课题，也是一些官员经受不住诱惑，出现贪腐的直接原因。这种诱惑，不是一两句"做人民公仆""为人民服务"就能抵挡得住的。他要风光、要享受，就免不了攀比，人性中原本被禁锢的欲望得到了释放，这样一来货币标准跟人的欲望达成契合，就出现了人性异化。而社会上，越是浮躁、功利，就越会缺失道德；而越是缺失道德，就越是浮躁、功利，这就造成了一种恶性循环。要从根本上加以救治，必须大力加强法制建设，坚持标本兼治、综合治理；着力建设一个公平竞争的市场环境，注意改革分配制度，努力缩小贫富差距，从而改变人的不平衡心态；同时还需要通过接受、吸纳中华民族传统文化的精华，使之在头脑里扎根，也就是致力于道德重建，建立适合中国国情的道德体系，此乃固本培根之举。

2

中国传统文化博大精深，它应该如何把握？又该具体从哪里入手？

第一点，如何理出一个头绪。中国传统文化犹如汪洋大海，浩瀚无边，文献典籍汗牛充栋，必须理出一个头绪来，否则"老虎吃天，无从下口"。我在学习过程中，先是从"三个划分"入手，从源头上往下捋，一步一步地深入钻研。

在先秦诸子中，划分清楚儒家和道家的基本理念。儒家看重人和社会的关系，重视调适协作，强调社会责任，习惯以共性（用现在的话说，叫团队意识或团队精神）为前提，强调的是"有为"。道家强调人的内部自身协调，强调人与自然的关系，揭示宇宙万物的规律，提倡从更高的层次上认识宇宙、看待事物，以提高心灵境界为前提，强调"无为"。

儒家思想体系充分体现在《大学》所讲的"格物、致知、诚意、正心、修身、齐家、治国、平天下"之中,概括起来就是:究天人之际,明修身之道,述治国方略,求天下为公,最终实现天人和谐的境界,即从哲学的高度认识宇宙,以伦理准则规范人生,落实到治国、平天下,最终实现天人和谐。道家思想,特别是老庄思想,是中国思想史的重要组成部分,是中国哲学抽象思辨的奇葩、逍遥洒脱人生的精神资源,对于中华民族思想文化的发展影响极大,可以说,中国历史上的各家学派,无不从其汲取学术思想养分。汉代司马谈在《论六家要旨》中指出:"道家使人精神专一,动合无形,赡足万物。其为术也,因阴阳之大顺,采儒墨之善,撮名法之要,与时迁移,应物变化,立俗施事,无所不宜,指约而易操,事少而功多。"

关于儒家自身的划分。儒家的创始人是孔子,但接下来分为两支:一支是孟子,强调"性善",创立儒家的理想主义理论;另一支是荀子,强调"性恶",创立儒家的现实主义理论。儒学到了汉代,特别是宋代以后,变化是非常大的。现代哲学家冯友兰将宋代以后的儒学,称为新儒学。宋代以后,儒学又分为两大学派:一是由程颐创建、朱熹发扬光大的程朱理学;一是由程颢创立,陆九渊和王阳明发扬光大的,称为心学。

关于道家的划分。我们把道家的两大代表人物,并称为"老庄",这没有问题,因为他们总体上的认识是一致的,但二者仍然存在着明显的差异。论者指出,老子以道入世,谈的是入世之道;庄子之道,更多的是思考人生的自由。老子以哲人的身份论道,侧重于思辨和理论分析;庄子更多的是悟,也就是依靠生命体验,而并非诉诸客观认知,很多都是通过直观的形象化意象来表达的。当代哲学家李泽厚认为,与老子及其他哲人不同,庄子很少真正讲"治国、平天下"的方略,他讲的主要是齐物我、同生死、超利害、养身心等另一套;他关心的不是伦理、政治问题,而是个体存在与身心问题,这是庄子思想的实质。现代史学家吕思勉说得更干脆,"庄氏之学,与老子相似而实不同"。老子、庄子都属隐者之流,但二人阅历不同,所处时代、身份背景差异很大。老子做过周王室的史官,熟谙以往的治乱兴衰、得失进退之理,因而《道德经》中谈政治原则的内容较多;《庄子》则异于是,见不到正面言说的政治原则、政治方略、政治观念等内容。庄子哲学是艰难时世的产物,体现了应对乱世的生命智慧。庄子无意逃避现实,但也不取凌厉进击、战胜攻取的强者姿态,唯以坚守本性、维护自由为无上律令。他所探究的中心问题,是如何在夹缝中生存,如何在乱世、浊世、衰世中养性全生、摆脱困境,其中涵蕴着一代哲人对其所遭遇的种种痛苦的独特生命体验。在对待所处时代的社会矛盾、人际关系上,对于强国与弱国、贵族与平民、都市与乡鄙、治人者和治于人者之间的看法上,二人也有明显的差异。

中国传统知识分子,大都公开标榜信奉儒家学说,信仰孔孟之道,而实质上往往是儒道兼容并蓄、出世和入世共有的,所谓"达则兼济天下,穷则独善其身"。

第二点,理清脉络,只是入门,根本功夫还是要下在精读深研经典上。

经典有所谓"三玄"(《周易》《老子》《庄子》)、"四书"(《论语》《大学》《中庸》《孟子》)、"五经"(《诗经》《尚书》《周易》《礼记》《春秋》)之说。就一般读者的入门,文史学家吴小如讲得比较实际,他要求人们先要读完"诗"(《唐诗三百首》)、"四"("四书")、"观"(《古文观止》)。他认为要打下国学基础,"卑之无甚高论",首先要把这几部书从头到尾都看过、都背过。

阅读是文化传承的基本途径。读书可以让人保持思想的活力,让人得到智慧的启发,让人滋养浩然正气,尤其是文化经典可以助人涵养精神、拓宽心胸、升华志趣。这些经典艰深难啃,又该怎么办呢?这就提出一个经典的阐释与解读问题。古代学人有些行之有效的解决办法,比如,他们把"四书"作为导入的门径。相对地看,"四书"结合主观与客观的实际更紧密一些,更容易理解一些;而且,"五经"的基本义理,也都体现在"四书"里面。《论语》一书记载着孔子及其若干弟子的言语行事。书中,孔子着重说明一套人们所共同认可的社会行为准则,从社会整体性上来把握怎样做人和做一个什么样的人,属于人文规范,而不是技能的知识。《论语》中孔子所论述的做人之道、求学之道、治国之道,代表了中国文化的精髓,千百年来已成为一种文化基因,融入华夏文明的血脉之中,成为中国人日常文化、思想情感和生活方式的一部分,从中可以吮吸到鲜活、丰富的人生营养。孔子的学生曾参,从修养自己的心身入手,指出正心诚意的路径,于是而有《大学》之作。孔子的孙子、曾参的学生子思(孔伋),在孔子首创的"中庸""中和"伦理道德观的基础上,又通过《中庸》一书详细论述了有关生活方式与处世规范的问题。子思的再传弟子孟子,则着眼于解决行为方式的问题。就是说,《孟子》是一本专门探讨人类行为方式的儒家经典。

关于读书,宋代文学家苏东坡创造了"八面受敌"精读法。他说:"每一书皆作数过尽之。书富如入海,百货皆有。人之精力,不能兼收尽取,但得其所欲求者尔。故愿学者每次作一意求之。"这是他自身长期读书经验的总结。比如,《汉书》他就读过许多遍,每读一遍都有明确的目的。读第一遍,他从中学习治世之道;读第二遍,学习用兵方法;读第三遍,研究人物和官制,等等。这样读了几遍之后,他对《汉书》各方面的内容便都熟悉了、精通了。这种读书法,目的明确,效果显著,能从各方面吸收营养,因此对后世影响很大。毛泽东赞扬说:"苏东坡用'八面受敌'法研究历史,用'八面受敌'法研究宋朝,也是对的……"

第三点,中华传统文化集中地体现在哲学与史学方面,为此,需要狠下功夫抓住这两个关键门类。

我们要认知世界、解悟人生、观照现实、探索心灵,就离不开哲学的指引。哲学不仅能够回答人生的问题,也在不断地发现历史与社会的症结所在,既有本体论的思考,也有认识论的探讨,更有方法论的总结。西方有句谚语,在亚历山大胜利的根源里,人们总能找到亚里士多德。一个问题怎么看、一件事情如何处理,用哲学的眼光去分析,就能全面把握、准确判断、抓住本质,避免片面性和盲目性。在谈到哲学的用途时,冯友兰认为掌握了哲学,就掌握了安身立命的大智慧、大聪明,它是超越一般人的素养和境界,诸如真诚、通达、友善、宽容、睿智等,这样对生活的"觉解"就大不一样了,对己对人的心态就大不一样了。当然,这么说并不意味着哲学等同于一般的知识、技术,是解决实际问题的。哲学永远是"无用之用"的学问,它是作用于人的精神的,一个人需要哲学的程度,取决于他对精神生活看重的程度。当一个人对于人生产生根本性的疑问时,他就会走向哲学。那些不关心精神生活、灵魂中没有问题的人,也就不需要哲学。

哲学不是知识学。大部分知识都是专门的,是关于某一领域、某一科目、某一程序,某种思想方法、某种价值准则等方面的认识;知识再进展一步,就成了思想观念、价值准则、规律性的认识。各种具体知识之间很难会通,但当它上升到思想意识层面,人们从中获得理念和感悟,就可以豁然贯通。所谓规律、智慧,正是这种知识与思想观念的升华,是由死变活、经过转化的知识与思想,是起统领作用的部分。知识关乎事物,充其量只是学问;规律反映问题的实质,触及深层的底蕴;智慧则关乎人生,属于哲学的层次。马克思把哲学比喻为"迎接黎明的高卢雄鸡",意思是哲学是武装头脑的,是在前面指导人生的。黑格尔认为,哲学是反思的科学,是事后的思索,因此,他把哲学喻为"黄昏时起飞的猫头鹰"。他们讲的都是关乎智慧、关乎人生的。智慧是哲学的生活化、实际化。因此可以说,智慧是应用于实际的哲学,往往表现为一种判断、决策与战略抉择。它并不是小聪明,也不是一般的谋略,而是一种大启迪。

有些人抱着一种实用的、功利的态度,习惯于从"形下"的工具理性去看待哲学;习惯于以"灌"的方式去学,以"套"的方式去用;习惯于背结论、记公式,以为记住"世界是物质的""物质是运动的""运动着的物质是有规律的""规律是不以人的主观意志为转移的"这些原理,就算掌握了万应灵丹,可以包治百病。

依我个人的体验,学习、研究哲学有两个要领:一个叫选择视角,一个叫提出问题。哲学研索本身就是一种视角的选择,视角不同,阐释出来的道理就完全不同。视角和眼光是联系着的。视角之外,还有个立足点问题——所处位置不同,观点和取向就将随之而变化。白族一位诗人写过一首短诗《发现》,他以独特的观察力和想象力,描绘出云南的石林在不同地区的游客眼里所呈现出的不同形象：新疆人看这里的石人，每个人都戴着维吾尔族小花帽；内蒙古人看这里的石峰，说是活像蒙古人锋利的马刀；西藏人看这里的石山，认为颇像喇嘛、活佛在念经；宁夏人看这里的石林，像穆斯林在做礼拜。其实，这种"发现"是带有普遍性、规律性的。那些高耸而尖峭的石林，在渔民眼里，很像丛林般的桅杆；林业工人看去，却像无边的森林；钻探工人看去，像是成排的井架……这里的一个重要因素，就是眼界、视角不仅取决于立足点，而且和生活基础紧密联系在一起。

哲学，第一位的是问题。从问题出发，发现问题，探索问题。如果你头脑中没有挂着问题，只是记住一些机械的条框，那么，哲学对于你可就真的没有用了。但哲学却又并不提供答案，任何一个真正的哲学问题都不可能有所谓的标准答案，它只是推动你去思考、体悟、品味、涵泳，这些是学哲学、用哲学的不二法门。所谓"提出问题"，也就是我们常说的要有"问题意识"。无论是对于理论工作者，还是实际工作者，问题意识都是最紧要的。爱因斯坦就曾说过，他的"脑子里始终都装着问题"。理论是关于问题的理性思考，或者说理论始于问题。过去学哲学有一个偏向，就是满足于背诵结论，而不善于以理论为指导去发现问题、研讨问题、解决问题。从一定意义上说，哲学不是知识学，而是问题学。这可以从两个角度来理解：一是，哲学的基本问题常解常新，是永不过时的，只能随着时代的发展，理解与阐释方式发生变化。它与科学不同，科学的问题一经找到答案，问题便成了知识，不再具有问题的性质；二是，如果说科学给人以知识，那么，哲学就是给人以智慧——提出问题本身就体现了哲学智慧。哲学家的贡献不在于他解决了多少实际问题，而在于他提出富有前瞻性、开创性的问题。问题是哲学的发展动力，问题开启了思维探索之门。

哲学追求的是智慧，知识可以从别人手里接过来，智慧却必须靠自己去领悟。知识可以背诵，可以诉说，而智慧需要内化为自己的血肉与灵魂，变为自己的思维方式，变为认识问题、解决问题的见识与能力。哲学的掌握，不能靠玩弄概念。哲学思维当然需要概念，但不能止于概念，不能实行抽象说教和概念式的演绎,必须善于通过感悟,将概念化为智慧,应该"得鱼而忘筌"。

历史意识或者历史本身,具有独特的社会功能与精神价值。知晓历史,敬畏历史,这是造就现代公民素养的必要前提。历史资源有资治、垂范、借鉴、参考等社会功能,"以铜为镜,可以正衣冠;以史为镜,可以知兴替"。对整个民族与国家来说,历史教育是振奋民族精神、弘扬爱国主义精神的重要环节;对于每个公民来说,学史可以陶冶人格情操,增强现代人的历史责任感,判别何为善、恶、美、丑,明辨何为公正、进步、正义,从中汲取力量,有所追求,有所扬弃,有所进取。我把它用"凝聚人心,益人心智,传承文明,资政资治,判断决疑"五句话、二十个字来概括。

前三句话是从社会、国家、民族整体上讲的:所谓"凝聚人心",是指历史的学习、研究,有利于凝聚民族意识、加强文化认同,有利于广大民众爱国情怀和民族自豪感的形成与强化。清代学者龚自珍说过:"灭人之国,必先去其史。"梁启超也曾指出:"史学者,学问之最博大而最切要者也。国民之明镜也,爱国心之源泉也。"所谓"益人心智",是指增强历史意识、传播历史知识,有利于提高整个中华民族的人文素养和社会整体智慧,也就是"读史使人明智"。从本国的历史文化传统出发,对历史事件、历史经验的反思,可以更好地塑造民族的文化品格,提高人文素养。不言而喻,在现代人的总体素养中,历史素养是必不可少的构成,它可以提高人们认识问题、分析问题的综合能力,在思考问题、处理问题时,更趋全面、理性、周密、慎重。所谓"传承文明",是说历史典籍、历史知识是后人认识历史、传承文化、继承传统的重要途径和基本载体。后两句话同样具有普适性,但更多的还是着眼于领导工作这个角度。所谓"资政资治",说的是通过总结、把握历代治乱兴衰、是非功过、成败得失的经验教训,以史资政,能够为当下社会活动、政治活动提供有益的借鉴。就是前人所说的,"以史为镜,可以知兴替"。"判断决疑"就是在吸收历史经验的基础上,能够对现实做出判断,解决疑难问题。

3

弘扬中华优秀的传统文化,传承中华悠久的传统文脉,必须坚持创造性转化、创新性发展。转化创新的前提是扬弃继承,就是要尊重文化发展的内在规律,坚持不忘本根,辩证取舍,有鉴别地加以对待,取其精华,去其糟粕。这里首要的是充分挖掘中华传统文化的精华,守住中华文化的本根,传承中华文脉的基因。

中华民族和中国人民在修齐治平、尊时守位、知常达变、开物成务、建功立业的过程中培育和形成的基本思想理念,如革故鼎新、与时俱进的思想,脚踏实地、实事求是的思想,惠民利民、安民富民的思想,道法自然、天人合一的思想,都可以为人们认识和改造世界提供有益启迪,可以为治国理政提供有益借鉴。传承发展中华优秀传统文化,就要大力弘扬讲仁爱、重民本、守诚信、崇正义、尚和合、求大同等核心思想理念。

中华优秀传统文化蕴含着丰富的道德理念和规范,如天下兴亡、匹夫有责的担当意识,精忠报国、振兴中华的爱国情怀,崇德向善、见贤思齐的社会风尚,孝悌忠信、礼义廉耻的荣辱观念,体现着评判是非曲直的价值标准,潜移默化地影响着中国人的行为方式。传承发展中华优秀传统文化,就要大力弘扬自强不息、敬业乐群、扶危济困、见义勇为、孝老爱亲等中华传统美德。

中华优秀传统文化积淀着多样、珍贵的精神财富,如求同存异、和而不同的处世方法,文以载道、以文化人的教化思想,形神兼备、情景交融的美学追求,俭约自守、中和泰和的生活理念,是中华民族思想观念、风俗习惯、生活方式、情感形式的集中表达,滋养了独特丰富的文学艺术、科学技术、人文学术,至今仍然具有深刻的影响。传承发展中华优秀传统文化,就要大力弘扬有利于促进社会和谐、鼓励人们向上向善的思想文化内容。

这些中华传统文化的精华,在经典中都有充分的体现。像《论语》中的"学而时习之",学习而且时时进行自我调节的态度;"和而不同",求同存异,多元互补的思想;"己所不欲,勿施于人"的处世待人规则;"仁者爱人",高扬德政的治国理政的规范等,都是人类共同认可的精神文明。还有《老子》中的"道法自然""上善若水"思想,《墨子》中的"兼爱""非攻"主张,《孟子》中的"民为贵""君为轻"的政治哲学和"生于忧患""死于安乐"的人生哲理,《庄子》中的关于人怎样才能达到"与人和""与天和"的宏论,等等。

在政治、经济、思想、文化的实际中,中国优秀的传统文化更是随处可见,它们成为中华民族生生不息、发展壮大的思想营养和精神指南。学者汪涌豪就此做了系统的概括:核心价值包括仁爱(基于家庭伦理),忠恕(忠就是关心人、帮助人,恕就是理解人、包容人),人本(以人为本)以及中和(中庸、和谐),诚信。基础信仰就是天、地、君、亲、师。天、地要敬畏,君代表国家政权,亲就是祖先和亲人,师就是教导你的人。政治上,为政以德,民为邦本,任人唯贤。经济上,见利思义,民生为本,损有余而补不足。伦理上,仁智勇,忠孝诚信,礼义廉耻。教育上,有教无类,因材施教,德智并重。文化上,和而不同,殊途同归,因俗而治。外交上,协和万邦,独立自主,礼尚往来。信仰上,神人一体,神道设教,慎终追远。军事上,不战而胜,哀兵必胜,智勇双全。人生上,修己安人,坚韧不拔,以天下为己任。生态上,天人一体,回归自然,俭以养德。社会理想上,小康之世,大同世界,天下为公。中国精神如何概括,当代哲学家张岱年说"自强不息,厚德载物"。我再加一句话,"刚健中正"。厚德是有原则的,和而不流,刚健有为。

当然也应该看到,由于中国传统文化是在小农经济基础上建立起来的,必然会打上封建思想意识的烙印,像宗法观念、等级意识、封闭保守、人身依附、"三从四德"、重男轻女、官本位、特权思想等,就属于落后的糟粕,应该加以抛弃和改造。正确的态度是既反对民族虚无主义,又要破除文化保守主义。有的学者指出:孝,在传统文化中是一个非常重要的概念,许多封建统治者都强调"孝治天下"。在今天孝仍然是我们倡导的传统美德,但类似"郭巨埋儿"式的愚孝,有悖人性、有违法律,就应该予以摒弃。这个问题比较复杂,就整体看"三纲五常"应在摒弃之列,但"五常"中的"信"却是值得提倡的;不过,由于中国传统习俗中带有熟人文化、亲亲文化、圈子文化成分,"信"也带有由近及远的亲疏等差之别,这在现代公民社会,同样也是需要戒除和矫正的。曾热映的电影《战狼Ⅱ》中有一个情节:在非洲的华资工厂员工面临危险,第二天会有中国的直升机来接他们撤离。厂里的负责人林志雄做出了只接中国员工的安排,中非员工因此悲戚一片。这时,"男一号"冷锋决定,飞机只接妇女儿童,其他人由他带领离开。于是现场一片欢腾,员工们围着火盆跳起了桑巴舞。看得出来,林志雄、冷锋二人的不同决策,反映出两种判然有别的取向。以利己始,固然已无出路;而狭隘的民族观念,也受到了质疑。站在更高的层次上,中华文化中同胞物与、和谐共荣的追求和人类普遍认同的同情弱者的观念,更能获得人心。

创造性转化,主要是立足于中华传统文化本身而做出的努力,本体是中华传统文化,目标是转化,要求是创造性;而创新性发展则是以中华传统文化为依托,从其中汲取思想养料,在现实条件下致力于文化提升和思想超越,让中国传统文化中的有益价值理念,助推社会主义核心价值观的培育。以创造性为特征,就不是简单地搬运、移植过来,而必须具有新蕴含、新样式、新观照。这样,阐释、整理、编纂、出版的作品,就应一头与中国传统文化紧密相连,一头进入到新的文化体系之中,让传统中的充沛价值理念、厚重文化资源,支撑现代社会各项事业的发展。

现代阐释学与接受美学认为,文本的意义并非由作者一次完成,阅读过程中还会不断扩展;文本永远向着阅读开放,理解总是在进行中,这是一个不断充实、转换以至超越的过程。这里也涉及读解方法的问题。我的大体做法是:坚持精读原著,从历史语境出发,着力发掘、把握经典的原生意旨;广泛涉猎有关典籍,尽最大限度开阔视野,对于先哲时贤的研究成果,本着"六经注我"的要求,斟酌摄取,博采精收;在准确把握原生义的基础上,再加以发挥,进行衍生义、转生义的开掘。

参照东坡居士的"八面受敌"精读法,我在研读古籍时,每一篇"皆作数恐怕就不会感到那么超然与轻松。

实现思、诗、史的有机结合。历史文化写作应该是亦文亦史,今古杂糅,哲思、诗性、史笔的有机融合。它们应是以史事为依托,从诗性中寻觅激情的源流,在哲学层面上获取升华的阶梯。通过文史联姻,使文学的青春笑靥给冷峻、庄严的历史老人带来生机与美感、活力与激情;而阅尽沧桑的史眼,又使得文学倩女获取晨钟暮鼓般的启示,在美学价值之上平添巨大的心灵撞击力。

体现深度追求。当今广大读者,并不满足于一般性的消遣、娱乐(这已从各种现代媒体中得到了满足),他们还期待着通过阅读来增长人生智慧,深入一步解悟历史、叩问人生、认识自我,饱享超越性感悟的快乐。这也正是历史文化写作备受青睐的原因。这就提出一个写史通心,进入历史深处,同已逝的古人进行生命对话的问题。我在写作过程中,总是把古人的心灵世界看作是一种精神遗存,努力从中发掘出种种历史文化精神。在同古人展开对话,进行心与心的交流过程中,着眼于以优秀的民族传统这把精神之火烛照今人的心灵;在对古人进行心灵拷问的同时,也进行着对今人的心灵拷问,包括作家自己的心灵,一起在历史文化精神中接受心灵撞击。从而在历史和现实之间,架起一座心灵沟通的桥梁,挺举起作家人格力量和批判精神的杠杆。

在准确理解古籍的前提下,尽最大努力增强文章的可读性。历史文化写作关涉古籍的引述与解读,但又不能因为可读性强,而使科学性、准确性欠缺;有些学术著作专深谨严,但却比较生硬晦涩。如何解决这一矛盾,突破两难关口?是我在写作中时刻都在思索的问题。我的做法是:采用散文形式、文学手法,交代事实原委,展现人物精神风貌;尽量设置一些张力场、信息源、冲击波,使其间时时跃动着鲜活的形象、生动的趣事、引人遐思的叩问;为了增加情趣、走近读者,除了运用生动的语言,还广泛联想,征引故实,取譬设喻,坚持抽象与具象结合;同时,遇到细节勾勒、形象刻画,又都尽量做到出言有据,力戒信口开河。即便是运用知性和理性结合的手法,也努力避免纯政论式的沉滞与呆板,坚持从明确的思想认识和清晰的逻辑关系出发,选用清通畅达的性情化、个性化语言,尽量增强作品的表现力与可读性。立论采取开放、兼容态度,有时展列不同观点,择其善者而从之。在这里,说理往往成为一种恰到好处的点醒,有时是抒情、叙事的必要调剂。这种"理",来自对生活的感悟,带有强烈的个性色彩。这样,历史也变得灵动起来,洋溢着巨大的生命力。

中华文脉浩浩汤汤,心灵世界一脉相承,我们走入博大精深的中国文化,也走向复杂多变的现实世界,走进汹涌澎湃的心灵世界。

第一章

基因:大道之行

一批思想文化伟人,对于人类所关切的宇宙、社会、人生等最高层次的根本问题,提出了独到的见解,作为传统文化的基因,润泽着人类的心灵。

第二篇

大道之源

I

《周易》作为"大道之源""群经之首",数千年来,居于中华民族传统精神文化的源头,内蕴博大精深,万有齐备无涯。《吕氏春秋》说它"其大无外,其小无内"。《四库全书总目提要》概括为:"《易》道广大,无所不包,旁及天文、地理、乐律、兵法、韵学、算术,以逮方外之炉火,皆可援《易》以为说。"应该说,《周易》密切地联系着整个社会人生,只不过像《易传·系辞》中所讲的"百姓日用而不知"罢了。

《周易》属于中国,也属于世界;它导源于古代,也昭示着现代和未来。为此,获得"智慧皇冠上的明珠""解读宇宙人生密码的宝典"之盛誉。中国哲学家冯友兰认为,"《周易》是一部辩证的宇宙代数学";德国哲学家黑格尔则说,"《易经》代表了中国人的智慧";瑞士心理学家荣格也肯定,"谈到世界人类唯一的智慧宝典,首推中国的《易经》"。

《周易》表明,远古先哲以整体把握事物的思维方式,"推天道以明人事",通过静观默察、潜思体悟,从时空、天象的变化及其与社会人事之间的关系,揭橥规律性的认识。所以说,读懂了《周易》,也就懂得了世路人生。在曾国藩看来,"各朝文人学者,没有不读《易》的,也没有不懂医的。医者,易也。医则调身,易则调神"。"调神",意为提供精神食粮、生命养料,提升人们的精神境界。《易传》指出,先哲作《易》旨在"以此洗心",因此人称《周易》亦为"洗心经"。

居安思危的忧患意识、自强不息的奋进精神、刚健有为的创新理念,这是贯穿于《周易》中的带有根本性的三个思想理念。它们在变通思维的统驭下,相生相发,相辅相成。三千多年来,成为中华优秀传统文化精神的重要组成部分,中华民族历久弥新、生生不息的内在支撑力,中国人充实核心价值观的正能量。

《周易》通篇都在传达着变易、变通的思想。遍览六十四卦、三百八十四爻与经、传文辞,可以说随处可见。"穷则变,变则通,通则久。"(《系辞》)这一《周易》变通思想最为经典的"三阶段"说,完整地体现了事物发展变化的规律。《系辞》指出:"爻者,言乎变者也";"化而裁之谓之变,推而行之谓之通,举而措之天下之民,谓之事业"。这种变通思维,既应用于自然界,更适用于社会、人事之中。无论自然、社会,还是生命流程,都是旧事物不断衰败、瓦解、消亡,新事物不断酝酿、产生、成长,并逐步取代旧事物的无穷无尽的链条。

穷则思变、变中求新、新中求进、进中突破,这是中国先哲对事物发展变化规律的深刻总结,也是当代中国发展进步的现实写照。中国近代思想家梁启超说:"变者,天下之公理也。"救亡图存、变法维新的实践,正是这一"变的公理"的产物。

2

建立在变易思想基础上的忧患意识,在中国古代典籍中最早见于《周易》。"作《易》者,其有忧患乎!"(《系辞》)一言撮要,统括全局。这里讲的危亡、忧患,应该是广义的。远古先哲富有超强的预见性,既有由于天敌施虐、洪水泛滥的自然忧患所产生的"人天之忧",更有社会、人生、心灵方面的忧患,表现出深深的惕惧与挂虑。

这一忧患的哲学基础,则是"泰极而否""盛极而衰""物极必反"的变易思想,它充分体现了中华民族的生存智慧。由于远古先哲抱有尊天道、重人谋,诉求于内心的内省式的心性特征,因而其卜筮、占卦,往往建立在深且广的忧患意识之上。从这个意义上说,忧患意识乃是远古先哲作《易》的原始动机。正是凭借这种居安思危的忧患意识和朝乾夕惕的进取精神,才使得这个伟大而多灾多难的民族,能够在数千年间始终生生不息、巍然屹立,并不断地发展进步,创造了许多举世无双的人间奇迹。

中国古代哲人的忧患意识,其直接导因则是对客观规律和时势分析的准确判断。《系辞》中明确指出:"《易》之兴也,其当殷之末世、周之盛德邪?当文王与纣之事邪?是故其辞危。危者使平,易者使倾。其道甚大,百物不废。惧以终始,其要无咎。此之谓《易》之道也。"危惧始得平安,而慢易则必致倾覆,所以,必须惧以终始。这样,就有望防止差错以致祸患的出现。

《易》卦辞、爻辞中,多见凶、咎、吝、否、损、陨、乱、困等负面占断之辞。《系辞》分析认为:"吉凶者,失得之象也;悔吝者,忧虞之象也。"吉凶讲的是人事得失的结果,悔吝则是指面对得失、休咎所持的态度。由于具有忧患意识,及时发现纰漏并加以改正,使得事物向好的方向发展,这就是"悔";反之,有了小的过错而不及时改正,就会使事物向坏的方向发展,这就是"吝"。它的目的在于告诫人们,要有忧患意识,善于补过迁善,以趋利避害、化凶为吉。

《周易》中《临》卦卦辞说:"临:元亨,利贞。至于八月,有凶。"亨通顺利,则盛极而衰。宋代理学家程颐对此解释说:"阳道向盛之时,圣人豫(预)为之戒曰:'阳虽方长,至于八月,则其道消矣,是有凶也。'大率圣人为戒,必于方盛之时,方盛而虑变,则可以防其满极,而图其永久。若既衰尔后戒,亦无及矣。"在《复》卦中,讲周而复始,物极必反,"反复其道"(卦辞),强调事物发展到了顶点就要转向反面。《泰》卦中《九三》爻辞也讲:"无平不陂(平原都有坡坎),无往不复。艰贞无咎。"宋代学者李光在《读易详注》中解释说:"治乱存亡,安危之相,因如阴阳寒暑之必至,有不可易者。唯圣人为能因其盈虚而消息之,使常治而不乱,常存而不亡,常安而不危也。消息之道,岂有他哉?兢业以图之,危惧以处之,当治安而不忘乱亡之戒,则可以保其治安而无咎矣。"

从一定意义上说，成功也是一个陷阱。当事业有成之时，古人总是提醒要特别惕戒。《既济》卦辞："既济：亨，小利贞。初吉，终乱。"就是提醒人们要慎重对待成功，否则起初吉利，最终还会紊乱不堪。《象》辞曰："水在火上，既济。君子以思患而豫防之。"上水下火，一则通过加温、烹饪获得完成；二则相互制约，有利于健康发展。水火既济，象征事业成功，功德圆满。在这种情况下，君子总是虑远谋深，预防蹉跌失误；至于身处险境，那就更是惶惶而不自安，慎惧从事。《履》卦《九四》爻辞曰："履虎尾，愬愬，终吉。"愬愬，恐惧也。踩到老虎尾巴上，比喻处境十分险恶。但只要心存戒惧，小心应对，最终总会化凶为吉。《困》卦《上六》爻辞曰："困于葛藟，于臲卼，曰动，悔有悔。征，吉。""困于葛藟"——被葛藤缠绕困住；"于臲卼"——被木桩刺伤，心惴惴然。据李光解释，这句话的意思是："当困极之时，若曰动，必有悔；而不思变动，则益入于困耳。若能悔前之失，穷而思通，必济矣。"

谨言慎行，韬光养晦，也是应对恶劣境遇的一种策略。《坤》卦《六四》爻辞曰："括囊，无咎无誉。"意为将口袋收紧，无获亦无失，虽然得不到赞誉，但可免遭灾难。所以，《象》辞曰："括囊无咎，慎不害也。"将口袋收紧，可以免遭灾难；谨言慎行，没有害处。《离》卦《初九》爻辞："履错然，敬之，无咎。"意为深夜传来一片错杂的脚步声，应有所警惕，才可望安然无事。魏晋时的王弼《周易注》："错然者，警慎之貌也"；"以敬为务，辟（避）其咎也"。综上所述，无论是身处顺境、逆境，只要能心存戒惧，妥善处置，都可以立于不败之地。

根本问题在于慎终如始，时时保持清醒的忧患意识。谨慎之道，突出表现为防微杜渐、小中见大、因中见果，把握量变与质变的辩证规律。《坤》卦《初六》爻辞，有"履霜，坚冰至"之语。按照当代学者高亨的解释："履霜，秋日之象也；坚冰，冬日之象也。'履霜坚冰至'者，谓人方履霜，而坚冰将至，喻事之有渐也。"关于"事之有渐"的道理，《易传·文言》解释得至为深刻："积善之家，必有余庆；积不善之家，必有余殃。臣弑其君，子弑其父，非一朝一夕之故。其所由来者渐矣，由辩之不早辩也。《易》曰：'履霜，坚冰至.'盖言顺也。""顺"字,历代学人有不同理解:朱熹认为,古字"顺""慎"通用,意为上述文字讲的是慎微;也有一些学者主张照字面解释,就是顺乎自然规律。踩到地面的霜,便知道冰雪寒冬快要到了,这是顺应自然规律。程颐对此也有解释:"明者则知渐不可长,小积成大。辨之于早,不使顺长。故天下之恶无而成,乃庆霜冰之戒也。"不论哪种解释,说的都是事物由小至大、由个别到一般、由量变到质变的发展变化过程,要求人们防微杜渐,避免大的祸殃发生。

关键在于"辨之于早"。就此,《系辞》引用孔夫子的话:"知几,其神乎!""几者,动之微,吉之先见者也。"几,微也,亦即事物发展变化的苗头、吉凶祸福的征兆,所谓"一叶落而知天下秋""风起于青萍之末"。知几,强调于安乐之时早自为计,在泰之伊始就警惕否对于泰的颠覆,防微杜渐,未雨绸缪。

这里涵盖了或者说体现了三方面的辩证思想、哲学智慧。首先,它建立在否定之否定规律的基础之上,"反者道之动",物极必反;其次,是量变与质变的规律,"事之有渐","履霜,坚冰至",说的正是这个道理;再次,与质量互变规律紧密联结的因果律。在客观事物或现象彼此制约、相互影响的过程中,原因引起他事物或现象产生,结果则是他事物或现象由量变化为质变的实现形式。

辩证唯物主义因果观认为,一切事物的产生都是由一定原因引致的;各种事物产生后都必然造成一定的结果,客观世界不存在不受因果关系支配的事物,原因规定了它的产生物的最终结果。不过,由于大量自然现象与客观事物是隐秘、复杂的,因而许多时候我们只能知其然而不知其所以然。古希腊哲学家赫拉克利特有一句名言:"自然喜欢隐藏自己。"所谓"隐藏自己",也就是遮蔽原因。而于原因茫然不晓,也就谈不上获取真理性的认识。可以说,古今中外,无论是关于具体对象的具体原因的学问——科学,抑或是研索普遍原因的学说——哲学,全都强调凡事要问一个"为什么",亦即对于原因的探求。

因果关系具有普遍性。18世纪法国启蒙思想家霍尔巴赫说过:"在宇宙中,一切事物都是互相关联的。宇宙本身不过是一条原因和结果的无穷的锁链。"因果关系又是具体的、特定的。莎士比亚在剧作《亨利四世》中,借助华列克伯爵之口说:"各人的生命中都有一段历史,观察他以往的行为的性质,便可以用近似的猜测,预断他此后的变化,那变化的萌芽虽然尚未显露,却已经潜伏在它的胚胎之中。"只是,如同常常忽略"履霜之渐",不善于见微知著一样,人们也经常忽略事物或现象的肇因,忘记"种瓜得瓜,种豆得豆"的常识,缺乏应有的警觉与清醒,不能识机在先;即便发现了问题的萌芽,仍是迟疑、迁就,不能当机立断,直到酿成严重的后果才后悔不迭,但已经无济于事了。

电视剧《新白娘子传奇》中,有这样一个情节。当小青与张公子恩断情绝时,白娘子劝慰小青说:"业识不灭,三界流转,因果循环,又岂是偶然!不过是菩萨畏因,众生畏果罢了。""菩萨畏因,众生畏果"一语,引自佛经,对于人、事有一定的戒鉴意义。智者见始知终,总是从原因着眼,懂得造什么样的因就会生出什么样的果,所以,从源头上惕厉、约束自己,绝不酿造孽因;而凡夫往往忽视种因,总是抱着侥幸心理,只有当恶果摆在眼前,才知道害怕、悔恨。"畏因"的"畏"含有警戒、惕惧之义。与其畏果,不如畏因;早知今日,何必当初!

最典型的事例,就是那些落马的贪官,由于贪欲的膨胀,觉悟、道德的丧失,无视纪律和法律的约束,一步步走上罪恶之路。在造成自身堕落的同时,也把一家人引上万劫不复之困境,酿成了"积不善之家,必有余殃"的人间悲剧。其取败、致祸,全都有个由量到质的渐变过程,"非一朝一夕之故,其所由来者渐矣";而且,它也同样反映了因果相循的规律。试看那些失足堕落者的悔罪书,几乎无一例外地总结了这方面的惨痛教训。

3

自然现象与社会生活中的忧患,是客观存在的,不以人的意志为转移。忧患具有两面性,关键在于如何去应对它。宋人诗中多有"一生忧患损天真"(欧阳修)、"少年忧患伤豪气"(王安石)、"忧患侵陵壮志消"(陆游)之句,说的都是人们面临忧患丛生的环境与际遇,身心会受到极大伤害。这一点不容否认。《周易·系辞》中也说了:"既辱且危,死期将至。"所以,面对忧患必须惊觉、警醒,这样就有望化危为机,否极泰来,做到所谓的"置之死地而后生"。"殷忧启圣,多难兴邦"之古训,所揭示的正是这个道理。大前提是具有清醒的危机意识,进而激发自强不息、昂扬奋发的积极进取精神。

《乾》卦《九三》爻辞曰:"君子终日乾乾;夕惕若,厉,无咎。"说的是君子终日不懈,自强不息,即使到了晚上也抱有警惕之心,不敢松懈。这样,即便遭遇险情,也可安然无恙。因此,其《象》辞曰:"天行健,君子以自强不息。"孔颖达在《周易正义》中释为:"天行健,此谓天之自然现象。君子以自强不息,此以人事法天所行,言君子之人用此卦象,自强勉力,不有止息。"天道的本质特征是健,健是运行不息的意思——四时交替,昼夜更迭,岁岁年年,无休无止。君子应效法天道之健,自立自强,奋发进取。《恒》卦卦辞曰:"恒,亨。无咎。"恒,久也。像自然的恒常不变一样,人的壮心也迄无止息。亨,意为亨通顺利,没有灾患。这里强调的是守恒道,树恒心。《象》辞曰:"天地之道,恒久而不已也。利有攸往,终则有始也。日月得天而能久照,四时变化而能久成,圣人久于其道而天下化成。观其所恒,而天地万物之情可见矣。"利有攸往,说的是利于出行,有所作为。

《周易》卦爻中对于自强不息精神有精辟的阐述。《乾》卦以龙为喻,或隐或显,或潜或跃,或升或飞,表现刚健有为、富有生命力的积极奋发状态。学者曹础基就此做如下解读:

> 《周易》对中华民族、对中国有什么影响?可以说,《周易》在一定程度上塑造了中华民族的民族精神。
> 《周易·象传》说:"天行健,君子以自强不息。"意思是:象征天(即

过尽之",即从多个角度研索、深思,力求达到冯友兰所说的,有洞见,有妙赏,有深情。我有多个札记本,每有所得,随时记下,时日既久,所获渐多;动用已有的学术积累,经过精心构思,逐渐形成拟写的文章脉络;进入写作程序后,也还是反复思索,不断进行充实、修改、查核、厘正。可以说,没有一篇文章是一次完成的,少经三五次修改、补充,多则十数次,不断地赋予作品以新的意义、新的生命、新的活力。

纵观近现代一切在学术上做出重要成就、重大贡献的学者,都有一个共同特点,就是古今会通、中西合璧。我绝对不敢以此自封,因为我的外语不行,西学的人文素养欠缺很多;但作为一个学者型作家,我一直在通过文学创作从事中华优秀传统文化的现代性转化工作,所凭借的就是所谓"老根底,新眼光":充分发挥自己读过八年私塾、受过系统传统国学教育的优势,而且自认具有一定的马克思主义理论水平,这样也就可以运用现代的符合社会主义核心价值观要求的新眼光、新视角、新观念、新语言,对中华优秀传统文化进行现代化的阐释。

强化主体意识与现实针对性。历史是一个传承积累的过程,一个民族的现在与未来都是对历史的延伸。而文学则是历史叙述的现实反应,在人们对于文化的指认中,真正发生作用的是对事物的现实认识。针对有些历史文化散文借助史料的堆砌来救助心灵的枯竭、弥补精神的缺席,抹杀了散文表达个性、袒露自我的特性,把本应作为背景的史料当作文章主体,见不到心灵展示的偏向,我在写作中特别注意强化主体意识,注重现实的针对性,努力做到把真见解、新发现、真性情、现实感灌注到史料之中。

历史是精神的活动,文脉是心灵的滚涌,精神与心灵永远是当下的,决不是死掉了的过去。事实正是如此,读史与写史,都是一种今人与古人的灵魂撞击,心灵对接,生命叩问。俗话说,看三国掉眼泪——替古人担忧。这种"替古人担忧",其实正是后世读者一种心灵的参与和介入。它既是今人对于古人的叩访、审视、勘核,反过来也是逝者对于现今还活着的人灵魂的拷问。只要深入到人性的深处、灵魂的底层,加以省察、比证、对照,自然)的运行,为健(通"乾",帛书作"键")卦,君子效法它,自我发愤图强,永不停息。

《乾》卦中写了龙在不同阶段的形象:潜伏——开始出头——兢兢业业、小心谨慎——跃跃欲试、大显身手——飞黄腾达——适可而止。

怎样理解"自强不息"?《乾》卦的六个爻的爻辞分别是:

"初九:潜龙,勿用。"可理解为一个人羽翼未满,当埋头学好本领,不可妄动;也可理解为做一件事的条件还没有成熟,暂时放一放。都要伺机而动。

"九二:见龙在田,利见大人。"龙已经显现在田野上,象征有条件发挥作用了,可以去见能依托的人了。算是初露头角。

"九三:君子终日乾乾,夕惕若,厉,无咎。"写君子整天都兢兢业业,到了晚上还小心警惕,所以虽有危险,也无祸害。

"九四:或跃在渊,无咎。"或者跳进深渊,没有祸害。不仅在陆地,在水里也很顺手,可以扩大用武之地。

"九五:飞龙在天,利见大人。"龙飞上天,飞黄腾达,形势大好,更加利于依托有贤能的人,以发挥自己的作用。

"上九:亢龙有悔。"亢龙是飞得很高的龙,为什么有悔?因为任何一个人或者一件事,都是不可能无止境地向上发展的,总有该回头或退避的时候,一味地高飞,就会碰钉子,甚至摔下来。

《乾》卦的这六个爻,揭示了人或事发展变化的一般规律:从不成熟到成熟,再到发展、高潮,然后物极必反。我们要根据环境与自身条件的变化而变化。该学就努力学,该干就认真干,该退就明智地退。其中的道理,可从不同角度启发我们待人处世。

早在一百多年前,梁启超就曾在清华大学以"自强不息"为中心话题发表演说。他说:

君子自励,犹天之运行不息,不得有一曝十寒之弊。且学者立志,尤须坚韧强毅,虽遇颠沛流离,不屈不挠;若或见利而进,知难而退,非大有为者之事,何足取焉。人之生于世,犹舟之航海,顺风逆风,因时而异。如必风顺尔后扬帆,登岸无日矣。

这种自强不息的精神,展现出一种刚健之美。《周易》崇尚刚健,在《乾》《震》《豫》《大壮》《大畜》诸卦中都体现了这种以刚健为主导的审美取向。《大畜》卦《彖》曰:"刚健笃实辉光,日新其德。"高亨作注,曰:"天之道刚健,山之性厚实,天光山色,相映成辉,日日有新气象。"《乾卦·文言》曰:"刚健中正,纯粹精也。"看得出来,在《周易》中是把刚健与笃实、中正、纯粹这些可贵的素质联系在一起的,弘扬的是厚重诚笃、中正不倚、坦诚直率的风格、思想、信念。《大壮》卦辞曰:"大壮,利贞。"《彖》曰:"大者,壮也。刚以动,故壮。大壮,利贞,大者,正也。正大而天地之情可见矣。"壮而且大,壮而且正,展现一种刚强、正大、生命力勃发的奋进气概。

《周易》中所倡导的刚健有为,体现一种不屈不挠、愈挫愈勇、坚不可摧的崇高品格与顽强精神。《需》卦《彖》曰:"需,须也,险在前也。刚健而不陷,其义不困穷矣。"须,意为等待。由于险阻在前,特别需要一种顽强、刚毅、健勇的奋斗精神;但应该静以待时,则不能莽撞行事,这样就可以摆脱困境。

说到刚强、正大、生命力勃发、坚不可摧的顽强奋斗精神,人们会联想到作为"中华民族脊梁"的优秀学人。比如,汉代史学家司马迁,就是一位出色的代表。天汉二年(公元前99),正当他全身心投入撰写《史记》之时,却因"李陵事件"而遭受腐刑,他忍辱苟活,为的就是要实现宏伟抱负——完成《史记》的撰著。如同他在《报任安书》中所说的:"是以就极刑而无愠色","虽万被戮,岂有悔哉"!以半百之年,获释出狱,苦熬硬拼十四载,最后完成了这部史学杰作。同样的强者,还有唐代高僧玄奘法师。他西行舍身求法,"乘危远迈,策杖孤征",十有七年,历经无数艰难险阻,终于实现了伟大抱负。明末清初学者王夫之,"迄于暮年,体赢多病,腕不胜砚,指不胜笔,犹时置楮墨于卧榻之旁,力疾而纂注"(《姜斋公行述》)。他们所体现的,都是《周易》中倡导的这种终日乾乾、自强不息的奋进精神。

4

中华民族是一个富有创新理念的民族。早在三千五百多年前,商朝的开国君主成汤,就把"苟日新,日日新,又日新"这九字箴言刻在沐浴之盘上,用以警戒惕厉自己。而这种创新求变的观念,又与产生于更早年代的阴阳八卦的意象恰相吻合。接下来,始编于殷周之际,作为上古巫文化遗存,由卦象、卦辞、爻辞组成的《易经》,特别是战国中后期的产物、汇集解《易》作品的《易传》,更是进一步阐扬了这一理念。

创新的实质,是除旧布新、革故鼎新。《说文》释"创":"伤也,从刃。""创"的原意是损伤。有的学者指出,《周易》中的创新图变精神体现在生生不已的创化、创造的流变之中。创新化育,不是单纯的量的叠加,而是通过除旧布新,实现新质的生成。《革》《鼎》二卦,充分体现了新陈代谢、革故鼎新的基本理念。

《革》卦《象》曰:"泽中有火,革。"传统解卦,说是《革》卦属于异卦,按照卦象分析,上兑为泽,下离为火,泽中有潜伏的火,水火相叠而交迸。水在上浇于下,火在下升于上。火旺水必干,水大火将熄。二者相生相克,互不相容,急需进行变革,也必然出现变革。《乾》卦《文言》中亦有"乾道乃革"之语。革,就是变革、革新、革命。而《革》卦之后紧接着《鼎》卦,目的就在于彰显"革故鼎新"之义。《易传·杂卦》指出:"革,去故也;鼎,取新也。"强调的都是推陈出新,除旧布新。

创新、创造、创化,乃天地之大德。《系辞》指出:"日新之谓盛德。"以"日新"为"盛德",所强调的正是创新精神。又说:"天地之大德为生。"当代哲学家张岱年指出,作为"天地之大德",生的本意是创造。承认"生生之谓易",就是把世界和人生都看作不断创新的过程。只有不断变化、不断创新,才能永葆生机。

创新、创造的指导原则是"顺天应人"。《革》卦《彖》曰:"天地革而四时成。汤、武革命,顺乎天而应乎人。革之时,大矣哉。""革命"一词即滥觞于此。"顺乎天",指顺从客观规律与时代潮流;"应乎人",指顺应人民意志,切合社会需要、国情民心。对此,高亨解释说:"改革乃自然界与社会之普遍规律,但必须应时之需要。天地应时而革,所以四时成。汤、武应时而革桀、纣之命,所以顺天应人。革之应时,乃能成其大也。"这就充分阐明了实施变革和掌握变革时机的重要性。荀子对于"顺天应人"有如下解说:"汤、武非取天下也,修其道,行其义,兴天下之同利,除天下之同害,而天下归之也;桀、纣非去天下也,反禹、汤之德,乱礼义之分(份),禽兽之行,积其凶,全其恶,而天下去之也。天下归之之谓王,天下去之之谓亡。"古代先哲一致认为,"顺天应人",是改革、创新、革命所应遵循的准则。《周易》突出阐扬了这一思想观念。

随时为变,随几处变,这是解读《周易》的象数、爻辞,特别是创新、创造、创化意蕴的一把钥匙。中国古代哲学的特征以及思维方式,反映在认识上,往往偏重时间的流动,凡事以时间为本位,以时间统驭空间。"革之时,大矣哉!"《周易》中多处阐发"时"的观念。时,言简而意丰,一般理解为审时度势。《系辞》指出:"《易》之为书也","不可为典要,唯变所适"。它并且明确指出,《周易》这部书绝非僵化的经典,其核心理念是一切以客观实际为依归;也就是说,唯有因时而变才能适应客观实际需要。《周易》反复强调:"变通者,趋时者也"(《系辞》);"时止则止,时行则行。动静不失其时,其道光明"(《艮卦·彖辞》)。所谓趋时,"正指人事之适应。故古人言变,每言时变"(钱穆语)。而动静、行止,则是讲以时进退的处世之道,苟不知时,无以言变。

创新、创造、创化的根本目的,是要永葆进升态势、勃勃生机。现代哲学家方东美指出:"创新资源正是其原始的'始',像一个能源大宝库,蕴藏有无限的动能,永不枯竭;一切创新在面临挫折困境时,就会重振大'道',以滋润焦枯,因此,创新永远有新使命。纵然是艰难的使命,但永远有充分的生机在期待我们,激发我们发扬创造精神,创新的意义因此越来越扩大,创新的价值,也就在这创造流程中,越来越增进了。"

《升》卦:"初六:允升,大吉。"进而上者曰"升",亦有通达之意。《升卦》"《彖》曰:柔以时升",意为以柔道而进,并顺合时机而进升。《升》卦"《象》曰:地中生木,升。君子以顺德,积小以高大。"处此时位,犹如树木从地上不断向上升长,木得地气滋养,所以上升。汉代郑玄曰,"升,上也。坤地巽木,木生地中,日长而上",而且,这种升长一定是持续的。正如朱熹所言:"木一日不长,便将枯衰。"

说到朱夫子,我联想到他在福建漳州任职时,为开元观题写的一副对联:

鸟识玄机,衔得春来花上弄;
鱼穿地脉,把将月向水边吞。

他笔下的飞鸟、游鱼生意盎然,让人感受到大自然生机勃勃的意趣。
曾国藩也曾写过一副对联:

不除庭草留生意,
爱养盆鱼识化机。

上联是说,有意不锄去庭院中的野草,为的是欣赏它的盎然生机和盈盈绿意;下联讲,爱养盆鱼,是因为通过它们可以亲近自然,领悟人生的乐趣,进而识得造化的玄机。对联受到现代教育家陶行知的称赏,特意给自己取号为"不锄庭草斋夫"。朱熹、曾国藩用的都是北宋理学家程颢的典故;程颢书斋窗前,茂草芊芊,覆阶掩砌。有的朋友劝他加以芟锄,他说,那可不行！我留着这些青青茂草，是为了经常能见到造物生意。程颢还曾在盆中养游鱼数尾，读书、讲学之余，时往观之。有的朋友问他，几条小鱼有什么好看的？他说，我要观赏万物生生自得之意。这些典章、故实，在《宋元学案》和《河南程氏遗书》中都有记载。

《吕氏春秋》有言："流水不腐，户枢不蠹。"求新、求变，既是天时、人事的既定法则，更是永葆旺盛生机活力的根本途径。

清代诗人赵翼的七绝，热情地咏赞了这种创生变化中所体现的化机与生意：

满眼生机转化钧，天工人巧日争新。

预支五百年生意，过了千年又觉陈。

第三篇

非常道

I

《老子》(《道德经》)中有这样一段话:

> 上士闻道,勤而行之;中士闻道,若存若亡;下士闻道,大笑之。(四十一章)

道,隐奥深邃,外不得见,内不得知,它所具有的特性是异乎寻常的,往往与实际常情相背反,因而不易为普通人所领会。这样,在悟道过程中,不同层次的人便会表现出不同的认知状态——层次高的、有悟性的人,听了道,心领神会,就努力去践行;悟性不高的普通人,听了道,若明若昧,半信半疑;没有悟性、俗陋不堪的人,听了道,则会由于不懂其奥义,"食而不知其味",轻浮地付之以浅薄的嘲笑。这是很自然的,若是人人都能轻易地悟解,那还能称之为"道"吗?

如果把这"非常道"置换为老子其人其文,那么应该承认,我在几十年的认知与解读过程中,同样也显现出由不懂到疑惑再到渐有所悟的类似经历。单是就老子其人来说,在我,就有一个揭开神秘的面纱、廓清纷乱的谜团、抹掉"阴谋"的恶谥等一段踏实求证的过程——亦即德国社会学家马克斯·韦伯所说的"祛魅"吧。

开始接触老子这位中国哲学的始祖、智慧的大师,我的内心里有一种隔膜以至惶惑的感觉,总以为他像仙山楼阁里的神祇,虚无缥缈,远哉遥遥,神奇诡秘,深不可测;对他留下的"五千言",也同样是这样。

说来,这种印象的成因,还真是够复杂的。

这些都和老子本身的迷离幽邈、不可捉摸的身世有直接关系。这位老先生,有别于历代其他所有的文化名人,似乎根本就没有家族、没有父兄、没有童年、没有晚岁,既不知其所来,也不知其所终,简直就是一个神奇诡异的精灵。

有关他的传说,民间的也好,神话的也好,迷离惝恍,怪怪奇奇,数不胜数。比如关于他的出生,就有多少种传说:一说"其母感大星而有娠","适至李树下而生,老子生而能言,指李树曰:'以此为我姓'";一说"其母曾见日精下落,如流星飞入口中,因有娠,七十二岁而生。常有五色云绕其形,五行之兽卫其堂";一说"老君母曰玄妙玉女,天降玄黄,气如弹丸,入口而孕,凝神琼胎宫三千七百年";一说"老君在胎八十一年,剖左腋而生",呱呱坠地,就是白眉、白发、白白的大络腮胡子,因此取名为"老子"。关于他的相貌:有的记述为,"鹤发龙颜,黄色美眉,广颡长耳,大目疏齿,方口厚唇……足蹈三五,手把十文";有的则说,"顶有日光,身滋白血,面凝金色,舌络锦文,形长一丈二尺,齿有四十八"。上述种种说法,均非口传,而是散见于晋代葛洪《神仙传》和《渊鉴类函》转引的《老子内传》等文献记载。

在亦人亦神传说的迷雾笼罩下,即便是于史有据的真人实事,也都带了某种神秘的色彩。有关孔子问礼于老子的故实,《庄子》《礼记》《吕氏春秋》等先秦古籍都有记载。司马迁《史记》的老子传中最为翔实:孔子接受一番训导,茫然而归,对弟子说:鸟,我知道它能飞;鱼,我知道它能游;兽,我知道它能跑。会跑的可以织网捕获它,会游的可以用纶线去钓它,会飞的可以用弓箭去射它。至于龙,我就不知道该怎么办了,它是腾云驾雾而遨游天空的。我今天见到的老子,大概就是龙("犹龙")吧!

孔子这么说,不过是表达其对于老子的敬仰之情,不含"老子就是龙的化身"的意蕴;但是,在"龙图腾"意识的影响下,后人在解读过程中,有的就赋予它以神秘的意味。因为龙自古以来,就满身披挂,神光熠耀,一向被目为神物。"飞龙在天"(《周易》);"欲小则化如蚕蠋,欲大则藏于天下,欲上则凌于云气,欲下则入于深泉,变化无日,上下无时"(《管子》);"龙嘘气成云","茫洋穷乎玄间,薄日月,伏光景,感震电,神变化"(韩愈语);"龙之为物,能合能散,能潜能见,能弱能强,能微能章(彰)。唯不可见,所以莫知其乡"(王安石语)。既然"犹龙",那他还能不神秘莫测吗?由于老子最后"莫知其所终",那句"神龙见首不见尾"的成语,便也在这里派上了用场。

至于老子的"仙化",也已为时久远。西汉刘向的《列仙传》中,最早把老子列为第九位"真人",就中有"乃乘青牛车去。入大秦,过西关。关令尹喜待而迎之,知真人"之说。及至东汉时期道教的创立,则尊奉老子为教主,称之为"太上老君",也就是道教中具有开天创世与救赎教化之神功的太上道祖。"太上老君者,大道之主宰,万教之宗元,出乎太无之先,起乎无极之源,终乎无终,穷乎无穷者也。"后来,更有文学作品"锦上添花",造作其词,夸张渲染,广泛传播,达到家喻户晓的程度。

《西游记》中,老子作为太上道祖,住在离恨天上,是"三清教主"之一的太清圣地混元教祖。而在《封神演义》中,老子一气化三清的神魔故事,更是把他神化到无以复加的程度。书中说,鸿钧老祖有三个大弟子:太上老君、元始天尊、通天教主,分别掌管人教、阐教、截教,其中太上老君神通最为广大,曾三次下山帮助阐教逼退截教众仙;也曾"一气化三清",战胜通天教主。酣战中,老子把青牛一拍,跳出圈子来,推下了鱼尾冠,只见头顶上三道气出,化为"三清",少顷,从东、南、北方向来了上清、玉清、太清三个道人,俱各霞光万道、鹤发童颜,将通天教主团团围住;混战中,通天教主中了老子几扁拐,落荒而逃。后人有诗赞曰:

函关初出至昆仑,一统华夷属道门;
我体本同天地老,须弥山倒性还存。

如果说,解开罩在老子头上的神秘面纱,只需做好"清障"工作,剥离那些虚幻无凭的神话传说、宗教故事,即可拨云见日;那么,廓清其由于学术界长期争辩不已,以致治丝益棼所造成的关于其人其书的纷乱谜团,可就繁难、复杂得多了。

老子是历史上存在过的真实人物,同时也是经过历代学人包括他的崇敬者与批判者不断诠释与缘饰的文化符号。我们要想还原历史上的老子(复原历史,原本就很难做到,何况真实的老子究竟啥样,人们也并不怎么清楚),既要从源头上着手,字斟句酌地研索《老子》原著的原生义、引申义,也要认真对待后人对于老子其人其书的考证、解读与研判;既要关注那些正面的评点,也不能忽视批评者的质疑与问难。好在我们今天的工作,是在时贤往哲的研究基础上进行的,或者说,是站在众多成就斐然、卓绝颖异的学者的肩膀上向前瞻望的。

在从迷惑到解悟的较长时段的艰苦历程中,我所做出的努力,集中在三个方面:一是,反复研读《老子》现今通行本原著,也参阅了马王堆帛书本、郭店竹简摘抄本;二是,从考究《史记》中的《老子韩非列传》入手,穷根究底,尽力廓清传主身世的迷雾;三是,广泛研读时贤往哲的海量评析文章,认真予以鉴别、吸纳,弥补一己所见之不足,特别是针对长期以来学术界聚讼纷纭、争议最大的一些重点问题,力求获得较为确切、基本形成共识的一系列结论。

历代特别是近百年来,一些解老、论老的学者歧见纷呈,关于老子的姓名、出身、身份、里籍、生卒年代及其著作的版本勘定及成书时间,可以说,没有一桩不存在着争议。其中,尤以20世纪二三十年代关于老子生平与《老子》一书写作或形成年代的大论战最为激烈。比如,仅老子的出生年代,就有在孔子之前、与孔子同时、战国前期、战国中期、战国末期等多种说法;而有的激进的疑古派学者,竟然断定其人根本就不存在。他们也都各有所据,关键在于如何甄别、判定。

面对着现当代学者这些歧见纷呈、缠夹不清的争论,我反而觉得,若要做出甄别、判定,确实有必要从研读老子本传着手,遍览一番古人的观点、意见。

太史公曰:"老子者,楚苦县厉乡曲仁里人也。姓李氏,名耳,字伯阳,谥曰聃,周守藏室之史也。孔子适周,将问礼于老子。……老子修道德,其学以自隐无名为务。居周久之,见周之衰,乃遂去。至关,关令尹喜曰:'子将隐矣,强为我著书。'于是,老子乃著书上下篇,言道德之意五千余言而去,莫知其所终。"话虽简约,却也明确,不料,接着他又缀上一笔:"或曰老莱子,亦楚人也。著书十五篇,言道家之用,与孔子同时云。盖老子百有六十余岁,或言二百余岁,以其修道而养寿也。"意犹未尽,接下来又补了一句:"自孔子死之后百二十九年,而史记周太史儋见秦献公";"或曰儋即老子,或曰非也,世莫知其然否。老子,隐君子也"。最后,以"李耳无为自化,清静自正"作结。

就上述写法,明代学者陈仁锡进行如下解析:"先著其实行",尔后"传疑,以俟好学、深思之意也"。意思是,先写出传主的真实行迹,再转述传闻,供好学深思者研究参证。这在太史公来说,体现了史家应有的严谨、认真,力戒武断的科学态度;但在关键处,却径下断语,绝不含糊。

这些给我的感觉是古人著书,包括评论,总是特别严谨、慎重的,可以借用严复表明其翻译工作的严肃态度的说法:"一名之立,旬月踟蹰。"职是之故,我很看重古人在这些问题上的看法。我花费一番工夫,特意翻检了唐宋以来三十六家关于《史记》中老子传的评论之后,奇怪地发现,他们的关注点,颇与今人异。他们基本上未做上面列举的各项考辨,而是着眼于孔子、老子、庄子,特别是老子与申韩关系的研索,考究道及道家本源、无为自化等问题;在老子为"隐君子"、"与孔子同时"、后世所传"荒渺无稽之说不可信"三个方面,完全取得共识;更未发现有谁提出什么"使用名词(如王侯、万乘之君等)","未被《论语》《墨子》引述",以及"文体(如说《老子》为简明之经体)"等疑问,而否定老子与孔子同时。那么,是不是这三十多位古代学者没有今人学问高深呢? 当然不是。要论专精古籍来说,其中广为大家所熟知的柳宗元、方苞、曾国藩、马其昶等都是学问大家,还有号称"18世纪中国最为渊博和专精的学术大师"钱大昕,他们都没有提出异议;恰恰是当代古文字学家唐兰特意指出：司马迁"看清楚老子的时代，抓住了老子和孔子同时这一点"，"一则说'与孔子同时云'，再则说'自孔子死之后'，以表明他是深信老子与孔子是同时的"。

我通过学习、研索、分析、鉴别，基本认定如下八点：

其一，老子即老聃，姓李名耳，为中国哲学的始祖。

其二，春秋末期，老子出生于陈国苦县厉乡曲仁里（今属河南鹿邑）。

其三，老子生卒的具体年份没有定论。似略长于孔子，孔子曾问礼于老子；老子曾任周朝"守藏室之史"（管理图书的史官）。

其四，老子的身份为"隐君子"（隐士）。

其五，《老子》作者为老聃。如《史记》所说，"见周之衰，乃遂去。至关（函谷关或大散关）"，迫于关令尹喜之请，不得已，"乃著书上下篇，言道德之意五千余言而去"。

其六，《老子》成书时间，肯定早于《庄子》，亦不至晚于战国初年，因为先秦典籍中，如《战国策》《庄子》《荀子》等，都曾广泛引用，可见各家都曾见到此书。

其七，《老子》"是一本专著而不是纂辑"；"书中没有一处自称'老子曰'或'老聃曰'，这也可以证明是老聃自著。无论从文体或思想内容一贯性来看，这本书很可能出于一人的手笔，当然，有些字句为其弟子或后学所附加，亦所不免"（当代学者陈鼓应语）。至于"此书乃战国时期道家后学从《庄子》一书中摘录、发挥、编纂而成"的说法，显然是站不住脚的。

其八，关于《老子》一书的原貌与具体篇章结构。本书历代传本有上百种之多，今本多以魏晋名士王弼注本为据，共八十一章（未必就是原貌）。依《史记》本传"著书上下篇，言道德之意"的说法，一般将全书以三十八章为界，分《道经》《德经》两部分。

两千年来，关于老子的争议性话题，五花八门，层见错出，持续不断。属于反面性质的定性话语，最有代表性的是，有些论者坚持认为，老子是一个擅长玩诈术、弄权谋的政治阴谋家；其"定谳"依据，都是《老子》一书中的论述。

发其端者,为战国后期"喜刑名法术之学"的韩非。他在《喻老》一文中,把老子"将欲翕之,必固张之;将欲弱之,必固强之";"将欲取之,必固与之"(三十六章)的说法,作为施展权术、策略的口实。后来,一些纵横家又利用老子的话宣传其政治主张,如《淮南子》中就引用"弱之胜强,柔之胜刚"来诠释越王勾践的"卧薪尝胆",阴谋复国。而后世的大儒如北宋的程颢也都这样认为,老子"与之之意,乃在乎取之;张之之意,乃在乎翕之;权诈之术也";还说,"老子之后有申韩,看申韩与老子道甚悬绝,然其原乃自老子来"。而现代学者钱穆,更是反复、系统地论证:"老子之所谓天道者,乃善胜善谋。你不叫它,它自会来。它像似不在防你,你却逃不掉。此其可怕为何如乎?""《老子》书中圣人之可怕,首在其存心之不仁,又在其窥破了天道,于是有圣人之权术","亦即是圣人之不仁与可怕也"。接下来他又说,"《老子》书既重人事,故其言天道,亦常偏就近人事者言之","此乃完全在人事利害得失上着眼,完全在应付权谋上打算也"。这样一来,老子也便成了名副其实的阴谋家。应该说,这种看法并不是个别的,在社会上流传甚广,影响颇大。

研索其成因,有不同情况:一般地讲,《老子》一书使用的是古代汉语,是以先秦口语为基础而形成的上古汉语书面语言,许多重要的概念、词汇、文字简古,可说句句都是警语格言,只是把结论神秘兮兮地亮了出来,而未做背景交代,前后也缺乏紧密联系,原本就比较模糊,加上词义在不断变化,有些词当时与后来意义完全不同,容易遭人曲解、误读。而有些后学,望文生义,混淆了一些语词的界限,如智谋与权谋、机智与机心、智慧与智术,这样也就认同、附和了某些有意曲解的论断。属于"下士闻道"的我,也正是如此,曾一度把老子的智慧目为"君人南面之术"。特殊地说,一些论者出于学术流派纷争或者政治需要,有的想要借助老子的声名,拉他的"大旗";有的则抱持排挤异己的目的,断章取义,各取所需,总之都是把他当作为己所用的政治工具。如同太史公所言:"世之学老子者则绌(黜)儒学,儒学亦绌老子。'道不同不相为谋',岂谓是邪?"

针对老子属于阴谋家或具有权诈思想的说法,从汉代开始,即有人进行辩驳。西汉布衣思想家、精研老庄之学的严遵,曾就《老子》三十六章中几个对应的语句,率先指出:"实者反虚,明者反晦,盛者反衰,张者反弛,此物之性,自然之理也。"而南宋的范应元在讲过类似的道理之后,则明确断言:"或者以数句为权谋之术,非也。"

关于此桩公案,明代学者据实辩驳者尤多。如号称"西原先生"的薛蕙曾说:"此章(三十六章)首明物盛则衰之理,次言刚强之不如柔弱,末则因戒人之不可用刚也。岂诚权诈之术?夫仁义圣智,老子且犹病(不满、责备)之,况权诈乎!……谓老子为权数之学,是亲犯其所禁,而复为书以教人,必不然矣!"徐学谟说:"按此章解者纷纷,宋儒以'固'作'故'(共四处),既不得其字义,而乃指之为权谋,诬矣!"说到"诬",性质就严重了,不只是误,且有诬陷之嫌。还有洪应绍的论辩也很有特点,他引证《周易》中的"尺蠖之屈,以求信(伸)也。龙蛇之蛰,以存身也",指出,此"与老圣之言,正互相发。盖循环往复,天之道,物之理,人之事,无不皆然。唯早知之士,于其固然,知其将然,在张知翕,在强知弱"。

综合上述翔实论证,最后可以得出明确的结论:"老子绝非阴谋家","老子思想可说没有一点儿权谋诈术的成分在内,老子是最反对机智巧诈的","他整本书没有一句话是含有阴谋思想的"。对于陈鼓应的这番话,我是深表赞同的。

2

作为哲学经典,《老子》的研究、诠释,属于人文学科的范畴,思维方式是非实证的;但是,我们不能因此而把它的价值导向性与科学性对立起来,忽视对于认识主体的翔实性、准确性的阐释。为此,我在解读《老子》的过程中,可说是兢兢以求,克勤克谨,唯恐有所错漏。首要一条,或者说关键性环节,在于明"道"。亦即运用古人所倡导的"辨名析理"(分辨、剖析一个名词、一个概念所蕴含的意义)的方法,从本体论、认识论的高度,力求弄清"道"的基本意蕴,为准确理解这部博大精深、体现着人类至高智慧的哲学著作,奠定思想理论根基。

《老子》一书以"道"为总纲,"道"是老子思想体系的核心,天地万物的存在本根,即所谓的"道者,万物之奥"(六十二章)、"万物之宗"(四章)。"道"这一带有根本性的理念,具有世界总规律的意义。可以说,老子整个哲学系统的理论基础,就是构建在"道"这个观念之上的。它所要把握的不是存在于特定时空中的一个个特定事物,而是宇宙人生和普遍原理。

老子之道,实际是形上性与实存性的统一。《老子》所指称的"道德",不同于现代所说的仁义道德的概念,"道"是指宇宙世界所遵循的秩序和规律,而"德"则是对"道"的运用和表现。"道"是基本原理,"德"是实际运用。学者杨国荣指出:"《老子》对形而上的问题表现出更为浓厚的兴趣:以'道'的辨析作为全书的出发点,一开始便展示了一种形而上的视域。而在老子哲学的展开过程中,我们确实可以一再看到对形而上问题的追问和沉思。"

老子明确认为,"道"是独立于整个自然界之外、超越时空的观念,或曰绝对精神。"道之为物,唯恍唯惚"(二十一章)。何谓"恍惚"?"无状之状,无象之象,是谓恍惚"(十四章)。这样,对于它的认知,就很难仅仅通过经验知识的积累来实现,而只能超越于现象之域和感性规定,给人以虚无缥缈、茫然恍惚的感觉。

实际上,"'道'只是概念上的存在而已,'道'所具有的一切特性的描写,都是老子所预设的","我们不能从存在的观点来处理它"。陈鼓应在阐述了上述观点之后,紧接着又郑重指出,我们绝对不能由此而认为它只是一场"概念游戏"。在老子看来,这个"道"又是真实存在的,"其中有象(迹象)""其中有物(实物)""其中有精(形体内在的精气神)""其中有信(可验证的信息)"(二十一章),说明了老子的"道"是一个实有的存在体;而且有其不同的蕴涵,有的指形而上的实存者,有的指一种规律(如对立转化、循环运动),有的指人生的一种准则、指标或典范。含义虽然不同,却又可以相互贯通,联系起来。一当形而上的"道",如"仙女下凡",落实而成为人生准则,那它所产生的价值就非同小可了。由此可见,老子的"道"是与人生密切结合的。就是说,老子反复讲"道"的恍惚无凭,"视之不见""听之不闻""搏之不得""不可致诘"(十四章);但是,"兴发于此而义归于彼",他所真正着意、时刻在念的,还是人生与政治的问题。这也许和老子所处的春秋晚期,全盛于殷商、西周时代的天道观已经式微,"天人"关系出现了新的变化,从重视天道转而为重视人事,以民为本的思想越来越突出,是有直接关系的。

关于人生,老子总是企图将"个我"从现实世界的拘泥中超拔出来,将人的精神生命不断地向上推展、向前延伸,以与宇宙精神相契合,尔后从宇宙的规模上来把握人的存在,并且来提升人的存在。关于政治,他以悲天悯人的博大情怀,一面呼吁"自然无为",主张为政不能扰民;一面鞭挞统治者横征暴敛,诛求无限的恶行。

这里举出一个谈天道而关涉人事的典型事例。老子在七十七章讲"天人之道",说:"天之道其犹张弓与(欤)？高者抑之,下者举之;有余者损之,不足者补之。天之道,损有余而补不足;人之道则不然,损不足以奉有余。"老子出于对自然界和人类社会的深入观察,提出了一个极为精辟、独到的法则,它有强烈的现实针对性。他生活其间的春秋晚期,互相兼并,弱肉强食,竞争激烈。"损不足以奉有余"(在西方则表现为《圣经·马太福音》中的"马太效应"),最终受难的还是普通民众。当代学者张松如在《老子校读》一书中指出:"老子把他从自然界得来的这种直观的认识,运用到人类社会,面对当时社会的贫富对立、阶级压迫的不合理现实,他认为'人之道'也应该像好比张弓的'天之道'那样,'高者抑之,下者举之,有余者损之,不足者补之'。这是他的主张,他的愿望。可是,现实怎么样呢？现实是'人之道则不然,损不足以奉有余'。"

这样,就提出了一个问题:既然"道"是《老子》全书的核心理念,老子的整个哲学系统,都是围绕"道"来铺排、展开的,那么,展开过程中是不是还有一个纵贯全书的线索可循呢？根据多年来对《老子》这部书和老子政治哲学思想的学习、研究,我感到其间确实有一条贯穿始终的红线,那就是"法自然"(二十五章)、"为无为"(六十三章)、"柔胜刚"(七十八章),可以概括为自然无为、守柔处下。抓住这条红线,理解老子的哲学思想和价值观念,就能纲举目张,"红线穿珠",收到牵一发而动全身的效果。

老子的"道法自然",富有开创性。"道"在《老子》一书中,出现了七十三次。其本义,原为大路,而在老子这里,成了"周行天地万物之中,生于天地万物之先,又却是天地万物的本源"。正如现代学者胡适说,"老子的最大功劳,在于超出天地万物之外,别假设一个'道'"。而"自然"二字,也并非实指客观存在的自然界;它在这里是一个形容词,不再是名词。老子创造"自然"这一词汇,是用以表明与"人为"相对立的自然而然、自然天成,亦即事物的天然本性。在这里,"'道'以它自己的状况为依据,以它内在的原因决定了本身的存在和运动,而不必靠外在其他的原因",从而"推翻了神的创造说与主宰说,这在人类思想史上,迈进了一大步"(陈鼓应语)。

明确这一点非常重要。既然提倡纯任自然、自然而然,既然事物本身就具有潜在性与可能性,无须外在附加,不必依靠外在因素,倡导"无为"也好,"尚柔""处下""守静"也好,就都有了充分的理由、必然的基础、足够的理论支撑。

老子的"无为"有其本体论的根据,这就是"道"。在"道"的统领下,有两句最关紧要的话:"道法自然""道常无为而无不为"(三十七章)相生相发,相辅相成——"自然"与"无为"是两个命题不一、情态有别而精神内涵高度统一的概念。"自然"是讲一种状态,意为没有丝毫勉强而任其自由舒展;"无为"是讲一种取向,处事中完全顺应自然,而决不强作妄为。

有人也许认为,既然这个"无为"是针对那种"反自然"的恶劣行为提出来的,那么它就是不干事、不作为或无所作为了。这种望文生义的理解,是一种严重的误读与曲解。不要忘了"无为"的后面还有"而无不为"四个字。

"就地卧倒",啥也不干,并不符合老子的初心。他的实际意思,是说不妄为,顺任自然而不加以胡乱干预。学者刘清平指出:"老子明确提出了'道常无为而无不为'这一著名命题,从而使他指认的'道'依然浸润着'为'的深度意蕴。结果,通过这一界定,老子不仅试图从'为'的视角解说'道',而且力求从'道'的高度关注'为',从而在中国哲学史上第一次把'为'从一个普通的字词提升为一个具有重要意义的基本哲学范畴";"由此可见,在老子哲学中,具有否定性内涵的'无为',并不是断然主张根本不去从事任何创造制作活动(因为'道'毕竟能够'生'万物),而是旨在要求无目的、无意图地从事创造制作活动;至于具有否定之否定意蕴的'无不为',也不是简单地肯定有目的、有意图地从事创造制作活动,而是着重强调了合目的、合意图地从事一切创造制作活动"。

所谓"无为而治",是指按照"道"的法则,遵循规律,自然而然,因势利导,"处无为之事,行不言之教"(二章),让人民去自我发展、自我完成。用老子的话说:"故圣人云:我无为,而民自化;我好静,而民自正;我无事,而民自富;我无欲,而民自朴。"(五十七章)接下来他又说,"以辅万物之自然而不敢为",意思是,以辅助万物的自然变化而不加以干预。道理在于,"为者败之,执者失之。是以圣人无为故无败,无执故无失",意思是,强作妄为就会败事,执意把持就会失去。正是由于圣人不妄为,所以不会败事,不把持也就不会丧失(均见六十四章)。这样我们就可以直接得出结论:与"无为"直接联系着的,是不能逞雄强、肆贪欲、狂乱躁动,必须尚柔、守静。

在顺应自然、"无为而治"方面,老子和孔子存在着显著的区别。孔子抱有强烈的社会责任感与使命感,刚健有为,自强不息,"知其不可而为之",最后,"吾道不行""累累如丧家之犬"。这在老子是绝对不可想象的。还是那句话,"两股道上跑的车""道不同不相为谋"。

老子有"柔弱胜刚强"(三十六章)、"弱者道之用(道,以弱为用)"(四十章)之说,乍看不太好理解。其实,这里讲的是势之必然的辩证法。物极必反,月盈则亏,水满则溢,事物向相反方向发展。所以他说,"兵强则灭,木强则折"(七十六章),意思是,用兵逞强就会遭致灭亡,树木强大就会遭致砍伐。在老子看来,恃强凌弱,乃兵家之大忌,所谓"强梁者不得其死"(四十二章)。两军对阵,兵力占优势一方,往往恃强而骄,疏于应对,最后遭致惨败。"淝水之战"中,拥有绝对优势的前秦苻坚,傲慢至极,说:"区区长江天险算什么?我拥有百万大军,只要我一声令下,叫士兵们把皮鞭投入长江,足可使江水断流!"最后,竟败给了训练有素的八万东晋军队,苻坚本人受伤,全军溃败,竟到"风声鹤唳,草木皆兵"的地步。而从事物的客观现象来考察,也莫不如此,老子说,"天下莫柔弱于水,而攻坚强者莫之能胜"(七十八章),所谓"水滴石穿"是也;"人之生也柔弱(活着时身体柔软),其死也坚强(死时变得僵硬);草木之生也柔脆(柔嫩),其死也枯槁。故坚强者死之徒(同类),柔弱者生之徒"(七十六章)。

应该说,老子倡导因物性、顺自然、决不肆意妄为,有其鲜明而强烈的现实针对性,亦即面对统治者恣意扩张一己的占有欲,大肆掠夺社会、自然财富,人民的生命本真状态与合理生存状态遭致严重的破坏,他着眼于人与自然的紧张关系,从理论的高度,忠告为政者不要把自己的主观意志强加于自然之上和生活其间的社会环境之中,应该对"反自然"的后果进行痛彻反省。而他的痛心疾首,大声疾呼"尚柔""守雌""不争""处下",强调"生而不有""为而不恃""知足知止""去甚、去奢、去泰",都是着眼于解决人与社会、人与自身的紧张关系,缓和人类社会冲突,缓和心理矛盾,优化世间的生活形态与心理样态。

老子生活在春秋末期,当时社会矛盾激化、人性异化、生态环境恶化的严重程度,根本无法同今天世界范围内人类生存环境的大破坏、传统的过度流失、人类本性的摧残,所引发的时代危机、社会弊端、人类困境相比,可是,他竟能慧眼独具地发现"人之迷,其日固久"(五十八章),提出了一系列尖锐课题与应对措施,可见其惊人的预见性、高度的政治敏感性与强烈的悯时救世之心。

我们不能不对这位先知感到由衷的钦佩,进而从其思想中汲取丰富的滋养,作为克服金钱至上、功利主义、物欲膨胀、环境破坏等时代疾患的借鉴,作为建构和谐社会、确立核心价值、提升精神境界的宝贵资源。

要深入理解、准确鉴别老子的思想和观念,在对原著的解读、研索过程中,需要把握两个关键环节:一是,转变传统的思维方式,按照辩证思维思考问题;二是,认真鉴别、吸纳诸家诠释及评点意见。

3

现代史学家范文澜在《中国通史》中有这样一段话:"老子是有极大智慧的古代哲学家。他观察了自然方面天地以至万物变化的情况,他观察了社会方面历史的、政治的、人事的成与败、存与亡、祸与福。在古代哲学家中,老子确是杰出的无与伦比的伟大哲学家。"老子思想不仅对我国古代的治国理政、经济管理、军事对抗、文化教育、道德伦理、修身养性、人际交往等各个方面都产生了广泛而深远的影响,而且作为文化基因,渗透到中华民族的生存方式、生活方式和思维方式之中,影响着中国人的世界观、人生观、价值观、审美观,为每个人的人生以至民族整体的发展提供智慧的源泉。

老子的智慧同人生的各个方面,诸如命运、生存、事业、生命、日常,都有直接的联系。大别之,也可以从政治与生活两个方面加以梳理。但正是由于它们都是属于人生范畴,所以,有一些也很难分得清楚。

诸如——

"以正(清静之道)治国,以奇(奇诡、出其不意)用兵,以无事取天下(指得民心)。"(五十七章)

"太上,下知有之(最好的世代,人民只是感觉到统治者的存在);其次,亲而誉之(人民亲近他、赞美他);其次,畏之;其次,侮(慢)之。信不足焉,有不信焉(上面诚信不足,人民自然不信任他)。"(十七章)

"圣人处无为之事,行不言之教。"(二章)

"知者不言,言者不知。"(五十六章)可有两解:一是,知道的人不多说话,多话的人不知道;二是,两个"知"都作"智",解为:有智慧的人是不多言说的,多话的人不是智者。"不言",意味着"行不言之教"。

"我有'三宝',持(守)而保(全)之:一曰慈(爱),二曰(节)俭,三曰不敢为天下先。"(六十七章)

"治人、事天(这里指身性),莫若啬(啬,节俭、爱惜,这里指爱惜精力)。"(五十九章)

"希言自然(少发教令,是合于自然的)。故飘风不终朝(狂风刮不到一个早晨),骤雨不终日。孰为此者(谁使它这样的)?天地。天地尚不能久,而况于人乎?"(六十三章)在这里,"飘风骤雨"喻暴政之鞭策百姓、赋税劳役。

"五色令人目盲;五音令人耳聋;五味令人口爽;驰骋畋猎,令人心发狂;难得之货,令人行妨。是以圣人为腹不为目,故去彼取此。"(十二章)大意是:缤纷的色彩使人眼花缭乱;嘈杂的音声使人听觉失灵;浓汁厚味使人胃口败坏;跑马射猎,使人心思放荡狂躁;珍稀的物品,引诱人行为不轨。因此,有道之人但求安饱,而把声色、感官之娱弃置一旁,有所取舍。

"不贵(珍视)难得之货(财物),使民不为盗(不生盗心);不见可欲(不显耀可贪的财物),使民心不乱。"(三章)

"生(生养万物)而不有(据为己有),为而不恃(自恃其能),功成而弗居(不居功)。"(二章)

"祸莫大于不知足,咎(过错)莫大于欲得。故知足之足,常足矣(所以懂得满足的这种满足,将是永远的满足)。"(四十六章)

"祸莫大于轻敌,轻敌几丧吾宝。"(六十九章)

"祸兮,福之所倚;福兮,祸之所伏。"(五十八章)

"抗兵相若(兵力对等),哀者(指由受压迫而悲愤抵抗之师)胜矣。"(六十九章)

"吾所以有大患者,为吾有身。及吾无身,吾有何患?"(十三章)

"故贵以贱为本,高以下为基。是以侯王自称孤、寡、不谷(都是谦卑自抑之词。不谷,意为不善)。"(三十九章)本意在于:为政者要能谦卑、处下,才能得民心,基础牢。

"大方无隅,大器晚成,大音希声,大象无形。"(四十一章)最方正的好像没有棱角,贵重的器物总是最后完成,最宏大的乐声听来反而没有声响,最高大的形象反而不现形迹。这里的"大",应作高超、美妙理解。其效用体现于内在,而不是外炫,所以一般人不易觉察。

"曲则全,枉则直,洼则盈,敝则新,少则得,多则惑。"(二十二章)

"企者不立,跨者不行;自见者不明,自是者不彰;自伐者无功,自矜者不长。"(二十四章)踮起脚尖站不牢,跨步前行走不远;自呈己见反而难以自明,自以为是反而不得彰显;自我夸耀反而不能见功,自高自大反而难以长进。

"夫唯不争,故天下莫能与之争。"(二十二章)

"知其雄,守其雌,为天下溪。"(二十八章)

"知足不辱,知止不殆,可以长久。"(四十四章)

"信言不美,美言不信;善者不辩,辩者不善。"(八十一章)真话、由衷之言未必华美,华美之言,亦即巧言,未必真实;行为良善的人不巧辩,巧辩的人不良善。

············

研究分析老子的智慧,发现有如下几个特点:

一是会通性。近代启蒙思想家严复说,老子乃"阅世久而富于经验之人也。其所言,悉得于天道、人事、物理之会通。吾国哲学之滥觞也"。这种会通,从三个层次表现为自然与社会相互贯通:由天道推演人事,从宏观出发在微观中做多方面的展示,从形而上的思考落实到人生与政治的层面。中国古人的一切学问,都是为人生的,所谓"道不远人"。比较典型的是老子的生态智慧。老子认为,"万物得一(道)而生"(三十九章)。包括人在内,天地万物是一个相互联系的整体,"道"是天地万物的根源与基础。与此相关联,是"道法自然",即"道"的本质是自然的,纯任自然,自然而然,

"自己如此";否认人是自然之主宰,否认人的行为独立于自然之外,反对人随意摧毁自然生态,肆意妄为。这就为保护自然生态提供了理论支撑,同时又以"自然无为"——顺其自然而不加以强作妄为,作为行动的指南。为此,英国科学家李约瑟把这种行为方式,解释为"抑制违反自然的行动"。

二是超越性。一般来说,号称"知识之王"的智慧,是在知识与经验基础之上升华出来的。但它与知识、经验并不完全一样,从本质上看,智慧超越了它们所具有的限度与层次。比如,二十七章讲:"圣人常善救人,故无弃人;常善救物,故无弃物。是谓袭明。故善人者,不善人之师;不善人者,善人之资。不贵其师,不爱其资,虽智大迷,是谓要妙。"说的是,有道之人总是能够做到人尽其才,所以没有人被遗弃;总是能够做到物尽其用,所以没有物被废弃。这就是因顺常道(袭明)。所以,善人可以作为不善的人的老师,不善的人可以成为善人的借鉴。如果不尊重这一老师,不珍视这种借鉴,虽然看似聪明,实际是愚迷无比。这真是精深道理("要妙")。

"不贵难得之货,使民不为盗。"(三章)在老子看来,世间根本就没有什么真正宝贵的东西,自然也就没有什么值得向往和拥有的"可欲"之物。在老子看来,一切稀奇珍宝,一切你以为值得"贵""尚""显"的东西,都不是真正的存在,而是人心自己的定义,或曰幻想与自恋。老子就这样看破了人间的一切把戏、一切幻相,并善意地提醒我们:头脑要清醒,千万不要被自己制造出来的概念蒙骗。

三是规律性。老子独具一双犀利的眼睛,善于从自然和社会的发展变化、成败得失中,总结正反两方面的经验,在此基础上上升为规律性的认识。这方面的例证,随便就可以举出很多。如"为学日益,为道日损。损之又损,以至于无为"(四十八章),说的是:求学一天比一天增加知识积累,为道一天比一天减少智巧;减少又减少,一直到"无为"的境地。冯友兰指出:"所损所益,并不是一个方面的事。日损,指的是欲望、情感之类;日益,指的是积累知识的问题。这两者并不矛盾,用我的话说,为道所得的是一种精神境界,为学所得的是知识的积累。"再如:"民之从事,常于几成而败之

(一般人做事，常常在快要成功的时候遭致失败，所谓功败垂成）。慎终如始，则无败事。"（六十四章）再如："轻诺必寡信，多易必多难（轻易应承的难免会失信，把事情看得太容易，必然遭遇更多的困难）"（六十三章）；"甚爱必大费，多藏必厚亡（爱名过甚，必将大耗精神；藏货过多，必将遭致惨重损失）"（四十四章）。

四是辩证性。老子运用辩证思维，把事物看成是彼此对立、相互依存，并且不断向反面转化的两个方面。他说："有无相生，难易相成，长短相形，高下相倾。""祸兮，福之所倚；福兮，祸之所伏。""曲则全，枉则直。""兵强则灭，木强则折。"他的一些说法，看似与常识背反，实际上，恰是反映了一种独到见解、超常智慧。如他说，"后其身而身先，外其身而身存。非以其无私邪？故能成其私"（七章），其本义是讲，见到利益，先人后己，就能赢得人民的爱戴；遭遇祸患，如果能把生命置之度外，由于受到众人的拥挤、爱戴反而自身可以得到保全。这不正是由于他无私吗？所以能成就自己的大业。

五是形象性。作为经验的升华、理性的超越，老子的智慧极具形而上的品格，加之用语的简古、表达方式的诡异，人们一般的印象是：老子的智慧是虚无缥缈、难以捉摸的。实际上，并不尽然。这里举几个实例："治大国若烹小鲜"（六十章），"小鲜"就是小鱼。老子在这里用"烹小鲜"来比喻治理大国之道，说明治国理政必须遵从社会、自然秩序，不可恣肆妄为、随意变动、朝令夕改、胡乱折腾；否则，就会引发社会动乱。关于这一论述，唐玄宗在《御注道德真经》中有这样一段话："烹小鲜者不可挠，治大国者不可烦。烦则人劳，挠则鱼烂矣。"再如，"水善利万物而不争，处众人之所恶，故几（接近）于道矣"（八章）。还有，"江海之所以能为百谷王者，以其善下之，故能为百谷王"（六十六章）。这些论断，都分别是老子的"无为而治"、尚柔处下思想的形象注解，十分生动、形象。再如，老子说的，"天下难事，必作于易；天下大事，必作于细"（六十三章）；"九层之台，起于累土；千里之行，始于足下"（六十四章）。都是从生活实际出发，既通俗易懂又便于操作。

解悟《老子》，我时刻警戒自己，切不要把原初鲜活的精神生命，变成了凝固的古典知识。当代学者傅佩荣有一段精确的阐释："老子说：'吾言甚易知，甚易行。天下莫能知，莫能行。'为什么老子认为自己的说法容易实践，但是天下人却没有办法了解，也没有办法实践呢？答案是：老子的智慧太高了。'智慧'，其实无所谓高低，它像是一道门槛，只有跨过去与跨不过去的问题。一旦跨过去就觉悟了，就豁然开朗。从此月白风清，无所滞碍，可以解脱自在，也可以逍遥自得。庄子的表现不正是如此吗？"

说过了老子智慧的特点，我们再从广义上弄清楚"何为智慧"这一学术课题。"智慧"一词，据说是由两千五百年前的古希腊人创造的，按其本义而言，乃是指爱智慧、追求智慧、追求真理而言。在中国古代典籍中，最先是以"智"（知）的形态出现的。属于一种高级的综合能力，包含感知、知识、记忆、理解、联想、情感、逻辑、辨别、计算、分析、判断、决定等多种能力，其认知对象应是社会、宇宙、人生，过去、现时、将来，可说是无所不包。现今传世的号称"经典中的经典"，像儒家的《论语》、法家的《韩非子》、释家的《般若波罗蜜多心经》（略称《心经》，仅仅二百六十八字），还有所谓"三玄"（《周易》《老子》《庄子》），都因其有着巨大的精神内涵，得以万古传扬、长盛不衰。

智慧有别于知识。人们通常说，学习是为了获取知识。自从16世纪培根提出"知识就是力量"后，人们公认知识决定高度，知识改变命运，知识是权力的基础和财富的源泉，这无疑是正确的；但不能由此而忽略了知识与智慧的差别。知识是人类对有限认识的理解与掌握；智慧是一种领悟，是对无限和永恒的理解和推论。有知识不等于有智慧，一个人可能"学富五车"，但他不一定是智慧之人，因为他完全可能无数次地重复人家的思想，自己却疏于思考，不去探究，更不会有所发现、有所发明；而智者，不能只看他掌握知识的多少，更重要的是要考察其灵性、悟性。知识是学习的积累，终归有限；智慧是富于创造性的，可以展望无限。"知识"是死的，"智慧"是活的；知识只有转化为智慧，才能显示出它的真正价值，否则过于密集的知识有时还会成为身心发展的沉重负担。大部分知识都是专门的,是关于某一领域、某一科目、某一程序、某种思想方法、某一价值标准等方面的认识;知识再进展一步,就成了思想观念、价值准则、规律性的认识。各种具体知识之间很难会通,但当它上升为思想意识层面,从中获得理念和感悟,就可以豁然贯通。所谓规律、智慧,正是这种知识与思想观念的升华,是由死变活、经过转化的知识与思想,是起统领作用的。

中华民族优秀的传统文化,集人生智慧之大成。我们应该通过读书学习的方式,发掘并弘扬这些文化瑰宝,汲取丰富的精神资源,掌握博大精深的传统思想文化精髓和具有普遍性、前瞻性的中华智慧,从而增强理论自信、文化自信,充满活力,奋发向上。通过读书学习,学会正确处理人与自然的关系,既顺应自然、尊重自然,又有所作为;研究人与人之间关系的定位取舍,实现人际和谐,相互信任,最终达到社会稳定、有序发展的共同要求;关注人与自我的关系,正确地认识自我、对待自我、提升自我,消除不良心态,达致精神平衡的理想境界。

4

老子与孔子不同,孔子有那么多的弟子,有直接的传承人;而他,则是少得可怜,近乎"茕茕孑立,形影相吊"了。能够数得出来的,只有一个出生于战国中期、相隔近二百年(学界一般认为老子出生于公元前570年左右,庄子为前369年)的庄子。按照司马迁的说法,"其要本归于老子之言"。庄子也确实在《庚桑楚》《在宥》《天运》《天道》《知北游》等篇中,共二十一处讲到老子,多处直接征引老子的言论,并记述这位前辈以先知、导师的身份出现在孔夫子面前,同时"剽剥儒、墨","作《渔父》《盗跖》《胠箧》,以诋訾孔子之徒,以明老子之术",足见其对于这位先师的推重。

老子与庄子,同为道家学派的大师、代表人物,老子被认为是道家学派的创始人,庄子则是道家学说的集大成者。他们有着基本上相同的道论、认识论、形而上学与辩证思维方式。学者崔大华做过如下的分析、概括：庄子和老子都是把"道"作为一种超越人的感性经验之上的宇宙万物最后根源来理解的。老子把"道"看作世界万物的本原，最先使之具有了客观实体的意义；庄子继承了这一思想理论，并做了进一步的发展。如果说，老子思考的重心，是对天道、世道、人道做全面的终极的理解；那么，到了庄子那里，则侧重于探寻无待、无恃的自由境界，解除人为的桎梏，实现心灵的超越。老子之道，是外在客观的，着眼于对天地之母、万物之始的探询；庄子在承认道是其他一切存在的源头的同时，又把它引申到人生方面，更多地关注于"人间世"，包括对于人的生存困境、多舛命运、苦难现实、心灵安顿的思考，以求寻觅一条通向精神解脱的道路。老、庄都认为，世界产生于无目的性、无意识性、非人格化、非主宰性的"道"，而否定上帝创造世界的说法。在这里，"'道'以它自己的状况为依据，以它内在的原因决定了本身的存在和运动，而不必靠外在其他的原因"，从而"推翻了神的创造说与主宰说，这在人类思想史上，迈进了一大步"（陈鼓应语）。在哲学思想的基本内涵、基本特征方面，老、庄二人虽然相同或者相近，但是，由于所处时代、社会环境的不同，加之，个性、关注点、价值取向的差异，在体"道"的路径方面，则判然有别。老子着眼于入世，谈的多是与政治相关的入世之道；庄子反是，着眼于精神自由、思想解放，更多的是思考人生。老子号称"隐君子"，却仍然不能忘情于"天下"，八十一章中竟有二十九章，多达六十一次谈到，看得出来他对"天下"的无比热衷；庄子则不然，真正看重的是个人的"性命之情"，追求个人精神逍遥自适之"天乐"，"独与天地精神往来"。鲁迅先生在《汉文学史纲要》中说："自史迁以来，均谓（庄）周之要本，归于老子之言。然老子尚欲言有无，别修短，知白黑，而措意于天下；周则欲并有无修短白黑而一之，以大归于'浑沌'，其'不遣是非''外死生''无终始'，胥此意也。中国出世之说，至此而始圆备。"

老子、庄子既是伟大的哲学家，又都是高超的语言艺术大师。他们同放异彩，又各极其妙，各有千秋，前后二百年间，雄踞于中州大地，闪射着奇异的光辉。《文心雕龙》有言:"老子疾伪,故称'美言不信';而五千精妙,则非弃美矣。"《老子》一书,语言具有韵文体的特征,整齐简洁,辞格丰赡,句式灵活,上下对应,读来朗朗上口,又富有玄妙的哲思理趣,特别适合诵读。《庄子》文本最大的特点,是在哲理之外闪烁着浪漫的诗性风采。作者的想象力,如凌空而至,变幻无常,令人目眩神迷,魂摇魄荡。清人刘凤苞说:"庄子嬉笑怒骂,皆成文章,举世悠悠,借此以消遣岁月,浇尽胸中块垒矣。"

应该说,道家哲学占据着三个制高点:一是居于上古巨人时代的峰值位置,既标志着人类意识的大觉醒,更参与实现了人类文明的重大突破;二是其伟大的智慧、高远的境界,从宏观现实出发,基于人的本性和人类共时处境的思考所提出的卓越思想以及追求自由精神,防止和克服人性的异化——这些都具有跨地域、跨时代的普遍价值;三是生命力的持久,它们不依托于社会的政治经济结构,也不受地域、种族的限制,因而不会随时随地而改变。作为体现人类最高智慧的结晶,可以帮助世人从东方古老的智慧中寻求现代的灵感;特别是围绕人与自然、人与社会、人与自我的关系问题,提供了解决现代所面临的一系列世界性课题的有效途径。

研读《老子》过程中,我集中思考了关于经典的问题。何为经典呢?"经典"二字原应是很庄严、很神圣的,从字面上理解,"经",有经常、恒久之义;"典",就是可以作为学习、仿效的标准而起示范作用的典型、模范。甲骨文字形,"典"的上面是"册"字,下面是"大"字,本义当是指重大的文献、典籍。"经典"两个字合在一起,就是通过历史选择、经得起时间考验的典范性、权威性的最有价值的作品。有一些往往被直接命名为"经",如中国的《易经》《诗经》《道德经》,域外的《圣经》《心经》《金刚经》等。学术界也把它们称为"元典"。

《老子》成书之后,评点、论证的著作,至今大约达两千余种之多。自从唐代玄奘法师首次将《老子》译成梵文,传播到印度等国之后,近代外文译本已有近五百种,涉及三四十种语言。数量之多,传播之广,影响之大,在西方仅次于《圣经》。

德国哲学家黑格尔、尼采对于老子也都推崇备至,他们分别说过,中国人"把认识'道'的各种形式看作是最高的学术……老子的著作最受世人景仰";老子《道德经》"像一个永不枯竭的井泉,满载宝藏,放下汲桶,唾手可得"。美籍华裔数学家陈省身1943年在美国普林斯顿大学做研究期间,结识了爱因斯坦,还被邀请到他家里做客。陈省身回忆道:"爱因斯坦书架上的书并不太多,但有一本书很吸引我,是老子《道德经》的德文译本。西方有思想的科学家,大多喜欢老庄哲学,崇尚道法自然。"在世界范围内,《老子》一书"有如一道洪流,离开它的源头愈远,它就膨胀得愈大"(黑格尔语)。

经典诚然是由个人独特的世界观和不可重复的创造力产生的;但它所回答的问题、突显的智慧,却以其卓绝的预见性、前瞻性,立足于整个人类丰厚的文化积淀和人性内涵之上,提出一些人类精神生活中的根本性问题,而成为民族以至整个人类的象征性符号和共同性经典,发挥其左右人们思维方式、规范人们价值取向、决定人们灵魂归宿的特殊作用。《老子》中关于"道"以及围绕着这一核心所展开的"道法自然""道通为一""道常无为而无不为",以及"天之道"与"人之道"等论述,都属原创性的、独一无二的。虽然《老子》只有五千言,就其精神内涵的高度凝缩、智慧含量的超强密集来说,真是举世无与伦比,以至空前绝后。所以《老子》一书被誉为"经典中的经典"。

老子作为中国哲学的始祖、道家学派的创始人,"老学"作为中国古代思想的重要遗产,在哲学、政治、人生诸方面,都曾发生过积极的或消极的重大影响。老子身后,有一批道家后学,庄子为集其大成者;道家学派的"黄老之学",曾利用老子的"道"缔造自己的学说体系。儒家学派的创始人孔子,曾问礼于老子,以后的子思、孟子也深受老子"天道观"影响。纵横家、阴阳家,特别是法家,都从多方面利用和改造老子的思想,广泛吸收其营养。而老子的辩证法思想,在政治、人生和军事战略战术的运用方面尤为突出,以至《老子》一书被称为"救世之书"与"兵书"。为此,现代史学家吕思勉指出："道家之学，实为诸家之纲领；诸家皆专明一节之用，道家则总揽其全。"英国科学史家李约瑟也曾说过："中国人的特性（性格）中，很多最吸引人的地方，都来自道家的传统。"

5

按照现代阐释学和接受美学所讲的，文本本身都是开放性的，在不同时代、不同解读对象面前，存在着阐释的多样性与理解的差异性。对于《老子》这样体系博大而庞杂，举凡自然、社会、人的精神世界几乎无所不包，而且，言简义深，高度浓缩，历时久远，这样它的开放性、多元性也就成为必然的了。

正是源于开放性、多元性，意大利作家卡尔维诺说，经典作品是那些你经常听人家说"我正在重读……"而不是"我正在读……"的书，是一本每次重读都好像初读那样带来发现的书，是一本即使我们初读也好像是在重温我们以前读过的东西的书，是一本从不会耗尽它要向读者说的一切东西的书。经典总是常读常新，即使是第一次阅读也有重读般的温暖，但你永远读不透它。

研习古代经典，前辈学人积累了大量成功的经验。比如，久驰盛誉、广泛流传的宋人苏轼的"八面受敌读书法"。元人陈秀明《东坡文谈录》中记载："东坡与王郎书云：'少年为学，每一书作数次读，当如入海，百货皆有，人不能兼求之——如欲求古今兴亡治乱、圣贤作用，且只作此意求之，勿生余念；事迹、文物之类，又别一次求，他皆仿此。若学成，八面受敌，与涉猎者不可同日语。"这里的重点，一是强调反复研读，"每一书作数次读"；二是强调定向攻关，目标专注，每次"且只作此意求之，勿生余念"；三是强调集中兵力打歼灭战，各个击破。像《孙子兵法》中所说的，对敌作战，切忌八面出击，而应集中优势兵力，以众击寡。东坡居士以读《汉书》为例，说他不是泛读，不是涉猎，而是列出治道、人物、地理、官制、兵法、财贷等若干方面,每读一遍,都是重点研究一个方面的问题,这样,从不同角度,分进合击,各个击破。此法看似愚钝,实则最是管用。

南宋理学家陆九渊则是强调"涵泳工夫"(意为沉浸书中,涵咀义蕴,细细品味,慢慢消化),他有一首告诫后学的七绝:"读书切戒在慌忙,涵泳工夫兴味长。未晓不妨权放过,切身须要急思量。"说的是,读书时切忌贪多求快,匆匆忙忙,一瞥而过;应该细细品味,反复揣摩、研索、鉴赏、比较,这样才能真正理解书中奥义,同时也能培养起审美的兴味与情趣,体会出文字中更多的妙处。读书固然不必求急,但若是关乎切身的事,那就需要尽快地思考了。至于不懂的地方,倒是不妨暂时放过,不必死死抠住不放;随着读书渐多,理解能力增强,难解之处自会逐渐理解。鲁迅也有类似的说法:"若是碰到疑问而只看那个地方,那么,无论到多久都不会懂。所以跳过去,再向前进,于是连以前的地方都明白了。"

对于"涵泳工夫",古人普遍重视,论述颇多。大学问家朱熹认为:"涵泳玩索,久之当自有见";"学者读书,须要致身正坐,缓视微吟,虚心涵泳,切己省察"。清代学者王夫之的经验是:"熟绎上下文,涵泳以求其立言之指(旨),则差别毕见矣。"晚清的曾国藩则说得更为生动形象:"涵泳二字……涵者,如春雨之润花,如清渠之溉稻","如鱼之游水,如人之濯足";"善读书者,须视书如水,而视此心如花、如稻、如鱼、如濯足,则'涵泳'二字,庶可得之于意言之表"。曾国藩教子读书有三条要求:第一,要读经典。他认为经典都是经历过时间考验的,其中的智慧、思想都是最值得后人学习与吸取的。第二,"一书不尽,不读新书"。这实际上就是涵泳、沉浸的读书法。第三,就是要培养个人的读书兴趣与方向。

谈到研习中国古代经典,还有一个原则性的问题,就是防止"以西释中"——按照西方哲学的概念、范畴、方法和理论,来梳理中国古代思想资源。当代哲学家张岱年强调指出:"求中国哲学系统,又最忌以西洋哲学的模式来套,而应常细心考察中国哲学之固有脉络。"当代学者余英时也曾痛切地说:"我们今天读中国书,最怕的是把西方的观念来穿凿附会,其结果是非驴非马,制造笑柄。我希望青年朋友有志于读古书的,最好是尽量先从中国旧传统中去求了解,不要急于用西方观念作新解。中西会通是学成之后,有了把握,才能尝试的事。即使你同时读《论语》和柏拉图的对话,也只能分别去了解其在原有文化系统中的相传旧义,不能马上想'合二为一'。我可以负责地说一句,20世纪以来,中国学人有关中国学术的著作,其最有价值的都是最少以西方观念作比附的。"

解读《老子》,必须回归原典,真正了解和把握"五千言"的精神要义、思想内容、逻辑体系、思维模式。只有从整体性上理解和把握,才能避免对这部经典做片面的解读。但是,不同于其他典籍的,是"五千言"中充满了精言警语,可说是句句珠玑。正是这些银丝金缕,织就了这部锦绣华章。可以说,每一字词句章中,都蕴含着博大精深的人文精神,值得我们精研细读。

且以"上善若水"一语为实例,这四个字却花费了我整整三天时间,包括阅读、思考、博览群书、搜索资料。这么说,有的学友可能不以为然——下这么大功夫有必要吗?我想说,就因为它是经典。朱熹曾自述他读《诗经》的经过:"某旧时看《诗》,数十家之说,一一都从头记得。……这一部《诗》并诸家解,都包在肚里。"而清代大学者戴震更厉害,不但"十三经"本文全能背诵,而且注也能背诵,只有疏不尽记得。本着对于前贤往哲"心向往之"的恂恂敬意,我研索"上善若水"一语,大体上分为三步。

先是精读原文,弄懂本义。这四个字出自《老子》八章:

> 上善若水(上善之人,其性如水)。水善利万物而不争,处众人之所恶(厌恶),故几(接近)于道。居善地(居处善于选择地方),心善渊(心胸善于保持沉静),与善仁(对人善于以诚相待),言善信(说话善于遵守信用),政善治(为政善于精简处理),事善能(处事善于发挥所长),动善时(动作善于把握时机)。夫唯不争,故无尤(罪过)。

我记着曾为《老子》做过注释的三国学者董遇的话:"读书百遍,而义自见。"朱熹也曾说过:"读书别无法,只管看,便是法。正如呆人相似,崖来崖去,自己却未先要立意见。且虚心,只管看。看来看去,自然晓得。"这似乎是最笨的方法,但其实是最聪明的方法。

对《老子》中这番话,我先是字斟句酌,反复思考,做出自己觉得满意的理解;然后,再对照陈鼓应《老子今注今译》中的注析加以校准。

再就是,旁征博采,扩展心胸,开阔思路。这个博采,包括对老子在其他几处对于水的论述,孔、孟、庄、荀与文子以及古希腊哲人的论述,进行对照、比较,从其见解的异同中,吸收精神养分;又从河上公、葛玄、王弼、苏辙、薛蕙和朱谦之、张松如、傅佩荣等近二十位古今学人的评析中,汲取养分,充实自己的认识。这里说个小例子:在解读"处众人之所恶"时,我特意查了《论语》中"子贡曰:'纣之不善,不如是之甚也。是以君子恶居下流,天下之恶皆归焉。'"这段话。一个是主动"处众人之所恶",一个是"恶居下流",观点尖锐对立,颇为有趣。

最后联系实际,得出结论,力求做创造性的转化。老子的名言兼具道德与智慧的双重意蕴。作为德性,这种品格表现为别人争抢的他不争,利泽万物,施不望报;别人厌恶的他肯处,居卑处下,净涤群秽,忍辱负重,尽其所能以利万物。作为智慧,正如苏辙在评论中所指出的:"有善(做好事)而不免于人非者,以其争也";"水唯不争,故兼'七善'而无尤"。老子观物取象,以象喻意,通过赞美水的"利万物而不争"的德性与智慧,倡导一种高尚的人格与可贵的担当,在思想道德、精神文明建设上,给予后世以丰富的教益和深远的影响。

第四篇

万世师表

I

话题从我在高校的一次讲学展开。

那是在沈阳师范大学中文系,讲座最后提问环节,一位研究生提问:"我读过先生的散文集《文在兹》,里面写了几十位中外历史上的文化名人,唯独没有孔子。可是,您在题记中分明说,这个书名源于《论语》。那么,我想了解一下:先生心中的这位'万世师表',是怎样的呢?"

我说,你在这里实际上提出了两个问题,我先回答第一个。孔子是一个巨大的思想存在,堪称人类社会的重大精神坐标,是实实在在的"万世师表"。由于这个对象(或者说是题材)太博大、太复杂,当时我还没有梳理清楚,所以暂付阙如。

至于提到我心中的这位"万世师表",那么,说来可就话长了——

六岁上私塾,我就开始叩拜他,那是一张高一米六七的画像。私塾先生知道偏远的农村根本买不到,便把他在省城担任督学时收藏的一幅珍贵的圣像带了过来。在我也算是大开了眼界。从此,便天天同他老人家见面:早晨一进门,便向他鞠躬致敬;背书时要面对他;如果迟到、早退了,罚站,也要向他行注目礼。八年时间里,近三千次日升月落,天天与他相伴。有时,还会在梦境中相遇。

说起画像上的形貌,大约同曲阜孔庙里的《先师行教像》相似:面容苍老,满髯齐胸;阔袖大领,宽衣博带;腰佩长剑,叉手肃立,看去很是威严可怖。后来,读到鲁迅先生《在现代中国的孔夫子》这篇文章,觉得先生说的更有趣,也更合乎我的心理实际:

是一位很瘦的老头子,身穿大袖口的长袍子,腰带上插着一把剑,或者腋下挟着一支杖,然而从来不笑,非常威风凛凛的。假使在他的旁边侍坐,那就一定得把腰骨挺得笔直,经过两三个小时,就骨节酸痛,倘是平常人,大约总不免急于逃走的了。

看来,成天见面,形象谙熟,也并不等于思想上就能接近,这叫做貌合神离。作为一个十岁上下的小孩子,除了能够背诵一些格言、警语,记得几件"食不言,寝不语";"子于是日哭,则不歌"之类的生活细事。在心灵境域,对这个高高在上的老夫子,虽然恭谨,却不亲密,总是觉得他与我们普通人离得太远,就像"诗仙"李白笔下的高天冷月一样:"永结无情游,相期邈云汉。"用现在的话说,就是已经被"圣化"或者"神化"了。童年时,一到腊月二十三,过"小年"了,祖母都要用灶糖把灶王爷的嘴糊上,说是怕他回到天庭说东道西,"打小报告";我也是这样,即便塾师不在现场,因为先师站在那里盯着,我也丝毫不敢放肆。他老人家不是说了,"祭如在,祭神如神在"吗?

这样过去了三十年,赶上了"文革"的"批林批孔运动"。当时我供职于市级直属机关,一位同事的女儿邮来一本某高校哲学系编写的《论语批注》,看了颇感震惊,也甚为诧异:一是,两千五百年前的幽灵,竟然借尸还魂,和野心家、阴谋家林彪勾搭在一起了;二是,儿时顶礼膜拜的"万世师表"居然成了复辟狂、大恶霸、吸血鬼、刽子手;三是,许多烂熟于心、一直奉为圭臬的"圣训",完全成了反动话语。诸如:

"岁寒,然后知松柏之后凋也",宣扬的是"反革命骨气"。

"欲速则不达,见小利则大事不成",传授的是反革命策略。

"躬自厚而薄责于人",过去把这种宽以待人、严以责己的做法奉为美德,现在却成了"孔老二"的"礼之用,和为贵"反动观点的具体应用——维护奴隶主贵族内部团结,让"革新派"放弃原则、斗争。

…………

实际情况是，任我"再思""三思"，却怎么也看不出个"所以然"来，只好怪罪自己"觉悟"太低、政治上迟钝。反正不管怎么说，由于牵强附会的痕迹过于明显，因而，这种"妖魔化"的做法，反倒不能奏效。

"逝者如斯夫，不舍昼夜。"一晃四十多年又过去了，当年的朱颜青鬓，已经华发盈颠，垂垂老矣。风霜历尽，读书渐多，思辨益明，心中的孔子又复庄严地站起，并且走下了神坛，还其渊博的学者、出色的导师、伟大的思想家和教育家的本来面目。

我也认识到，孔子的思想具有强大的统摄力与穿透力，既博大精深又紧贴实际，他从自身的人生取向出发，寻求家庭、国家以至天下的发展出路。也正是着眼于这个宏伟的目标，他遂以满腔的热情创办教育，是一位躬身实践的万世师表。这里说一个细节：孔子到卫国去，弟子冉有为他驾车。一进城，孔子就惊讶地说："卫国人口好多呀！"冉有随口问了一句："人多了，又该怎么办呢？"孔子说："让他们富起来。"冉有再问："已经富了，又该怎么办呢？"孔子说："教育他们。"——在座的都有志于献身祖国的教育事业，我也当过教师，为此想要多说两句：孔夫子是中华民族历史上第一位伟大的教育家，是他首创平民办学，从"学在官府"延伸到学在民间；他是一位循循然善诱人、诲人不倦、因材施教的优秀导师；他所倡导的教育思想、教学方法、治学态度以及师生关系，至今仍然值得我们学习、借鉴。

他老人家以其毕生的思想、实践，帮助我们现代人完善了一个观照人生、反思自我、修身立德的传统思路。他所开展的精神活动，创造的文化成果，特别是他首倡的许多优秀传统理念，反映了中华民族的精神追求，为我们今天构建社会主义核心价值观提供了宝贵的思想文化资源。

我们应该感念他，敬重他。

2

接着这番我们两代学人轻松的问答，下面开始转入一个颇显沉重的话题。

长期以来,孔子在我心中一直纠结着一个很大的问号:一位出色的学者、导师,伟大的思想家、教育家,怎么会沦为政治舞台上的演员,闹剧里的"变形金刚"——得意时高踞于"大成至圣文宣王"的神坛之上,倒霉时被打翻在地,成为备受侮辱、惨遭毁弃的"孔老二"?

这里经历了一个极为漫长的发展、演变过程,存在着诸多方面的复杂因素。

应该说,孔子成为"圣人",原是呼应了当时社会的召唤与时代的需要。现代学者顾颉刚指出:

> 春秋末期人民的苦痛固然没有像战国时那样厉害,但仪封人已说:"天下之无道也久矣,天将以夫子为木铎。"可见那时苦于天下无道,大家希望有一个杰出的人来收拾时局。孔子是一个有才干的人,有宗旨的人,有热诚的人,所以人望所归,大家希望他成为一个圣人,好施行他的教化来救济天下。

这里所说的"大家"代表了众人的合力,其主力军为孔门弟子,就中尤以颜回、子贡等为最力。他们说:

> 他人之贤者,丘陵也,犹可逾也;仲尼,日月也,无得而逾焉。

> 仰之弥高,钻之弥坚,瞻之在前,忽焉在后……虽欲从之,末由也已。

> 固天纵之将圣,又多能也。

迨至战国时期,儒家的两位继承人孟轲与荀卿,各自又给孔子戴上

"集圣人之大成""德与周公齐,名与三王并"的"超级圣人"与"无冕之王"的桂冠。

不过,孔子本人却从来没有以"圣人"自居过,充其量只承认自己是个"君子"。当太宰与子贡尊奉孔子为"圣者"和"天纵之圣",称赞他"多能"时,他明确地说:"我少也贱,故多能鄙事。君子多乎哉?不多也。"

在另外一些场合,他都反复申明:

我非生而知之者,好古,敏以求之者也。

圣人,吾不得而见之矣;得见君子者,斯可矣。

若圣与仁,则吾岂敢?

圣则吾不能,我学不厌而教不倦也。

今天研索一下:孔子之所以断然逃名避圣,固然与其一贯实事求是的精神和谦虚自抑的品德有直接关联,但是,作为"既明且哲"的思想家,他是不是已经预见后代欺世盗名者招摇、博弈的风险,所谓"名之所至,祸亦随之"呢?

孔子殁后,孔门弟子便开始分化。韩非子有"儒分为八"之说,各方皆标榜独得孔圣之真诠,而自立门户。尔后,形势更趋复杂,"学随术变""以术导学",一些人自谓承袭先师"圣教",但在现实生活中"为我所用",从而导致儒学的异化与圣人的变形。

西汉时期,董仲舒提出"孔子之术",以儒学为基础,以"阴阳五行"为框架,兼采诸子百家,建立起新儒学。接下来,又出现了把儒学宗教化的谶纬神学,附会圣人神道设教。这样,作为儒学的创始人,孔子自然也就成了教主。

宋明以还,程朱理学与陆王心学代起:一主张格物致知,存天理;另一则主张心外无物,致良知。它们虽然在一定程度上恢复了儒学在伦理道德、身心修养层面的社会功能,但与孔学宗旨终究是判然有异。

而就先师孔子本人来说,造成毁灭性的伤害,还是遭到了皇权体制的牢牢绑架,成为维护封建王朝统治的政治工具。如同鲁迅先生所说的,"种种的权势者便用种种的白粉给他来化妆,一直抬到吓人的高度"。

既然"孔夫子在中国,是权势者们捧起来的",那么,他老人家也便像面团一样,被权势者任意揉来揉去。于是,他的命运,便时而"鹰击长空",时而"鱼翔浅底";时而被捧杀,时而被扼杀;时而是圣人,时而是罪人;时而是"王者师",时而是"刽子手"。这样,他成了最可怜的悲剧人物。

诚然,以孔子的初心,对于政治权势并不见得怎么热衷。"我们读《论语》,便可知道他修养的意味极重,政治的意味很少。不像孟子,他终日汲汲要行王政,要救民于水火之中。"(顾颉刚语)是的,孟子之有异于孔子,最明显的是胸中蓄有那么一股豪气,或曰"浩气",一贯地高自期许。他曾毫不掩饰地说,上天若是不想让天下治平,那就罢了;"如欲平治天下,当今之世,舍我其谁也"?

但是,事物是错综复杂的。如果单从客观上分析,现当代一些学者指出,孔子学说中确实存在着一些可以被历代统治者利用的所谓"先天性"的因素。

从内容看,孔学体系博大而庞杂,举凡政治、经济、哲学、历史、教育、伦理、文学艺术,几乎无所不包。这就为阐释的多样性与理解的差异性提供了理论支撑,特别是融会其间的所谓"治术",更容易为不同当政者的不同需求所利用。现代学者王亚南指出:"在中国长达两千年的封建社会中,占据统治地位的思想就是儒家思想。"而孔子学说中的"天道观念、大一统观念和纲常教义,对于维护专制官僚统治是缺一不可的儒家思想要素"。

从表现形式看,与这种庞杂、博大的内容形成强烈反差的,是其语录体的疏略简约,可然可否,又缺乏背景、语境的必要交代;而作为载体的语

>>> 孔学体系博大而庞杂,举凡政治、经济、哲学、历史、教育、伦理、文学艺术,几乎无所不包。这就为阐释的多样性与理解的差异性提供了理论支撑,特别是融会其间的所谓"治术",更容易为不同当政者的不同需求所利用。孔老夫子确实是讲究人性,与人为善,善于体贴人情的。他身边的弟子们赞扬他:"温而厉,威而不猛,恭而安。"

言文字,其模糊性、多义性也导致了歧义丛生,莫衷一是。

人们认识对象的过程,原本就是创造对象的过程;何况,其间还夹杂着那么多的学术歧见与政治考量呢!从这个意义上说,孔子的学说被异化,原质已消失于渺茫的时间黑洞之中;形象迭变,饱尝命运的残酷与处境的悲凉,就成为不可避免的了。

孔子渴望弘道,却"一生怀抱未曾开",赍志而殁;孔子渴望理解,可是,莫说骂他的,即便是捧他的人,真正理解他的又有多少?难怪他生前曾反复悲叹:"莫我知也夫!""知我者其天乎!"

3

理解孔子,谈何容易;但从感性上,却是觉得越来越接近了。我心中的这位"万世师表",他是一位情感丰富、近人情、讲人性,很有人格魅力的长者。

现代作家林语堂说过:"事实上,在孔子的所言所行上有好多趣事呢。孔子过的日子里,那充实的欢乐,完全是合乎人性,合乎人的感情,完全充满艺术的高雅。因为,孔子具有深厚的情感、锐敏的感性、高度的优美。"他的这一说法是建立在事实基础之上的,一部《论语》中,此类的记述很多。

孔子认为:依礼尽孝,乃是仁德的自我实现,是建立各种美德的起点。在一般人看来,孝父母,最基本的是奉养,保证父母的吃和穿。可是,孔子却觉得这个标准太低了。在回答弟子子游问孝时,他说:"今之孝者,是谓能养。至于犬马,皆能有养;不敬,何以别乎?"在回答子夏问孝时,他又进一步指出:"色难。有事,弟子服其劳;有酒食,先生馔,曾是以为孝乎?"

前者强调一个"敬"字。如果只是养活父母,保证温饱,而对父母缺乏敬重之心,那同饲养犬马又有什么区别?后者强调,要从心里热爱父母,体贴入微,时刻做到和颜悦色,从来不给"小脸子"看。相由心生。《礼记》中说:"孝子之有深爱者,必有和气;有和气者,必有愉色;有愉色者,必有婉容。"孔子也认为,子于父母,能够一贯和颜悦色,原非易事,所以才说"色难";但这又是最关紧要的,否则,即便是遇事由年轻人去做,有酒食让父母先享用,也不能算是尽了孝道。

礼,是孔子思想中的重要内容,孔子希望能建立一个理想的礼治社会,提倡"克己复礼"。但孔子讲礼,能够从实际出发,并不像后世理学家那样拘泥固执。

古时行成人礼("冠礼"),要戴麻冕。按照传统规定,这种冠冕,要用两千四百缕经线,绩麻做成礼帽;而麻质较粗,要能织得特别细密,极为费工费力。为了省时省工,人们都喜欢用丝料来代替。对于这么改良,孔子予以肯定,说:"俭,吾从众。"

互乡这地方的人,难于交谈,招人厌弃。那里的几个年轻人却得到了孔子的接见,弟子们有些不理解。孔子说:"我们赞成他们的进步,不赞成他们退步。既然如此,那又何必做得太过分呢?人家把自己弄得干干净净而来,就应该肯定这一面,而不要死记着人家过去的不是。"

颜渊死了,孔子哭得极其悲痛。跟随孔子的人说,您悲痛过度了!孔子说,是太悲伤过度了吗?我不为这个人悲伤过度,又为谁呢?

为此,林语堂说:"夫孔子一多情人也,有笑、有怒、有喜、有憎、好乐、好歌,甚至好哭,皆是一位活灵活现之人的表记。"孔子身边的弟子们,也都赞扬他:"温而厉,威而不猛,恭而安。"

上面这些记述,反映出孔老夫子是讲究人性,与人为善,善于体贴人情的。

再来看孔子的志趣、为人。他说,幼年时不能勤奋地学习,年老了又没有知识可以传授给别人,我认为是可耻的。离开故乡,事君,而身居高位,猝然与过去的老朋友相遇,却没有谈叙旧谊,我认为是可鄙的。与品质恶劣的小人相处在一起,我认为是可怕的。孔子在另一场合,也曾引证《诗经》"忧心忡忡,愠于群小"之句,认为小人成群结党,是最令人担忧的。

他有一颗平常心、一副真性情。他的兴趣、爱好广泛,尤其对欣赏音乐甚为痴迷。"乐者,天地之和也",本质在于调和人心。《史记·孔子世家》记载:"三百五篇,孔子皆弦歌之,以求合《韶》《武》《雅》《颂》之音。"即便是在奔走道途、席不暇暖的行色倥偬中,他也不放弃这种审美追求。那次在齐国欣赏《韶》乐,他沉浸于酣然忘我的审美境界,竟然吃肉不知其味。他同别人在一起唱歌,听到有谁唱得好,一定要请他再唱一遍,然后自己与之应和。

孔子到武城去,一进城门,弦歌之声就不绝于耳。他高兴极了,脸上现出喜悦的神色,于是,对在这里担任县令的弟子子游开起了玩笑,说"杀鸡焉用牛刀"?意思是说他小题大作。而子游是个十分较真的人,他没理解老师的兴奋心情,以为是批评他搞"形式主义",当即用老师平时的教导予以反驳。孔子也觉得自己一时高兴说走了嘴,于是,向同来的弟子们说,子游是正确无误的。我刚才那句话,不过是同他开个玩笑。

你看,孔子就这么饶有风趣!绝非整天板着面孔,道貌岸然,架子十足。

一次,孔子同子路、冉有、公西华等四个弟子在一起闲坐。他说,由于我年纪比你们大一些,你们不要因此而感到拘束,不敢说心里话。你们平时老说没有人了解我啊!那么,如果有人了解你们(给你们提供施展才能的机会),你们将怎么办呢?

老师的话亲切、体贴,场面也非常宽松、随意。当其他弟子在老师面前"各言尔志"的时候,曾点却一直神情专注地弹瑟,直到老师发问:"点,尔何如?"他才铿然把瑟放下,然后站了起来,答道:

  莫(暮)春者,春服既成,冠者五六人,童子六七人,浴乎沂,风乎舞雩,咏而归。

曾点没有像其他三位那样,陈述治国、安邦、礼乐、宗庙之类的大事,而是谈他对闲适自在、充满情趣的生活的向往。他说,暮春三月,穿上春天的服装,陪同五六个成年人,带上六七个儿童,在沂河中戏水沐浴,到舞雩台上吹吹风,然后唱着歌,一路走回家。

孔子听后,慨然地说:"我赞同曾点的想法啊!"

周游列国至郑国时,孔子与弟子走散了,他便自己在城东门等候。当子贡四出寻找老师时,有一位郑人告诉他,东门有个人,其额头像唐尧,脖子像皋陶,肩膀像子产,可是,从腰部以下,比大禹短了三寸。他疲惫不堪的样子,像一只丧家狗。按照这个指点,子贡很快就找到了老师,并将郑人的原话说给他听。孔子听了,高兴地说道:形状像谁像谁,那倒未必;而说我似丧家之狗,很对呀!很对呀!既诚恳,又有趣,颇富幽默感。

这样,我心中的这位"万世师表",就由童年时的森然可怕、后来的凄然可怜,转而为现在的蔼然可亲、欣然可爱了。

第五篇

《诗》中至美

I

题中的"诗",同《论语》中的"诗三百""诗云"一样,说的都是《诗经》。《诗》之为"经",是后世的事,先秦时并没有。

《诗经》是我国最早的一部诗歌总集,堪称中国文学的光辉起点,它的思想光辉与艺术成就在中华文明史上享有崇高的地位。《诗经》选辑了西周初年到春秋末期五百多年(公元前1066—前541)的诗歌,共三百零五篇,分为《风》《雅》《颂》三大类。《风》中多为里巷歌谣之作。按照当代学者高亨的说法:"古人称乐为风","风本是乐曲的通名","所谓国风就是各国的乐曲"。

《诗经》中的《蒹葭》属于《秦风》,为东周时期的作品。

东周时的秦地,相当于今天的陕西大部及甘肃东部。这里"迫近戎狄",秦人多"修习战备,高上气力,以射猎为先"(《汉书·地理志》);又兼地势高耸,沟壑纵横,情怀自是激越雄豪,比较典型地反映在后世的秦腔上。那么,像《蒹葭》这种情调凄美、意象朦胧、婉转有致的诗歌作品,又怎么会在这里出现呢?

清代文学家方玉润就说过:

> 此诗在《秦风》中,气味绝不相类。以好战乐斗之邦,忽遇高超远举之作,可谓鹤立鸡群,翛然自异者矣。(《诗经原始》)

这种情况实属特例,但从矛盾差异性的角度来看也不难理解。秦地诗人情况各异,即便是同一诗人,在不同情态下也会写出不同风格的作品。唐代大诗人白居易自述其两类具有代表性的诗作:"一篇《长恨》有风情,十首《秦吟》近正声。"二者本事皆发生在秦地,内容、格调却判然各异:《长恨歌》中通过李、杨爱情悲剧,表达诗人浓郁的感伤意绪和有情人终难偕老的"此恨绵绵",突出其情感文采;而讽喻组诗《秦中吟》,则关心民瘼,针砭时弊,强调其社会价值,接近《诗经》之"正声"。

> 蒹葭苍苍,白露为霜。
> 所谓伊人,在水一方。
> 溯洄从之,道阻且长;
> 溯游从之,宛在水中央。

> 蒹葭萋萋,白露未晞。
> 所谓伊人,在水之湄。
> 溯洄从之,道阻且跻。
> 溯游从之,宛在水中坻。

> 蒹葭采采,白露未已。
> 所谓伊人,在水之涘。
> 溯洄从之,道阻且右。
> 溯游从之,宛在水中沚。

《蒹葭》全诗共分三章,每章八句,前两句写景,后六句叙事抒怀。诗的表现手法是兴寄,每章开头,都是以秋景起兴,通过蒹葭(泛指芦苇)与白露两种物象,点明季节、环境,暗喻时间的推移(天还未亮,天已微明,天色大亮),展现并渲染一种凄清虚静、沉郁悲凉的气氛。接下来,叙写主人公痴情追慕、望穿秋水,寻觅日夜思念、衷心渴慕的意中人("伊人")的情境。

霜凝之候，金风萧瑟，寒意凄凄，露气水光，空明相击；主人公早早就来到大河边上，望着茂盛的苍芦，满怀焦灼、急切之情，徘徊、往复——沿着弯曲的河道往上行走（"溯洄从之"），道路崎岖，漫长遥远；而顺流寻索（"溯游从之"），却又值百川灌河，秋水横溢，阻隔其间。那么，那位"伊人"呢？竟是形象飘忽不定，行踪扑朔迷离，时而仿佛在水边，时而又好像被水包围着，依稀可望，却又始终无法靠近，只在瞩望、怀想之中。"盈盈一水间，脉脉不得语。"

"凄凄"，同"苍苍"，茂盛的样子，"采采"，众多的样子；"未晞"，意为还没有干，"未已"，意为未止；水草交接之处曰"湄"，水边曰"涘"；"跻"指道路升高，"右"为迂回曲折；露出水面的滩地曰"坻"，水中小块沙洲曰"沚"。

作为一首怀人诗，《蒹葭》以其情深景真、丰神摇曳，鲜明而独特的声韵之美、意境之美、情致之美、哲思之美，久享骚坛盛誉，古今传诵不衰。

2

题中加个"至"字，这就加大了写作的难度。其实，这剂"苦药"是我自己配的，原本可以题作"美在《蒹葭》"，或者"《蒹葭》之美"——这么说，大概任何人看了都不会存有异议，有谁会说《蒹葭》不美呢？这样，写来也就相对容易了。但是，同样明显的是，那样说等于没说——既然谁都没有异议，又何必由你"喋喋"重复！现在就不同了，你说它在《诗》中至美，那么，究竟至美在哪里，凭借什么超迈群伦，总该说出个所以然吧？前辈学人有"做学问是一种责任，也是一种探险"的说法，细想一下，理应如此。

说到诗美，我首先想到诗人、学者闻一多关于新诗理论"三美"的论述。他的原话是这样的："诗的实力不独包括音乐的美（音节），绘画的美（词藻），并且还有建筑的美（节的匀称和句的均齐）。"（《诗的格律》）从广义上说，《国风》中的民间歌谣（自然也包括《蒹葭》）就是今天所说的"新诗"。只不过今天的新诗难以望其项背而已。

《诗经》自始就是与歌唱结合在一起的。《墨子·公孟》篇有"颂诗三百,弦诗三百,歌诗三百,舞诗三百"之说,表明"诗三百"均可咏诵、歌唱,都能够用乐器伴奏与伴舞。《史记·孔子世家》也说:"三百五篇,孔子皆弦歌之,以求合《韶》《武》《雅》《颂》之音。"至于《国风》,作为上古的歌谣,就更是通过口头传唱来宣抒情感,发挥其审美效应。在这里,声调与旋律起着关键性作用。为了更强烈地感染人,歌者反复咏唱;而听者则且听且和,沉酣其间,产生一种良性的互动作用。

初读《蒹葭》,即使尚未玩味与体悟其思想内涵、结构艺术,也会被它优美和谐的旋律,节奏鲜明、抑扬有致的声调所吸引和感染。现代作家郑振铎即认为,《蒹葭》不仅"措词宛曲秀美",而且"音调也是十分的宛曲秀美"。清代方玉润有言,《蒹葭》"三章只一意,特换韵耳。其实首章已成绝唱。古人作诗,多一意化为三叠,所谓一唱三叹,佳者多有余音"。直到今天,尽管咏唱我们听不到了,但通过吟诵,《蒹葭》所蕴含的音乐美,双声、叠韵、复词之妙,还能强烈地感受到。听来但觉韵律悠扬谐美,节奏舒张徐缓,旋律婉转有致,音节流美,荡气回肠,听觉上有极大的满足。

我们再转到视觉上,欣赏它的绘画之美。诗的首句以秋景起兴,引出正文,说明正值"蒹葭未败,而露始为霜,秋水时至,百川灌河之时也"(朱熹语);尔后,便勾勒出诗人视域里写意式的景色,"苍苍""萋萋""采采",尽显苍凉的气氛与凄婉的韵味;而实写白露的"为霜""未晞""未已",以及"溯洄""溯游""水一方""水之湄""水之涘",俱是可见、可感、可触的秋水蒹葭景象,同虚写的伊人宛在,倩影依稀,相映成趣,完美契合。诗中词藻隽美,逐句读来,眼前次第展开一幅笔墨氤氲、意象朦胧的水墨画,美得像云烟一样浩渺迷茫,梦境一般虚无缥缈、不可捉摸。

至于诗的建筑之美,依闻一多所说,乃是指"节的匀称和句的均齐"。这在《蒹葭》一诗中,也是表现得异常突出的。每章字句的排列,整齐有序,布局均衡,造型匀称,结末各加一字,更显得活泼跳脱。在诗的组织结构形式上,从错落中求整齐、在差异中见协调,实现了整齐美、对称美、错综美的和谐统一,产生了持续的视觉美感的冲击和碰撞效应。这种艺术形式也是符合生活实际的,人和动物的形体,以及住宅、用具等,无不体现着对称、均衡的特点;尤其是我国远古先民,大都生活在平原地带,以农耕为主要生活手段,就文化心理来说,和谐、整齐、对称的内蕴形式,使人看起来更加悦目赏心。

3

如果说,上面的陈述主要着眼于听觉、视觉,换言之,是从诗的艺术形式方面来考究《蒹葭》之至美的话;那么,就内在蕴涵来说,《蒹葭》之至美,还更多维、更深邃地表现在意境、情致方面。

说到意境,我记起了清代文学家梁绍壬《两般秋雨盦随笔》中的一则记载。乾隆年间,会稽胡西垞咏《蓼花》诗有句云:"何草不黄秋以后,伊人宛在水之湄。"上句引《诗经·小雅》,以百草枯黄喻人生憔悴,实写征夫行役之苦;下句虚写秋水伊人,通过"宛在"二字,渲染凄清景象、痴迷心象、模糊意象,营造一种若隐若现、若即若离、若有若无的朦胧意境。诗人巧借两首古诗,将几个虚词巧嵌句中,烘托出一种怅惋苍凉的氛围,达到了很高的艺术境界。读来只觉情调凄美,境界幽渺,意蕴丰盈。

同人生一样,诗文也有境与遇之分。《蒹葭》写的是境,而不是遇。"心之所游履攀援者,故称为境。"(佛学经典语)这里所说的"境",或曰意境,指的是诗人(或是主人公)的意识中的景象与情境。境生于象,又超乎象;而意则是情与理的统一。在《蒹葭》之类抒情性作品中,二者相辅相成,形成一种情与景会、意与象通、情景交融、相互感应,活跃着生命律动、韵味无穷的诗意空间。

由此,联系到王国维《人间词话》中的"境界说"。他特别看重诗词的境界,认为"能写真景物、真感情者谓之有境界,否则谓之无境界";"有境界则自成高格"。他还谈到,诗词"有造境,有写境,此理想与写实二派之所由分。然二者颇难分别,因大诗人所造之境,必合乎自然;所写之境,亦必邻于理想故也"。《蒹葭》一诗,写的是真真切切的实人实景,却又朦胧缥缈、扑朔迷离,既合乎自然又邻于理想,可说是造境与写境、理想与实际、浪漫主义与现实主义完美结合的范本。诚如晚清学者陈继揆《读风臆补》中所云:"意境空旷,寄托元淡。秦川咫尺,宛然有三山云气,竹影仙风。故此诗在《国风》为第一篇缥缈文字,宜以恍惚迷离读之。"

这些从以下两方面看得尤为清楚:

一是诗的意旨的不确定性,或者说其主题的多义性。关于本诗的主旨,历来都是歧见纷呈,莫衷一是,就连宋代的大学问家朱熹都说,"不知其何所指也"。在许多人看来,这是一首追求意中人的恋歌;但是也有人说,是为"朋友相念而作";有的看作是访贤不遇诗,"贤士隐居水滨,国人渴慕思见而不得";还有人解读为,假托思美怀人,寄寓理想之不能实现;也有人说,作者本人就是隐士,"此诗乃明志之作";有人持论,"君子隐于河上,秦人慕之,而作是诗";有的说是"秦人思西周之诗";旧说还有"《蒹葭》刺襄公也,未能用周礼,将无以固其国焉";亦有人把它看作是上古之人的水神祭祖仪式……

二是意境的朦胧性。这种朦胧性是多义性的形象展现,属于更高的境界——

诗中有一个浑然一体的环境意象群:青苍的芦荻,薄白的霜露,蒹葭深处连天的秋水,这本身就给人一种迷雾空濛、烟水苍茫、虚无缥缈之感。就说那河水吧,只是起个阻隔的作用,具体什么样,并没有交代。

诗中的主人公,飘忽的行踪、痴迷的心境、离奇的幻觉,忽而"溯洄",忽而"溯游",往复辗转,闪烁不定,同样令人生发出虚幻莫测的感觉。

至于那个只在意念中、始终不露面的"伊人",更是恍兮惚兮,除了"在水一方",其他任何情况,诸如性别、年龄、身份、地位、外貌、心理、情感、癖好等,统统略去。彼何人斯?是美女?是靓男?是恋人?是挚友?是贤臣?是君子?是隐士?是遗民?谁也弄不清楚。

而最后的结局尤其恍惚缥缈,只交代个"宛在水中央",便不了了之,留下巨大的空白,令人浮想联翩,显现出"含不尽之意于言外"的审美效果。

在这里,用作起兴的事物与所要描绘的对象,形成一个完整的艺术世界,在模糊的意象中,展现出一种难以捉摸的朦胧美。即此,清代学人特别着意于"宛在"与"所谓"两个虚词:"'在水之湄',此一句已了,重加'溯洄''溯游'两番摹拟,所以写其深企愿见之状。于是,于'在'字上加一'宛'字,遂觉点睛欲飞,入神之笔。"(姚际恒语)"细玩'所谓'二字,意中之人难向人说,而'在水一方'亦想象之词。若有一定之方,即是人迹可到,何以上下求之而不得哉?诗人之旨甚远,固执以求之,抑又远矣。"(黄中松语)

而基于诗中清虚飘忽、不可捉摸的意境,当代文学史家陈子展说,《蒹葭》"诗境颇似象征主义,而含有神秘意味"(《诗经直解》)。学者刘萍则认为,"在水一方"就是这样一种由特定感情外化而成、具体事实完全被虚化了的心理幻象。在这种心理幻象中的一切事物,无论是河水、伊人,还是逆流、顺流,无论是险阻、宛在,还是河岸边、水中央,都不必要也不可能做何山何水、何时何地,乃至何人何事的考究;否则,就会产生许多自相矛盾之处。可见,诗中所描述的这种景象,并非眼前所见的实景实事,也不是对曾经历过的某人某事的追忆,而是一种由诸多类似人事和感受所综合、凝聚、虚化而成的心理幻象。正因为如此,《蒹葭》的意境也就呈现为一种不黏不滞、似花非花、空灵蕴藉、含蓄多藏的朦胧美。

应该说,这正是本诗的魅力所在。唯其构建了多重意象交相叠合的开放型结构,方使它成为极富张力、大放异彩的诗苑奇葩,拓展了后世无量数读者的想象空间。而就体现文学创作规律来说,更是符合古人论诗的旨归:"凡作诗不宜逼真,如朝行远望,青山佳色,隐然可爱。其烟霞变幻难于名状,及登临非复奇观,唯片石数树而已。远近所见不同。妙在含糊,方见作手。"(明代谢榛语)

4

王国维还有一句关键性的评语:"《诗·蒹葭》一篇,最得风人深致。""风人"者,诗人也;"深致",指诗歌语言之外所表达的精深独到的情致。这种情致,只要我们认真地品味、涵泳诗篇,就能够真切地感受到。诗中主人公在秋深、霜晓、露白、蒹苍这富有象征意蕴的特定环境中,为了会见意中人,不辞险阻,徘徊踯躅,往复追踪,意醉神迷。情感是那样的真挚,意志是那样的执着,心情是那样的急切。随着时间的推移,道路阻隔的加剧,思念变得愈加深重,焦急、怅惘的心绪也与时俱增,但痴迷眷注,一往情深,未曾稍减。

这种十分热烈而焦灼的心情,同凄清、萧瑟、冷落的清秋景色,恰成强烈的对应。一热一冷,一动一静,相反相成,契合无间。如同清代王夫之所说的:"情、景名为二,实不可离。神于诗者,妙合无垠;巧者则情中景,景中情";"关情者景,自与情相为珀芥(琥珀摩擦后生电,能吸引草芥之类细小的东西,比喻互相感应)也。情、景虽有在心、在物之分,而景生情,情生景,哀乐之触,荣悴之迎,互藏其宅(互相寄寓其中)"。

同时,我们也应该看到,《蒹葭》中的景物,已经不是原有的"自在"之景,而是通过诗人的"眼处心生",把主观情思"迁入"客观对象之中,赋予它以深邃的情感内涵与通透的灵性,从而成为人化的"为我"之物,如"感时花溅泪,恨别鸟惊心"是也。大约也是在这种意义上,才有"一切景语皆情语"之说。

作为"风人深致"的重要组成部分,诗人笔下这些意与象、情与物所产生的艺术效果是奇绝的。寥寥数语,着墨无多,便营造出浓郁的诗情画意,成就了一篇覃覃有味、蕴藉空灵的绝妙好诗,使人百读而不厌。

诚然,伊人宛在水之湄,既不邈远,也不神秘,不像《庄子》笔下的"肌肤若冰雪,绰约如处子,不食五谷,吸风饮露"的"神人",高蹈于渺茫、虚幻的

"藐姑射之山"。绝妙之处在于,诗人"着手成春",经过一番随意的"点化",这现实中的普通人物、常见情景,便升华为艺术中的一种意象、一种范式、一种境界。无形无影、无迹无踪的"伊人",成为世间万千客体形象的一个理想的化身;而"在水一方",则幻化为一处意蕴丰盈的供人想象、耐人咀嚼、引人遐思的艺术空间,只要一提起、一想到它,便会感到无限温馨而神驰意往。

这种言近旨远、超乎象外、能指大于所指的艺术现象,充分地体现了《蒹葭》的又一至美特征——与朦胧之美紧相关联的含蓄之美。

在中国古代诗歌中,含蓄一向被视为至高的审美境界。清代的叶燮曾这样说道:

> 诗之至处,妙在含蓄无垠,思致微妙。其寄托在可言不可言之间,其指归在可解不可解之会。言在此而意在彼,泯端倪而离形象,绝议论而穷思维,引人于冥漠恍惚之境,所以为至也。

> 可言之理,人人能言之,又安在诗人之言之!可征之事,人人能述之,又安在诗人之述之!必有不可言之理,不可述之事,遇之于默会意象之表,而理与事无不灿然于前者也。

这一切,都是由诗歌的性质、品格、意义、效应以及创作规律所决定的。一般认为,含蓄应该包括如下意蕴:含而不露,耐人寻味,予人以思考的余地;蕴蓄深厚,却不露形迹,所谓"不著一字,尽得风流";以简驭繁,以少少许胜多多许。如果使之具象化,不妨借用南宋严羽《沧浪诗话》中的"语忌直、意忌浅、脉忌露、味忌短"概之。对照《蒹葭》一诗,应该说是般般俱在、丝丝入扣——

诗中并未描写主人公思慕意中人的心理活动,也没有调遣"求之不得,寤寐思服。悠哉悠哉,辗转反侧"之类的用语,只写他"溯洄""溯游"的行动,略过了直接的意向表达,但是,那种如痴如醉的苦苦追求情态,却隐约跳荡于字里行间。

依赖于含蓄的功力,使"伊人"及"在水一方"两种意象,引人思慕无穷,永怀遐想。清代画家戴熙有"画令人惊,不若令人喜;令人喜,不若令人思"之说,道理在于,惊、喜都是感情外溢,有时而尽的,而思则是此意绵绵,可望持久。

"伊人"的归宿,更是含蓄蕴藉,有余不尽,只以"宛在"二字了之——实际是"了犹未了",留下一串可以玩味于无穷的悬念,付诸余生梦想。黑格尔在《美学》一书中指出:"艺术的显现通过它本身而指引到它本身之外。"这从更深的层次上来考究,就上升为哲理性了。

5

哲理性,是《蒹葭》所独标一格的又一至美特征,它突出地表现在企慕情境、等待心理和悲剧意识上。

当代学者、文学家钱锺书在《管锥编》中最先指出,《蒹葭》所体现的是一种可望而不可即的"企慕之情境"。它"以'在水一方'寓慕悦之情,示向往之境";亦即海涅所创造的"取象于隔深渊而睹奇卉,闻远香,爱不能即"的浪漫主义的美学情境。就此,学者陈子谦在《钱学论》中做了阐释:

> 企慕情境,就是这一样心境:它表现所渴望所追求的对象在远方,在对岸,可以眼望心至,却不可以手触身接,是永远可以向往,但不能到达的境界。

在我国,最早揭示这一境界的是《诗·蒹葭》。

"在水一方",即是一种茫茫苍苍的缥缈之感,寻寻觅觅的向往之情……"从之"而不能得之,"望之"而不能近之,若隐若现,若即若离,犹如水中观月,镜里看花,可望不可求。

《蒹葭》中的企慕情境,含蕴着这样一些心理特征——

其一,诗中所呈现的是向而不能往、望而不能即的企盼与羡慕之情的结念落想;外化为行动,就是一个"望"字。抬头张望,举目眺望,深情瞩望,衷心向往,都体现着一种寄托与期待;如果不能实现,则会感到失望,情怀怅惘。正如唐代李峤《楚望赋》中所言:"故夫望之为体也,使人惨凄伊郁,惆怅不平,兴发思虑,震荡心灵。其始也,惘若有求而不致也,怅乎若有待而不至也。"

其二,明明近在眼前,却因河水阻隔而形成了远在天边之感的距离怅惘。瑞士心理学家布洛有"心理距离"一说,"美感的产生缘于保持一定的距离"。一旦距离拉开,悬想之境遂生。《蒹葭》一诗正是由于主体与客体之间保持着难以逾越,却又适度的空间距离与心理距离,从而产生了最佳的审美效果。

其三,愈是不能实现,便愈是向往,对方形象在自己的心里便愈是美好,因而产生加倍的期盼。正所谓:"跑了的鱼,是大的";"吃不到的葡萄,会想象它格外的甜"。"夫说(悦)之必求之,然唯可见而不可求,则慕说(悦)益至。"清人陈启源的这一分析,可说是对于企慕情境的恰切解释。

作为一种心灵体验或者人生经验,与这种企慕情境相切合的,是有待而不至、有期而不来的等待心境。宋人陈师道诗云:"书当快意读易尽,客有可人期不来。世事相违每如此,好怀百岁几回开?"可人之客,期而不来,其伫望之殷、怀思之切,可以想见。而世路无常,人生多故,离多聚少,遇合难期,主观与客观、期望和现实之间呈现背反,又是多发与常见的。

这种期待之未能实现和愿望的无法达成所带来的忧思苦绪,无疑都带有悲剧意识。若是遭逢了"诗仙"李白,就会悲吟:"美人如花隔云端,上有青冥之长天,下有渌水之波澜。天长路远魂飞苦,梦魂不到关山难。长相思,摧心肝!"学者石鹏飞认为,不完满的人生或许才是最具哲学意蕴的人生。人生一旦梦想成真,既看得见又摸得着,那文明还有什么前进可言呢? 最好的人生状态应该是让你想得到,让你看得见,却让你摸不着。于是,你必须有一种向上蹦一蹦或者向前跑一跑的意识,哪怕最终都得不到,而过程却早已彰显了人生的意义和价值。所以,《蒹葭》那寻寻觅觅之中若隐若现的目标才是人类不断向前的动力,才有可能让我们像屈原那样发出"天问",才有可能立下"路漫漫其修远兮,吾将上下而求索"的宏图远志。

是的,《蒹葭》中的望而不见,恰是表现为一种动力、一种张力。李峤《楚望赋》中还有下面两句:"故望之感人深矣,而人之激情至矣。"这个"感人深矣""激情至矣",正是动力与张力的具体体现。从《蒹葭》的深邃寓意中,我们可以悟解到:人生对于美的追求与探索,往往是可望而不可即的;而人们正是在这一绵绵无尽的追索过程中,饱享着绵绵无尽的心灵愉悦与精神满足。

看得出来,《蒹葭》中的等待心境所展现的,是一种充满期待与渴求的积极情愫。虽然最终仍是望而未即,但总还贯穿着一种温馨的向往、愉悦的怀思——"虽不能至,心向往之";"中心藏之,无日忘之"。并不像西方后现代主义的荒诞戏剧《等待戈多》那样,喻示人生乃是一场无尽无望的等待,所表达的也并非世界荒诞、人生痛苦的存在主义思想和空虚绝望的精神状态。

《蒹葭》中所企慕、追求、等待的,是一种美好的愿景。诗中悬置着一种意象,供普天下人执着地追寻。我们不妨把"伊人"看作是一种美好事物的象征,比如,深埋心底的一番刻骨铭心的爱恋之情,一直苦苦追求却无法实现的美好愿望,一场甜蜜无比却瞬息消逝的梦境,一方终生企慕但遥不可及的彼岸,一个代表着价值和意义的完美的过程,甚至是一座灯塔、一束星光、一种信仰、一个理想。

第六篇

逍遥游

I

从小我就很喜欢庄子。

这里面并不包含着什么价值判断,当时只是觉得那个古怪的老头儿很有趣。庄子是一个名副其实的"故事大王",他笔下的老鹰、井蛙、蚂蚁、多脚虫、龟呀、蛇呀、鱼呀,都是我们日常接触到的,但里面却寓有深刻的人生哲理。他富有人情味,渴望普通人的快乐,有一颗平常心,令人于尊崇之外还感到几分亲切。

不像孔老夫子,被人抬到了吓人的高度。孔夫子是圣人,他的弟子属于贤人一流。连他们都感到,这位老先生"仰之弥高,钻之弥坚,瞻之在前,忽焉在后",带有一种神秘感,说"夫子之墙数仞,不得其门而入"。我们这些庸常之辈就更是摸不着门了。老子也和庄子不一样,"知雄守雌,先予后取",可说达到了众智之极的境界。但一个人聪明过度了,就会给人权谋、狡狯的感觉;而且,一部《道德经》多是为统治者立言,毕竟离普通民众远了一些。

若是给这三位古代的哲学大师来个形象定位,我以为,孔丘是被"圣化"了的庄严的师表,老聃是智者形象,庄周则是一个耽于狂想的哲人——当然也是一个浪漫派诗人。

老子也好,孔子也好,精深的思想,超人的智慧,只要认真地去钻研,都还可以领略得到;可是,他们的内心世界、个性特征,却很不容易把握。这当然和他们的人格面具遮蔽得比较严实,或者说,在他们的著作中自身袒露得不够,有直接关系。特别是老子,"五千言"字字珠玑,可是,除去那些

"微言大义",其他就"无可奉告"了。

庄子却是一个善于敞开自我的人。尽管两千多年过去了,可是,当你打开《庄子》一书,就会觉得一个鲜活的血肉丰满的形象赫然站在眼前。他的自画像是:"思之无涯,言之滑稽,心灵无羁绊。"他把生活的必要削减到了最低的程度,住在"穷闾陋巷"之中,瘦成了"槁项黄馘",穿着打了补丁的"大布之衣",靠打草鞋维持生计。但他在精神上却是万分富有的,他"独与天地精神相往来",万物情趣化,生命艺术化。他把身心的自由自在看得高于一切。

庄子厌恶官场,终其一生只做过一小段"漆园吏"这样的芝麻绿豆官。除了辩论,除了钓鱼,除了说梦谈玄,每天似乎没有太多的事情可干。一有空儿就四出闲游,"乘物以游心",或者以文会友,谈论一些不着边际的看似无稽、看似平常却又富有深刻蕴涵的话题。

一天,庄子和他的朋友惠施一同在濠水的桥上闲游,随便谈论一些感兴趣的事。

这时,水中有一队白鱼晃着尾巴游了过来。

庄子说:"你看,这些白鱼出来从从容容地游水,这是鱼的快乐呀!"

惠施不以为然地说:"这就怪了,你并不是鱼,怎么会知道它们的快乐呢?"

庄子立刻回问一句:"若是这么说,那你也不是我呀,你怎么会知道我不晓得鱼的快乐呢?"

惠施说:"我不是你,当然不会知道你了;你本来就不是鱼,那你不会知道鱼的快乐,理由是很充足的了。"

庄子说:"那我们就要刨刨根儿了。既然你说'你怎么知道它们的快乐',说明你已经知道我晓得了它们,只是问我从哪里知道的。从哪里知道的呢?我是从濠水之上知道的。"

还有一次,庄子正在濮水边上悠闲地钓鱼,忽然,身旁来了两位楚王的使者。他们毕恭毕敬地对庄子说:"老先生,有劳您的大驾了。我们国王想要把国家大事烦劳您来执掌,特意派遣我们前来请您!"

庄子听了,依旧是手把钓竿,连看他们都没有看一眼,说出的话也好像答非所问:"我听说,你们楚国保存着一只神龟,它已经死去三千多年了。你们的国王无比地珍视它,用丝巾包裹着,盛放在精美的竹器里,供养于庙堂之上。现在,你们帮我分析一下:从这只神龟的角度来看,它是情愿死了以后被人把骨头架子珍藏起来,供奉于庙堂之上呢?还是更愿意像普通的乌龟那样,在泥塘里快快活活地摇头摆尾地随便爬呢?"

两位使者不假思索地同声答道:"它当然愿意活着,在泥塘里拖着尾巴爬了。"

庄子说:"说得好,那你们二位也请回吧!我还是要好好地活着,继续在泥塘里拖着尾巴爬的。"

你看,庄子就是这样,善于借助习闻惯见的一些"生活琐事",来表述其深刻的思想。他的视听言行,以及人生观、价值观,都在《庄子》一书中得到了充分的展示。虽说"寓言十九",但都切近他的"诗化人生",活灵活现地画出了一个超拔不羁、向往精神自由的哲人形象,映现出庄子的纵情适意、逍遥闲处、淡泊无求的情怀。

就这个意义上说,前面那两段记述是很有代表性的。后来,人们就把它概括为"濠梁之思"。而在崇尚超拔意趣、虚灵胸襟的魏晋南北朝人的笔下,还有个更雅致的说法,叫做"濠濮间想"。

典出南朝宋刘义庆的《世说新语》:晋简文帝到御花园华林园游玩,对左右侍从说:"令人领悟、使人动心之处不一定都在很远的地方,你们看眼前这葱葱郁郁的长林和鲜活流动的清溪,就自然会联想到濠梁、濮水,产生一种闲适、恬淡的思绪,觉得那些飞鸟、走兽、鸣禽、游鱼,都是要主动地前来与人亲近。"原文是:"简文入华林园,顾谓左右曰:'会心处不必在远,翳然林水,便自有濠濮间想也,觉鸟兽禽鱼自来亲人。'"

东坡居士曾有"乐莫乐于濠上"的说法,可见,他对这种体现悠闲、恬淡的"濠濮间想",是极力加以称许并不懈追求的。只是,后人在读解"乐在濠上"和"濠濮间想"时,往往只着意于人的从容、恬淡的心情,而忽略了"翳然林水"和"鸟兽禽鱼自来亲人"这种物我和谐、天人合一的自然环境。

作为赋性淡泊、潇洒出尘的庄周与苏轼,认同这种情怀、眷恋这种环境,应该说,丝毫也不奇怪。耐人寻味的是,素以宵衣旰食、劬劳勤政闻名于世的康熙皇帝,竟然也在万机之暇,先后于京师的北海和承德的避暑山庄分别修建了"濠濮间"和"濠濮间想"的同名景亭,反映出他对那种淡泊、萧疏的闲情逸致和鱼鸟亲人的陶然忘机也持欣赏态度。这是否由于他久住高墙深院,倦于世网尘劳,不免对林泉佳致生发一种向往之情,所谓"久在樊笼里,复得返自然"呢?

据唐人成玄英的《庄子疏》载,濠梁在淮南钟离郡,这里有庄子的墓地,后人还建了濠梁观鱼台。其地在今安徽凤阳临淮关附近。一年的秋初,因事道经凤阳,我趁便向东道主提出了寻访庄、惠濠梁观鱼遗址的要求,想通过体味两位古代哲人观鱼论辩的逸趣,实地感受一番别有会心的"濠濮间想"。

没料到,这番心思竟引发了东道主的愕然惊叹。他们先问一句:"可曾到过明皇陵和中都城?"看我摇了摇头,便说,这两大名城胜迹都在"濠梁观鱼"附近,失之交臂,未免可惜。

看得出来,朋友们的意思是:抛开巍峨壮观、享誉中外的风景热线不看,却偏偏寄情濠上,去寻找那类看不见、摸不着的虚无缥缈的东西,岂不是"怪哉,怪哉"!为了不辜负他们的隆情盛意,首先安排半天时间,看了这两处明代的古迹。

2

原来,凤阳乃明朝开国皇帝朱元璋的家乡,又是他的龙兴故地。因此,在这里随处可见这位"濠州真人"的龙爪留痕。街头充斥着标有"大明""洪武"字样的各种店铺的广告、招牌;甚至菜馆里的酿豆腐都注明当年曾是朱皇帝的御膳。还有凤阳花鼓,更是名闻遐迩,不容小视。

听说,朱元璋虽然平素并不喜欢娱乐,却对故乡的花鼓戏情有独钟,自幼就喜欢哼哼几句。位登九五之后,凤阳的花鼓队曾专程前往帝都金陵祝贺。皇上看了,乐不可支,特颁旨令:"一年三百六十天,你们就这么唱着过吧!"这些人得了圣旨,自是兴高采烈,一年到头唱个没完,结果,人们都不再肯去出力种地。特别是由于连年修皇陵、建都城,劳役繁兴,造成土地荒芜,黎民无以为生。于是,花鼓戏最后唱到了皇帝老倌头上:

说凤阳,道凤阳,凤阳本是好地方。
自从出了朱皇帝,十年倒有九年荒。
大户人家卖骡马,小户人家卖儿郎。
奴家没有儿郎卖,身背花鼓走四方。

这里就牵涉到两处工程浩巨的"皇帝项目":一是明代初年的中都城,一是朱元璋为其父母修建的皇陵。

朱元璋早在正式称帝之前,即尚在吴王位上,就命令刘伯温卜地择吉,建新宫于金陵钟山之阳,都城周长达五十余里。他两年后即皇帝位,定鼎应天府,是为南京。不久却又改变了主意,觉得虽说金陵为帝王之州,钟阜龙蟠,石城虎踞,但其地偏于一隅,对控制全国政局特别是征抚北方不利;因而圣驾亲临开封巡幸,准备在那里建都,作为北京。后经反复比较,仔细勘察,认为开封虽然从战国到北宋多次做过帝都,但是,经过长期战乱,城内生民困顿,人烟稀少,而且四面受敌,无险可守,也不是很理想的地方,于是打消了迁都于此的念头。第二年,朱元璋又就这一悬而未决的问题召集群臣计议,最后拍板定案,在家乡凤阳建都,是为中都城。

据史料记载,修建中都城整个工程大约动用工匠九万人,军士十四万人,民夫四十五万人,罪犯数万人,移民近二十万人,加上南方各省、府、州、县和外地卫,所负责烧制城砖的工匠、军匠,各地采运木料、石材、供应粮草的役夫,总数达百万之众。至于耗费的资财,已无法统计。经过六年的苦心经营,各项主体建筑已经基本完成。但是,就在即将竣工的前夜,由于各方面怨声载道,众谋臣一再进谏,为了不致激起民变,朱元璋才以"劳费"为由下令中止。经过六百多年的沧桑变化,而今城池、宫阙已经多半倾圮。但是,登高俯瞰,依然可以感受到它气象的闳阔和宫观的壮伟。

皇陵工程也是在洪武二年(1369)始建的,历时九年完成。主要建筑有皇城、砖城、土城三道。皇城周长七十五丈,内有正殿、金门、廊庑、碑亭、御桥、华表和位于神道两侧长达二百五十多米的石雕群像;砖城、土城周长各为六里和二十八里。现在,石雕群基本完好,刻工精细,壮丽森严,表现了明初强盛时期的恢弘气魄和劳动人民的高度智慧。

历史留给后人的,毕竟只是创造的成果,而不是血泪交迸的创造过程。尽管当时的异化劳动是非人的,但其成果却可以是动人的;在这里,劳动者创造的辉煌昭昭地展现出来,而辉煌的背后却掩饰了反动统治者的暴政与凶残的手段。作为文物,自有其不朽价值;可是,就个人兴趣和思想感情来说,我却觉得嗒然无味。

说句心里话,对于明太祖朱元璋,我一向没有好感。这当然和他是一个阴险毒辣、残酷无情的政治角色有直接关系。他是一个典型的实用主义者,对人对事都是如此。眼下对我有用,眼下我觉得有用,三教九流、鸡鸣狗盗之徒我都兼容并蓄;一朝觉得你构成了威胁,不管是谁,照杀不误。他在位三十一年间,先后兴动几起大狱,牵连了无数文武臣僚,被诛杀者不下四五万人。大案之外,与他共同开基创业并身居显位的一代功臣名将,或被明令处置,或遭暗中毒害,除了主动交出兵权首先告老还家的信国公汤和等个别人,其余的都没有得到善终。

号称"开国功臣第一"的徐达也是濠州人,故里就在濠梁附近。他自幼就跟随朱元璋身经百战,出生入死,曾经九佩大将军印,刚毅勇武,功高盖世,先后封信国公、魏国公,并和皇上做了儿女亲家。太祖曾赞誉他:"受命出征,成功凯旋,不骄不夸,不近女色,也不取财宝,正直无瑕,心昭日月。"因为他功劳大,太祖要把自己当吴王时的旧宫赐予他,徐达固辞不受。有一次,他们一起饮酒,醉后太祖叫人把他抬到自己的御榻上,徐达醒后吓得连连请罪。以后,太祖又对他进行过多次试探,表明其提防之严,猜忌之深。

这更加重了徐达的心理负担,整天紧张惶悚,有临深履薄之惧,以致气郁不舒,渐成痈疽。经过一年调治,病势逐渐好转。突然传来圣旨:皇上赐膳问安。家人打开食盒一看,竟是一只蒸鹅,徐达登时泪流满面。原来,太医早就告诫:此为禁食之物,否则命将不测。但是,君命难违,只好含悲忍泣吞食下去,几天后终于不起。

清人赵翼说,明太祖"借诸功臣以取天下,及天下既定,即尽举取天下之人而尽杀之,其残忍实千古所未有"。为什么要这样做?雄猜嗜杀,固其本性,但主要还是出于巩固"家天下"的政治需要。

据查继佐《罪惟录》载,明初,太子朱标不忍心看着众多功臣受戮,苦苦进谏,太祖沉吟不语。第二天,把太子叫过去,让他把一根长满刺的枣枝用手举起来,朱标面有难色。于是,太祖说道:"这满是棘刺的树枝,你是无法拿起来的。我现在正在给你削掉棘刺,打磨光滑,岂不是好!"

一席私房话,和盘托出了太祖的机心:为了朱家王朝的"万世一系",不惜尽诛功臣,以绝后患。结果杀得人人心寒胆战,不知命丧何时。在这种极度残酷的血雨腥风中,皇权看似稳定了,皇室独尊的威势也建立了起来,但国脉、民气已经大大斫丧,人心也渐渐失去了。

明朝开国功臣许多都是朱元璋的同乡,他们来自淮西,出身寒苦,后来饱尝胜利果实,构成了一个实力雄厚的庞大的勋贵集团,所谓"马上短衣多楚客,城中高髻尽淮人"(明人贝琼诗句)。这些能征惯战、功高震主的开国勋戚,自幼羁身戎幕,出入卒伍之间,一意血战疆场,没有接受知识文化、研习经史的条件。尽管靠近庄子的濠梁观鱼台,但我敢断言,不会有谁关注过什么"濠濮间想",也不懂得庄子讲过的"膏火自煎"(油膏引燃了火,结果反将自己烧干)、"山木自寇"(山木做成斧柄,反倒转来砍伐自己)的道理。他们的头脑都十分简单,最后在政治黑幕中扮演了人生最惨痛的悲剧角色,照旧也是懵里懵懂,糊里糊涂。

司马迁在《史记》中曾记下了这样一件事:楚王听说庄子是个贤才,便用重金聘他为相。庄子却对使者说:"你看到过祭祀用的牛吗?平日给它披上华美的衣饰,喂的是上好的草料,等到祭祀时就送进太庙,作为牺牲把它宰掉。到那时候,牛即使后悔,想做个孤弱的小猪崽,还能做得到吗?"

历史是既成的事实,不便假设,也无法假设;但后来者不妨做某些猜想。假如那些身居高位、享禄万钟,最后惨遭刑戮的明初开国功臣,有机会读到庄子的这番话,那又该是怎样一种滋味涌上心头呢?

3

皇城与濠上,相去不远,却划开了瑰伟与平凡、荣华与萧索、有为与无为、威加海内与潇洒出尘的界限,体现了两种截然不同的意蕴与情趣。

遥想洪武当年,金碧辉煌的皇陵、帝都,该是何等壮观,何等气派。与之相较,庄子的濠上荒台,冢边蔓草,却显得寂寞清寒,荒凉破败,而且恍兮忽兮,似有若无。但是,就其思想价值的深邃和美学意蕴的丰厚来说,二者也许不可同日而语。所以,尽管当地朋友一再说,两千多年过去了,时移事异,陵谷变迁,有关庄子的遗迹怕是什么也没有了,看了难免失望,可是我却仍然寄情濠上。

我觉得,作为一种艺术精神,它的生命力是恒久的。庄子的思想,也包括"濠濮间想"之类的意绪,属于隐型文化,它与物质文明不同。它的魅力恰恰在于能够超越物象形迹,不受时空限隔。比如庄、惠濠梁观鱼的论辩中所提出的问题,看起来似乎十分简单,实际上却涉及认识方法、逻辑思维、艺术哲学、审美观念等多方面的重要课题,同时也把两位大哲学家的情怀、观念和性格特征鲜明地表现了出来。

庄子是战国时人,大约出生于公元前 369 年,卒于公元前 286 年,享年八十三周岁,属于上寿。要论他的才智,在当时弄个一官半职,混些功名利禄,可说是易如反掌的。无奈他脾气过于古怪,始终奉行他的"不为有国者所羁"的清虚无为的立身哲学,也看不惯官场的钻营奔竞、尔虞我诈的污浊风气,因而穷困了一生,寂寞了一生。

也正因为这样,他才能对当时黑暗的现实保持清醒的认识,才敢于呼号,敢于揭露,无所畏惧。因而,他的生活也是自由闲适、无住无待的,正如他自己所言,"就薮泽,处闲旷,钓鱼闲处,无为而已矣"。濠梁观鱼,正是他的这种闲适生活的真实写照。

要之,"濠濮间想",有赖于那种悠然忘我的恬淡情怀和幽静、孤寂的心境。这种情怀和心境,不要说雄心勃勃、机关算尽的朱元璋不可能拥有,就连敏于事功、多术善辩,整天奔走于扰攘红尘中的惠施,也如隔重城,无从体认。

惠施是庄子最亲密的朋友,也是他最大的论敌。论才学,庄、惠可说是旗鼓相当,两个人有些思想也比较相近;但就个性、气质与价值取向来说,却是大相径庭的。因此,他们走到一处,就要争辩不已,抬起杠来没完。一部《庄子》,记下了许多直接或间接批驳惠子的话。但是,由于他们是"对事不对人"的,因而,并未妨碍彼此成为真诚的朋友。惠子病逝,庄子前往送葬,凄然叹息说:"先生这一死,我再也没有可以配合的对手了,再也没有能够对话的人了!"他感到无限的悲凉、孤寂。

当然,他们的分歧与矛盾还是特别鲜明的。《庄子·秋水》篇记下了这样一个故事:惠子做了梁国的宰相,庄子打算去看望他。有人便告诉惠子:"庄子此行,看来是要取代您老先生的相位啊。"惠子听了很害怕,就在国内连续花了三天三夜搜寻庄子。到了第四天,庄子却主动前来求见,对惠子说:南方有一种鸟叫鹓雏,它从南海飞到北海,一路上不是梧桐不栖止,不是竹实不去吃,没有甘泉它不饮。当时,飞过来一只猫头鹰,嘴里叼着一只腐烂的老鼠,现出沾沾自喜的样子。忽然发现鹓雏在它的上方飞过,吓得惊叫起来,唯恐这只腐鼠被它夺去。现在,你是不是也为怕我夺取你的相位而惊叫呢？

另据《淮南子·齐俗训》记载，一次，庄子在孟诸垂钓，恰好惠子从这里经过，从车百乘，声势甚为煊赫。庄子看了，十分反感，便连自己所钓的鱼都嫌多了，一齐抛到水里。表现了他"不为轩冕肆志"，对当权者飞扬之势的轻蔑态度。

由于他高踞于精神之巅来俯瞰滚滚红尘，因而能够看轻俗人之所重，也能够看重一般人之所轻。他追求一种"逍遥于天地之间而心意自得"的悠然境界，不愿"危身弃生以殉物"，不愿因专制王权的羁縻而迷失自我、葬送身心的自由。

就思维动向和研究学问的路子来说，他们也是截然不同的。二人对于客观、主观各有侧重。惠子是向外穷究苦索，注重向客观方面探求；庄子则致力于向内开掘，喜欢在主观世界里冥想玄思。惠子认为庄子的学说没有用处，讥讽它是无用的大樗；庄子却对惠子耗损精神从事那种"一蚊一虻之劳"，大不以为然。

惠子著书，庄子说有五车，但一本也没有流传下来。在先秦诸子中，惠子可说是最有科学素质的人。从他的一些观念可以看到近现代的理论物理、数学、地理的胚芽。比如，惠子说："日方中方睨，物方生方死。"意思是，太阳正在当中，同时也正在偏斜；万物正在生长，同时也正在死亡。"南方无穷而有穷，今日适越而昔来"；"我知天下之中央，燕之北、越之南是也"，这里体现了地圆学说。"南方"作为方位的概念，本无定限，南之南更有南，但如绕地球一周，则南极可成为初出发之点。惠子说"天下之中央"在"燕之北、越之南"，可见，在他眼中地球并不是一块平板，这就超越了"天圆地方"的一般的传统性认识。

在濠上，庄子与惠子分别以两种不同的身份、不同的视角去看游鱼。惠子是以智者的身份，用理性的、科学的眼光来看，在没有客观依据的情况下，他不肯断定鱼之快乐与否。而庄子则是以具有浪漫色彩的诗人身份，从艺术的视角去观察，他把自己从容、悠闲的心情移植到了游鱼的身上，从而超越了鱼与"我"的限隔,达到了物我两忘、主客冥合的境界。

《庄子·齐物论》中记述了一个"梦为蝴蝶"的寓言,同样体现了这种超越主客界限、实现物我两忘的特征。寓言说:前些时候,我(庄子)曾做过一个梦,梦见自己变成了一只蝴蝶,在花丛中高高兴兴地飞舞着,不知道自己是庄周了。一忽儿,醒过来,发现自己仍是形迹分明的大活人。不觉迷惑了半晌:到底是我做梦变成了蝴蝶呢,还是蝴蝶做梦变成了我?

物我两忘的结果是客体与主体的合二为一。从美学的角度来剖析,观赏者在兴高采烈之际,无暇区别物我,于是我的生命和物的生命往复交流,在无意之中我以我的性格灌输到物,同时也把物的姿态吸收于我。我和物的界限完全消灭,我没入大自然,大自然也没入我,我和大自然连成一气,在一块生展,在一块震颤。(朱光潜语意)

情趣,原本是物我交感共鸣的结果。庄子把整个人生艺术化,他的生活中充满了情趣,因而向内蕴蓄了自己的一往情深,向外发现了自然的无穷逸趣,于是,山水虚灵化了,也情致化了,从而能够以闲适、恬淡的感情与知觉对游鱼做美的观照,或如德国哲学家康德所说的进行"趣味判断"。而惠子则异于是,他所进行的是理智型的解析,以他的认识判断来看庄子的趣味判断,所以就显得扞格不入。

在这里,"通感"与"移情"两种心理作用是必不可少的。有了"通感",人与人之间的心灵沟通,人与物之间的冥然契合,才具备了可能性;而通过"移情",艺术家才能借助自己的感知和经验来了解外物,同时又把自己的情感移到外物身上,使外物也仿佛具备同样的情感。

这类例证是举不胜举的。比如,在凤阳街头我看到一幅联语:"华灯一夕梦,明月百年心。"内容十分深刻,涵盖性很强。但是,何以华灯如梦、明月有心?为什么它们也具有了人的思维和情感?原来,诗人在这里用了以我观物的"移情"手法。正是在这个意义上,一位现代的西方诗人说,一片自然风景就是一种心情。

见我执意要去濠梁,主人便请来当地的一位文史工作者为向导。车

出凤阳城,直奔临淮关,来到了钟离故地。我记起了二百多年前清代诗人黄景仁的《濠梁》:

> 谁道南华是僻书,眼前遗躅唤停车。
> 传闻庄惠临流处,寂寞濠梁过雨余。
> 梦久已忘身是蝶,水清安识我非鱼。
> 平生学道无坚意,此景依然一起予。

当时黄景仁年仅二十四岁,与诗人洪稚存同在安徽学政朱筠幕中。他在这年初冬的一场雨后,凭吊了濠梁"遗躅",写下了这首诗。

《南华经》就是《庄子》。"僻书"云云,引自《唐诗纪事》:令狐绹曾就一个典故向温庭筠请教,温庭筠说:"事出《南华》,非僻书也。"诗的头两句是说,谁说《庄子》是罕见、冷僻的书籍呢?里面涉及的遗迹随处可见呀!眼前,我就碰上了一处,于是,就赶紧召唤把车子停了下来。三四两句交代地点、时间;这里就是传说中的庄子、惠子濠梁观鱼处;一场冷雨过后,石梁上杳无人迹,显得很寂寞、荒凉。五六两句通过《庄子》中庄蝶两忘、鱼我合一的两个典故(后一句还反其意地暗用了"水至清则无鱼"的成语),来抒写自己的感慨,是全诗的意旨所在。结末两句是说,尽管我平素缺乏坚定的学道意念,但依然觉得此情此景对自己有深刻的启发。

这时,忽见一道溪流掠过,上有石梁飞架,我忙向向导问询,这就是濠梁吧?他摇了摇头。没过五分钟,眼前又现出类似的景观,我觉得很合乎意想中的庄、惠观鱼的场景,可是一打听,仍然不是。向导笑说:"这种心情很像刘玄德三顾茅庐请诸葛,见到崔州平以为是孔明,见到石广元、孟公威以为是孔明,见到诸葛均、黄承彦以为是孔明,足见向往之急、思念之殷。想不到沉寂两三千年的濠梁故地,竟有如此巨大的吸引力,真使我这个东道主感到自豪。"

一番妙喻,一通感慨,博得车上人们同声赞许。

突然,汽车戛然刹住,原来,"庄惠临流处"就在眼前。

但是,不看还好,一看果真是十分失望。濠水滔滔依旧,只是太污浊了。黝黑的浊流泛着一层白色的泡沫,寂然无声地漫流着。周围不见树木,也没有鸣虫、飞鸟,看不出一丝一毫"诗意的存在"。庄周的墓地也遍寻未得,连这位专门从事文史研究的向导也茫然不晓。

我想,当年如果面对的竟是这样的浊流污水,这样令人沮丧的生态环境,庄老先生不仅无从看到"儵鱼出游从容"的怡然景色,怕是连那点恬淡、闲适的心境,也要荡然无存了。自然,后世就更谈不到赏识那种鱼鸟亲人、陶然忘机的"濠濮间想"。

第七篇

燕赵悲歌

I

列车,联翩的铁马一般,奔腾呼啸在漫漫的京广线上,涿州、保定、石家庄、邢台……一个个耳熟能详的名字,相继地闪现在眼前,又迅疾地飞向身后。华北大平原摊开了它全部的浩瀚,风驰电掣般地涌过来。宛如特大的电影屏幕,忽而喧阗的集镇,忽而恬静的村野,忽而烟囱林立的工厂区,不断地更换着画面。顿时,一种雄浑、热烈的情怀涌上了心头。可是,当我驻足邯郸,徜徉古城里巷,获得的印象却是天高地迥,旷远苍凉。特别是登上著名的古迹丛台,临风吊古,不禁感慨兴怀,悠然意远。

丛台始建于两千三百多年前,原是赵武灵王阅兵观阵,习武宣威,以及歌舞寻欢之地。因为它是由许多座层台复阁连接垒列而成,故称丛台。战国时期,各国竞相修筑此类高台建筑。魏襄王建中天台于大梁,期望达到天高之半;楚国建三休台,含义是至少要休息三次才能攀上台顶。赵武灵王修筑的丛台,自然也是高耸天际的。

当时的丛台上面,设有天桥、雪洞、花苑、妆阁诸景,结构奇特,装饰华美,连聚非一,各极其妙。古人用"天桥接汉若长虹,雪洞迷离如银海"的诗句,来状写丛台的巍峨、壮观。历史上许多文人骚客,像唐朝的李白、杜甫、白居易,宋代的贺铸、范成大等,都曾多次登台赋诗。当然,现在呈现在我们眼前的早已不是旧观,直到清朝末年,丛台还曾重新修葺过。

登上丛台极目远眺,但见云天深处,巍巍太行西走蜿蜒,层峦起伏;四公里外,坐落在市区西南部的赵王城,残垣断垒隐约可见;北有武灵馆、回澜亭;西北便是古赵国的梳妆楼、铸箭炉、插箭岭遗址。

俯视丛台四周,绿杨深处,车辆梭穿,楼群棋布,街上人流熙来攘往;湖面上碧水澄鲜,微现涟漪,一派雍雍穆穆的祥和景象。当年的戈戟交辉,云旗委蛇之势,已付与苍茫的历史。高台上下显得寂寥空旷,碑碣暗淡,廊榭萧然,只剩下青苍的雉堞、淡绿的苔痕,一任徐缓的清风和悠悠的淡日拂煦着。但历史恰是怪异得很,愈是清虚恬淡,往往愈是意兴撩人,令人悠然神往。

东周贞定王十六年(公元前453),韩、赵、魏三家分晋,过了五十年,周天子正式册封他们为诸侯,分头就国。

开始,赵国建都晋阳,十七年后迁都邯郸。其后历经八代君主,计一百五十八年。赵国的极盛时期为武灵王当政时代。这是一个很有作为的君主。《东周列国志》上描绘赵武灵王的形象,"面黑有光,胸开三尺,气雄万夫,志吞四海";现代史学家翦伯赞甚至说他,"无愧于英雄的称号"。他曾亲自率师攻城略地,北至中山、燕、代,西出云中、九原,拓地千里,使赵国成为东方六国中唯一能与强秦争雄角胜的国家。

后来,赵武灵王让他的儿子主持国事,自己率领官员们到西北勘察地形,想从云中、九原直接向南出兵,偷袭秦国。于是,他乔装成使者,潜入秦都咸阳,进行实地测察,并顺便了解、考察了秦昭王的为人。昭王开始没有发觉,过了一阵,觉得这个人状貌奇伟,不像是普通臣下,便派人追赶,可是,"使者"已经大摇大摆地出关了。秦人弄清底细后,颇为惊怖。

赵国在西破林胡、楼烦之后,由武灵王主持,傍阴山修筑了一条长城,以防备北部的强敌入侵。据史料记载和实地考察,这段长城东起今河北宣化附近,向西北方向延伸,经张家口进入内蒙古,然后沿阴山西去,直抵乌拉山与狼山之间的高阙。《水经注》描写它:"长城之际,连山刺天";"两岸双阙,峨然云举"。在当时的物质条件下,以一个小小的赵国,竟能完成这样规模巨大的国防工程,而且没有像秦始皇那样,受到世人的责骂,不能不令人惊叹。

不仅此也,武灵王还敢于同最顽固的传统习惯和保守思想做斗争,锐意改革，运筹强兵富国之策。他考虑到，赵国的处境十分险恶，中山紧靠腹心，胡、燕分踞东、北，强秦与楼烦陈兵于西，虎视眈眈，旦夕都有遭致倾覆的危险。为了提高战斗力，他带头穿上紧身窄袖的衣服，腰束革带，足蹬皮靴，废车乘马，日逐射猎。他斩钉截铁地批驳了一些贵族反对更改先王旧制的责难，认为衣服是为了穿用方便，礼法是为了行事方便。情事不同，服饰、礼法都要随之变化。夏、商、周三代都是随时制定法规，依事确定礼俗的，法度、制令各顺其宜，衣服、器械各便其用。所以，治世不必采用一种方式，利国不必完全效法古代。况且，先王的礼俗并不一样，那要我们效法哪一个"古"呢？

通过赵武灵王的率先倡导，变车战为骑战，全面推行"胡服骑射"，带动了整个赵国军队作战能力的增强，促进了华夏农业文化与草原游牧文化的融合。这对赵文化的多元构成，对北方中国古代社会的发展和文化的濡染、升华，都产生了深远的影响。

但是，这样一位勇于改革创新的历史人物，由于"交班"问题没有解决好，最后却落得一个悲剧下场。

武灵王在位二十七年，当初曾立长子章为太子，后来娶了宠姬吴娃，生下了少子何，便把太子章废掉，进而又把王位让给了少子何，是为赵惠文王，自己做了太上皇，住在沙丘的行宫。

少子何即位之后，心怀怨怼的长子章不甘心北面称臣，便起兵发动叛乱，兵败之后，逃到他的父亲这里来避难。

此时作为太上皇的赵武灵王很同情他的处境，不忍心看着他惨遭屠戮，便开门加以接纳，把他保护了起来。不料，追兵闯进宫室，穷搜不舍，到底还是把他抓住杀掉了。他们害怕日后受到追究，索性一不做二不休，把太上皇也就地囚禁起来，不供给任何食物。太上皇饿到极处，只好在园林中探寻鸟巢，取卵、捉雏充饥，终致饿死宫中。

2

　　士慕原陵犹侠气,人来燕赵易悲歌。

　　漫步古都邯郸街头,清代诗人张问陶这两句诗,蓦地在脑际浮现出来。
　　"原陵",分别指赵武灵王的公子平原君赵胜和魏国的信陵君无忌。他们本人的本事并不大,但都仁厚待人,礼贤下士,一时门客如云,最多时达到三千多人。用太史公的话说,乃战国时代"翩翩浊世之佳公子"。说到"原陵侠气",人们会想到李白笔下的侠客形象:

　　赵客缦胡缨,吴钩霜雪明。
　　银鞍照白马,飒沓如流星。
　　十步杀一人,千里不留行。
　　事了拂衣去,深藏身与名。
　　闲过信陵饮,脱剑膝前横。
　　..........
　　三杯吐然诺,五岳倒为轻。
　　眼花耳热后,意气素霓生。

　　见诸史书的,则有"窃符救赵"的故实:
　　周赧王五十八年(公元前257),秦军围攻邯郸,赵国危在旦夕。赵相平原君因为夫人是魏公子信陵君的姐姐,借助这种姻亲关系,派遣使者求救于魏。但魏王害怕开罪于秦,不肯下令出兵。夷门守吏侯嬴向信陵君献计:魏王的宠妃如姬曾受过信陵君的大恩,可以通过她把调遣大将晋鄙军队的兵符拿到手。这样,就可以传令军中,发兵救赵;如果晋鄙不肯受命,就由随行的勇士矫命将他击杀。信陵君一一按计行事,夺得了晋鄙兵权,率部击退秦军,解了邯郸之围。

为了行侠仗义,扶弱抑强,魏公子一切后果都在所不计,承担了巨大的风险。致使有家难奔,有国难回,滞留邯郸达十年之久,以逃避魏王的究治。这些做法,在今天看来,也许不好理解,可是在战国时期,却是世风所尚,体现了古道热肠和义行本色。

但依我看来,战国群英中,最令人敬慕的还是赵国的蔺相如。邯郸城内有一处著名古迹,名叫"回车巷",是后人为了纪念他顾全大局,主动谦退,终于实现了"将相和"而保存的遗迹。

事情是由和氏璧引发的。秦昭王听说赵国得到了这件稀世珍宝,提出要以十五座城来交换。赵惠文王慑于秦国的声威,既不敢断然拒绝,又害怕答应下来上当受骗。正当无计可施之时,蔺相如过来了,赵惠文王便征求了他的意见。蔺相如说,鉴于秦强赵弱的这种态势,我们拒不答应是不够明智的。但是,这里面也带有一定的风险。我愿意出使秦国,奉璧取城。万一他们背信弃义,不肯割十五城给我们,我也会设法"完璧归赵"的。于是,蔺相如便带着和氏璧来到了秦都咸阳。

秦昭王得到和氏璧之后,自是万分快意,但看得出他并没有交城、割地的意思。蔺相如便走上前去,说这块璧上有一处瑕疵,请让我指给大王看。他接过璧来便一步步后退,怒发冲冠,声色俱厉地说,你们没有割地的诚意,休想得到和氏璧。倘若逼急了,我就把脑袋和璧玉同时撞碎在柱子上。秦昭王怕他真的撞碎了璧,便连声道歉,并答应割十五城给赵国。

蔺相如识破了这又是诡诈,便以必须"斋戒五日""乃敢献璧"为辞,抓紧派亲信秘密抄小道,将和氏璧送回赵国,自己留下来用智谋对付秦昭王。秦昭王当然十分恼火,但又想到,即使把他杀掉,也得不到和氏璧了,徒然破坏了两国关系,莫如放他回去,以从长计议。这样,蔺相如便胜利地返回了邯郸。

四年后,秦昭王邀请赵惠文王在渑池相见。宴饮中,秦昭王突然提出要求,让赵惠文王弹瑟,赵王不敢拒绝,只好弹奏一曲。秦国的御史马上记上一笔："某年月日,秦王与赵王会饮,令赵王鼓瑟。"这显然带有污辱性质。当时,蔺相如在侧,便针锋相对地说,赵王听说秦王善为秦声,请秦王敲击瓦器,以相助乐。秦昭王不悦,断然加以拒绝。蔺相如怒不可遏地高声叫道:"五步之内,臣得以颈血溅大王!"秦宫的侍从见蔺相如怒目圆睁,现出一副决战姿态,都不敢动手。秦昭王不得已,只好随手敲了一下瓦缶。蔺相如立即召随行的赵国御史执笔为记:"某年月日,秦王为赵王击缶。"就这样,直到会见结束,秦方始终没有占得上风。蔺相如以一大夫,凭着他的侠肝义胆,为国家争得了地位,维护了尊严。

"渑池之会"结束,赵惠文王回到邯郸,以为此行蔺相如功劳最大,便拜他为上卿,位居大将廉颇之上。廉颇很不服气,愤然地说,我有攻城野战之大功,而蔺相如徒以口舌为劳,以一个低贱之人,却位居我上,令我感到耻辱。扬言如果碰到蔺相如,一定要羞辱他一下。蔺相如听说了,就有意地加以回避。周围一些人不理解,蔺相如解释说,强秦之所以不敢加兵于赵,就是因为有我们两个人在。我们二人如果失和,会像两虎相斗,其中必有一伤。从大局出发,我也应该退让。从此,每逢朝会,他都称病不出,避免和廉颇争列次。一次上街,远远地望见廉颇过来,蔺相如便调转车头避开。这些所作所为终于感动了廉颇,他主动登门,负荆请罪。这就是"回车巷"的来历。

3

漫步邯郸街头,遥想两千多年前那些慕仁向义、慷慨悲歌的往事,一个个凛然可畏、"路见不平,拔刀相助"的义士形象,宛然如在目前。这里的民风素以勇悍、尚武著称,既不同于中原、关陇,也有别于齐鲁、江浙。西汉史学家司马迁认为,此间地近匈奴,经常受到侵扰,师旅频兴,所以其人矜持、慷慨,气盛、任侠。加之胡汉杂居,耳濡目染,通过血缘的传承和文化的渗透,都会产生深刻的影响。早在春秋时代,当政者就已患其桀骜难制,中经赵武灵王"胡服骑射"的改革,任侠之风更加浓烈。

《庄子·说剑》中记载,赵惠文王喜好剑术,养了三千多名剑客,剑士站在大门口的两侧,昼夜为国王表演击剑,一年要死伤一百多人,而赵王好之不厌。上有所好,下必甚焉。整个赵国男子都擅长骑射,惯见刀兵,"相聚游戏,悲歌慷慨";赵国的有些女子也是毫不示弱,"褰裙逐马如卷蓬,左射右射必叠双"。

宋代文学家王禹偁在一篇传记文学中记载:宋太宗时,常山郡北七里的唐河店,一位无名老妇,凭着机智与胆略,赤手空拳赚杀了一名契丹骑兵。"一妪尚尔,其人可知也。"他说。此地民众习于战斗而不怯懦,听说敌房来到,父母帮助拉出战马,妻子忙着取来弓箭,甚至有不等披戴好盔甲,就跨马出征的。

燕赵古称多感慨悲歌之士。但是到了唐代以后,文学家韩愈却认为,"风俗与化移易",现时情形将有异于古昔,因而对于古时的"感慨悲歌之士"如果活到今天还能否受到礼遇表示怀疑。清代诗人吴梅村更是慨乎言之,有诗云:"多见摄衣称上客,几人刎颈送王孙。"这里引用了《史记·魏公子列传》中的典故:信陵公子到夷门迎请侯嬴,侯嬴身着破旧衣冠,径直坐上车中的尊位,毫不谦让,而公子却愈加恭谨。到了家中,首先请侯嬴坐在上座,并向宾客一一介绍,客人都很惊异。后来,侯嬴果然不负厚望,向魏公子献了"窃符救赵"之计;自己因年迈不能陪伴信陵君奔赴疆场,于送行时刎颈自杀,以死相报。

当然,吴梅村引经据典,吊古伤今,慨叹世道浇漓,人心不古,得宠者实多而酬恩者甚寡,像侯嬴那样以死相报信陵君的人,再也不易见到了,也不是无谓而发的,大抵是"借他人的酒杯,浇自己的块垒"。

战国、秦、汉时期,邯郸不仅是我国北方闻名的工商业城市和交通中心,也是一个颇具特色的全国性的文化名城。在先秦诸国中,古赵文化以平原文化与高原文化、内地文化与边陲文化、农耕文化与畜牧文化等多元构成,而独树一帜。

正因为它是多元的、复合的,所以,这里不只是尚武任侠、激扬耿烈,还有博戏驰逐、歌舞佚靡的一面。勇武任侠与冶游佚荡,作为古赵文化中两个突出的特点,分别在战时与平时突显出来。古时邯郸的女子以美艳著称,日与游侠豪俊征逐,颇善修饰,弹筝鼓瑟,目挑心招。赵歌、赵舞、赵鼓、赵曲等,在中华民族大家庭的艺苑中,都以其鲜明的地方特色,占据着重要的一席。

学术思想的活跃,也是赵都邯郸的一个显著特点。当时,这里聚集了一大批知名的学者,荀况、慎到、公孙龙、虞卿、毛公都曾驻足邯郸,著书讲学。灿烂的文化积存,良好的人文环境,吸引了众多的俊士名流,留下了传诵千古的逸闻佳话。

邯郸素有"成语之乡"的盛誉,诸如围魏救赵、义不帝秦、完璧归赵、负荆请罪、毛遂自荐、因人成事、邯郸学步、纸上谈兵、南辕北辙、奇货可居和二度梅、渑池会、将相和、黄粱梦等成语典故和故事传说,产地都在这里。

这种特定的社会文化环境,对于"燕赵悲歌"的人文气质的形成有着直接的作用。如果说,历史是过程的集合体,那么,作为连接社会交往的中介的文化,则是这些历史过程的符号,是人类创造的具有象征意义的符号总和。无论它以哪种方式传承,是垂直式的文化继承——积淀,还是水平式的文化交流——融合,都会通过"获得性遗传",对于人们的性格、气质、心理、行为,产生多方面的影响。就这个意义来说,文化就是人化,人既是社会的创造者,又是社会的制成品。

第八篇

魅力工匠精神

I

　　都江堰,是一座美丽的城市,也是一项历史悠久、名震中外的水利工程,更是一位伟大历史人物的万古丰碑。

　　是的,国内外都有一些这样的所在,它们往往同某位政治家、军事家、科学家、文学家紧密地联结在一起。像但丁之于意大利佛罗伦萨、马克思之于德国特里尔城、孔夫子之于山东曲阜、蔡元培之于北京大学等,都像蜀郡太守李冰之于都江堰那样。只要你置身其间,就会感受到他们的不朽存在。就是说,他们的一生功业,行藏休咎,都同这些地方有着紧密的不可分开的联系。

　　我曾去江苏南通参加过一项文化活动,遍游市区,足迹所至之处,时刻都感到,仿佛爱国实业家张謇至今仍然健在,而且就在身旁。可以说,整个城市,就是他的一座丰碑。当时,我就联想到了李冰——他在都江堰不也是如此吗?当然,两人也不尽相同,他们分列于中国两千余年封建社会的首尾两端,一者启其先,一者断其后;一个做报晓的鸡鸣,一个奏黄昏的挽曲。而且,论其影响所及、流风泽被,李冰也要远远地超出张謇。其实,何独是张謇,就功业来说,放眼浩荡神州,披阅千秋简册,真正能够同李冰比肩者,又能有几人!

　　翻开卷帙浩繁的"二十四史",或者纵览一番画影图形、名标青史的凌烟阁,以及彰表公侯将相的纪功碑,在整个封建时代里,所谓"建功立业",不外乎以下种种:或为卫青、霍去病那样的名将,开疆辟土,攻城夺寨,斩将搴旗,血流漂杵,结果是"凭君莫话封侯事,一将功成万骨枯";或为张良、陈平那样的运筹帷幄之中、决胜千里之外的谋臣,"兴王大计无寻处,却在先生一蹑中";或为张巡、许远之类誓死不降的铁杆忠臣,"唐室兴亡系公等""百战孤城挫贼锋";或为"英风犹想入关初,相国功勋世莫如"的萧何之类富有政治远见的名相"先入收秦丞相御史律令图书藏之",因而能够"具知天下厄塞,户口多少,强弱之处,民所疾苦"之事;或为"百度修明诸弊革""神皇初政迈中兴"、治绩炳然的张居正那样的改革家;还有一种特殊的功勋建立者,像王昭君那样的"能为君王罢征戍,甘心玉骨葬胡尘"的和亲美女……

他们都是功垂简册,广为后世文人讴歌咏叹的。

而李冰所创下的功业,则属于另一种类型。史载,上古之时,封闭于层峦叠嶂间的古蜀国,内则水旱相接,外无舟车之利,绝少对外交流,属于蛮荒之地。秦蜀郡太守李冰率领当地民众,凿离堆,修都江堰,穿内外江,旱则引水浸润,雨则杜塞水门,引溉郡田,沃润千里,水旱从人,不知饥馑。把西夷荆榛荒芜之地,化为锦绣繁华之府,沃野千里,号称"天府"。此外,他还在成都建七座桥、修石犀溪,疏通乐山、宜宾、什邡、崇庆等地河道,治洪防涝,引水灌田,发展水运交通,以济舟楫之利;并建冶铁基地于临邛,凿盐井于广都,"蜀于是盛有养生之饶焉",使水利灌溉、航运交通和盐铁事业得到长足发展,以其巨大的科学价值与经济效益,在人类历史上书写了灿烂的篇章。

2

我们把李冰所做的贡献同上述列举的种种功业相比较,就会发现它有三个方面的鲜明特点:

其一,具有超越性。超越时间、地域、国度、集团、阶级范围,它的成果与效益能够经受住时间的考验,不受政治历史条件和意识形态的限制,因而更加具有普泛性与持久性。

其二,是其一的延伸,即功业的纯粹性,即是说,众所公认,不会有任何不同的争议。比如,建功绝域,拓土开疆,自古以来,就曾受到人们的质疑,有的诗人写道:

自古边功缘底事?多因嬖幸欲封侯。
不如直与黄金印,惜取沙场万骷髅!

对于改革、和亲等政治行为,也往往是言人人殊。当然,这么说,也并非意味着只要从事征服自然的事业,就一定能够立功立德,名扬后世。隋炀帝开凿运河,"水殿龙舟"之事,招致天怒人怨,自不必说;就是元代的那位"总治河防使",不也是有"贾鲁治黄河,功多怨亦多"之说吗?何况,治水本身还有个是否遵循规律的问题,否则,筑坝堵截洪水的鲧伯也就不至于丢官受戮了。

其三,李冰不仅以其骄人、盖世的丰功伟业名留青史,而且,作为一名官员,在品德、人格、作风方面,也为后世树立了楷模,他是一位把立功与立德完美结合在一起的典范。生建奇功传万代,死留型范重千秋,此之谓不朽。作为出色的教育家,孔夫子是当之无愧的"万世师表";那么,蜀郡太守李冰,应该说是"千古官模"了。

李冰是一位难得的既体恤民情、心系百姓、以民为本的贤太守,又精通专业知识、富有丰富实践经验的杰出的水利工程师。他"专利国家而不为身谋",切实做到"献了青春献终生,献了终生献子孙"。本来,身为郡守,完全有条件为儿子谋求一个官职,像后世一些官员那样,"一人得势,鸡犬升天",依势横行,敛财致富。而他的儿子二郎,却始终跟着父亲干活吃苦。他勤政敬业,身体力行,且工作讲究科学性、创造性,注重调查研究,善于集中群众智慧,尊重自然规律,从而规划、修建了选点正确、布局合理、造价低廉、施工简便而又功能持久、效益卓著的大型水利工程。他在两千年前,为中国官场开创了一个踏着官阶从事科学技术实践的先例,而不是像后来那样把一批批颇有造就的学者磨炼成只知夤缘求进的巧宦、官僚。政治在他眼里,是弭患消灾,而不是钩心斗角,是奉献而不是索取。南宋年间,诗人陆游参观都江堰,见到李冰的画像,在盛赞其"奇勋伟绩"之余,慨然兴叹:"寥寥后世岂乏人,尺寸未施谗已众。要官无责空赋禄,轩盖传呼真一哄。"可谓语重心长,洞穿要害了。

3

　　遗憾的是,这样出色的一位贤臣,留在历史上的文字记载实在太少了。他大约出生于秦昭王五年(公元前302),卒于秦始皇十二年(公元前235),原籍在楚,后迁居秦地陇西,秦昭王三十年被委任为蜀郡郡守。

　　司马迁《史记·河渠书》上说:

　　　　蜀守冰凿离碓,辟沫水之害,穿二江成都之中。此渠皆可行舟,有余则用溉浸,百姓飨其利。至于所过,往往引其水益用溉田畴之渠,以万亿计,然莫足数也。

《华阳国志》记载:

　　　　冰乃壅江作堋,穿郫江、检江,别支流,双过郡下,以行舟船。岷山多梓、柏、大竹,颓随水流,坐致材木,功省用饶。又灌溉三郡,开稻田。于是蜀沃野千里,号为陆海。

　　有关李冰的形象,倒是种种色色,代有更迭。四十多年前,出土于都江堰外江河床的东汉石质塑像,李冰身着官服,手置胸前,意态雍容,风格质朴,为汉代郡守的官员形象;宋代始封为王,上面所述陆游的诗,就是因观"英惠王"李冰画像而作,画像中的他峨冠高耸,俨然王者之尊;明代以降,尊为"川主",奉若神明,甚至传说为护佑都江堰的水神,从而在仰敬之上又涂抹上了神秘色彩;而现代的李冰像,则显现出深思静虑,富有书卷气,这当是考量他的水利工程师的身份,以之作为智慧的象征。从不同朝代对于他的形象设计的变化,充分反映出时代特征与价值观念。

而在民间,则广泛流布着神化李冰父子的传说。说他有天赋的神力,仿佛掌握"四两拨千斤"的太极奇功,指腕运转之间,高山大川全都听从调遣,轰隆隆、哗啦啦,开出了天彭门,凿通了玉垒山、宝瓶口,让江水的灵性和大地的丰饶滋养"天府"四川,润泽千秋万代。除了神化他通渠治水,还有降伏孽龙、通灵显圣,以及最后升天成仙等传奇。而流传最广的是"斗江神"的故事:岷江江神极为凶恶,每年都要向人间索取两名少女作为妻子。稍有怠慢以至违抗,则掀风鼓浪,造作各种灾祸。郡守李冰得知其事,就说这一年他要把自己的女儿献出去。到了嫁女之日,他先给江神敬上一杯酒,然后自己也斟上,一饮而尽,而江神的那一杯却没有动。他大声斥责其无礼。霎时,李冰消失了踪影,只见江岸上有二牛在搏斗。有顷,李冰气喘吁吁地对下属说:"我已疲惫至极,你们应合力相助。要记住,头朝南、腰系白带的是我。"一转眼,两头牛又斗了起来。于是,众人齐上,帮他把那条兴妖作孽的牛刺死。自此以后,水害遂息。此项传闻,亦见于东汉古籍《风俗通》。

至于有关李二郎的神话更是连篇累牍,他以"二郎神"的形象多次出现在小说《西游记》《封神演义》和戏剧《宝莲灯》里。在《西游记》中,二郎神是玉帝的外甥,居灌江口,享受下方香火。他的法力无边,统领一千二百草头神兵,斧劈姚山;武功更是了得,连"齐天大圣"与他斗法,最后都败下阵来。只是没有说清楚,这样一位大罗神仙,怎么竟成了郡守李冰的儿子。

神化也好,传说也好,作为一个物质载体,李冰早已化作埃尘,杳无踪迹;而他所创造的人间奇迹,却历数千年而不泯。

于今,站在都江堰这一世界级的伟大工程面前,那"披云激电从天来""江流蹴山山为动"(陆游诗句)的气势,使我惊骇,使我振奋;而尤其令我引以为骄傲、感受到自豪的,还是李冰这位不朽的英雄,"呜呼秦守信豪杰,千年遗迹人犹诵"(陆游诗句);作为他留给后人的精神财富,它将泽流万古,沾溉无极。

都江堰是一座伟大的工程,尽管李冰不是一位工匠,但正是他,用都江堰为工匠精神铸就了一座丰碑,展现了工匠精神的千古魅力。

历史的灵魂,是人。一座城市,一个著名风景区,又何尝不是如此?如果失去相应的名人做支撑,那么,它的真正魅力也将无从体现。

> 赖有岳于双少保,人间始觉重西湖。

如同西湖有了岳飞与于谦两个忠贞耿介之士,都江堰也因为有了李冰父子,他们让人鼓舞奋发,让人激扬踔厉,让人说起来口角生香,看上去流连忘返,走了之后永难忘怀,在人们的心灵深处,永远占据崇高的位置。

从这个意义上,我们也可以反过来说,李冰是都江堰这个地方的一座万古丰碑。

第二章

自觉:性本爱丘山

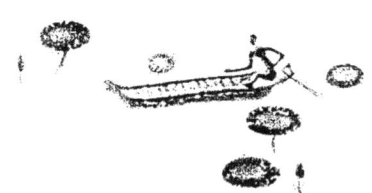

心灵自由度较高,学者们或参与朝政,或著书立说,或设坛授徒,同时关注自身的觉醒,他们在诸多领域建树颇丰,涌现了一大批知名学者和文化巨匠。

第九篇

大风歌

I

西汉高祖十二年(公元前195),刘邦南面称王的第十二个年头。

这年十月,他率兵讨伐淮南王英布,安抚了南越王赵佗,平定了淮南、荆、楚地区。还朝途中,经过故乡沛县,留驻了下来。他在沛宫置酒高会,宴请家乡父老与旧时朋友。大家无拘无束地聚集在一起,一块儿喝酒、谈天;他还挑选出一百二十名少年,教歌习舞,尽情欢乐。

酒酣耳热、激情喷涌之际,刘邦回首几十年的戎马生涯,为已经取得的恢宏业绩踌躇满志;同时,也想到自己的身体已经大不如前,而太子又过分仁弱,朝野人心未定,还存在着诸多不安定的因素。且不说,一些诸侯王不能安分守己,却各怀异志;就是边疆也烟尘未息,需要有足够数量的勇猛、雄强的将士防守。汉兴以来,原本是"猛将如云,谋臣如雨"。无奈,刘邦对于战功卓著的元戎、统帅,心存戒虑,猜忌重重,担心他们拥兵自重,割据称雄,自谋发展。因此,一一剪除殆尽。这样在他看来,真正赤胆忠心扶保汉室,且又具有超常军事才能的人,实在是少之又少。于是,喜极而痛,不禁感伤起来,情不自禁地操起筑(一种类似琴的乐器)来,一边弹着,一边唱起自己随口编成的《大风歌》:

> 大风起兮云飞扬,
> 威加海内兮归故乡,
> 安得猛士兮守四方!

那"风起云扬"的意象,着实令人鼓舞,用它来状写秦汉之际政治形势的发展变化,也是形象而又贴切的。接着,诗思一转,导出这位"马上皇帝"稳操胜券、衣锦还乡的得意心态,也抒发了他对故乡的深厚情感。最后,"卒章显志",表露出全诗的主旨所在,把他为一手开创的汉家基业而深谋远虑、呕心沥血的内心世界,和盘托出。

那天,高祖令所有的少年都跟着合唱,自己则随歌起舞,"泣数行下"。他对父老乡亲们说:游子悲故乡,朕虽以关中为都,长住都中,但万年之后,魂魄仍然乐于思念沛县。且朕由沛公身份出兵征讨暴逆,今日方能据有天下。因此,我要以沛县做朕的汤沐邑,免除全县民众的赋税,世世代代都不用交税。

父老兄弟及旧日朋友听了,自是感激不尽,此后每天都陪着皇帝饮酒叙话,彼此欢乐逾常。送行时,全县倾城出动。接着又在邑西设帐三天,饮酒作乐。

从刘邦的诗句与话语中,可以充分感受到他的"恋乡情结"和其中所隐含的悲凉意绪。"胡马依北风,越鸟巢南枝。"人,何尝不是如此。过往的一切行走,原都是一步步地向着他的来路逼近,即使是那些叱咤风云的盖世豪杰、富有四海的一朝霸主,也不可能例外。特别是人到暮年,更有落叶归根、狐死首丘的强烈愿望。

这一年,刘邦已经六十二岁了。而且,在讨伐英布时为流矢所中,箭镞穿过厚厚的铠甲,进到肉里一寸左右,这使他的锐气为之大挫,心性有些灰颓。尽管眼下的荣华富贵、地位威权已经登峰造极,并世无人可比。但毕竟岁月无情,老之将至,正所谓"英雄得志犹情累,富贵还乡奈老何"(清代孙原湘诗)。事实的发展也恰如他所挂虑的那样,回去后仅仅四个月,就在长乐宫中"龙驭宾天"了。

正由于恋乡、怀土意识乃人情之常,因而,往古来今,它已经成为一个言说不尽的热门话题。不过,话又说回来,作为常人,可能说一说也就算了,最后无关大局;若是轮到一些临大事、膺重命、举足轻重的大人物身上,情况可就复杂得多了,最典型的莫过于西楚霸王项羽。

说到项羽,恐怕没有谁会否认他是英雄、好汉、大丈夫。但是,论者又普遍认为,他终究算不得成就宏图伟业、富有政治远见的杰出的政治家。在最关键的时刻,他缺乏"志在四方"的深谋远略,以致功败垂成。当他率军杀进关中,离坐上皇帝的龙墩只是举步之劳的时候,他却踌躇不前,望而却步了。倒不是出于恐惧——西楚霸王心目中没有不可战胜的敌手,而是做了情感的俘虏。当他望见咸阳的宫殿已经化为灰烬,到处都是废瓦颓垣,士兵们又都想念着东方的故土,而他自己也觉得秦人对他或者他对秦人共同没有好感,留在"八百里秦川"很没有意思。当即决定,放弃关中,挥师东向,以紧邻故乡的彭城作为西楚的都城。

当下,谋士韩生加以劝阻,认为关中高山险要,河流围绕,东有函谷关,南有武关,西有乌关,北有黄河,山河四塞,土地膏腴,作为都城真是太理想了。

项王却说:"富贵不归故乡,如衣绣夜行,谁知之者?"

韩生大失所望,骂他是"沐猴而冠",结果,被扔进油锅里成了"油炸鬼"。

无赖与英豪过招儿,想的不是如何出奇制胜,而是眼睛紧紧盯住对手的失误。而粗心大意的乌鸦一唱高调,叼着的肉块便会落入狡猾的狐狸口中。刘邦正是适时捕捉到项羽留置的可乘之机,因势乘便,不出三个月,汉军就大举入关,迅速填补了权力的真空,占据了关中的有利地盘。

宋代文学家苏洵评论项羽:"有取天下之才,而无取天下之虑。"清代诗人王昙也写诗加以批评:"天意何曾祖刘季,大王失计恋江东。早摧函谷称西帝,何必鸿门杀沛公。"针对项羽死前说的"此天之亡我,非战之罪也",劈头断喝,说天意并没有袒护刘邦;项王的失策在于他留恋江东,决计返回故乡,以致坐失良机。如果能够早日攻破函谷关,进军长安,登上帝座;又何必等到后来刘邦成了"气候",才不得不设下"鸿门宴"去设法谋杀他呢!

应该说,在这方面,刘邦是很会处理的。尽管他也非常留恋故乡,但并不感情用事,却能够从大局出发,做出正确的决策。《资治通鉴》记载,刘邦开始定都洛阳,齐人娄敬劝他迁都长安。他一时拿不定主意,想要听听大家的意见。群臣中当地人占多数,"争言洛阳优势",唯独张良力排众议,大讲关中在政治、经济、军事方面的重要地位,指出洛阳四面受敌,"非用武之国"。刘邦甚以为是,即日决定迁都长安。宋代学者胡致堂盛赞此举:"高帝起兵八年,岁无宁居,至是天下平定,当亦少思安逸之时也。而敏于用言,不自遑暇如此。其成帝业,宜哉!"

2

对高祖还乡这一颇具轰动效应的历史事件,《史记》《汉书》上都煌煌在录,历代的诗文典籍,也都以不同观点、从不同角度,做了大量的评述。

唐代诗人胡曾题诗予以赞颂:"汉高辛苦事干戈,帝业兴隆俊杰多。犹恨四方无壮士,还乡悲唱大风歌。"

清代诗人袁枚就此写了两首七律,对高皇帝荣归故里、慷慨悲歌这一豪情壮举,特别是对于那首前无古人的千秋绝唱,极尽颂扬之能事。其一云:

> 高台击筑忆英雄,马上归来句亦工。
> 一代君民酣饮后,千年魂魄故乡中。
> 青天弓剑无留影,落日河山有大风。
> 百二十人飘散尽,满村牧笛是歌童。

第二首诗中的后四句是:"父老尚知皇帝贵,水流如听筑声孤。千秋万岁风云在,似此还乡信丈夫。"此老一向会作趋奉文章,这些诗句也同样弥漫着这种陈腐的味道。

而最具特色的是元代散曲作家睢景臣的《哨遍·高祖还乡》。作者选取独特的视角,以全新的手法和十分巧妙的叙述方式,再现了当时的场景,对一千多年前的历史事件进行生面别开的解读。

作品一开头,就通过一位担当"叙述人"角色的村民,以第一人称描述村社头面人物准备接驾的场景——那些原本土头土脑、懵懵懂懂的村官,今天却显得威风八面、盛气凌人,摊派差使、布置场面,比过去加倍地蛮横无理。一方面描绘了这一盛典的肃穆、庄严,一方面也衬托出这位"草根皇帝"还乡可鄙可笑的行径。

在叙述人看来,你皇上也好,大员也好,回乡就回乡呗,有什么必要招摇造势,小题大做呢!而那班筹划接驾的人,整饰衣裳、执盘备酒、吹笛擂鼓,原本是一帮"乔男女"在那里弄景、"装幺""胡踢蹬"。

紧接着,作者以[耍孩儿][五煞][四煞]三支曲子,描画了皇家仪仗、舆服的赫赫声势,通过村民眼中所见,活灵活现地展示了封建帝王出巡时的盛大排场。但并非正面铺陈,而是以戏谑、调侃的话语出之,从而涂抹掉笼罩在"龙章凤质"之上的神秘灵光。那无比庄严、神圣的月旗、日旗、蟠龙旗、凤凰旗、飞虎旗,在这位村民眼中,却成了:

> 一面旗白胡阑套住个迎霜兔,一面旗红曲连打着个毕月乌,一面旗鸡学舞,一面旗狗生双翅,一面旗蛇缠葫芦。

而金瓜、钺斧、朝天镫、红叉、雉扇,以及那些执仗者,则是:

> 红漆了叉,银铮了斧,甜瓜苦瓜黄金镀,明晃晃马镫枪尖上挑,白雪雪鹅毛扇上铺。这几个乔人物,拿着些不曾见的器仗,穿着些大作怪衣服。

通过对迎驾队伍与皇家仪仗、扈从场面的杂乱、喧嚣的渲染,使人感到所谓御驾还乡的盛典,不过是一场莫名其妙、笑料百出的滑稽闹剧。

仪仗队过去之后,皇帝的车驾迎面而来。皇帝下车了!那君临天下、威仪万方的帝王,在这位村民眼中,只就是"那大汉"。接下来的四支曲子,集中地表现了叙事人对"那大汉"的蔑视态度。

[三煞]那大汉下的车,众人施礼数。那大汉觑得人如无物。众乡老展脚舒腰拜,那大汉挪身着手扶。猛可里抬头觑,觑多时认得,险气破我胸脯!

[二煞]你须身姓刘,你妻须姓吕。把你两家儿根脚从头数。你本身做亭长,耽几盏酒;你丈人教村学,读几卷书。曾在俺庄东住,也曾与我喂牛切草,拽坝扶锄。

[一煞]春采了桑,冬借了俺粟,零支了米麦无重数。换田契强秤了麻三秤,还酒债偷量了豆几斛。有甚胡突处?明标着册历,见放着文书。

[尾]少我的钱,差发内旋拨还;欠我的粟,税粮中私准除。只道刘三,谁肯把你揪摔住?白甚么改了姓、更了名,唤作汉高祖!

这样,就直接把矛头对准了皇帝本人,大胆泼辣地进行挖苦、嘲弄与鞭挞。"泄底最怕老乡亲",由那位本来就熟识刘邦的村民出面来戳穿老底,历数他当年如何不务正业、好酒贪杯、抢麻偷豆,什么坏事都曾干过,彻底地暴露了这个"无赖刘三"的本来面目,让人们看清楚了声威赫赫的帝王原本是个什么东西。

前情后景,事件经过,都是通过这个了解底细的村民眼中所见、心中所想,并巧借他的嘴巴说出来,反映了这位当事人的生活经验、心理反应、认识能力和观察事物的特点。

本来,这"汉高祖"是刘邦死后的庙号,他活着的时候是不可能有这种称呼的。然而,出自一个村民之口,当面指斥他:大丈夫做事要敢做敢当,不该为了逃脱债务,便改姓更名,叫什么"汉高祖",这就令人忍俊不禁,掩口扑哧而笑了。

作品把一向被奉为神圣不可侵犯的皇家盛典,处理成怪相迭出、滑稽无比、颇为村民侧目的一场闹剧,意在剥下皇帝的伪装,还他"流氓无赖"的本真面目,以倾泻世人深藏于心底的不满情绪。

散曲问世后,数百年间受到了文学界的普遍赞誉。与作者同时代的钟嗣成称赞说:"维扬诸公,俱作《高祖还乡》套数,唯公《哨遍》制作新奇,诸公皆出其下。"现代文学史家郑振铎在《插图本中国文学史》中,也说它"确是一篇奇作",通篇"借了村庄农人们的眼光,看出这位'流氓皇帝'装模作样的衣锦还乡的可笑的情形来。真把刘邦挖苦透了"。

3

其实,说起这位"流氓皇帝"的般般行径,史书上原本就有案可查,是无须文人笔下渲染的。刘邦的痞子个性与无赖习气,在历代帝王中是出了名的,而且,为当时公众所有目共睹,以至本朝修撰的所谓"正史",也无法巧加涂饰,"为尊者讳"。

他出身农家,却又游手好闲,不事生产,而且好色、轻薄。当亭长时,对公所中的吏人无不加以轻侮,并经常向酒馆赊酒,无钱付账,醉卧不起。父亲刘太公嫌他没有出息,直接指斥他为"无赖"。直到当上了皇帝,也还是流里流气,对他人缺乏应有的尊重。诸如,往儒生的帽子里撒尿,骑在大臣的脖子上问话,对于诸侯王动辄"箕踞骂詈",加以谩侮等,都充分地反映出他的市井流氓习气。借用孟老夫子评价梁襄王的话,"望之不似人君,就之而不见所畏焉",倒是恰合榫卯的。

刘邦从小就厌烦读书,缺乏应有的文化素养,是中国第一个"匹夫崛起而有天下者"。他最初当泗水亭长,大约是负责接待往来公干的食宿、行旅。比起他在沛上的那些朋友,就算是有头有脸的了。经常与他交游的那些人,大多是引车卖浆、贩夫走卒者流,有的甚至连个正当职业都没有。萧何、曹参等人,史书上说他们,"皆起秦刀笔吏,当时碌碌,未有奇节"。周勃"为布衣时,鄙朴庸人",生活无着,靠帮助人家办丧事混点零花钱。

单父县有个吕公,为着躲避仇人,迁来沛县落户,沛中豪杰、吏人都前往祝贺。当时,萧何担任接待、受礼的差使,一看来的人太多了,便宣布贺礼不足一千钱的一律坐于堂下。这天刘邦也到场了,他哪里拿得出一千钱,但觉得坐在堂下不够体面,便高喊:"贺钱一万!"然后,就毫不客气地端坐于首席之上,谈笑自若,频频饮酒。萧何也拿他没有办法。

夏侯婴是他的同乡,两人一向很亲近。有一次,他开玩笑,不小心把夏侯婴弄伤了,被他人告发。按当时的条律,他身为亭长,有官职而伤害人,应该科以重罪。于是,他就申诉说,并无伤害别人之事,还让夏侯婴本人出来作证。后来案子翻了过来,进行复审,结果夏侯婴为他坐牢一年多,并被鞭笞数百。

这是对待朋友。那么对待自己的亲人又如何呢?同样是忮刻寡恩,不讲情面。他在寒微时,常常带朋友们到家里吃饭,长嫂讨厌他吃饭不干活,便在他到来时,故意用勺子敲锅,表明羹汤已经喝光了,示意他们到别处去另找饭辙。可过后他弄清了真相,便记恨在心。当了皇帝之后,分封宗室,唯独漏掉了这位长嫂的儿子。刘邦的老父亲觉得不公平,便出来为孙子讲情。刘邦说,只因为他的母亲不够资格做一个长辈。最后经过讨价还价,封侄儿为"羹颉侯"。羹颉者,羹竭也,以此对长嫂进行报复。

刘邦就是这样,贵为天子、富有四海之后,气度仍然十分狭小,早年的丝恩发怨他都不肯放过,用群众的口语说,叫做"好翻小肠"。汉高祖九年(前198),未央宫建成之日,他大宴群臣,席间,趁着向身为太上皇的父亲敬酒祝寿的机会,问道,当年,你常常骂我为奸诈狡猾的无赖,说我不知道治理家业,不如我二哥勤俭。今天你看到了吧,我置下的产业与二哥相比,到底是谁多呀?快意之情,溢于言表。在场的群臣高呼万岁,"大笑为乐"。只是,刘太公可难堪了,弄得面红耳赤,尴尬无言。

宋代诗人张方平,对此颇不以为然,写诗加以讥讽:

> 纵酒疏狂不治生,中阳有土不归耕。
> 偶因世乱成功业,更向翁前与仲争!

中阳,是刘邦的故里。诗人指斥刘邦:酗酒疏狂,有地不种,不事生产;只是趁着乱世,浑水摸鱼,才夺得了天下,有什么值得夸耀的?到头来终究是个无赖!

刘邦的"产业观",典型地反映了封建君主的天下私有论。他们"视天下为莫大之产业,传之子孙,受享无穷。汉高帝所谓'某业所就,孰与仲多'者,其逐利之情,不觉溢之于辞矣"(清初思想家黄宗羲语)。

晚唐诗人唐彦谦则从另外一个角度,加以驳斥:

> 千载遗踪寄薜萝,沛中乡里汉山河。
> 长陵亦是闲丘陇,异日谁知与仲多!

诗中冷冷地说,岁月无情,时间淡化一切。风光无限的帝里,于今已沉埋于荒烟蔓草之中;而长陵(汉高祖墓)上的土,当时谁若是动了一点点,就算犯下杀头之罪,现在也都成了闲丘废陇了。究竟是谁高谁下,谁少谁多,怎么去说呢?

刘邦极端自私、残忍,存在着人性缺陷。"楚汉之争"全面展开后,"彭城之役"汉军的主力被楚军围困,尽归覆没,刘邦率数十骑乘风奔逃。他带着一双儿女——后来的孝惠帝和鲁元公主,乘坐在驾术高超的夏侯婴的车上。当时,挽马已经疲惫不堪,后面的敌人又穷追不舍,他嫌车上人多,车跑得不够快,便屡次用脚去踢两个孩子,想把他们丢下车去。夏侯婴不忍心甩下无辜的孩子,每次都抱起相救。这样,自然就影响到马车奔跑的速度,刘邦气急败坏,几次要把夏侯婴杀掉。其为人之鸷狠,于兹可见。

"广武之战"中,项羽与他相持不下。这时,汉将彭越由梁地出兵,断绝楚军粮食,项羽深以为患。于是,便把作为人质的刘太公拉过来,放在阵前一个高处,然后给刘邦喊话:你现在若是不赶快投降,我就烹杀太公!刘邦部下见此情景,都焦急万分。你道他是怎样答复项羽的:我们二人都曾北面受命于怀王,同时"约为兄弟"。所以,我的父亲就是你的父亲。你如果一定要烹杀你的父亲,那就请你也分给我一杯羹!话说得竟是这么轻松、洒脱,似乎与己毫不相干,真是无赖之极!

4

当然,刘邦最遭人诟病、最受世人谴责的还是他的残酷寡恩,诛戮功臣。到他还乡前后,开基创业的元勋已经被他诛杀殆尽。可唱起《大风歌》来,却又"泣数行下",呼唤猛士。奸雄欺人,大抵如此。

应该说,刘邦对于英才在国脉兴衰、事业成败中的决定性作用,还是认识深刻的。他不仅善于从敌人营垒中争夺人才,像谋臣陈平、猛将韩信等都是从敌手项羽那里挖来的,对他们都给予了足够的信任,充分发挥其卓越的才能。而且,对于出身卑微,但才能超众的人也都加以破格使用。比如,对于当过吹鼓手的周勃,做过屠夫的樊哙,布贩出身的灌婴,穷书生郦食其,车老板娄敬,草寇彭越、英布等,他都网罗到身旁,并按照各人的特长委以重任,从而形成一个由智囊、猛将、战略家组成的庞大的人才集团。

但这只是一个方面。作为封建帝王,刘邦还有另外的一面。他在消灭了强大的敌手项羽之后,即皇帝位于汜水之阳,自以为天下既定,四海归一,便充分暴露其残忍、狠毒的本性,多疑善忌,诛戮功臣。

萧何,是刘邦的老乡,功高汉室,位冠群臣。在楚汉相争中,一身系着天下的安危,深得刘邦的倚重,但却不能消除对他的猜忌。诛杀淮阴侯韩信之后,萧何被拜为相国,加封五千户,并派五百士兵负责保卫他的安全。周围的人都向他致贺,唯独邵平哀吊他。邵平说,灾祸从现在开始了。皇上带着军队,在外辛苦作战,而你安守城中,没有矢石之险,却增加封地,还派遣众兵守卫——实际是看守、监视着你。看得出皇帝已经心生疑忌了。

这番话正好说到萧何的心坎上。

他记得,早在与项羽对峙时,刘邦就曾多次派人侦察他的动向。后来,他主动让子孙兄弟凡是能够作战的全都到汉军里服役,实际是充当了人质,这才解除了汉王的怀疑。这次,他听了邵平的劝告,把全部家财捐助给军队,以讨好皇上。但这还不够,因为他自到关中以来,一直得到百姓的拥戴,刘邦听说后,曾屡次派人监视他的作为,怕的是人民归向于他而背离自己。为此,他便多买一些田地,利用手中的权势,鱼肉百姓,以激起民愤,污秽自己。这样,刘邦的心才算踏实了,免除了对他的戒虑,他才得以善终。就此,宋代诗人张耒有诗云:"萧公俯仰系安危,功业君王心独知。犹道邵平能缓颊(婉言劝解),君臣从古固多疑。"

对一个刀笔吏出身的相国,刘邦尚且如此疑神疑鬼;至于手握重兵的人,当然就更是深猜重忌,必欲除之而后已了。

大将韩信的奇功伟业不消说了。即如彭越、英布,也是大有功于汉室的。当日刘邦大败于荥阳、成皋之间,项羽之所以不能挥师西进,捉此"瓮中之鳖",也就是因为彭越在梁地流动作战,与汉军紧相配合,死死地拖住了楚军。当时,他的作用是,投于楚则汉破,投于汉则楚危。而号称"功冠诸侯"的英布,素以骁勇善战著称,由于他的背楚向汉,使双方力量的对比发生了显著变化。在垓下决战中,英布也曾发挥过举足轻重的作用。那么,刘邦得位之后,又是怎样报答他们的呢?

本来,他在封赐韩信等功臣王位之后,曾经信誓旦旦地做出承诺,给予他们以免罪特权,"剖符作誓,丹书铁契,金匮石室,藏之宗庙"。可是,墨迹未干,言犹在耳,他就出尔反尔,上下其手,设计逮捕了韩信,降王为侯,囚禁起来。韩信最后被吕后杀掉,并诛灭了三族。同一年,梁王彭越也被剁成了肉酱。尔后,淮南王英布因惧祸及身,被逼谋反,也惨遭屠戮。真是"功似韩彭犹俎醢,英雄末路太凄凉"啊!

铲除异姓诸侯王,确保刘氏"家天下",这是汉高帝既定的国策,而前者又是后者得以实现的前提条件。这从《史记·淮阴侯列传》高祖"见(韩)信死,且喜且怜之"的记载中,也可以看得出来。异姓功臣封王,原本是汉初一项"事出无奈"的权宜之计,或者说是一种羁縻策略。因为如果不这样做,就笼络不住那些手握重兵、喑哑叱咤的"强梁"。但它毕竟是和刘邦"家天下"的基本国策大相背反的。史载:高帝在日,即曾杀白马而为盟誓:"非刘氏而王,天下共击之。"因而,"谋反"云云,不过是一种借口;那些异姓诸侯王即使不以"谋反"见诛,也会因其他罪名、以其他形式,遭致杀身之祸。后世的宋太祖说得再露骨不过了:"卧榻之旁,岂容他人鼾睡耶!"

作为一个雄猜、鸷狠的封建帝王,从他防止分裂割据、建立统一的多民族的封建国家的政治需要而言,或者巩固其刘氏一家一姓的专制统治来考量,诛杀异姓诸侯王,自有其足够的理由;但是,若从人性的角度、道义的角度、做人的角度,来评说刘邦的立身处世、功过是非,那就是另外一码事了。

诗人看问题,有其敏锐的视角。纵观历代诗坛,大多数人对于刘邦都持鄙薄、批评的态度。最有名的是北宋两位诗人的绝句,张方平有一首《歌风台》诗:

落魄刘郎作帝归,樽前感慨大风诗。
淮阴反接英彭族,更欲多求猛士为?

在叙说过落魄失意的刘郎当上皇帝,衣锦还乡,乘兴作歌之后,接着反问道,连那些当年立下汗马功劳的元勋宿将,像韩信、英布、彭越等,都被你一个个地绑缚杀戮,夷灭三族了,现在,还呼唤更多的猛士干什么呢?

王安石在《读汉功臣表》一诗中,诘问得也十分峻厉:"汉家分土建忠良,铁券丹书信誓长。本待山河如带砺,缘何俎醢赐侯王?"尖锐地揭示了刘邦杀功臣和求猛士的矛盾与对立。

清代诗人黄任也借着这个题目,向刘邦发出了质问:"天子依然归故乡,大风歌罢转苍凉。当时何不怜功狗,留取韩彭守四方?"意思是说,与其现在高呼猛士,何不当时爱怜韩信、彭越那一些"功狗"(指为汉家天下建功立业的人),让他们镇守四方,靖难天下呢?出语冷隽,即使刘邦于地下闻之,亦当声噎语塞。这驳诘力是很强的。

唐代诗人刘禹锡写过这样一首诗:"将略兵机命世雄,苍黄钟室叹良弓。遂令后代登坛者,每一寻思怕立功。""苍黄钟室叹良弓"之句,专说韩信。其中包括两层意思:一是,韩信被杀之前,曾被囚禁于长乐宫的钟室。二是,汉高祖六年(前201),有人密告韩信谋反,刘邦将他绑缚起来。韩信慨然长叹,说,果然像人们所说的,"狡兔死,良狗烹;高鸟尽,良弓藏;敌国破,谋臣亡"。天下已定,我固然应该遭到杀头的命运。后面两句,下笔如刀,道尽了封建制度下登坛拜将的功臣良将的共同的悲惨下场。

5

在楚强汉弱、实力悬殊的情势下,刘邦居然能够获得胜利,原因是多方面的,诸如坚持了正确的政治主张,得到人民的拥护,符合历史发展的要求;实行成功的战略策略;特别是善于用人,多谋善断,这都是重要因素。但是应该说,同他善于利用权术、不择手段、不守信义,不放过任何机会,该出手时就出手,根本不考虑什么形象、什么道义、什么原则、什么是非,一切以现实的功利为转移,从而能够掌握先机,稳操胜算,也有直接关系。

正是他的那种不守信义、六亲不认的卑劣人格与无赖习气,那种政治流氓的惯用手段、欺骗伎俩,那种只求功利、不顾情理,只看现实、不计后果,只讲目的、不择手段的实用主义,多次帮助他走出困境,化险为夷,转败为胜。而这种道德与功业完全脱节的情况之所以出现,乃是由于秦汉之际,价值体系紊乱,社会道德沦丧,重功利轻伦理成为一时的风尚,从而使刘邦的肆行无忌,不仅逃脱了社会舆论的遣责,而且获得了广阔的发展空间。

这里有一个典型事例。楚汉相争之际,刘邦受困于荥阳,粮饷断绝,命运岌岌可危。为了帮助他脱离险境,由将军纪信假扮作汉王刘邦,穿上王者之服,乘上黄盖车,用在东门外"假投降"的办法,来哄骗项羽。还把许多美貌女子安排在前边,后面跟随着两千多名军民,大家鱼贯而出,造成一种集体逃亡的假象。而刘邦则趁着这个时机,带上了数十骑,悄没声地由西门溜出,逃往成皋去了。项王弄清真相之后,气得暴跳如雷,当即把纪信连同车辆一齐烧毁。刘邦就是这样,为了一己活命,置将军纪信的生命于不顾,而且,使数千士兵、百姓跟着蒙难。说来也并不奇怪,只要联系到他无情地剪除那些与他一道出生入死、创立了伟绩奇功的开国元勋,就一切都洞若观火了。

在刘邦看来,这一切,都是正常的、必要的,是残酷的政治斗争使然,是当时的险恶环境所决定的。他认为,政治斗争有如两军对阵,是一场你死我活、白刀子进红刀子出、你不吃人就会被人吃掉的殊死拼搏。如果一味地讲道义、守信誉、重然诺、讲交情,满脑子仁义道德、温良恭俭让,恪守公平竞争原则,而不懂得如何运用政治手腕、策划阴谋阳谋,那就连起码的生存条件都保不住,更何谈斗争的胜利、事业之成功呢!

说到对待功臣,刘邦也有他自己的看法。在他看来,韩信本不过是一名"官不过郎中,位不过执戟,言不听,画(谋划)不用"的普通士卒,是皇帝破格任用了他,为他提供了施展英才、建功立业的机会。要说感激,首先应该是功臣感激皇帝,而不是皇帝感激功臣。一切立足于自我,这正代表了这类封建帝王的个性特征。

汉兴之初,以现实功利为依归的另一个典型事例,是"雍齿封侯"。汉高祖遍封功臣之后,听到沙滩上有数人偶语,原来是在议论:皇上所封的都是故人及所亲爱者,而诛杀的都是平生仇怨之人。许多人担心因受疑忌而遭到屠杀,于是,聚到一处,准备反叛。

刘邦适时地采纳了张良的建议,把他的最大仇人、曾经多次污辱过他的雍齿封为什方侯。这样,那些聚议反叛的人都安定了下来,说:"雍齿尚且能够封侯,我们这些人还怕什么呢?"

听到这些,有人会接上问一句:那么,那个当年为他献身的纪信,死后可曾获得了什么封赏?对不起,皇帝老倌早就忘记了。对此,清代诗人吴昌荣为诗以刺之:

  沙中偶语坐斜曛,雍齿封侯解众纷。
  却忘焚身功第一,黄金未铸纪将军。

而这一点,恰恰是出身于贵族世家,耳濡目染孔、孟倡导的仁爱忠信,从而常常束缚于各种道德规范的项羽所不具备的。刘邦手下的将领高起和王陵,曾对刘邦说:"陛下慢而侮人,项羽仁而爱人。"听了,刘邦也未予反驳,可见,他是认同这一结论的。所以,我们有理由说,项羽的悲剧,其实是道德的悲剧。当时以至后世,之所以对这位失败的英雄追思、赞叹,人格的魅力与道德的张力起了很大作用。

这里揭示了一种历史的悖论,亦即功业与道德的背反。正是:"我是流氓我怕谁?汉家天子有施为。项王仁义输天下,千古堪怜更可悲。"

这样的事例,在历史上是屡见不鲜的。

《左传》记载:周襄王十四年(公元前638),宋与楚战。当时,宋军已排成阵列,而楚军正在渡河。当楚军半渡之时,宋大司马公孙固提议:"我军人数少,楚军兵力强,应该乘他们还没有渡过泓水之时,向他们发起攻击。"宋襄公回绝说:"不能乘人之危!"当楚军渡河完毕,尚在列阵之时,公孙固又请求发令进击楚军,襄公还是说:"不,我不能乘人之危。"等到楚军列阵已毕,宋襄公这才下达攻击令。结果,由于失去了战机,宋军溃败,襄公也被射伤了大腿,他左右的将士,尽被歼灭。事后,国人埋怨襄公奉行仁义而遭致败绩。襄公分辩说:"仁者作战时,不攻击已经受伤的敌人,也不攻打头发斑白的老人。古人作战,并不依靠关塞险阻取胜。宋国虽然就要灭亡了,但寡人仍不忍心去攻打没有布好阵的敌人。"

实际上,宋襄公所处的时代,已经是视奸诈为"智慧"、视欺骗为"才能"

的时代。而他却在残酷的两军对阵中,固守所谓"仁义道德"的底线,那还能取胜吗？

最后,再来做个小结。

在刘邦身上,充分体现着历史的吊诡:一面残酷无情地诛戮功臣、杀害英才;一面却涕泗交流地高声呼唤着"安得猛士兮守四方",是逢场作戏,装模作样？是仓皇反覆,两面三刀？还是奸雄欺人,上下其手？楚汉相争的结局,揭示了道德与功业的背反。项王的悲剧,从一定意义上说,是道德的悲剧;而刘邦的胜利,则颇得益于他的政治流氓的欺骗伎俩和善用权术、不守信义的卑劣人格与无赖习气,这使他把握住战场上的先机,多次化险为夷,转败为胜。"偶因世乱成功业",功业把"流氓皇帝"装扮成了英雄;而真正的英雄——"力拔山兮气盖世"的西楚霸王,却因为失败而声名受损。流氓成功,小人得志,会使英雄气短,混世者为之扬眉吐气。

第十篇

人伦遭遇政治

I

朝发沛县,暮宿淮阴,此番苏北之行,原本是要踏寻古迹,连带着体察一番运河两岸、淮上人家的风物人情;没想到转悠起来,竟发起了思古之幽情,不经意间就同政治与伦理这类沉重而复杂的课题撞个满怀。这倒应了那句古老的谚语:原本要跑向草原,却一头扎进了马厩。

古沛是汉朝开国皇帝刘邦的龙兴之地,而淮阴为韩信故里。虽说已经事过两千多年,可穿行其间,依然随处可以感受到这对君臣搭档的遗泽,似乎湿润的气流里也都弥漫着两个男人为代表的汉廷风雨的因子。

作为皇上,刘邦自命为神龙之子;而韩信者流,在他的眼中却只是一条狗。他曾当着诸位功臣的面,率直无隐地说,诸君见过打猎的吧?追赶走兽啊、野兔啊,把它们逮了来的,是狗;而发号施令、指示兽类所在的,是人。诸君只能够擒拿走兽,所以都是功狗啊!

这么一个怪怪的名词,亏他这个"大老粗"竟能想得出来。也许同他从小爱吃狗肉这一家乡特产有些关联。沛县狗肉生意的开山祖师是汉初名将樊哙。他和刘邦同乡,又是连襟——他们都娶了吕公的女儿。樊哙年轻时以屠狗为业,开办一个狗肉餐馆。由于肉嫩色鲜,浓香扑鼻,很快就红火起来。有道是"闻到狗肉香,神仙也跳墙"。馋嘴贪杯的刘邦自然成了座上常客。位登九五之后,刘邦衣锦还乡,设宴招待父老兄弟,也用狗肉来佐饮。从此,沛县狗肉就插上了翅膀,伴随着《大风歌》名扬四海;樊家的狗肉生意也世代传承,至今不衰。沛县街头到处都是狗肉广告,足资作证。

"功狗"也是狗,只是因为他们战功卓著——"了却君王天下事",因而加个"功"的谥号。但是,既然是狗,也就注定了被宰遭烹的命运。至于时机怎样把握,手段如何选择,全看操刀者的心计。越王勾践、刘邦与朱元璋,手黑心辣,剁起脑袋来没商量;而光武帝刘秀和宋太祖赵匡胤,一以柔术这一温情脉脉的面纱罩住政治暴力的狰狞,一以醇酒妇人、物质利益笼络功臣宿将。手法不同,目的则一。

刘邦晚年刻刻在念的,是铲除隐患以确保"家天下"长治久安。在他看来,谁的功劳最大、威望最高、能力最强,谁就是最大的隐患。这样,韩信自然首当其冲。于是,一当项羽败亡,便被刘邦削夺了兵权。不久,即有人上书告他谋反(这是封建帝王谋杀功臣时惯用的政治圈套),高祖采纳陈平的计策,伪游云梦,会聚诸侯,意在趁机擒拿韩信。那边的韩信却傻乎乎地捧着皇帝仇人的脑袋前来拜见,当即被绑缚起来,这时才慨然长叹,果真像人说的,"狡兔死,走狗烹;高鸟尽,良弓藏;敌国破,谋臣亡"。天下已定,我固当烹。

已经失去存在价值,原在剪除之列;而此时的"功狗"韩信却傲然自视,日夜怨望,甚至逞能炫力,不懂得韬光养晦。一天,高祖与他闲谈,问道:"以我的才能,能够带多少兵?"韩信回答:"陛下最多不超过十万人。"又问:"那么,你呢?"回答是:"多多益善。"再问:"既然你有那么大的能力,为什么还会被我擒拿呢?"回答是:"陛下不善于带兵,却擅长于掌控大将。这就是我之所以受制的原因。"说到这个份儿上,实际上一切都已经摊牌了。不能说韩信对于自己的厄运毫无觉察,只是为时已晚了。

当然,还是后代诗人看得最清楚。唐人刘禹锡有诗云:"将略兵机命世雄,苍黄钟室叹良弓。遂令后代登坛者,每一寻思怕立功。"由韩信这一盖世英豪的可悲下场,导出后代登坛拜将者害怕建功立业的惊世骇俗的结论。大功告成之日,正是功臣殒命之时。为什么是这样?晚清袁保恒的诗做了回答:"高祖眼中只两雄,淮阴国士与重瞳。项王已死将军在,能否无嫌到考终?"登坛拜将之后,韩信以五载之功,定三秦、掳魏王、服赵国、下燕代,东平齐国、南围垓下,击败西楚霸王,打下汉室江山。这里已经没有你的事了,赶快到"死亡女神"那里去报到吧!

作为一个将领,你不能斩将搴旗、追奔逐北,每战必败,属于无能之辈,肯定也站不住脚;可当你发挥到了极致,达到"将略兵机命世雄"的高度,又会功高震主,必欲除之尔后快。最后,那些佐命立功之士,如果不是战死或者病死,就必然面临着两种抉择:或者像范蠡、张良那样,及早从权力的峰巅实行华丽的转身,功成归隐,主动退出历史的舞台;或者像越国的文种和汉代的韩信那样,引颈就戮,最后发出"兔死狗烹"的哀鸣。

儒家礼教倡导"五伦"之义,讲究君惠臣忠、父慈子孝、兄友弟恭、夫义妇顺、朋友有信,以维护封建秩序。其中君臣关系被尊为"人之大伦",起着统率作用,以冲突、斗争论,它也最为剧烈。"学成文武艺,货与帝王家。"出将入相,皆须"得君";而帝王要维持其一家一姓的统治,也需要那些"功狗"为之驰驱卖命。什么经邦济世,什么致君泽民,剥去那一层层漂亮的包装,就会露出政治交易的肮脏的"小"来。

一些心地善良的人责之以"过河拆桥",负心忘义,有始无终。其实,相互依存立足于互为利用,原本无"义"可言。范蠡曾说,越王为人"可与共患难,而不可与共处乐"。这里有个君王的忍耐度问题。同是谗言,当面临敌国外患的威胁、朝廷急需贤臣良将时,君王就顾不得那些闲言碎语,还是用人要紧;待到忧患解除,天下治平无事,贤愚价值渐就模糊,君王已无须那么宽容。于是,"鸟尽弓藏""兔死狗烹"之类的悲剧就连台上演了。

2

黄昏里的淮阴故城,一片平和静谧景象。岁月的烟尘掩埋了一切物质的孑遗,眼前的韩侯钓台、韩信庙、漂母祠等地面建筑,无非是近年修造的劣质赝品。临风吊古,有人慨叹物是人非,说什么"一切没有生命的依然存在,而一切有生命的全都变得面目全非了"。其实,这话是不确的,没有生命的同样也在变化,甚至彻底消失。倒是那些古代诗文联语,作为精神产品的遗存,仍在鲜活地昭示着前人的哲思理趣,予人以深邃的启迪。

韩侯祠里,空空如也,令人感到沮丧。倒是从晚近复制的碑廊里,看到清代赵翼的一首好诗:

> 淮阴生平一知己,相国酂侯而已矣。
> 用之则必尽其才,防之则必致其死。
> ……………
> 独悲淮阴奇才古无偶,始终不脱妇人手。
> 时来漂母怜钓鱼,运去娥姁(吕后)解烹狗。

旁边还有一副对联"生死一知己,存亡两妇人"。一诗一联,交相辉映,以高度概括的语言,从韩信同萧何、吕后、漂母的关联中演绎其一生的悲喜剧。

韩信原为项羽部属,由于没有得到重用,他便弃楚归汉。但在刘邦麾下,同样未得伸展。一个偶然机会,结识了丞相萧何,这样,他的奇才异能才被发现。可是,等了一段时间,仍然未见拔擢,大失所望之余,他只好悄悄出走。萧何闻讯后,如失至宝,急忙跨上一匹快马,日夜兼程,总算追上。经过一番情辞恳切的劝说,韩信才勉强跟着回来。当时,刘邦听到有人报告丞相也逃亡了,又急又气,及见萧何返回,便问他为何逃跑。萧何说:"我不是逃跑,是去追赶逃亡的韩信。"刘邦不解地问:"逃亡的人多了,何以单独追他?"萧何说:"诸将易得,韩信国士无双。王欲夺天下,共谋大事,非他莫属!"这样,刘邦便选择吉日良辰,斋戒登坛,隆而重之地拜韩信为大将。由此,韩侯视萧何为知己。

一晃十年过去了,功高震主的楚王韩信已经失去了高祖的信任,被贬为淮阴侯。在刘邦北征陈豨,由吕后坐镇京都时,有人报告淮阴侯与陈豨串通"谋反"。吕后料到韩信不会轻易就范,便同萧何秘商对策。最后由萧何出面,谎称北方传回捷报:叛军溃败,陈豨已死,敦请韩信进宫向吕后贺喜。韩信万没想到这样一位知己竟会设圈套谋害他,结果,一踏进宫门,就被预伏的刀斧手捆绑起来。吕后全不念他的"十大功劳",迅即在长乐宫钟室将他斩首。

"成也萧何,败也萧何"这一故实,确实令人慨然于人情的翻覆、道义的脆弱、人性的复杂;不过就萧何来说,无论是当初的怜才举将,还是日后的献计谋杀,所谓"用之则必尽其才,防之则必致其死",显然都属于忠君报国、"扶保汉家邦"的政治行为,不应简单地以个人恩怨以及品格高下、人性善恶进行衡量。政治有其自身的逻辑,用西方政治家的话说,那是一个既艳色迷人又容易使人堕落的处所。在美轮美奂的封建堂庑中,这类人伦充当政治婢女的现象,可说是随处可见,无代无之。

和政治家萧何的取向不同,作为普通老百姓,漂母同韩信的友情就纯洁而朴素得多了。

韩信年轻时贫困潦倒,饱遭人们的凌辱。一次,在城下淮水边持竿钓鱼,临流漂纱的老妇见他饿得两眼迷茫,有气无力,就把自己带来的饭分给他吃,这样连续好多天,韩信非常感激,说"以后我要好好地报答您"。老人生气地说:"男子汉大丈夫连饭都吃不上,真没出息。我是瞧你这个小伙子太可怜了才送你饭吃,谁希图你来报答!"这使韩信受到很大的刺激与鞭策。传为千古佳话的"漂母饭信",纯然出于同情与怜悯,绝对没有"国士无双","王欲夺天下,则非信莫属"的政治考量,甚至也剔除了一般的现实功利。因此,当韩信承诺异日必当厚报时,才会怒而斥之——漂母觉得施恩图报,是对友情的亵渎,更有损于自己的人格。

当然,人是复杂的动物,即使作为政治人物的萧何,也同样有其多面性。据明清笔记载录,广西一带有韦土司者,系淮阴侯后人。当日韩信罹难时,家中一位门客把他三岁的儿子藏匿起来。知道萧何为韩侯知己,便私往见之。萧何仰天叹曰:"冤哉!"泪涔涔下。门客感其诚恳,以实情相告。萧何考虑到吕后的势力遍及中原,只有送到边陲才有望保全。便给素日关系很好的南越王赵佗修书一封,请他帮助照应。赵佗不负所托,视之为己子,并封之于海滨。赐姓"韦",取"韩"之半也。萧何书信和赵佗赐诏,后来都刻在鼎器上。

从这里可以看到,萧何还是很讲人情的,可说是"善补过者"。他感念故人冤情,"泪涔涔下";且在紧急关头,甘冒巨大风险,托孤救孤,使韩侯得以"子孙繁衍,奉祀不绝",总算尽到了朋友责任。

3

按照《周易·序卦》"有万物然后有男女,有男女然后有夫妇,有夫妇然后有父子,有父子然后有君臣"的说法,人伦关系当以夫妇为先。"夫妇,人伦之至亲至密者也。"(朱熹语)作为爱情的实现目标,作为一场历经情爱考验而获得的胜利果实,那种完全剔除功利考量的两情相悦、两性结合,确乎令人神往。可是,这甜蜜蜜的人伦关系,一当困缚于权力争夺的轭下,遭到政治斗争的无情绑架,沦为一种政治行为、商品交易,便会出现异化而腐蚀变质。

刘邦与吕后的婚姻便属于这种人伦异化的类型。

同刘邦一样,吕后也是一个虑远谋深、机敏善断的政治家,她协助丈夫平定天下、赚杀诸侯王,对维护刘汉统一政权起了重要作用,也为自己日后总揽朝纲做了充分准备。史载,有人告发梁王彭越谋反,高祖抓获后,念其昔日战功,予以从轻发落,免治死罪,罚为庶民,送到蜀地青衣县安置。途经郑县,遇吕后从长安来,彭越流着眼泪,口称冤枉,请求吕后说情,改在故乡昌邑当平民。吕后满口答应,当即把他带回洛阳。面见高祖后,吕后说,彭越是个壮士。你把他送到蜀地,必遗后患。要办就得办个透底,索性杀掉算了! 于是,吕后指令告状者再度控告。结局是,彭越被剁成肉酱遍赐诸侯,并且夷灭了三族。

她和刘邦的联姻,一开始即维系于政治。当年,吕父因见刘邦状貌奇伟、高贵,有王者之相,才把女儿嫁给他;婚后,据说吕氏发现,凡是丈夫栖身之地,上方必有云气缭绕,她可以根据云气所在,寻觅丈夫的踪迹。几十年间,由于缺乏牢固的情感基础,两人一直是同床异梦,关系比较疏远;加之楚汉战争中,吕后和刘邦的父亲作为人质,曾被楚军长期囚禁,受尽了折磨、凌辱,使她的内心饱遭伤害,强化了猜忌多疑、阴险毒辣、刚毅倔强的个性,夫妻间根本谈不上推心置腹,相互信任。

而刘邦的移情夺爱已经很久了。就在太公、吕后被掳的同时,刘邦也受到了楚军包围,趁着一场卷地狂风,尘土高扬,天昏地暗,他才得以乱中逃脱。在一个村落里,巧遇戚家父女,刘邦为美色所动,当即解下佩玉作为聘礼。这样,十八岁的戚氏女便被纳为夫人,一年后生下了赵王如意,宠幸与日俱增。

刘邦曾多次想要废掉太子刘盈,直接危及生母吕后的地位。虽然限于客观条件,太子没有换成,但夫妻间的感情纽带已经彻底断裂了。

淮南王黥布反,高祖指令太子带兵讨伐,由于吕后力阻,只好御驾亲征,以致胸部中箭。每当箭伤作痛,他都怨恨吕后母子,甚至她们前来问病,也会被骂出去。高祖早已觉察到,吕后经常自作主张,不成体统,这次又听到有人密报:樊哙"党于吕氏",筹划一旦皇上晏驾,便杀害戚夫人与赵王如意。这恰好触发了他的心病,于是,立刻召来谋士陈平和大将周勃,命令他们立即赶往燕国,将樊哙斩首。为了防范日后吕氏兄弟作乱,高祖还特意召集众大臣歃血盟誓:"此后,非刘氏不得封王,非功臣不得封侯。如违此约,天下共击之。"这一切都充分表明,对于吕后,他一直是心存戒虑的。

既然早有所料,为什么高祖不在去世前先把吕后除掉?宋代文学家苏洵是这样作答的:"故不去吕氏者,为惠帝计也。"吕后佐高祖定天下,久历锋镝,素为诸将所畏服。在主少国危的情势下,某些人即使图萌不轨,有吕后在,也足以镇伏、控制。这样,高祖便面临着两难抉择:客观上确实存在着诸吕兴风作浪的险情;而迫于形势,又不能断然剪除吕后。怎么办?他采取了"削其党以损其权,使虽有变,而天下不摇"的限制策略。对此,苏老先生有一个非常精辟的比喻:"夫高帝之视吕后也,犹医者之视堇也,使其毒可以治病,而无至于杀人而已矣。"堇是一种草药,俗称乌头,有毒,而它又可以用来治病,收以毒攻毒之效。在高祖眼中,吕后有如毒堇,既可利用其威慑作用,又必须控制在不致动摇国本的限度内。一纵一收,具见高祖权术的高明,也显现出他实际上的无奈。

当人伦遭遇政治,君臣、朋友、夫妇关系已将发生质变;那么,以血缘为纽带的父子、兄弟关系又如何呢?同样没有例外。被称为"相斫书"的"二十四史",尤其是隋唐时代杨家父子、李氏兄弟间的血影刀光,可说是形象的注脚。

第十一篇

洛阳年少

1

中国古代影响了人们的精神生活,又颇具治国能力的英才,我觉得有两个人绝不应该遗漏掉。

一个是"磻溪一老"——周朝的开国功臣姜太公吕尚。传说他在八十岁的时候,垂钓磻溪,被周文王发现了,载回朝廷,尊为"师尚父",后来周武王在他的辅佐下,一举灭掉了殷商。他被公认为中国历史上久享盛名的政治家、军事家和谋略家。

另一个是"洛阳年少"——西汉初年才华横溢、富有改革精神的政治家贾谊。他在十八岁时,就经老师吴廷尉推荐,应征召入朝,被汉文帝立为博士,倍加重用。但是后来,以高才见嫉,屡遭排挤,仕途颠踬,一波三折,年仅三十三岁就英年早逝。

2

周公与贾谊:一个八十,一个十八,如此悬同霄壤,看似偶然,其实有必然的因素在。用老用少,用早用晚,既有古代士子本身的个性、命运、机遇问题,又同朝廷对待使用人才的态度、政策有着直接的关联。宋代的邢居实,少年有俊声,曾写诗给当时的名诗人陈无己,说:"微意平生在江海,尘冠今日为君弹。"说的是,我志在江湖,无意于仕进;今天,为您弹冠相庆,祝贺您即将出仕为官。

陈无己写了两首和诗作答,其一曰:

汉廷用少公何在,不使群飞接羽翰。

今代贵人须白发,挂冠高处未宜弹。

这首诗的大意是:你这样超迈凡尘的少年英俊,如果生在汉代,是一定能够得到朝廷重用的。可是现在不行了,如今看重的是老成练达,只有白发苍苍的老年人才能登上高位。所以,还是尘冠高挂吧,如今并不是弹冠出仕的时候。

这里说到了汉初朝廷重用少年英俊,确也是历史的真实。贾谊就是当时的一个显著事例。文帝时,每当提出问题组织朝臣们讨论时,许多老先生一时讲不出个子、午、寅、卯;而少年贾谊却才思敏捷,学识渊博,又胸有成竹,敢想敢说,对皇帝提出咨询的问题,他口若悬河,对答如流,说得头头是道,有理有据。其他的博士们都认为贾谊说出了自己想说而说不出来的看法,非常佩服他的才能。因而年纪轻轻的他就得到文帝的高度赏识,一年之中他就三次超迁,官至太中大夫,还打算进一步把他提拔到三公九卿等更高级的职位。

贾谊上书文帝,主张改革政制,逐步削弱地方势力,巩固中央集权,以全力击溃匈奴,强调民为邦本,慷慨陈词,指斥朝政。有一些意见已被文帝所接受,付诸实行;但也因此触犯了当时一些当权大臣,如绛侯周勃、颍阴侯灌婴、东阳侯张相如等的切身利益,因而以"洛阳之人,年少初学,专欲擅权,纷乱诸事"为由,联合起来,对他加以排挤、攻讦。再加上贾谊年少气盛,看不起文帝的宠臣邓通,认为他不学无术,只知逢迎、拍马。为此,邓通怀恨在心,经常在文帝面前说贾谊的坏话。在这种内外夹攻的形势下,汉文帝便对贾谊逐渐地疏远了,直至把他贬出京城,安排他去做长沙王的少傅。

对此,唐代文人多持批评态度。王勃在《滕王阁序》中说,"屈贾谊于长沙,非无圣主";刘长卿过贾谊故宅时,也恨憾交识,写下了"汉文有道恩犹薄,湘水无情吊岂知"的诗句。"圣主"也好,"有道之君"也好,全抵挡不住身旁奸佞的谗毁。而贾谊自己,就更是满怀着悲愤,抑郁不平。他想到了与自己身世、命运相类似的爱国诗人屈原——他也是遭到佞臣权贵的谗毁而被贬出楚国都城的!于是,惺惺相惜,感怀不尽,在他南行路过湘江时,写下了一篇《吊屈原赋》,表达其对前贤往哲的无限景仰之情,也倾吐一番自己的怨怼与悲愤:

> 谊为长沙王太傅,既以谪去,意不自得;及度湘水,为赋以吊屈原。屈原,楚贤臣也。被谗放逐,作《离骚》赋,其终篇曰:"已矣哉!国无人兮,莫我知也。"遂自投汨罗而死。谊追伤之,因自喻,其辞曰:"恭承嘉惠兮,俟罪长沙;侧闻屈原兮,自沉汨罗。造讬湘流兮,敬吊先生;遭世罔极兮,乃殒厥身。呜呼哀哉!逢时不祥。鸾凤伏窜兮,鸱枭翱翔。阘茸尊显兮,谗谀得志;贤圣逆曳兮,方正倒植。世谓随、夷为溷兮,谓跖、蹻为廉;莫邪为钝兮,铅刀为銛。吁嗟默默,生之无故兮;斡弃周鼎,宝康瓠兮。腾驾罢牛,骖蹇驴兮;骥垂两耳,服盐车兮。章甫荐履,渐不可久兮;嗟苦先生,独离此咎兮。"讯曰:已矣!国其莫我知兮,独壹郁其谁语?凤漂漂其高逝兮,固自引而远去。袭九渊之神龙兮,沕深潜以自珍;偭蟂獭以隐处兮,夫岂从虾与蛭螾?所贵圣人之神德兮,远浊世而自藏;使骐骥可得系而羁兮,岂云异夫犬羊?般纷纷其离此尤兮,亦夫子之故也。历九州而其君兮,何必怀此都也?凤凰翔于千仞兮,览德辉而下之;见细德之险徵兮,遥曾击而去之。彼寻常之污渎兮,岂能容夫吞舟之巨鱼?横江湖之鳣鲸兮,固将制于蝼蚁。

3

后来由于文帝的思念,贾谊又曾一度被召回长安。

不过,当时尽管老臣灌婴、周勃等,或已死去,或遭罢黜,但是那个宠臣邓通还在皇帝身边，这样，贾谊仍然未能获得实际上的重用，不久，便被派往山东定陶，到梁王那里当了太傅。不过，人才是难以埋没的，是金子总要发光，锥处囊中也要脱颖而出。贾谊不愧是一个盖世奇才，虽然远离枢要，却能高瞻远瞩，居安思危，透过当时政治局势的表面稳定，看到了里面潜伏着的严重危机。针对中央政权同地方诸侯王之间的矛盾，汉王朝同北方匈奴奴隶主政权之间的矛盾，接连多次向文帝上疏，其中最著名的就是《治安策》，就政治、经济、军事等多方面的问题，写出见解深刻、针对性极强、富有高度预见性的政治评论。

夏为天子，十有余世，而殷受之。殷为天子，二十余世，而周受之。周为天子，三十余世，而秦受之。秦为天子，二世而亡。人性不甚相远也，何三代之君有道之长，而秦无道之暴也？其故可知也。古之王者，太子乃生，固举以礼，使士负之，有司齐肃端冕，见之南郊，见于天也。过阙则下，过庙则趋，孝子之道也。故自为赤子而教固已行矣。昔者成王幼在襁抱之中，召公为太保，周公为太傅，太公为太师。保，保其身体；傅，传之德义；师，道之教训：此三公之职也。于是为置三少，皆上大夫也，曰少保、少傅、少师，是与太子宴者也。故乃孩子提有识，三公、三少固明孝仁礼义以道习之，逐去邪人，不使见恶行。于是皆选天下之端士孝悌博闻有道术者以卫翼之，使与太子居处出入。故太子乃生而见正事，闻正言，行正道，左右前后皆正人也。夫习与正人居之，不能毋正，犹生长于齐不能不齐言也；习与不正人居之，不能毋不正，犹生长于楚之地不能不楚言也。故择其所耆，必先受业，乃得尝之；择其所乐，必先有习，乃得为之。孔子曰："少成若天性，习贯如自然。"及太子少长，知妃色，则入于学。学者，所学之官也。《学礼》曰："帝入东学，上亲而贵仁，则亲疏有序而恩相及矣；帝入南学，上齿而贵信，则长幼有差而民不诬矣；帝入西学，上贤而贵德，则圣智在位而功不遗矣；帝入北学，上贵而尊爵，则贵贱有等而下不矣；帝入太学,承师问道,退习而考于太傅,太傅罚其不则而匡其不及,则德智长而治道得矣。此五学者既成于上,则百姓黎民化辑于下矣。"及太子既冠成人,免于保傅之严,则有记过之史,彻膳之宰,进善之旌,诽谤之木,敢谏之鼓。瞽史诵诗,工诵箴谏,大夫进谋,士传民语。习与智长,故切而不愧;化与心成,故中道若性。三代之礼:春朝朝日,秋暮夕月,所以明有敬也;春秋入学,坐国老,执酱而亲馈之,所以明有孝也;行以鸾和,步中《采齐》,趣中《肆夏》,所以明有度也;其于禽兽,见其生不食其死,闻其声不食其肉,故远庖厨,所以长恩,且明有仁也。

夫三代之所以长久者,以其辅翼太子有此具也。及秦而不然。其俗固非贵辞让也,所上者告讦也;固非贵礼义也,所上者刑罚也。使赵高傅胡亥而教之狱,所习者非斩劓人,则夷人之三族也。故胡亥今日即位而明日射人,忠谏者谓之诽谤,深计者谓之妖言,其视杀人若艾草菅然。岂唯胡亥之性恶哉?彼其所以道之者非其理故也。

鄙谚曰:"不习为吏,视已成事。"又曰:"前车覆,后车诫。"夫三代之所以长久者,其已事可知也;然而不能从者,是不法圣智也。秦世之所以亟绝者,其辙迹可见也;然而不避,是后车又将覆也。夫存亡之变,治乱之机,其要在是矣。天下之命,县于太子;太子之善,在于早谕教与选左右。夫心未滥而先谕教,则化易成也;开于道术智谊之指,则教之力也。若其服习积贯,则左右而已。夫胡、粤之人,生而同声,耆欲不异,及其长而成俗,累数译而不能相通,行者有虽死而不相为者,则教习然也。臣故曰选左右早谕教最急。夫教得而左右正,则太子正矣,太子正而天下定矣。《书》曰:"一人有庆,兆民赖之。"此时务也。

单就文学性来说,这也是一篇具有典型意义的优秀散文,以其说理透彻、逻辑严密、气势磅礴而垂范千古,传之久远,对后世的散文写作产生了深远影响。

鲁迅曾说，贾谊与晁错的文章"皆为西汉鸿文，沾溉后人，其泽甚远"。毛泽东也予以高度评价，说："《治安策》一文是西汉一代最好的政论，贾谊于南放归来著此，除论太子一节近于迂腐以外，全文切中当时事理，有一种颇好的气氛，值得一看。"

4

围绕着贾谊的身世、际遇，包括是否得到了重用、信任这类问题，后代诗人写出了许多史论式的诗篇，提出了不同看法。就中以唐宋诗人的三首《贾生》诗，最具有代表性。

我们先来看宋代诗人张耒的《贾生》诗：

> 贾生未免孝文疑，自古功名叹数奇。
> 逐得洛阳年少去，白头绛灌亦何为！

诗的主旨，是要说明为政应该起用新生力量，充实新鲜血液，提拔年轻有为之士，否则，就会暮气沉沉，因循守旧，无所作为。作者明确指出，汉文帝把"洛阳年少"贾谊逐出朝廷，剩下那些白发苍颜的周勃、灌婴一辈老臣，又能有什么作为呢？这是从不重视提拔新进的角度批评汉文帝的；当然，用意在于借古讽今，说的是汉文帝，剑指的却是本朝掌权者。

唐代诗人李商隐也写过一首《贾生》诗，同样批评了汉文帝。"可怜"二字，表明了他对汉文帝虽然召"访逐臣"，却并未加以重用的惋惜之情：

> 宣室求贤访逐臣，贾生才调更无伦。
> 可怜夜半虚前席，不问苍生问鬼神！

这首诗所写的背景是：贾谊在长沙住了几年以后，文帝又把他召回长安,并于祭神祈福之后,在未央宫的正殿(宣室)接见了他。谈话中,问到鬼神的本源等问题,贾谊都对答如流,文帝听得入神,不觉向前移动,以便靠得更近一些,这时已经是夜半了。

李商隐的诗是说,汉文帝求贤才,访逐臣,一片思贤若渴之情,十分可嘉;但是,当贤才果真来到了身旁,却又只问鬼神之事,而并不涉及治国安民的大计,这哪里是真正重用呢!

关于这个问题,向来聚讼纷纭,莫衷一是。大致有两种截然相反的看法:一种认为,封建统治者"叶公好龙",拉开很大的架式,似乎要重用贤才了,实际上却根本不知用人,李商隐的诗可说是这种意见的代表。另一种看法,以宋代大政治家王安石的《贾生》诗为代表:

一时谋议略施行,谁道君王薄贾生?
爵位自高言尽废,古来何啻万公卿!

王安石认为,汉文帝实际上还是重视贾生的,尽管没能提拔他为三公九卿,但他的政治主张已被施行,所以不能说贾谊是怀才不遇。自古以来,又有多少位列三公九卿之人,获得的只是一个爵位,而对其政治主张,皇帝则根本置之不理啊!所以,遇与不遇,恩宠厚薄,不在乎爵位之高低,而在于他的政治主张是否得以实施、采用。

应该说,王安石的诗抓住了要害问题,不仅阐明了有关用才方面的卓越见解,而且,也符合当时的历史真实。班固在《汉书·贾谊传》赞中就是这样写的:"谊之所陈,略施行矣";"虽不至公卿,未为不遇也"。看得清楚,王安石的诗正是从这两句史论中化出来的。

当然,从普遍意义上说,李商隐的看法也很有道理。知而不用,用而不专,多疑善忌,叶公好龙,恰恰也正反映了封建君主在选才、用才上的局限性。

第十二篇

凤求凰

I

中国古代说到男性中的勇士,总忘不了战国时的孟贲和夏育,还有刺虎的卞庄子。女性中有没有勇士呢?当然也有,而且很多,就中我最佩服的是汉代的卓文君。如果说,孟贲、夏育之勇在于膂力,"力拔山兮气盖世";那么,文君之勇则在于心志,对于她所深爱的人,不顾封建礼教的束缚,勇闯世俗藩篱,夤夜私奔,成为女性中我国自由恋爱的先驱。

史载,蜀郡临邛县有一户开发铁矿致富的大财主,名叫卓王孙,家里有奴仆八百多名。他有一个千娇百媚的女儿,叫做文君。古书上形容她:眉色如望远山,脸际常若芙蓉,肌肤柔滑如脂;特别是才气纵横,琴棋书画样样精通,尤善鼓琴,通音律。可惜,年轻轻的她就守了寡,住在娘家。当地许多门当户对的官宦人家、豪富子弟纷纷向她求婚,她却不肯俯就,都一一予以拒绝。

这天,卓翁请客,宴请名士司马相如,县令王吉要亲自出面作陪。只见屋内院外,宾客云集,车马喧阗。上百名陪客者已经到齐,酒席也都摆好了,唯独要请的主客司马相如还没有到场。过了一会儿,捎来信,说是"身子不太舒服,只好心领了"。这下可急坏了卓大富豪,让他觉得没有面子。于是,王县令忙带领几个随从,亲自登门去劝驾。在这种情况下,司马先生也不便继续矜持,便整装出场了。

人们也许要问,这个司马公究竟是个什么角色,架子有这么大?

据今人林汉达《前后汉故事新编》中记载,司马相如原是成都人士,字长卿,从小极爱读书,也学过剑,并精通音律。他小时颇受父母疼爱,昵称他为"狗儿",长大起名时,由于深慕战国时代蔺相如之为人,便也名为"相如"。当时正赶上蜀郡太守文翁大兴文教,设立学校,招收民间子弟,司马先生就在这里做了教师。不久,文太守死了,他也无心在这里住下去,决意去京城长安,做大官,任大事。他的心志很高,在离开成都路过升仙桥时,曾在桥柱上题写了十个字:"不乘高车驷马,不过此桥。"由此,这座桥便有了新的名字"驷马桥"。到了长安,开始时并不得志,后来遇到了梁王刘武,被收为门客。这期间,他撰写了一篇长长的文赋,叫《子虚赋》,颇受一辈文士热捧,从此,便名动京师,声闻遐迩。后来,梁王死了,他也无心长住下去,便回到了故里成都。这里交代的是第一个因素,司马相如确实文才出众,而且名动京城。

下面再说第二个因素。临邛县令王吉是他的好朋友。因为当初王县令对他说过,如果在外面混得不如意,就到他那里去。这样,司马相如便投靠到这里来。王吉为了帮他抬高身价,就请他住进都亭一间公房里,自己每天都毕恭毕敬地去拜访他。全城人一看,这人来头可真不小,便也另眼相待。包括卓家这场宴请,也是王县令一手策划的。

还有第三个因素:司马相如确实是一表人才,长得很帅(《史记》说是"甚都")。这天一出场,他那潇洒的仪容便立刻引起在座的人一阵惊讶。待到酒酣耳热之际,王县令谦恭地捧琴至前,对司马相如说:"闻君雅擅琴操,请弹一曲,如何?"司马相如略作推辞,尔后,便弹了一支曲子,边弹边唱,声动四座。这就是著名的琴曲《凤求凰》:

> 凤兮凤兮归故乡,遨游四海求其凰。
> 时未遇兮无所将,何悟今兮升斯堂!
> 有艳淑女在闺房,室迩人遐毒我肠。
> 何缘交颈为鸳鸯,胡颉颃兮共翱翔!
> 皇兮皇兮从我栖,得托孳尾永为妃。
> 交情通意心和谐,中夜相从知者谁?

双翼俱起翻高飞，无感我思使余悲。

　　世上知音者稀，但不能说没有。这天，司马相如终于遇到了知音，那就是卓王孙之女文君。原来，她早已听说司马相如的文名，今天父亲请客，恰恰请的是这位文豪，心中早已抑制不住欢愉之情，便躲在屏风后面，偷偷观看。这种情事，早被玲珑剔透的司马相如发现了。于是，他便有意地做了"琴挑"，把那含蕴着满腔柔情蜜意的琴曲，声声都弹在文君的心弦上。而在文君那里，早已芳心暗许，她被司马相如高华的气度、出色的才情和隽美的丰姿所深深打动；这一曲《凤求凰》求爱的情歌，更令她心旌摇荡，如醉如痴。后世的女诗人潘素心有句云"一曲琴声两意投"，说的正是这种情景。

　　宴会结束之后，相如又在王县令的帮助下，通过文君的侍婢向她转达了"心焉慕之，愿结百年之好"的意愿。卓文君知道父亲不会同意这桩婚事，就痛下决心，私自跑到司马相如的都亭，决心跟他患难与共，生死相依。这样，两人便连夜逃回成都。待到老父发觉，他们已经"生米做成熟饭"了。直气得卓翁三阳起火，七窍生烟，暴跳如雷，却又不便公开声张出去，因为"家丑不能外扬"。一口气出不去，他狠了狠心，就跟女儿断绝了父女关系。

　　古人说，读古人之书，说古人之事，须通古人之心。那么，我们不妨设身处地，站在卓文君的位置上想一想：一个不足二十岁的小女子，生于豪富之家，长在闺阁之内，未曾经过人世间的种种历练，竟然敢于同世俗挑战，向封建礼教冲杀，该有多么浩大的勇气、坚强的意志呀！这种敢作敢为、拿得起放得下的女性，实在是令人佩服。好在武帝时"独尊儒术"还只限于上层，纲常伦理的枷锁尚未普遍捆缚民间阵地，市民心理也还没有被"男女之大防"所占领，因而文君所受到的社会舆论压力还不那么强烈。

　　卓文君对于封建礼教的大胆挑战，对自己婚恋的勇敢抉择，不仅为两千年来无数华夏情侣提供了榜样的力量，而且在后代文学艺术天地里产生了深远的影响。后世一些话本、小说、戏曲，有的就是以它为题材，踵事增华,宣扬颂赞,如戏曲作家、朱元璋第十七子朱权的《卓文君私奔相如》,明人孙梅锡的《琴心记》,清人舒位的《卓女当垆》,都是直接把卓文君的故事搬上舞台;有的在演绎爱情故事过程中引述了文君的事迹。元人杂剧《墙头马上》中的李千金,把婚姻自主看作是人生的应有权益,认为像卓文君那样私奔是合情合理的事。因此,当她爱上了裴少俊,便学着卓文君的榜样,义无反顾地离家出走,并且在公爹面前,摆出文君私奔相如的"千秋义举",为自己的行为辩护。《西厢记》中的张生,隔墙弹唱《凤求凰》,说:"昔日司马相如得此曲成事,我虽不及相如,愿小姐有文君之意。"

2

且说文君跟着相如来到成都家里,发现家徒四壁,空空如也;而她出走时慌张,更没带上金银财物,眼下衣食无着,困难丛集。但她丝毫没有反悔之意,当即把随身的首饰变卖了,勉强对付着上一两个月。这样,他们又返回临邛,再谋生计。终于想出了办法,卖掉了代表身份的车马、宝剑,在临邛街头租了一间房子,开设个小酒店,卖酒为生。

相如穿上一条短裤,洗涤杯盘瓦器;文君则站在柜台前,招呼主顾,掌管酒店业务。一个风流倜傥的文人,能够这样做,亦自不易;而文君,作为当日的富家小姐,如今沦落到这种仆役生涯,抛头露面不说,还要充当贱役,不怕人讥笑,不为世俗偏见所拘缚,更是需要有足够的勇气。

文君、相如在临邛当垆卖酒、抚琴自娱,留下了许多遗迹。杜甫有咏《琴台》诗:

> 茂陵多病后,尚爱卓文君。
> 酒肆人间世,琴台日暮云。
> 野花留宝靥,蔓草见罗裙。
> 归凤求凰意,寥寥不复闻。

首联说，司马相如闲居茂陵后，患有消渴症（糖尿病），但夫妻尚恩爱如初。颔联写历史，"酒肆""琴台"都是当年遗迹。原诗有注："司马相如宅在州西笮桥，北有琴台。"

颈联写诗人所见，野花艳丽、蔓草缤纷，令人想象文君的俊美的脸庞和铺展的罗裙。尾联是怀古——于今，物是人非，斯人已杳，诗人寄慨遥深。

陆游《文君井》诗云："落魄西川泥酒杯，酒酣几度上琴台。青鞋自笑无羁束，又向文君井畔来。"

这些都是后话。单说当日夫妻二人来到临邛，过起了艰难日子。无论多么苦累，一对美满夫妻为了实现爱情的理想，总还安之若素；真正难堪的倒是文君的老爸。他觉得这两个冤家，是有意让他在人前丢人现眼、抬不起头来，多少天藏在屋里，不好意思露面。朋友、兄弟们都劝他："长卿毕竟做过官，虽然贫困一些，他的人才还是靠得住的，将来总有出头之日。女儿既然愿意嫁给他，也就算了吧。与其这么僵持下去，莫如分给他们一份财产，让他们出去好好过日子。"卓翁心想，这样做虽非所愿，但事出无奈，也只好走这一步了。于是，就分给女儿、女婿一百个奴仆、一百万钱财，又把女儿穿的用的衣物用车送了过去。这样，小两口儿也就关闭了酒铺，心满意足地回到成都，买房屋、置田产，开始过上富裕的生活。

俗话说，时来天地皆同力，运去英雄不自由。司马相如当日困穷至极，走投无路，"一个大钱也能够憋倒英雄汉"；而在成了富翁之后，立刻运转时来，官运亨通。不久，即由同乡杨得意介绍，前往京城做了大官。

原来，汉武帝看到了司马相如的《子虚赋》，便对身旁随侍的杨得意说："这篇东西写得真好。不知道写赋的是哪朝哪代的人。如果和我们生在同时代，我真想见一见他。"杨得意听了，万分得意地说："陛下，他是我的同乡啊！现在正在家里闲居哩。"于是，司马相如被召到长安，汉武帝接见了他，问他道："《子虚赋》是你写的吗？"司马相如回答说："是的，陛下！《子虚赋》正是为臣的笔墨。不过，那是写诸侯的事，没有什么可看的。听说陛下喜欢游猎,那么,为臣可以随侍,然后写出一篇天子游猎赋,献给陛下。"

汉武帝听了,喜之不尽,很快就对这个才华横溢的文士做出了妥善安排,不仅给予优厚的待遇,还带着他到上林苑参加游猎。几天过去,司马相如的《上林赋》就脱稿了,当即呈献给汉武帝。武帝看了,非常满意,于是,封司马相如为皇帝的侍从官,那时称为"郎"。

作为《子虚赋》的姊妹篇,《上林赋》"以玮奇之意,饰以绮丽之辞"(鲁迅语),描写了上林苑的恢宏壮丽和天子游猎的盛大规模,歌颂了统一王朝的声威和气势,堪称司马相如的代表作,也是中国文学史上第一篇全面体现汉赋特色的大赋。

后来,司马相如还曾作为皇帝的专使,招抚夜郎归顺了汉朝。

我们且把时光拉回到西汉元光五年(公元前130)。当时汉武帝派遣唐蒙出使夜郎(今贵州西部一带)。这是僻处西南边疆的一个部族,四周高山环绕,与中原素无来往。部族首领竹多同从来没有到过其他地方,根本不了解外面的世界,以为夜郎是天底下最大的国家。当下便问唐蒙:"你们汉朝,有我们夜郎大吗?"从此留下了"夜郎自大"的话柄。及至他们见到唐蒙带来的丰盛礼品,才大开了眼界。唐蒙趁便宣传了汉朝的地大物博、文明强盛,使夜郎及其附近的诸多部落深感向慕,表示愿意归附。

签订了盟约之后,唐蒙返回长安,向武帝报告了结交夜郎等部族的经过。武帝便把这些地方改为犍为郡,并指令唐蒙负责修筑一条通往这些地方的大路和栈道。为此,唐蒙在巴蜀地区大肆征集人力。由于工程浩大而且艰巨,士兵和民夫死伤了不少,一时谣言四起,蜀郡民众纷纷出逃避难。消息传到朝廷,汉武帝便派遣以《子虚》《上林》两赋受到赏识的司马相如为特使,前往安抚百姓,纠正唐蒙的阙失。

司马相如写了一篇《喻巴蜀檄》,讲明朝廷沟通"西南夷"和筑路的意义,说这是从整个国家利益出发,为了解决"道里辽远,山川阻深"的困难。而唐蒙的一些做法,"皆非陛下之意",希望各地仰体圣衷,免除惊恐。司马相如是个有心人,在妥善处理这起案件,圆满完成出使任务的同时,顺便对西南少数民族地区的情况及其与内地的关系,做了比较详尽的调查。

夜郎的归附产生了很好的影响,邛都、筰都(今四川西昌及雅安、汉源一带)的一些部落也都想比照夜郎的待遇归附称臣。当时,对于"沟通西南夷"是否必要,朝中一班人的看法并不一致,汉武帝首先征询了司马相如的意见。相如胸有成竹地回答说,邛、筰等地和蜀郡(今成都)相去不远,道路也不难打通。那里,秦代曾置为郡县,到本朝建国时才罢除。现在,若能再度与之沟通,进而设郡置县,其价值是远胜"南夷"诸国的。汉武帝听了,深以为然,便拜封司马相如为中郎将,委之以全权处理有关"西南夷"事务的使节重任。

司马相如带着一批助手,很快来到今四川西部、南部少数民族地区,与当时的各部落,进行了广泛的交往,各少数民族部落的首领都表示愿意归附汉朝。从而撤去了旧时的边关,西边以沫水、若水为界,南边扩大到牂牁,打通了零关道,修筑了孙水桥。"还报天子,天子大悦。"紧接着,汉朝就在这里设置了十几个县,全部隶属蜀郡。

相如出发前,曾针对当地父老和某些朝廷大臣反对开通西南边疆的意见,写过一篇《难蜀父老》的辩难文字,假托有二十七名荐绅、耆老对"通西南夷"提出责难,从而引出作者的正面阐释与答辩。文中阐明了这一举措的深远意义,同时,对外宣扬了西汉王朝的偃甲兵、息诛伐、德泽广被、教民化俗的政策,取得了很好的效果。

后来,有人上书汉武帝,告发司马相如出使时曾接受过很多金钱贿赂,武帝信以为真,就罢免了司马相如的官职。

3

关于司马相如,历代论者基本上都是着眼于他的文采,特别是辞赋方面的成就以及他与卓文君的爱情传说。同为西汉辞赋大家、后于司马相如一百二十多年的扬雄有言:"长卿赋似不从人间来,其神化所至邪(耶)!"

晚清进士刘文麟的诗,对于他的辞赋同样给予崇高的评价:

辞赋凌云绝代无,汉家才子说相如。
高车驷马须史事,一纸长留封禅书。

在网上浏览,也看到一首颂赞司马相如的《贺新郎》词:

神化长卿赋。凤求凰、子虚乌有,上林名著。万古流芳称赋圣,文采风流仰慕。真乃是、临风玉树。司马有评佳史记,让清奇歌者长留驻。卓汉代,妙千古。　　鸳鸯交颈心谁互?美文君、琴心相挑,私奔潜渡。云布雨施歌遐迩,山谷清泉万圃。至仁处、德洋恩普。大赋散文皆惊众,是丽文璀璨开新曙。为尔醉,沁君露。

笔墨所及,范围颇广,但仍然没有提到司马相如对于开发祖国西南边疆,促进少数民族地区同中原腹地的经济、文化交流所做出的重要贡献。而宋代学者黄徹竟然认为,"司马相如窃妻涤器,开巴蜀以困苦乡邦,其过已多",更是颠倒是非,令人无法接受。

通过对于西汉时期司马相如开疆勋业的研究、探索,还可以得出如下三个结论:其一,早在两千一百多年前,大、小凉山一带即已划入中央政府的辖区,此间居住着彝(当时称"夷")、汉、藏等多种民族;其二,当时封建王朝对于少数民族的政策、策略是"羁縻勿绝",即只是着眼于羁縻、牵制,而并非斩杀灭绝,割断联系;其三,大、小凉山地区处于西南边疆的要冲,自古就形成了"邛通则路通,邛阻则路阻"的局面。

因此,打通凉山,历朝历代都受到官府和民间的重视。其地与蜀郡的沟通,尽管官方往来"至汉兴而罢",但民间商贾贸易始终未曾隔断,并不是"尔来四万八千岁,不与秦塞通人烟"。先后开通的邛笮道、牦牛道、清溪道、西川道等,尽管称谓不同,但其为横跨大、小凉山的通道则无异。它们北接巴蜀,南连滇越,最后全部并入古代有"南方丝路"之誉的"蜀身毒道"。

说到南方丝绸之路,人们会联想到那条东起长安,经河西走廊通往中亚、西亚以及欧洲、北非的西北丝绸之路;记起那位与司马相如同时代的"凿空"西域、开拓中西交通的先驱者张骞。这位两千多年前的伟大外交家、探险家,曾两次出使西域,以其不畏艰险、不怕牺牲的精神,为加强我国各民族的联系,促进民间的融合,扩大中外友好往来,经略西部疆域,耗费了毕生的精力。这是许多人都知道的。但是,对于他还曾为开发祖国西南边疆,特别是疏通南方丝绸之路做过贡献这一点,知道的人恐怕就不是很多了。

据《史记·西南夷列传》和《大宛列传》记载,张骞第一次出使西域归来后,于西汉元狩元年(公元前122)曾对汉武帝讲,他在大夏国(今阿富汗一带)见到过蜀地生产的麻布和邛都之竹所做的手杖,询其来路,据云乃当地商人从身毒(今印度、巴基斯坦、孟加拉国一带)采购的。大夏国位居中国西南,距离约一万二千里,身毒又在大夏东南数千里。此间既然有蜀地产物,推想自"西南夷"地区通往身毒,路程一定不会太远。鉴于西域一路险阻颇多,建议打通从巴蜀经"西南夷"地区直通身毒、大夏的通道。

汉武帝当即采纳了这个意见。派遣使官十余人,带着财物,分四路深入蜀西南地区,探寻通往身毒的道路。可惜,多次派出的使者,均在现今的云南大理一带受阻,最后无功而还。

继张骞之后,杰出的军事家班超先后在西域奋斗三十一载,巩固了东汉在西域的统治,维护了祖国的统一。

无独有偶,与两位军事家开发西域相对应,经略西南边疆的,竟是两位杰出的文学家。踵步司马相如后尘,西汉元鼎六年(公元前111),伟大的史学家司马迁以汉武帝侍从官身份,奉命出使邛、笮、昆明等地,既建立了事功,又收集了西南各少数民族的大量资料,为日后撰写《西南夷列传》准备了条件。

4

回到家中的司马相如已是富有,也乐得清闲自在,就把家搬到茂陵,与卓文君过着悠闲舒适的生活。不过,后来也出现了一些波折。据汉晋之际的《西京杂记》记载:"相如将聘茂陵人女为妾,卓文君作《白头吟》以自绝,相如乃止。"

《白头吟》共十六句,四句为一节,层层递进,展示女主人公思想、性格以及感情变化的过程:

> 皑如山上雪,皎若云间月。
> 闻君有两意,故来相决绝。
>
> 今日斗酒会,明旦沟水头。
> 躞蹀御沟止,沟水东西流。
>
> 凄凄复凄凄,嫁娶不须啼。
> 愿得一心人,白头不相离。
>
> 竹竿何袅袅,鱼尾何簁簁。
> 男儿重意气,何用钱刀为。

开头四句,以比兴起,先用高山积雪、云间皓月之洁白,象征爱情的纯洁无瑕,烘托出自己当日对理想爱情的追求;可是,结局却是男人的移情别恋,这该是何等意外,何等痛苦,何等沉重打击,何等无法接受!于是,采取断然决绝的态度。真是力重千钧,咄咄逼人。

第二段四句,写分手的场景:今日斗酒相会,实际是告别的宴饮,明日将各奔东西,像御沟里的水东西分流一样。

第三段四句,通过反思昔日爱恋的过程,发出震撼心弦的呼喊:"愿得一心人,白头不相离。"

最后一段,揭示文君的爱情观与深刻领悟。簁簁,形容鱼尾像沾湿的羽毛,鱼儿欢快地跃动,形象地描写爱情的欢悦。那么,这种爱情必须建立在情志相通、意气相重的基础之上,而不能受金钱势利所左右。

传说,在《白头吟》诗后面,卓文君还附有一封信:

> 春华竞芳,五色凌素,琴尚在御,而新声代故!锦水有鸳,汉宫有水,彼物而新,嗟世之人兮,瞀于淫而不悟!朱弦断,明镜缺,朝露晞,芳时歇,白头吟,伤离别。努力加餐勿念妾。锦水汤汤,与君长诀!

"琴尚在御",说明时间并没有过去多久;可是,已经"彼物而新",喜新厌旧了。朱弦、明镜、朝露、芳时,全都成了过眼烟云,只剩下"白头吟,伤离别"了。锦江水长流,与君永决绝。

既有缠绵悱恻的感伤,又有断然决绝的警戒。

相如览后,愧悔交加,纳妾之意遂绝。一场险些断裂的恋情,就这样在文君的凛然正气感召下,获得了成功的挽救。

说来,司马相如也真是太令人失望,太辜负卓文君的万种真情、一片芳心了。好在"知迷途其未远,觉今是而昨非",也算是善于改过者。

在处理这个问题上,卓文君的应对举措和坚决态度,是值得赞佩的。面对丈夫的"移情别恋",一般的女性有三种选择:一是泼妇似的狂吼乱叫,直闹得"天地为之动容,风云为之变色";二是隐忍不发,逆来顺受,屈辱地当代罪的绵羊;三是为了勉强维持虚假的爱情,把希望完全寄托在负心人的"偶发善心"上,一味地哀哀求告,乞怜丈夫回心转意,不敢进行针锋相对的斗争。结果是,或者造成一个烂摊子,局面最终无法收拾;或者助长负心人的"无行",等于"与虎谋皮",于事无补。卓文君不是这样,面对深重的精神创伤和被抛弃的悲惨命运,她既不是悲悲切切、懦怯无力,也不是张牙舞爪,仓皇失措;而是以理智、镇静的态度,痛苦中追思昔日的温馨与情分,冷峻中显现出果断与决绝。这里有一个大前提,就是司马相如毕竟走得还不算太远,存在着被挽救的可能。为此,晓之以理,动之以情,申之以义,断绝其幻想,最后终于收到理想的效果。

卓文君堪资赞颂之处多多,而最为后人所佩服与欣赏的,还是她的惊人的勇气和超凡的胆识。为了争取婚姻自由,她勇于做挑战封建礼教的闯关猛士、开路先锋。在几千年的中国封建社会里,私奔,一向被视为奇耻大辱甚至大逆不道。而她居然敢于冒天下之大不韪,跟着心爱的人毅然逃出家门,大胆冲破封建礼教的藩篱,不惜抛弃优裕的家庭环境,去过当垆卖酒的贫贱生活。做到这一点十分不易,那要终生承受着周围舆论的巨大压力,不具备足够的勇气是下不了这个决心的。

当然,由于汉初的社会人文环境比较宽松,不像后世礼教网罗得森严密布,她所遭遇的压力并不算大,吐在身上的唾骂、谣诼的口水也不太多;再者,旧时代的女性,原本属于压在社会的最底层,无法得见天日,而她,不仅没有遭到鞭笞,反而留下一段流传千古的风流佳话。就这一点来说,较之她的同类,卓文君还算是幸运之辈的。

第十三篇

人间正道是沧桑

I

洛阳为"天下之中",这句话出自古代的大政治家周公之口。我们华夏之邦号称"中国",据说就是从这里引申出来的。

站在这块厚实、沉重的土地上,是怀着一种怎样的心情呢?傲睨自大,谈不到;无动于衷,也不是。大概于眉间睫下,总流露着几分惊叹、几许苍凉吧!

从距今近四千年的夏王朝开始,到五代时的后梁、后唐、后晋为止,先后有十三个王朝在这里建都。在中国七大古都中,洛阳是最先形成城市并贵为国都的,而且建都历时最久,至少在一千一百年以上。华夏的先民在以邙山和洛河为依托的东西近八十里的范围内,为中国以至整个世界留下了一笔丰厚的文化遗产,其历史遗迹、人文景观之盛,实为世所罕见。

历史上有"五都贯洛"之说,"五都"指的是夏都、商都、周代王城、汉魏洛阳故城和隋唐东都城,它们东西相连,错落有致,在形制、布局及宫殿的配置上,体现出较强的连续性。从这里不仅能够看到洛阳城市发展的一条鲜明的脉络,而且透过历代都城的沧桑变化,也可以从中略览中国古代文明的缩影。所以,北宋政治家、史学家司马光有诗云:"若问古今兴废事,请君只看洛阳城。"

由于岁月湮沉,兵灾摧毁,而今已经不见了巍峨的宫阙、高耸的城墙,不见了金碧交辉的画楼绣阁、古刹梵宫,不见了旧日的千般绮丽、万种繁华。当然,这并不影响人们到这里来临风怀古,叩问沧桑。历史的生命力总是潜在的或暗伏的。作为一种废墟文化,只要它有足够的历史积淀,无论其遗迹留存多少,同样可以显现其独特的迷人魅力,唤起人们深沉的兴废之感,吸引人们循着荒台野径、败瓦颓垣,去凭吊昔日的辉煌。对于诗人来说,尤其是如此。诗人往往比史家更关注现实与古昔撞击之后所产生的人生体悟,更加强调创作主体自我情绪的介入,也更看重历史选择、历史创造后面所闪现的人民生命活动的一次又一次的升华。

我曾站在汉魏故城遗址之上。城址在今洛阳东北三十里处,北依邙山,南临洛河,东至寺里碑,西抵白马寺,地势高亢平旷,规模宏阔壮观。东汉、曹魏、西晋、北魏四朝先后以此为皇城,长达三百三十年之久。

今日登高俯瞰,但见残垣逶迤,旧迹密布,除南面已被洛河冲毁外,其余三面轮廓均依稀可辨。城址四周矗立着一排排直干耸天的白杨林,里面围起来一方方广袤的田野,翻腾着滚滚滔滔的麦浪。"白杨多悲风",更加重了废墟的苍凉意蕴,使游人看了频兴世事沧桑之感。

当年,殷商的遗民箕子朝周,路过安阳殷墟,见旧日的宫殿倾圮无遗,遍生禾黍,哀伤不已,因作《麦秀》之歌。西周灭亡之后,周大夫行役至于镐京的宗周旧邑,满眼所见也都是茂密的庄稼,不禁触景伤怀,遂吟《黍离》之诗。这两首歌诗便成为后世有名的抚今追昔、凭吊兴亡、抒发爱国情怀的佳什。

同《黍离》《麦秀》那子遗的悲歌相对应,在洛都还流传着一个关于"铜驼荆棘"预言的警语。晋惠帝时,以草书闻名于世的索靖,具有逸群之才和先识远见,他觉察到天下就要大乱,于是,指着宫门外两个相向而立的铜铸的骆驼,喟然叹道:人们将会看到你们卧在荆棘中啊!不久,洛阳宫苑即毁于"八王之乱"。"不信铜驼荆棘里,百年前是五侯家",元人宋无这两句诗,说的正是这种变化。

看来,世事沧桑毕竟是人间正道。所以,东坡先生慨叹:物之盛衰成毁,相寻于无穷,昔者荒草野田,狐兔窜伏之所,一变而为台囿,而数世之后,台囿又可能变成禾黍、荆棘,废瓦颓垣。"夫台犹不足恃以长久,而况于人事之得丧,忽往而忽来者欤!"

2

魏晋时期有一种特别显眼而且层见叠出的政治现象,就是异姓禅代,美其名曰"上袭尧舜",实际是曲线谋国。

汉建安二十四年(219),孙权被曹操打败,上表称臣,并奉劝曹操称帝。篡汉自立,位登九五,这是曹操梦寐以求的事。孙权的劝进,在他来说,自是求之不得的。事实上,汉朝早已名存实亡,曹操手握所有权力,献帝不过是任其随意摆布的玩偶。只是慑于舆论的压力,曹操始终未敢贸然行事,不得不把皇袍当作内衣穿了二十多年。

当下,曹操就找来老谋深算的司马懿试探一番后说,孙权这小子劝我称帝,这简直是想让我蹲在火炉上受烤啊!司马懿心里是透彻明白的,立即迎合说,这是天命所归,天遂人愿。但是,没有等到称帝,曹操就一命呜呼了,大业要靠他的儿子完成。曹丕继位之后,经过一番"假戏真做"的三推四让,便于建安二十五年(220)登上了受禅台。

而精于政事、专弄权术的司马懿及其两个儿子,更是处心积虑,惨淡经营,心里想的、眼中看的、天天盼的,仍然还是皇位。终于在泰始二年(266),到了第三代,司马炎完全按照"汉魏故事"进行禅代,从魏元帝曹奂手中夺得了皇权,是为晋武帝。一百五十五年以后,宋主刘裕依样画葫芦,接受了东晋恭帝的"禅让",即皇帝位。一切处置"皆仿晋初故事"。恭帝被废为零陵王,第二年就被刘裕杀掉了。

从曹魏代汉到刘宋代晋,整整二百年"风水轮流转",历史老人在原地画了一个魔圈。三次朝代递嬗,名曰"禅让",实际上,每一次都是地地道道的宫廷政变,而且伴随着残酷的流血斗争。

晋承魏统,实现了九十年分裂混战之后的重新统一。但是,由于西晋统治集团的骄奢淫逸,腐朽残暴,导致这个王朝仅仅维持了五十二年。特别是标志着统治集团矛盾全面爆发、骨肉相残成为历史之最的"八王之乱",持续时间之长、杀人之多、手段之残忍,对生产力破坏之严重,在中外历史上都是罕见的。

武帝司马炎在位二十五年,死后由"白痴太子"司马衷继位,是为惠帝。他在中国历史上是首屈一指的白痴皇帝。

白痴为什么能够继位?这就要联系到封建帝统的嫡长子继承制。他是皇后所生的嫡次子,他前面还有个哥哥,但早死了,这样他就成了嫡长子,于是,在他九岁的时候就登上了太子宝座。这么个痴呆呆傻货色,显然是不称其位的朝臣们都以社稷命运为忧,但谁都不敢直言。只有侍中和峤委婉地向皇帝进谏:"皇太子有古代淳厚朴实的气质(他不敢说呆傻),可是现时处处奸诈虚伪,恐怕处理不好陛下的家事。"武帝沉默不语。太子少傅卫瓘实在忍不住了,一次借宫廷宴会,假装酒醉,跪在武帝床前,用手抚摸着御床说:"此座可惜!"意思是皇帝宝座传给这样的太子,太可惜了。武帝当然懂得他的意思,但还是随便应了一句:"你真是大醉了。"过了一段时间,武帝又对几位大臣说:"太子近来入朝见面,看样子多少有点进步,你们再考察一下。"回来后,多数人都称赞太子见解高明,气度优雅;只有和峤仍然坚持,说"跟从前一样"。武帝不悦,起身而去。

待到老皇帝驾崩,司马衷当上了皇帝,呆傻真相大白于朝野,各种笑话都传了出来。有一次,他在御苑华林园听到青蛙叫声,便傻乎乎地问侍从:"为官乎?为私乎?"意思是,这些青蛙这么叫,是为官而鸣还是为私而鸣呢?侍从听了哭笑不得,觉得无法作答,便随口说:"在官地即为官,在私地即为私。"待到天下饥荒,百姓饿死无数,这个白痴皇帝听过大臣汇报后,感到很奇怪,竟然问道:"老百姓既然没有饭吃,那他们怎么不喝肉粥呢?"他以为,他能够喝到的,老百姓也能喝到。

统一后规模庞大而矛盾复杂的西晋帝国,由这么一个头号大傻瓜来掌舵(当然,他也只能当个牌位),其结局如何,就不难想见了。

其实,作为亲生父亲,当年晋武帝也并非全然心中无数,但他顾虑的是,嫡长子皇位继承制打破了,容易生出祸乱,特别是由于他非常宠信皇后、信任后党,因此也不愿意改变主意。他还有一个"小算盘":太子虽然愚钝,但生了一个非常聪明的儿子,下一步可以由皇太孙来接替他。可是,他没料到,这个白痴儿子在位长达十七年,如果不是最后被毒死,他还得做下去。

白痴皇帝登基第二年,"八王之乱"就开始了。就是说,祸乱起于武帝身后;但是,如果追究祸乱的根源,却又必然追究到武帝身上。首先,由于他宠信杨皇后,并且"爱屋及乌",使白痴太子得以继位;其次,是他同意为皇太子娶贾充的女儿贾南风为妃,最后杨氏后党与贾氏后党之间,司马氏诸王与杨氏后党、贾氏后党之间,特别是诸王之间,为篡位夺权而疯狂血拼,愈演愈烈,终无宁日。

3

白痴皇帝继位后,不过是"聋子的耳朵——配搭",实权掌握在骄横跋扈的外祖父杨骏手中。而皇帝的身旁,还有一个野心勃勃、阴险凶悍的皇后贾南风,也要争夺最高权力。这一男一女,一老一少,呼风唤雨,内外夹攻,从此,拉开了西晋王朝统治集团内部你死我活的夺权斗争的大幕。

杨家父女的专擅,早在武帝时就大行其道了。当时,"老泰山"杨骏,说一不二,势倾天下;皇后姊妹二人、兄弟三人,也都深得皇帝的宠爱,杨氏后党作威作福,无所不用其极。司马衷一当上皇帝,贾皇后认为时机已到,便运用手中的权力,联络了几个忌恨杨骏的藩王和大臣,通过制造杨骏谋反篡位的舆论,逼令惠帝颁下讨伐诏书,一举捕杀了杨骏及其亲属、死党,诛灭三族达几千人。

接着,召令汝南王司马亮入京,与开国元老卫瓘共同辅政,借以掩饰后党掌权的真相。不料,司马亮专横跋扈,不给贾皇后一班人留下权力空隙,于是,皇后再次逼迫惠帝颁诏,命令楚王司马玮杀掉司马亮,同时趁机除掉了重臣卫瓘。为了防止重新出现藩王专权的局面,贾皇后又以"专杀"

的罪名处死了剽悍嗜杀的司马玮。就这样,卸磨杀驴,获兔烹狗,贾皇后一个个地铲除了元老、强藩,达到了独揽朝纲的目的。

当时面临的最大问题,是由谁来继位接班。贾后骄横妒悍,却没有武则天那样的才气与胆识,她不敢设想自身临朝问政,但又绝不甘心由已定的东宫太子继承皇位。原来,太子司马遹并非贾后所生,他的生母名叫谢玖,原本是武帝的妃子。《晋书·谢玖传》载:"惠帝在东宫,将纳妃。武帝虑太子尚幼,未知男女之事,乃遣往东宫侍寝,由是得幸有身。"就是说,老皇帝担心弱智儿子不通男女之事,就让妃子谢玖前去亲身传授,由此有了司马遹。既然是这种情况,那在这个阴狠毒辣的女人手里,他还能有生路吗?经过一番周密策划,贾后终于把太子椎杀了。这在当时,是冒天下之大不韪的,怎么办?只好声称是太子自裁。于是,扮演了一场"猫哭老鼠"的闹剧,哀恸逾常,并以王礼下葬。

但是,纸里终究包不住火,"机关算尽太聪明,反误了卿卿性命"。贾后谋杀太子的阴谋败露后,赵王司马伦联合宗室的齐王、梁王,大动干戈,入京问罪,当即捉住贾后,逼着她喝下一杯金屑酒。临死前,贾后恨恨地叹着气道:拴狗要拴狗脖子,我却只拴了狗尾巴;杀狗要杀老恶狗,我却只杀了几只狗崽子。老娘今天死了,算是活该!

司马伦野心勃勃,凶残毒狠,一面大开杀戒,乘机把所有的冤家对头一一送上刑场,一面将他的几个儿子全部封为王侯,自己出任相国,接着,就从惠帝手中夺取了御玺,称帝自立。尔后,又下了一场铺天盖地的"官雨",不仅遍封了徒党,而且,连拥戴他的奴隶、士卒也都赏赐爵号,一时受封者达数千人。这又引发了齐王、成都王、河间王联合起兵讨伐,战火燃遍了黄河南北。司马伦兵败被杀,惠帝重登皇位,后来又被"八王"之中的最后一个王——司马越毒死。

这次祸乱,持续了六十多天,死亡达十万人之众。而诸王之间又相互混战,结果有的被砍头,有的被放在烈火上烤焦,有的被绳子勒得断了气,有的被活活掐死,诸王竟无一善终。

"八王之乱"始于宫廷内部,由王室与后党之争扩大为诸王之间的厮杀;尔后,又由诸王间的厮杀扩展成各部族间的混战。这场狂杀乱斗,足足延续了二十多年,西晋政权像走马灯一般更迭了七次。先后夺得权柄的汝南王、赵王、齐王、成都王、东海王,以及先为贾后所利用、随后又被她杀掉的楚王等,无一不是凶残暴戾的野心家、刽子手。在他们制造的祸乱中,"苍生殄灭,百不遗一",京都洛阳和中原大地的劳动人民被推进了茫茫的苦海深渊,最后导致了十六国各族间的混战和持续三百年的大分裂,在我国历史上出现了一次大的曲折和倒退,其罪孽是异常深重的。

4

司马氏以"禅代"手段建立的西晋王朝,是极度腐朽的。封建统治阶级所有的凶恶、险毒、猜忌、攘夺、荒淫、颓废等龌龊行为,都集中地表现在这个统治集团身上。晋武帝穷奢极欲,荒淫无度。登极后,即选征中级以上文武官员家里的大批处女入宫;次年,又从下级文武官员和普通士族家中选征了五千名处女;灭吴后,又从吴宫宫女中选取了五千人。皇帝淫乱在上,士族和官吏自然也是竞相效尤,淫靡成风。

由于朝廷的狂杀与滥赏,使得周围的官员感到得失急骤,祸福无常,心情经常处于紧张、虚无状态,助长了纵情声色、颓废放荡。晋武帝率先倡导奢侈享受,夸靡斗富,他的亲信和大臣很多都是历史上有名的奢侈无度之人。开国元老何曾,一天花在三顿饭上的钱要在一万以上,还说没有可以下箸的东西。他的儿子何劭日食两万钱,比老子翻上一番,可是,这还不够尚书任恺两顿饭的花费。而王济、王恺比任恺更为穷奢极侈。即便如此,但他们又谁都比不过石崇。

大官僚石崇,"资产累巨万金,宅室舆马,僭拟王者。庖膳必穷水陆之珍,后房(妻妾)百数,皆曳纨绣,珥金翠。而丝竹之艺,尽一世之选。筑榭开沼,殚极人巧"。他和武帝的舅父王恺斗富,王恺用紫丝布做成布障,衬上绿绫里子,长达四十里;他则用锦缎做成长达五十里的布障来比阔。武帝看王恺斗不过他,便常常出面相助。这也是旷代奇观。翻遍了史书,哪曾见过皇帝帮助臣下夸侈斗富的?即此,也足以想见当日奢风之盛行,朝政之腐败。

一次,王恺拿出皇帝给他的一株二尺多高的珊瑚树,借以夸富。这棵珊瑚树枝叶繁茂,他以为,世上很少能够与之相比的。不料,石崇看后,操起铁如意来就把它敲个粉碎,随后,便招呼手下的人把他收藏的珊瑚树全都搬出来,任他随意挑选。就中有六七棵三尺、四尺高的,枝条层层重叠,美艳无双,光彩夺目。王恺看了,顿时眼花缭乱,两颊飞红,惘然自失。

石崇退休后在洛城的金谷涧,顺着山谷的高低起伏,修筑了一座占地十顷的豪华别墅,取名梓泽,又称金谷园。飞阁凌空,歌楼连苑,清清的流水傍着茂密的丛林,单是各种果树就有上万株,风景绝佳,华丽无比。"楼台悬万状,珠翠列千行;华宴春长满,娇歌夜未央。"(张美谷《金谷名园》)人们用"虽由人作,宛自天开"的话来夸赞其高超的建园艺术。

其时,炙手可热的赵王司马伦当政,石崇由于把持爱妾绿珠不放,得罪了权臣孙秀,被诬为唆使人谋杀赵王伦,受到了拘捕,绿珠坠楼而死;石崇及其兄长和妻子、儿女等十五人一齐在东市就戮;钱财、珠宝、田宅、奴仆无数,悉被籍没。就刑前,石崇慨然叹道:"想当年我老母去世时,洛阳仕宦倾城前来送葬,摩肩接踵,荣耀无比。今天却落到这个满门遭斩的下场!其实,我没有什么罪。这些奴辈要我死,无非是为了侵吞我的全部资财!"他的话一落音,看押的兵士就问道:"既然你知道万贯家财是祸根,为什么不早日散尽呢?"石崇哑然无语。

金谷园千古传扬,在洛阳可说是妇孺皆知,可是,要考察它的遗址所在,却是众说纷纭。我曾在一位饱学之士陪同下,沿着邙山南麓,信步走到凤凰台村,顺着金谷涧东南行,据信,当年的金谷园就坐落在这个范围里。而今,除了细水潺潺,悠悠远去,一切一切,都已荡然无存。真个是"豪华人去远,寂寞水东流"。早在初唐时期,王勃在《滕王阁序》中就已经慨叹"兰亭已矣,梓泽丘墟",何况今天,毕竟已经过去一千七百多年了。

5

站在北邙山上,纵目四望,但见上下左右,陵冢累累,星罗棋布,怪不得人说"邙山无卧牛之地"。唐代诗人王建有诗云:

> 北邙山头少闲土,尽是洛阳人旧墓。
> 旧墓人家归葬多,堆着黄金无买处。

原来,这里眼界开阔,地望极佳,身后有奔腾不息的黄河滋润,迎面有恢宏壮观的帝京映照,地势高爽,土层深厚。俗谚云:"生在苏杭,死葬北邙。"因此,自东周起,中经东汉、曹魏、西晋、北魏,直至五代,历代帝王陵墓比邻而依。就连"乐不思蜀"的刘禅、被称为"全无心肝"的陈叔宝、"终朝以眼泪洗面"的李煜,这三个沦为亡国贱俘的后主,也都混到这里来凑热闹。其他名人,像伊尹、吕不韦、贾谊、班超……简直数不胜数,都把此间作为夜台长眠之地。踏着黄沙蔓草,置身于累累荒丘之间,确实有一种阴气森森、与鬼为邻的感觉。

听说西晋王朝的五个帝王,也都葬在这里,我曾专程转到了这一带,想要看个究竟,结果竟一无所获。原来,足智多谋的司马懿担心墓葬会被人盗掘,临终前嘱咐子孙,不起坟堆,不植树木,不立墓碑。这比曹操死后遍设七十二疑冢还要来得神秘,真是至死不脱奸雄本色。

这种形制影响到整个西晋王朝,所以,司马懿父子三人,连同四代帝王,以及统统死于非命的"八王"的陵寝所在,至今还是一个疑团。为了一顶王冠,生前决眦裂目,拼死相争,直杀得风云惨淡,草木腥膻,死后却连一个黄土堆也没有挣到自己名下,说来也是够可怜的了。当然,那些臭皮囊早已与草木同腐,有一些人甚至"骨朽人间骂未销",被牢牢地钉在了历史的耻辱柱上,知与不知其埋骨地,似乎也没有太大的差别。

正是由于这里"地脉"佳美,那些帝王公侯及其娇妻美妾都齐刷刷、密麻麻地挤了进来,结果就出现了一个特别有趣的现象:无论生前是胜利者、失败者,得意的、失意的,杀人的抑或被杀的,知心人还是死对头,为寿为夭,是爱是仇,最后统统地都在这里碰头了。像元人散曲中讲的,"列国周秦齐汉楚,赢,都变作了土;输,都变作了土"。纵有千年铁门槛,终归一个土馒头。

关于这一点,莎士比亚也讲了,他在剧作《哈姆雷特》中,借主人公之口说,谁知道我们将来会变成一些什么下贱的东西,谁知道亚历山大大帝的高贵的尸体,不就是塞在酒桶口上的泥土?哈姆雷特接着唱道:

> 恺撒死了,你尊贵的尸体——
> 也许变了泥把破墙填砌,
> 啊!他从前是何等的英雄,
> 现在只好替人挡雨遮风!

莎翁在另一部剧作里,还拉出理查王二世去谈坟墓、虫儿、墓志铭,谈到皇帝死后,虫儿在他的头颅中也玩着朝廷上的滑稽剧。我以为,他是有意向世人揭示一番道理,劝诫人们不妨把功名利禄看得淡泊一些。当然,他讲得比较含蓄,耐人寻味。

而在中国古代作家的笔下,就显得特别直白、冷峻、痛切。旧籍里有一则韵语,讥讽那些贪得无厌,妄想独享人间富贵、占尽天下风流的暴君奸相:

> 大抵四五千年,著甚来由发颠?假饶四海九州都是你的,逐日不过吃得半升米。日夜官宦女子守定,终久断送你这泼命。说甚公侯将相,只是这般模样;管甚宣葬勒葬,精魂已成魍魉。

马东篱在套曲《秋思》中沉痛地点染了一幅名缰利锁下拼死挣扎的浮世绘:"蛩吟罢一觉才宁贴,鸡鸣时万事无休歇。争名利何年是彻?看密匝匝蚁排兵,乱纷纷蜂酿蜜,闹嚷嚷蝇争血。""投至狐踪与兔穴,多少豪杰!鼎足虽坚半腰里折,魏耶?晋耶?"他分明在说:历史,存在伴随着虚无;人生,充满了不确定性。列国纷争,群雄逐鹿,最后胜利者究竟是谁呢?魏耶?晋耶?看来,谁也不是,而是历史本身。宇宙千般,人间万象,最后都在黄昏历乱、斜阳系缆中,收进历史老仙翁的歪把儿葫芦里。

在无尽感慨中,我口占了四首七绝:

  圮尽楼台落尽花,谁知曾此擅繁华?
  临流欲问当年事,古涧无言带浅沙。

  残墟信步久嗟讶,帝业何殊镜里花!
  叩问沧桑天不语,斜阳几树噪昏鸦。

  茫茫终古几赢家?万冢星罗野径斜,
  血影啼痕留笑柄,邙山高处读南华。

  民意分明未少差,八王堪鄙冷唇牙。
  一时快欲千秋骂,徒供诗人说梦华!

第十四篇

自在心

I

东晋后期出现了一位了不起的大诗人,他就是陶潜。

陶潜,字渊明,号五柳先生,出生于官宦世家,祖父与父亲都曾做过太守;他出生后,家道中落。由于幼年深受儒学濡染,所以,他青年时代,在仕途中也曾怀抱"猛志逸四海,骞翮思远翥"的雄心,但很快就发现官场政治黑暗,完全与本性乖异,于是辞职隐居;后经叔父推介,出任彭泽县令。他到职的第八十一天,赶上浔阳郡督邮下来巡察,下属提醒他应该穿上官服,"束带迎之",他极其反感地说:"我岂能为五斗米向乡里小儿折腰!"当即赋《归去来兮辞》,挂冠而去。

陶渊明从二十九岁步入仕途,到四十一岁辞官,为时十三年,所以,《归田园居》(之一)中写道:

> 少无适俗韵,性本爱丘山。
> 误落尘网中,一去三十年。
> 羁鸟恋旧林,池鱼思故渊。
> 开荒南野际,守拙归园田。
> 方宅十余亩,草屋八九间。
> 榆柳荫后檐,桃李罗堂前。
> 暧暧远人村,依依墟里烟。
> 狗吠深巷中,鸡鸣桑树巅。
> 户庭无尘杂,虚室有余闲。

無慮

佛法甚遠菜汁甚邇過王不留去後百艴䖏

>>> 陶渊明赋《归去来兮辞》,辞职隐居。他追求精神的绝对自由,使灵魂逍遥在没有空间与时间之限的大自然之中。

久在樊笼里,复得返自然。

《晋书》本传中,将陶渊明归入"隐逸"一类,当是考虑到尽管前前后后在仕隐之间,徘徊、踯躅了十几年,但真正做官的时间很短,中间还丁忧(遭逢父母的丧事)两年,实际不过四年;尔后的二十余年,他一直在家乡隐居,过着"半耕半读"的悠然自在的生活。

从《归田园居》诗中的"误入尘网中"和《归去来兮辞》中的"实迷途其未远,觉今是而昨非",看得出他对于前此一段仕宦生涯是满怀着追悔之情的。那么,他在脱离仕途之后的心理感受,则是"久在樊笼里,复得返自然"了,从而真正解脱了"心为形役"的困境,回归田园,重返丘山,开始了自由自在的生活。

陶渊明的后期生活经历,特别是在追求精神的绝对自由,使灵魂逍遥在没有空间与时间之限的自然中这方面,和庄子极端相似。庄子说过:水泽里的野雉走十步才能啄到一口食,走百步才能饮到一口水,可是,也决不祈求被豢养在樊笼里。而陶渊明则是跳出樊笼,重返自然。

现代学者陈寅恪认为,魏晋时期,人们对庄子自然之道的理解,陶渊明胜出一筹。确是如此。法天贵真,张扬个性,陶渊明对于大自然有着极其深厚的感情。在他现存的一百二十余首诗歌和十几篇散文、辞赋里,欣赏自然、颂赞自然、享受自然的内容,占了相当大的比重,成了他诗文的骨架与灵魂中枢。在大自然中劳作,在大自然中饮酒,在大自然中会友,在大自然中啸傲,他从大自然那里汲取了无穷的乐趣,心无一累,万象俱空。诸如,"衡门之下,有琴有书。载弹载咏,爰得我娱。岂无他好?乐是幽居。朝为灌园,夕偃蓬庐";"欢来苦夕短,已复至天旭";"众鸟欣有托,吾亦爱吾庐";"怡然有余乐,于何劳智慧";"悦亲戚之情话,乐琴书以消忧";"登东皋以舒啸,临清流而赋诗;聊乘化以归尽,乐夫天命复奚疑"的句子,随处可见。

不过,同欢娱、开朗的心境形成鲜明的对比,陶渊明的物质生活却是困难与凄苦的。从他的诗文中,我们不难发现,与这样一个孤高倨傲的生命个体相依相伴的,竟然是令人心灵震颤的悲情与苦况。他自辞官归里到告别人世,二十二年间,绝大部分都是挣扎在饥寒贫困的边缘。遇到丰收年景,可以"欢言酌春酒,摘我园中蔬",聊免饥寒之累;而当灾荒年月,则"夏日抱长饥,寒夜列被眠";他尝作《五柳先生传》以自况,有句云"环堵萧然,不蔽风日,短褐穿结,箪瓢屡空,晏如也"。

这种困顿生涯,在诗中有细致的反映:

弱年逢家乏,老至更长饥。
菽麦实所羡,孰敢慕甘肥!
惄如亚九饭,当暑厌寒衣。
岁月将欲暮,如何辛苦悲。

诗的前面有个小序,略云:"旬日以来,始念饥乏。岁云夕矣,慨然永怀。今我不述,后生何闻哉!"诗中五六两句,较为生僻,稍作解释:惄如,饥饿难熬的样子。九饭,一个月只吃九顿饭。典出《说苑》:"子思居卫,贫甚,三旬而九食。"下句说,盛暑时还穿着讨厌的冬装。

陶渊明另有一首诗,标题就叫《乞食》,开头四句是:"饥来驱我去,不知竟何之。行行至斯里,叩门拙言辞。"此情此景,竟然发生在一个世界级的大诗人身上。确实如作者所言:"今我不述,后生何闻哉!"

《南史》本传记载,陶渊明"躬耕自食""偃卧瘠馁有日矣"。江州刺史檀道济亲自前往探问,劝他出仕,不要"自苦如此";而他却以"志不及也"作答。临走时,檀道济馈以粱肉,也被他挥手谢绝了。看得出来,陶潜的归隐,既出于向往自然的本性,更有逃逸人世、明哲保身的考虑。他饥寒交迫的困境和远离官场、避之唯恐不远的心态,在历代诗人、文士中,也是十分典型的。

2

现代诗人梁宗岱说过,哲学诗最难成功,这是"因为智慧的节奏,不容易捉住,一不留神便流为干燥无味的教训诗了。所以成功的哲学诗人不独在中国难得,即在西洋也极少见"。他认为,陶渊明也许是中国唯一十全成功的哲学诗人。苏东坡的评价就更高了,他说:"渊明作诗不多,然其诗质而实绮,癯而实腴,自曹、刘、鲍、谢、李、杜诸人,皆莫及也。"

由于我对陶渊明的诗喜欢得要命,很久以来,就想写一篇关于这位超级诗人的文章。可是,当我读到现代学者朱光潜《诗论》中第十三章《陶渊明》之后,就再也没有勇气动笔了,那种心理状态,正是"眼前有景道不得,崔颢题诗在上头"。朱光潜的文章写得实在漂亮,它使我领悟到:状写诗人、文学家,应该富有鲜活生命的质感,"鸢飞鱼跃"、灵心迸发的天趣,"素以为绚兮"的隽美。有这样的范文在前面引路,那么,跟随在后面,"小狗"也还是叫吧。

归隐以后,陶渊明更加深入地接触了社会的底层,"世上疮痍,民间疾苦",引发他发出更多的感慨,遂托酒寄言,直抒胸臆。《饮酒》组诗序云:"余闲居寡欢,兼比(加上近来)夜已长,偶有名酒,无夕不饮","既醉之后,辄题数句自娱"。

这首五言诗就是这么写出来的。

> 结庐在人境,而无车马喧。
> 问君何能尔?心远地自偏。
> 采菊东篱下,悠然见南山。
> 山气日夕佳,飞鸟相与还。
> 此中有真意,欲辩已忘言。

诗人在这里展示了向往归复自然,追求悠然自在、不同流俗的完满生命形态的内心世界,刻画了运用魏晋玄学"得意忘象"之说、领悟"真意"的渐次思维过程,富含哲思,又极具理趣。我想通过解剖这首最能反映诗人的思想、胸襟、情趣,也最为脍炙人口的五言代表作,以收取"鼎尝一脔"之效。

这首诗共有十句,可做三层解读:前四句为一层,诗人状写其摆脱尘俗烦扰后的感受,表现了自己鄙弃官场,不与统治者同流合污的思想感情。宋代思想家朱熹说:"晋宋人物,虽曰尚清高,然个个要官职,这边一面清谈,那边一面招权纳货。陶渊明真个能不要,此所以高于晋宋人物。"诗人愤世嫉俗,心志高洁,但他并没有逃避现实,与世隔绝,而是"结庐在人境",过着同普通人一样的生活。不同之处则在于,他能够做到无车马之喧嚣,保持心灵的沉寂虚静。

那么,请问这是怎么做到的呢?答曰:不过是寄情高旷,"心远地自偏"罢了。这里固然也有生活层面上的因素,对这熙熙攘攘的社会现实,特别是争名逐利的官场,采取疏远、隔绝的态度,自然门庭冷落、车马绝迹;但诗人的着眼点还是在精神层面上,内心对于人为物役、心为形役的社会生活轨道的脱离,对世俗价值观的否定,放弃权力、地位、财富、荣誉的世俗追求。境静源于心静,源于一种心灵之隐,也就是诗人所标举的"心远"。这个"远",既是指空间距离,也是指时间距离,"凝心天海之外,用思元气之前"。心若能"远",即使身居闹市,亦不会为车马之喧哗、人事之纷扰所牵役,从而实现人的生命与自然的统一和谐。这番道理,如果直接写出来,诗就变成论文了,诗人却是把哲理寄寓在形象之中,如盐在水,不着痕迹;平淡自然,浑然一体。难怪一向以"造语峻峭"著称的王安石,也慨然赞叹:"自有诗人以来,无此四句!"

中间四句为第二层,诗人状写其从田园生活与自然景色中所获得的诗性体悟,实际上是"心远地自偏"这种超然物外的精神境界的形象化表现与自然延伸。有了超迈常俗的精神境界,才会悠闲地在篱下采菊,抬头见山,一俯一仰,怡然自得。"悠然"二字用得很妙,说明诗人所见所感,非有意寻求,而是不期而遇。东坡居士有言:"渊明诗初看若散缓,熟看有奇句";"采菊之次,偶然见山,初不用意,而境与意会,故可喜也"。在这里,诗人,秋菊,南山,飞鸟,各得其乐,又融为一体,充满了天然自得之趣。情境合一,物我合一,人与自然合一,诗人好像完全融化在自然之中,生命在那一刻达到了物我两忘的超然境界。

说到境界,我想到一位中学老师在讲解冯友兰《人生的境界》时的一段话。他举例说,有些坊间俗本把陶渊明的"悠然见南山"错印成"悠然望南山",失去了诗人的原意。"望"是有意识的,而"见"是无意识的,自然地映入眼帘。用一个"望"字,人与自然之间成了欣赏与被欣赏的关系,人仿佛在自然之外,自然成了人观照的对象;而用一个"见"字,人与自然不是欣赏与被欣赏的关系,人在自然之中,与自然一体,我见南山悠然,料南山见我亦如此。与自然一体,也就与天地一体,与宇宙一体,是天地境界或者近于天地境界。一个"见"字,写出了人与自然,乃至于宇宙之间的一种和谐。联系到陶渊明的另外两句诗"久在樊笼里,复得返自然",这种"返",觉解程度是很高的,是那些真正的无觉解或者很少觉解的乡民所无法达到的。而这个"樊笼",可能是指功利境界以至道德境界,陶渊明已经越过了这个境界。

这位老师从遣词造句、细节刻画方面,对陶诗做了细致的解析,我听了很受启发。

就本诗的意蕴来说,尤见精微、深邃。学者王先霈指出:"陶渊明直接描写的是面对秋景的愉悦,而其实是表达自己对于'道'的体悟,用诗的方式说出自己某一次体道的过程和心得。他所说的'心远',相当于《淮南子》讲的'气志虚静''五藏定宁',相当于《老子》说的'守静笃',是'体'的心理上的前提。至于采菊、见南山、见飞鸟,那并不是观察,而是感应,从大自然的动和静中产生心灵感应。"

最后两句为第三层,是全诗的总结,讲诗人从中悟出的自然与人生的真谛。而这"真意"究竟是什么,是对大自然的返璞归真?是万物各得其所的自然法则？是对远古理想社会的追慕与向往？是人生的真正价值和怡然自得的生活意趣？

诗人并不挑明，而是留给读者去思考，在他，则"欲辩已忘言"了。实际的意思是说，这一种真谛乃是生命的活泼泼的感受，逻辑的语言不足以体现它的微妙处与整体性。这样，又把读者的思路引回到形象、意象上。寄兴深长，托意高远，蕴理隽永，耐人咀嚼。

"心远"与"真意"，为全诗的眼目、灵魂与意旨所在，堪称全诗精神、意境、情调、理蕴的点睛之笔。清初诗评家吴淇在《六朝选诗定论》中指出："'心远'为一篇之骨，而'真意'为一篇之髓。"确是不刊之论。

3

归乡隐居之后，陶渊明虽然生计日蹙，但日常生活还是过得十分滋润、丰富多趣的。

陶渊明特别喜欢读书，旁搜博览，视野非常开阔，他说"少年罕人事，游好在六经"，"得知千载上，正赖古人书"；而且，方法有点特别，"好读书，不求甚解，每有会意，便欣然忘食"，迹近于兴趣主义。他对时间抓得很紧，在诗中云："盛年不重来，一日难再晨。及时当勉励，岁月不待人。"他不仅自己如此，也教育他人这样来做。一天，家里来了位少年，向他请教读书的诀窍。陶渊明拉着他来到一块稻田边，指着一尺来高的禾苗，问："你仔细地瞧一瞧，看禾苗是不是在长高？"少年注目细看，说："没见它怎么长。"陶渊明又把少年带到溪边的大磨石前，问他："你看看这块石头，中间磨损得像马鞍一样，这是哪一天磨成的？"少年想了想，说："不会是一两天。"陶渊明借势启发诱导少年说："学问、知识的增长，来自平时的点滴积累，只要持之以恒，终究可以见成效的。"这位少年豁然开悟，回家后，日夜苦读，从不间断，终于学有所成。

陶渊明喜欢鼓琴。《晋书》本传记载："畜素琴一张，弦徽不具，每朋酒之会,则抚而和之,曰:'但识琴中趣,何劳弦上声!'"看来,他是深受老庄思想的影响,赞同"有生于无""大音希声""无声之中,独闻和焉"的哲学观念,认为"言不尽意",应该"得意而忘言"。《庄子·齐物论》中说:"有成与亏,故昭氏之鼓琴也;无成与亏,故昭氏之不鼓琴也。"昭氏名文,善于鼓琴。这段话按冯友兰的解释,是说:"无论多么大的管弦乐队,总不能一下子就把所有的声音全奏出来,总有些声音被遗漏了。就奏出来的声音说,这是有所成;就被遗漏的声音说,这是有所亏。所以,一鼓琴就有成有亏,不鼓琴就无成无亏。作乐是要实现声音,可是,因为要实现声音,所以有些声音被遗漏了,不实现声音,声音倒是能全。"说到此处,冯友兰就举出陶渊明屋里挂着无弦琴,以为例证。

不过,陶渊明的最大嗜好,还是饮酒,可以说,嗜酒如命,贪杯成性。据徐志摩在《结算陶渊明的一笔酒账》一文中统计,陶诗中有酒的句子多达四十六处,酒字占三十二个,其他觞、醉、斟、壶、饮、酌、杯、醅、酤等字不下四十个,加上酒字,共七十多个。诗中有酒的句子,约占全部句子的三分之一。甚至还写到,死后也没有忘记饮酒,《挽歌》(之二)云:

> 在昔无酒饮,今但湛空觞。
> 春醪生浮蚁,何时更能尝?
> 肴案盈我前,亲旧哭我傍。
> 欲语口无音,欲视眼无光。
> 昔在高堂寝,今宿荒草乡。
> 一朝出门去,归来夜未央。

他这是说,从前没有酒喝,现在酒菜摆在面前,但是,已经不能喝到嘴里去了。

关于他的思想,朱光潜在《陶渊明》一文中,做过精彩的分析,他"是一个绝顶聪明的人,却不是一个拘守系统的思想家或宗教信徒。他读各家的书,和各种人物接触,于无形之中受他们的影响,像蜂儿采花酿蜜,把所吸收来的不同的东西融会成他的整个心灵"。不过,朱光潜说,"假如说他有意要做哪一家,我相信他的儒家的倾向比较大"。对此论断,我却不敢苟同,倒是觉得他的同宗先贤晦庵先生(朱熹)所说的,"靖节(陶渊明)见趣多是老子","旨出于老庄";或者陈寅恪所言"渊明之为人,实外儒而内道,舍释迦则宗天师也",可能更切合诗人自己的实际。陶渊明比庄子整整晚出生了六百年,应该说,他的思想观念、价值取向、人生抉择,都是远承了这位诗人哲学家的。

或问:既然渊明先生"是一个绝顶聪明的人",那他怎么就不知道珍惜自己的健康,更多地留下一些作品,而是顾自拼命地喝酒呢?言下不无憾怨之意。

是呀,这位大诗人早年就疾病缠身,又兼嗜酒成性,长期身体衰弱,直到六十三岁死去(当代有的学者考证,享年五十一二岁)。看来,他并没有把生命与身后声名怎么放在心上,他说:"人生似幻化,终当归空无。"他所秉持的生死观是:

> 有生必有死,早终非命促。
> 昨暮同为人,今旦在鬼录。
> 魂气散何之,枯形寄空木。
> 得失不复知,是非安能觉?
> 千秋万岁后,谁知荣与辱。

死了就是死了,没有什么好说的。这种"一死生、齐彭殇"的观念,如果认祖归宗的话,与其说是"儒家的倾向",毋宁说是《庄子》中话语的形象注解:"生也死之徒,死也生之始,孰知其纪!人之生者,气之聚也。聚则为生,散则为死。若死生为徒,吾又何患!"

陶渊明去世前,写了《挽歌》三首,从入殓、出殡写到下葬,表现出精神

上的旷达与超脱,其中的第三首尤具代表性,诗情与哲理结合,表现出一种达观的情怀和安详的心态,读来亲切感人:

> 荒草何茫茫,白杨亦萧萧。
> 严霜九月中,送我出远郊。
> 四面无人居,高坟正嶕峣。
> 马为仰天鸣,风为自萧条。
> 幽室一已闭,千年不复朝。
> 千年不复朝,贤达无奈何。
> 向来相送人,各自还其家。
> 亲戚或余悲,他人亦已歌。
> 死去何所道,托体同山阿。

陶渊明还有这样几句诗:"纵浪大化中,不喜亦不惧。应尽便须尽,无复独多虑。"说的是人归化于自然,没必要在天国中求得永恒,但求能够自我超越与解脱,过着"情随万化遗"、委运任化、随遇而安的生活,也就心满意足了。

此生自在悠然,此心自在悠然。

这是一颗自在心!

第十五篇

另类六朝人物

I

六朝上承两汉,下开隋唐,在中国文化、思想史上,是一个重要的时代。一千几百年来,谈论它的话题,数不胜数,就中以诗人骚客的寄志抒怀,最具主观色彩,浓缩着多重意蕴、多种感慨。

唐代诗人杜牧风流倜傥,酿就了诗性人生,用"南朝四百八十寺,多少楼台烟雨中",来状写他所倾心的千里江南的无边秀色。而亲历明清之际天崩地解的改朝换代的诗人钱谦益、龚鼎孳,或借金陵观棋以寄寓兴亡之感,叹息着"白头灯影凉宵里,一局残棋见六朝";或兴铜驼荆棘、世事沧桑之悲,苦吟着"兴怀无限兰亭感,流水青山送六朝",都是寄慨遥深,语调沉痛而凝重的。

在这名篇络绎、万喙齐鸣的有关六朝的诗册里,域外的文人、学者也不甘沉寂,最为脍炙人口的应属日本诗人大沼枕山的七绝,其中有句云:"一种风流吾最爱,南朝人物晚唐诗。"代表了相当多数人的一种艺术追求与审美情趣。

这里也紧扣着六朝,讲述的是这一历史时期最末尾的陈朝的两位皇帝。他们虽说也都是"六朝人物",却大抵属于"另类",谈不上什么超逸洒脱,俊采风流。这两个人,一为创业奠基的开国皇帝,金戈铁马,叱咤风云,多的是王气、霸气、英雄气,而少了那种空灵俊逸的"六朝烟水气";一为末代亡国之君,一个地地道道的纨绔子弟、花花公子,通身满脑袋都是"六代绮罗""秦淮金粉",整天沉迷于烟柳繁华地、温柔富贵乡,同传统的"魏晋风度",更是毫不沾边。倒是同他们有着直接关联的两口古井,还有两种美食,脱除了那种朽腐、发霉的气味,也许还"任是无情也动人"吧!

2

先从古井说起。

一口井叫做"圣井",坐落在紧靠着太湖的浙江长兴。它的声名鹊起,与陈朝的奠基人陈霸先有着直接关系。

霸先庙号高祖,史称陈武帝,南朝梁天监二年(503)出生于长城县(今长兴)下箬里。据宋嘉泰年间《吴兴志》记载:"陈氏故宅原有井五口,其一为永嘉中陈氏远祖所穿,武帝初生之日,井水涌出,家人即就井旁汲水以浴之,后遂得名为圣井。"

到了明代隆庆年间,长兴来了两位文豪出身的县官,一是散文大家归有光出任知县,一是著有《西游记》的小说家吴承恩当了县丞。前者撰文,后者手书,共同完成了《圣井铭并序》碑,然后立于井侧。碑文三百零一字,备述"圣井"的由来及其兴衰际遇。碑文四周饰以莲瓣,花纹古朴有致。20世纪60年代,《圣井铭并序》碑作为珍贵的历史文物,移立于长兴文化馆,并在"圣井"上面修建亭楼。这口井至今仍保存完好。井壁系由石块砌成,水面接近地面,深约十五米,直径一米五,水质清澈、甘甜,终年不竭。

陈武帝故居遗址,呈小岛式地形,四周有箬溪环绕,占地面积三十六亩。一千五百多年过去了,那种皇族巨室的威严气势,仍然依稀可见。历代许多帝王都曾为它颁布过"天赐圣旨",诗文碑刻林立,白居易、杜牧、苏东坡、朱熹等都曾驻足其间,留下了珍贵的墨迹。院内原有武帝手植银杏树一株,粗可数人合抱,20世纪60年代遭受雷击后,被村人锯掉。县城西北三十里,有巨石壁立如屏,高约五十丈,相传为武帝少时游钓之处,顶上开阔、平夷,有池一方,号"武帝磨剑池"。

陈霸先的祖上世居河南颍川,其十世祖陈达,于西晋永嘉年间随皇室渡江南迁,后来出任吴兴郡长城县令。因为喜欢此地的山川风物,遂在城东下箬里定居下来。《陈书》中记载,陈达当时预言:"此地山川秀丽,当有王者兴焉。二百年后,我子孙必钟斯运。"后来,此言果真应在了陈霸先身上。

我国古代,素有"地灵人杰"之说,实际上体现了环境对于人才生成的因果关系。陈霸先的崛起,颇得益于吴兴一带尚武争雄的社会风气。这里崇尚武功,有着悠久的历史传统。"世有陷坚之锐,俗有节概之风。"自春秋战国以迄六朝,吴兴一带涌现出许多著名战将和武力强族。吴越之君皆勇,"故其民至今好用剑,轻死而易发"。齐梁之际,武力强宗开始向文化士族转型,但长城县崇军尚武之风,依然未减。这里有一座斫射山,山下建有全国极为少见的射神后羿庙,由于山民皆习武善射,所以,就以建祠设祭来纪念这位古代的英雄。

区域性的风土人情,潜移默化地影响着人们的个性与癖好。史载:陈霸先"少倜傥有大志,不治生产",打鱼练武,兴趣广泛;"及长,涉猎史籍,好读兵书,明纬候、孤虚、遁甲之术,多武艺,明达果断",为"当世推服"。

陈霸先是一位地道的"草根皇帝"。他门第寒微,乃"火耕水耨之夫,荜门圭窦之子"。少时,当过下箬里的里司,后在建康做了油库史。梁朝末年,武夫称雄、龙争虎斗的时势,为他宏才大展提供了广阔的天地,造就了他这个"乱世英豪"。他以高超的武艺和出众的才识,深得梁武帝侄子、新喻侯萧映的赏识与器重,被拔擢为中直兵参军,后又升任西江督护、高要太守。广州爆发兵乱,萧映被困,霸先率三千精兵,一战解围,从此,崭露了头角,一步步走向辉煌。后以始兴郡太守,出兵讨伐侯景的叛乱,因为战功卓著,被拔擢为司空,领扬州刺史,镇守京口。当北齐入侵金陵时,霸先率部出击,使东南半壁免遭鲜卑贵族的蹂躏,被官兵、百姓视为"民族英雄"。后来,在文武官员的拥戴下,这位一代枭雄,终于代梁自立,是为陈武帝。在位不足三年,选贤任能,以恭行节俭、政治清明见称。

现代史学家吕思勉认为:若论功业,陈武帝霸先实际是超过宋武帝刘裕的。当时,国门之外,虽然铲除了强敌,但是,梁朝的残余势力,还在蠢蠢思动。又兼面临着武夫专横,土豪割据的复杂局面,陈朝的开创之艰,实十倍于宋、齐、梁三朝而不止。宋武帝自私之意多,陈武帝则公忠体国。宋武帝于同时的侪辈大肆加以诛戮,而陈武帝则尽最大努力来收用降将,其度量之宽广,大有过人之处。

武将程灵洗,当陈霸先袭击石头城时,曾率兵进行激烈抵抗,后来途穷力竭,被迫出降。霸先并未因此而心生芥蒂,反而倚之为心腹、授之以高位,看得出他的远见卓识,宽宏大量。程氏父子后来矢志尽忠,成了陈王朝的高层骨干和重要依靠力量。

还有文学家徐陵,当日由北齐回到建康,深受陈霸先的政敌王僧辩的礼遇,徐陵也一直感念着这种知遇之恩。归陈后,他奉命制作《九锡文》,为陈霸先代梁自立预作舆论准备。文中历数霸先起兵以来所有功勋,救广州,定交州,直到平侯景、抗北齐,多达二十二起,唯独略去了剪除王僧辩这一重大军事行动。当然不是由于疏忽,而是在有意回避。陈霸先也就听之任之,表现了一位大政治家的豁达胸襟。

陈霸先的德行,还表现在恭以待人、俭以接物上。史称,武帝不贪钱财,不事挥霍,登上帝座之后,膳食简单几样,盛以瓦器蚌盘,绝不虚耗浪费。他的后宫妃子,衣服素朴,不施重彩,亦无金翠首饰,一应歌钟、女乐,不许陈列于前。这种高度平民化的生活作风,影响了当时的整个官僚阶层。

3

现在,再来说陈朝的另一口井。

隋开皇九年(589),陈朝都城建康陷落,末代皇帝陈叔宝仓皇无计,与宠妃张丽华、孔贵嫔,相抱投入景阳宫井中。旧籍《金陵览古》记载:隋兵攻入台城,不见陈后主下落,后发现此井,"军士窥井呼,不应,将欲下石,乃闻器声。以绳引之,惊其太重。及出",才发现是三个人抱在一起。由于井栏石脉有胭脂痕,故名"胭脂井";而诗文典籍中,通称为"辱井",表明末代皇帝在这里丢失了江山,丧尽了人格、国格。

真是"无巧不成书"。一个"圣井",一个"辱井",八十六年间,风水轮流转,它们一始一终,遥相呼应,联结着陈朝两个皇帝的传奇性命运。

陈叔宝史称陈后主,是陈武帝侄子(陈文帝)的侄子。他和武帝属于祖孙辈,论血缘是一脉相承的,然而两人竟是那样的不同,说是"悬同霄壤"也不为过。

与武帝饱经忧患、戎马终生形成鲜明的对照,后主"生于深宫之中,长于妇人之手,既属邦国疹瘵,不知稼穑艰难"(唐人魏征语)。自小就浸淫于"六朝金粉""秦淮风月"的粉腻脂香、绮罗芗泽之中。这里还是江南的文薮,遍是"乌衣子弟"、文化家族,使他完全挣脱了"金陵王气",而沾染了满身的文气。后主颇具文学天赋,有诗文集三十卷传世。最著名的应是那首流传广远的《玉树后庭花》了:

> 丽宇芳林对高阁,新装艳质本倾城。
> 映户凝娇乍不进,出帷含态笑相迎。
> 妖姬脸似花含露,玉树流光照后庭。
> 花开花落不长久,落红满地归寂中!

诗中以艳美的词藻描画他的嫔妃们娇娆媚丽,堪与鲜花竞美争妍。但在"玉树流光"之余,也透露出盛衰无常的悲凉意味。

在后主现存的九十首诗中,内容艳冶轻薄、格调不高者居多,但就艺术性来说,语言流畅清丽,描写生动传神,还是颇具特色的。他间或也写些山水风光的诗句,清新可喜,体物入微,像"天迥浮云细,山空明月深";"思君如落日,无有暂还时";"烟里看鸿小,风来望叶回";"苔色随水溜,树影带风沉"等诗句,颇有唐人小令风致。

他的《独酌谣》四章,流传较为广远,唐代诗人卢仝曾袭用这一表述方式,写出著名的《七碗茶诗》。

> 独酌谣,独酌且独谣。
> 一酌岂陶暑,二酌断风飙。
> 三酌意不畅,四酌情无聊。
> 五酌盂易覆,六酌欢欲调。
> 七酌累心去,八酌高志超。
> 九酌忘物我,十酌忽凌霄。
> 凌霄异羽翼,任致得飘飘。
> 宁学世人醉,扬波去我遥。
> 尔非浮丘伯,安见王子乔!

撰写歌诗之外,他还是一位出色的音乐家,曾谱写《黄鹂留》《临春乐》《金钗两鬓垂》等曲调,与幸臣共制歌词,"被以新声,选宫女有容色者以千百数,令习而歌之,分部迭进,持以相乐"。

4

荣辱兴亡两口井,龙头鼠尾一局棋。

想那开基创业的陈武帝,闯枪林、冲箭雨,南北驰驱,出生入死,费煞移山气力,夺得万里江山。可是,真正坐上龙墩,满打满算不足三年,最后便撒手尘寰。而到了末代皇帝后主手中,什么祖传基业,国脉民心,统统视之为轻烟,弃之如敝屣。整天拥着娇姬美女,伴着文人狎客,沉湎于烟柳繁华地、温柔富贵乡,骄纵奢侈,荒淫无度,过着醉生梦死、纸醉金迷的糜烂生活。

武帝雄才大略,朝乾夕惕,日不暇给;尔后主却是终日流连酒色,不恤政事,荒淫误国。他的宠妃张丽华,进退娴雅,容色端丽,每当举目流盼,光彩照映左右。常于阁中靓妆,临轩倚槛,宫中遥望,飘若神仙;而且,才辩无双,记忆力极强,善于观察人主颜色,因而得到后主的极度宠爱。临朝之际,常将丽华抱置膝上,共同决定国家大事。于是,大臣们就通过宦官,同她勾结,从事卖官鬻爵与制造冤狱等祸国殃民的勾当。

与武帝恭行节俭、爱民恤物相背反,后主奢侈无度,认为现有的居处简素,未足为藏娇之所,遂起临春、结绮、望仙三阁,穷土木之奇,极人工之巧。凡窗牖、墙壁、栏槛之类,皆以沉檀木为之,饰以金玉,间以珠翠。服玩珍奇,器物瑰丽,皆近古所未有。阁下积石为山,引水为池,植以奇树,杂以名花。每当微风拂动,香闻数里,朝日初照,光映后庭,月明之夜,恍如仙界。

后主最大的癖好,一是美色,二是诗酒,整天拥着娇宠的张贵妃、孔贵嫔等八名美女,连同江总、孔范等十几名文人、"狎客",在宫廷里举办诗歌酒会,自夕达旦,习以为常,无视民间疾苦,不理朝政。中书舍人傅进谏说:

陛下近来,酒色过度……小人在侧,宦侍弄权,忌恨忠良好像仇敌,俯视百姓直如草芥。后宫绮绣充盈,马厩到处都是菽粟,而百姓却啼饥号寒,流离蔽野,神怒民怨,众叛亲离。如果再不改弦易辙,臣恐东南王气,自此而尽。

后主见报,勃然大怒,将他赐死狱中。从此直臣皆缄口噤声,后主则更加骄奢淫逸,百姓生计日益迫蹙。

见到陈王朝如此腐败不堪,雄心勃勃的隋文帝杨坚遂颁下诏令,历数陈后主二十大罪,挥师东进,大举伐陈。五路大军一齐向京城建康进发,陈朝的守将纷纷告急。而安卧台城的后主和宠妃、文士们,却每天照旧醉得七颠八倒,收到警报也不拆封,往床下一丢了事。后主说:"东南一带是个福地,从前北齐攻过三次,北周也进军两次,都失败了。这次隋兵,还不是照样来送死!"

兵临城下之日,尽管城里尚有十几万兵马,但那些宠臣、嬖幸哪个懂得指挥;将士被俘的被俘,投降的投降。隋军如入无人之境,当即把后主连同几个嫔妃一同俘获,然后押解到京城长安,去朝见隋文帝。文帝赦免了后主的罪愆,赏赐甚厚,后来还曾多次接见,为了使他免于触景伤情,每次宴会上都不奏吴音、南乐。

其实,后主原本就不在乎这些。他几乎忘记了亡国贱俘身份,毫无愧怍之色。在随从文帝登上洛阳邙山侍饮时,觍颜赋诗曰:"日月光天德,山河壮帝居。太平无以报,愿上东封书。"还有一次,后主请求文帝赐予他一个官职时说,每次出席陛下举办的宴会,我都因为没有具体的官职而局促不安。陛下可否赏赐给我一个职位,哪怕是个封号也好啊!文帝听了,一脸不屑地说,陈叔宝真是全无心肝!后来,文帝还曾这样评论过陈后主:"如果他以作诗之功,来考虑如何治理国家,何至于此?我听说,当大军进逼京口时,下属频频告急,他却照常饮酒,了不省悟。待到搜索皇宫,发现那些奏启全都压在枕下,没有拆封。说来也真是可笑啊!"

文帝此言,当然在理。但在后主看来,却有点"南辕北辙""夏虫语冰"的味道。因为两个人的着眼点不同,衡量事物的标准也有很大差异:文帝是把他作为一个皇帝来要求的;尔后主自己,每时每刻,都是以浪漫诗人、风流才子自命,根本就没把君王、国主当回事。因而,哦诗度曲才是正业,至于"国家事",纵不是"管他娘",至多只能当作"副业",偶一为之罢了。

后主病死于隋仁寿四年(604),得寿五十二岁。当代作家、学者柏杨有言:"陈帝国是南北朝唯一没有出过暴君的政权,但它最后一任皇帝陈叔宝,却是名声最响亮的昏君之一。"在政权走马灯般更迭,顶顶皇冠落地、处处杀人如麻的两晋南北朝时期,陈家五个皇帝,包括这个"名声最响亮的昏君",居然人人皆得善终,说来也真是幸运。这同西晋王朝的司马氏"血腥家族"九人有八人横死,西燕七个帝王、南朝梁八个帝王、隋朝三个帝王,全部惨遭杀害,恰成鲜明的对比。

5

"圣井"也好,"辱井"也好,早都成了历史的陈迹。即使像陈霸先那样的一代开国帝王,属于他的那个年代,也已经像轻烟淡霭一般,消逝得无影无踪,更不要说亡国之君陈后主了。当然,作为一种文化现象,一个历史话题,还是时常被后人提起的。这样,也就留下了数量可观的诗文。

陈亡,大约过去了二百八十年,唐末诗人李山甫凭吊石头城,写了一首七律:

> 南朝天子爱风流,尽守江山不到头。
> 总是战争收拾得,却因歌舞破除休。
> 尧将道德终无敌,秦把金汤岂自由。
> 试问繁华何处有?雨苔烟草石城秋。

南朝的江山都是战场上打下来的,可是,最后都沦陷于"风流天子"之手;多年流血拼争所打下的天下,却因酒色征逐、酣歌醉舞而转手他人。想当日是何等风光!而今繁华安在?映入眼帘的,只有这"丽莎烟草",摇曳在秋风里。

与李山甫差不多同时代的诗人韦庄,也有一首七律:

> 南朝三十六英雄,角逐兴亡尽此中。
> 有国有家皆是梦,为龙为虎亦成空。
> 残花旧宅悲江令,落日青山吊谢公。
> 止竟霸图何物在,石麟无主卧秋风。

韦庄感叹南朝各国的几十个雄主,龙争虎斗,角逐兴亡,到头来都不过是一场幻梦而已。

属于这类感慨兴亡的诗,还有唐人包佶的《再过金陵》:

> 玉树歌残王气收,雁行高送石城秋。
> 江山不管兴亡事,一任斜阳伴客愁。

还有一类诗词,由一般的叩问沧桑、吊古伤怀,演进为总结沉痛的经验教训,寄寓警戒之思、兴亡之感。杜牧《泊秦淮》是这类诗章中的杰作,诗句貌似悠然,实则感情强烈,语语沉痛:

> 烟笼寒水月笼沙,夜泊秦淮近酒家。
> 商女不知亡国恨,隔江犹唱后庭花。

还有唐代诗人刘禹锡的《台城》:

> 台城六代竞豪华,结绮临春事最奢。
> 万户千门成野草,只缘一曲后庭花。

名列"唐宋八大家"的诗人王安石,有《桂枝香》词,同样借助金陵怀古,揭露南朝统治者醉心情色,葬送江山的往事。最后借杜牧诗句,感叹至今仍然有人不记前朝教训,重蹈覆亡故辙。词的下阕是:

> 念往昔,繁华竞逐,叹门外楼头,悲恨相续。千古凭高对此,漫嗟荣辱。六朝旧事随流水,但寒烟衰草凝绿。至今商女,时时犹唱,后庭遗曲。

在咏叹陈朝史迹的诗词中,借着"辱井"的话题,对于陈后主进行鞭挞、

讥刺者,占了相当数量。最为尖锐、直截,一针见血的,是王安石的七绝:

  结绮临春草一丘,尚残宫井戒千秋。
  奢淫自是前王耻,不到龙沉亦可羞。

宋代诗人陈孚和明末遗民余淡心,他们异代同怀,都以"胭脂井"为题,发抒了个人的感慨:

  泪痕滴透绿苔香,回首宫中已夕阳。
  万里河山天不管,只留一井属君王。

  可怜后主最风流,张孔承恩在下头。
  玉树后庭俱寂寞,胭脂井上草三秋。

"初唐四杰"之一杨炯的诗,含讥带诮,令人忍俊不禁:

  擒虎戈矛满六宫,春花无树不秋风;
  苍惶益见多情处,同穴甘心赴井中。

类似的还有清代诗人袁枚的《景阳井》:

  华林秋老草茫茫,谁指遗宫认景阳!
  当日君王纵消渴,井中何处泛鸳鸯?

清人宗元鼎的《吴音曲》:

  璧月庭花夜夜重,隋兵已断曲阿冲。

丽华膝上能多记,偏忘床前告急封。

唐代诗人许浑的《陈宫怨》:

地雄山险水悠悠,不信隋兵到石头。
玉树后庭花一曲,与君同上景阳楼。

或讥评,或嘲弄,或揭露,各有侧重,异曲而同工,极尽讽刺之能事。

还有一些诗人,进一步荡开主题,拓展视野,把陈后主作为衬托、作为引线、作为叙事的背景,用以批判本朝或者前代的荒淫、腐朽的君王。唐代诗人郑畋有一首七绝,矛头指向了唐玄宗:

玄宗回马杨妃死,云雨难忘日月新。
终是圣明天子事,景阳宫井又何人?

诗中说,玄宗当机立断,为国割爱,终属"圣明"之举;若不如此,难保不像陈后主和张丽华那样,求死不得,反受侮辱。看似褒扬,实则隐含讥刺——"圣明"到仅仅强过饱遭千秋唾骂的陈后主,"圣明"到宗庙没有灰堕而沦为亡国贱俘,标准实在是太低了。"皮里阳秋",意味深长。

再就是晚唐诗人李商隐的七律《隋宫》,是针对炀帝杨广的。"紫泉宫殿锁烟霞,欲取芜城作帝家";"地下若逢陈后主,岂宜重问后庭花。"这是诗的首尾两联。大意是说,隋炀帝闭锁长安的宫殿不用,却想以扬州(芜城)为帝都,在那里另建豪华的宫阙,威福自恣,空耗民力,简直比陈后主还荒淫奢侈。如果他在地下遇见陈后主的话,恐怕也不好意思再请张丽华舞一曲《后庭花》了。诗人在这里暗用了一个典故:《隋遗录》载,隋太子杨广率军灭陈,俘获了后主陈叔宝,二人后来常相过从。即位后,炀帝驾幸江都,梦中与已经死去的陈叔宝及其宠妃张丽华等相遇,并请张丽华舞了一曲

《玉树后庭花》。诗中援引这一故实,巧妙地揭示出对于荒淫亡国进行鞭挞的深刻主题。

其实,说到陈叔宝与杨广,两个人也确有其可比之处。陈后主死后,谥为炀帝。据《谥法》:好内怠政,远礼,远众,逆天虐民为"炀"。孰料,不到十年,杨广死后,同样获得这一谥号。这又是一个巧合。

6

"往事越千年",旧梦如烟。除了两口井,连同一些或香艳或麻辣的诗文,短命的陈王朝还留下了什么遗产呢?想了想,还有两样美食,同陈朝的开国皇帝和末代君主有着直接联系。

南方湘、粤等省,特别是岭南一带,流行一种夏令美味食品,叫做荷叶包饭。荷叶清香,饭团松软,中医说有生发元气、调理脾胃、清热解暑的功效。清代《羊城竹枝词》有诗云:

> 泮塘十里尽荷塘,姊妹朝来采摘忙。
> 不摘荷花摘荷叶,饭包荷叶比花香。

陈霸先曾任梁始兴郡(在今广东韶关一带)太守,后以讨伐侯景之功,升任司空,镇守京口。在抵御北齐进犯之敌中,由于口粮接续不上,当地百姓便用新嫩的荷叶,包裹着米饭,中间还夹上鸭肉,送到前线劳军,大大鼓舞了士气,保证了最后的胜利。从此,霸先所到之处,就将"荷叶包饭"这种美食传播开来。

无独有偶。在现今的南京,也有一种美味食品,叫"一条龙"包子。

相传,陈后主少年时节,十分贪玩,经常溜出宫门,跑到秦淮河畔转悠。走着玩着,来到一家包子铺前,恰好包子出笼,香味儿扑鼻,他伸手拿起就咬,吃了一个又一个。吃完,也不懂得付账,嘴一抹就走。店主人要他付钱,他说"没有"。那就留个名字记账吧,于是,随手签下"一条龙"三个字。后来店主人知道,这个自称"一条龙"的小孩,原是当朝太子陈叔宝。经过店主人有意地招摇、作势,京城的达官贵人都像潮水一般涌来,生意顿时兴旺起来。这条街被称为"龙门街","一条龙"三个字也被装裱上了中堂。从此,"一条龙"的包子就名闻遐迩,一直流传到今天。

第三章

大气:扶摇直上九万里

居于世界领先地位,兼容并蓄的文化充满活力,中华文化圈的基本格局业已形成。唐诗宋词成为中华文化的耀眼明珠,大气磅礴与精美雅致,百世流芳。

第十六篇

唐僧形象

I

打开关于"唐僧玄奘"的网页,实在是令人惊诧不已。我绝对没有想到的是,人们对于这位亦人亦神的唐代和尚,竟然如此感兴趣。当然,许多人是沿着"戏说"的路数,拿他当"话耍子"来搞笑的,什么"唐僧办教育""唐僧的隐私""唐僧评先进""唐僧评球""唐僧的网恋""唐僧引进股份制"等;仅仅是杜撰的唐僧的著作,就有《家书》《日记》《回忆录》《密信》《遗言》《自述》《报告》《话语》等无数种。应该说,作为举世闻名的翻译家、佛学家、思想家、旅行家、中外文化交流的杰出使者,唐代高僧玄奘原本是有很多话题可供言说、研讨的,只是一些人对此并不那么感兴趣罢了。而我呢,却有点不合时宜,在这种情势下,偏要一本正经地从文学作品、历史真实、域外寻踪、民间传说等多重视角,来研索唐僧玄奘的多种形象,也算得上情有独钟、"痴情可哂"了。

说到形象,这是一个有趣的话题。心理学告诉我们,形象属于知觉范畴;作为一种意识,形象是人们通过各种感觉器官在大脑中形成的关于某种事物的整体印象。而人物形象,则是人们对于某一实实在在的人物整体印象的感知。这种感知,往往因人而异;也可以翻过来说,同是这一感知对象,在不同情况下,人们的感知也是不尽相同的。这说明:其一,既然感知属于知觉、意识,那么,它就必然会受到感知者主观能动性的影响,亦即意识、观念与认知过程的规定与制约;其二,形象并非事物(包括人物)本身,因而如若准确把握其真实性、准确性,就需精察之、慎思之、明辨之,以透过形象,探其本原,去伪存真。

也正是为此吧,面对长期以来所形成的关于唐僧玄奘令人眼花缭乱的多种形象,才确有精研苦索的必要。

2

幼年读《西游记》,唐僧留给我的印象是很不好的。他不仅软弱怯懦,进退失据,在困难面前动辄惊慌流泪;而且昏庸迂腐,耳软心活,常常误信谗言,是非不分,敌我不辨。看上去,白面书生一般,斯文得很,说话细声细气,手无缚鸡之力,可是,折磨起大弟子孙悟空来,却蛮有本事,所谓"人妖颠倒是非淆,对敌慈悲对友刁"。正是由于对坚持正义、具有不屈不挠的斗争精神和大无畏的英雄气概、横扫一切妖魔鬼怪为取经事业立下汗马功劳的"美猴王",怀有无比崇敬的心情,因而,每当在书中看到唐僧残忍地惩治、处罚他的时候,我都遏制不住心头的愤慨,有时竟至两三天内,心中都感到愤愤不平。

及长,读书渐多,通过阅览唐代的一些史书,尤其是阅读了《大唐西域记》和关于玄奘法师的几部传记,我才了解到这位唐代高僧舍身求法的感人事迹和高尚的人格风范及伟大的精神追求,方知文学形象与历史真实并不是一码事,过去完全是错怪了他。

看来,文学形象本是作家创造性的产物,表现为文本中具有艺术概括性的、体现着作家审美理想的人生画卷。如果把整个作品所揭橥的社会内容比作一台人生戏剧,那么,这些文学形象便是作家用以寄托情感、表达爱憎、宣示价值取向的不同角色。文学形象是客观性与主观性的统一,既具有模拟、描绘现实中的对象(比如唐僧玄奘)的客观性一面,也反映出作家思想感情的主观性因素。由于其高度的艺术概括性、典型性,因而强化了文学形象的感染力与震撼力。

从《西游记》中的唐僧,我又联想到另一部文学名著中的武大郎与潘金莲。据说,武大郎的原型,本是昂藏七尺之躯,相貌堂堂,文武兼擅;而其妻潘金莲,也是大家闺秀,知书达理,属于贤妻良母类型。可是,到了《水浒传》里,却成了龌龊不堪的两个悲剧人物。在广泛流传于冀东南、鲁西北一带的民间传说中,这对"倒霉"的夫妻有着这样一段曲折的经历——武大郎家贫时,曾受过一位好友的接济。后来,这位友人遭受火灾,房屋片瓦无存,无奈之下便投靠到已经当了县令的武大郎那里,当时心想,发迹了的武大郎,一定会重重地予以酬报。可是,公务缠身又兼赋性木讷、寡言少语的武大郎,虽也好酒好菜地招待着,却绝口不提资助的事。他便心里憋着一口怨气,索性抬腿离开,另谋出路。

如果只是一走了之,也就不会发生后来的事;岂料,"怨毒之于人,大矣哉"!当时,这位好友气愤不过,想要给这个忘恩负义之人以猛烈的报复,便极尽造谣抹黑之能事,编造了武氏夫妇的大量"丑闻"。光是"逞口舌之快"还觉得不解恨,于是又写成文字,随处张贴。这么一来,武家伉俪的丑恶形象,就在冀东南、鲁西北广大地区传播开了。而武大郎本人却还蒙在鼓里,公务之暇,还在全力张罗着给友人重建新房。几个月后,友人回到家里一看,可就傻眼了。悔愧之情,如黄河决堤,在心里上下翻腾,便搥胸顿足,发疯了一般,重循旧路,进行辟谣、更正。但是,"一言既出,驷马难追""一入人耳,有力难拔",再也无法挽回了。当然,关键还在于进入了谁的耳朵。由于谣言一传十,十传百,最后传到了大文豪施耐庵的耳朵里,这下可就麻烦了。出生于苏北兴化、喜欢走南闯北的这位小说大家,正在构思《水浒传》的情节,酝酿着给英雄武松找个"陪衬人",刚好听到了这个传说,而且两人同姓,结果一拍即合,成为文学作品中的武大郎。这样,武氏夫妇这两个"冤大头",可就背上了"黑锅",永世难得翻身了!

3

回过头来,再说神话小说《西游记》。

它虽然取材于唐僧玄奘西天取经的故事,但书中所描述的那位三藏法师已经被神化变形了,取经故事情节也都是小说家通过想象加以虚构的。大约从南宋年间《大唐三藏取经诗话》开始,经过金代院本《唐三藏》《蟠桃会》,元人杂剧《唐三藏西天取经》等,踵事增华,敷陈演绎,唐僧玄奘就已脱离了原型;再经过明代正德、万历年间的小说家吴承恩,在这些话本、戏曲、民间传说的基础上,发挥高超的想象力,进行艰苦卓绝的艺术再创造,最后完成了文学名著《西游记》的创作。就是说,小说中唐僧玄奘的形象,并非仅为历史的真实。

历史上的唐僧,俗姓陈,本名祎,河南偃师缑氏乡陈河村人。他出生于隋开皇二十年(600),另一说出生于隋仁寿二年(602),延后两年。他五岁丧母,十岁慈父见背,十三岁随次兄在洛阳净土寺出家,法名玄奘。他自幼聪敏好学,接受传统文化,悟性极高。在净土寺,从师研读《涅槃经》《摄大乘论》,达六年之久;后值战乱,又前往四川,四五年间师从多位法师,研习大小乘经论及南北地论学派、摄论学派各家学说,学业大进,造诣日深,而且掌握了梵文。他特别钦慕东晋高僧法显以"耳顺"之年,历时十五载前往印度西行求法的宏谟伟志;加之,熟读各种佛经,发现各名师所讲的经论互有歧异,各种经典也疑伪杂陈,真假难辨。于是,他立志要亲赴天竺(印度),取经求法。

尔后的人生,大体上可以分作两段:前一段是取经。唐太宗贞观元年(627),玄奘和尚混在"随丰就食"的逃荒民众中离开京城长安,沿着河西走廊一路西行,赴印度游学求法。当时,他是偷越国境出去的,并不像《西游记》中所讲的,受到皇帝的礼遇,"备下御酒,发放通关文牒,送至关外"。取经路上,玄奘"乘危远迈,策杖孤征",历尽艰难险阻,经过古代中亚和南亚地区大小一百多个国家,最后到达了印度。这段行程将近三年。他在中印度的那烂陀寺学习五年之后,又相继访问了东印度、南印度、西印度,最后重新回到那烂陀寺。历时十九年(一说十七年,缘于对走出国境时计算上的差异),行程五万里,返回长安,共带回六百五十七部佛经、一百五十粒佛舍利、七尊金银佛像,还有许多果菜种子,为加强我国同中亚、南亚诸国的友好往来和开展文化交流,做出了杰出贡献。后于玄奘四十年、同样西行取经的义净法师写过一首《求法诗》,在佛门中广泛流传。诗云:

> 晋宋齐梁唐代间,高僧求法离长安,
> 去人成百归无十,后者安知前者难?
> 路远碧天唯冷结,沙河遮日力疲殚,
> 后贤如未谙斯旨,往往将经容易看。

玄奘人生的后一段也是十九年,这一段他主要是译经、著书。回到长安后,他悉心翻译佛学经典,共译出《大般若经》《心经》《解深密经》《瑜伽师地论》《成唯识论》等重要经典七十五部,计一千三百三十五卷,占唐代翻译佛经总量的一半以上。其间,他还把《道德经》《大乘起信论》译成梵文,把中华传统文化传播到印度等国。

根据唐太宗"佛国遐远,灵迹法教,前史不能委详,师(指玄奘)既亲睹,宜修一传,以示未闻"的指示,玄奘法师于回国后第二年,亲自口述,由弟子辩机辑录出《大唐西域记》十二卷。书中记录了玄奘在西游中亲身经历的一百一十个国家及传闻的二十八个国家的所见所闻,内容涉及印度等国的政治、经济、宗教、文化和山川、风物等诸多内容,具有颇高的史料价值。他还直接继承了烦琐深奥的印度瑜伽派理论,与其弟子窥基一道创立了"法相宗"(又称"唯识宗")。

唐高宗麟德元年(664),玄奘法师于玉华宫(在今陕西铜川,当时是皇帝行宫)圆寂,享年六十五岁。高宗闻讯痛哭,说:"朕失国宝矣!"罢朝三日,以示哀悼。

鲁迅先生曾赞颂中华民族的"脊梁",其中"舍命求法"者,玄奘是主要人物之一。这位唐代高僧不仅在国内备受尊崇,影响深远,而且,世界各国尤其是印度,对于他都有很高的评价。

4

世纪之交,我曾率领中国作家代表团访问印度。在行前,我认真研读了《大唐西域记》和由玄奘法师两位及门弟子撰写的《大慈恩寺三藏法师传》,以及时贤往哲的有关著述,结合访问期间的大量见闻,逐渐形成了这位高僧的域外形象。

我们刚一踏上这片神奇的土地,印度学者就说:"欢迎来自玄奘的国度的客人。"交谈中,他们说,"印度"这个译名,就是由玄奘厘定的。对此,《大唐西域记》亦有记述:"详夫天竺之称,异议纠纷,旧云身毒,或曰贤豆,今从正音,宜云印度。"

为了探秘一千三百多年前唐僧玄奘的游踪,亲炙他的遗泽,我们按照当年法师走过的路线,首先去了恒河岸边的瓦腊纳西的鹿野苑,寻访了"区界八分,连垣周堵,层轩重阁,丽穷规矩"的遗迹,看了唐僧玄奘的朝圣地;尔后,重点访问了比哈尔邦的那烂陀寺——玄奘当日求学问道的世界上最辉煌的佛教研究中心。玄奘到达的当时,这里僧徒万有余人,居住庭院达五十余所,每天有一百多个讲坛同时开讲,学术氛围十分浓厚。大自然似乎并未发生多少变化,依旧是淡月游天,闲云似水,可是,人世间的一切已经彻底改观,即便是地面的砖石建筑也都荡然无存了。没有改变的则是唐僧玄奘的光辉形象,关于他的取经求法、讲学问道的动人事迹仍然世代相传。

传说,当玄奘法师一行在旁遮普一带穿行时,碰上一伙强盗,当即被抢劫一空,还险些丧命,随行者都为蒙受损失、担惊受怕而失声痛哭,玄奘法师却朗声笑着,安慰大家说:"诸宝之中,生命最重。我等既生,何苦之有!"还有这样一个传说,玄奘取经途中,经过一个小国,住定之后,玄奘宣讲人天因果,赞扬佛法功德。原本不信佛教的国王,听了很受感动,便予以热情接待。夜间,法师的两个随从人员遭到不明真相的土人刁难、驱逐,国王得知后，十分气愤，要施以剁去双手的严厉刑罚。法师出面营救，劝说："众生平等，不要毁其肢体。"国王接受了劝谏，将其痛打一顿，逐出都外。法师的仁慈、恻隐，使当地民众备受感动。上述传闻基本属实，在《大慈恩寺三藏法师传》中都有类似记载。

印度学者指出："如果说，征服者通过战争征服给许多国家和人民带来了灾难的话，那么，和平的使者则不顾个人安危得失，远涉千山万水，传播了和平的声音。中国著名的佛教徒玄奘，就是这样一位和平的使者。他是中印文化交流的象征。"

学者王邦维在其学术论文中谈到，玄奘来到那烂陀寺，便受到了热烈的欢迎。当时已年逾百岁高龄的"校长"戒贤法师收他为亲传弟子，亲自教授他《瑜伽师地论》的大乘佛典。玄奘勤学好问，每天认真研读经书，梵文比一些当地人还好。在那烂陀寺，玄奘和多名学者切磋辩论。当时寺内通解二十部经论的有一千多人，三十部的有五百多人，五十部的只有十人，这十人中就包括玄奘法师。也就是说，玄奘的水平，在当时的那烂陀寺几千名资深学者之中，位列前十名。因为成绩优异，玄奘还获得了"留校任教"的资格，升任那烂陀寺主讲，其他僧人则成为他的听众。一位名叫师子光的印度僧人，在佛学理论上与玄奘的看法不一样，两人进行辩论，数次往复，最后师子光"不能酬答"，原来同意他的观点的"学徒渐散"，而转为追随玄奘。由此，玄奘用梵文撰写了论文《会宗论》。论文写出来以后，戒贤大师及大众无不称善。在那烂陀寺，他有很高的学术地位，出门可以享受乘坐大象的待遇。王邦维的论文中说，"在那烂陀寺的岁月，可以说是玄奘一生中最精彩、最风光的时期"。

但后来，这处佛教圣地，却毁于突厥入侵者的战火，逐渐变为废墟；后来那烂陀寺之重见天日，还要归功于玄奘。王邦维介绍说，19世纪中期，英国人统治印度，发现了那烂陀寺遗址。起初他们并不知道这是什么地方，这处遗址面积巨大，像一座小城，又像一个大学校园。后来，考古学者拿它和玄奘《大唐西域记》的描述做对比，才确认这个地方就是书中记载的那烂陀寺。

当代学者季羡林有言,印度这个民族"不太重视历史的记述,对时间和空间这两方面,都难免有幻想过多、夸张过甚的倾向。因此,马克思才有'印度没有历史'之叹。这样,玄奘的精确记述,也就成为了解印度历史的重要资料。所以,玄奘成了印度人最崇拜的中国人,他们感激玄奘使今天的印度人知道了他们的一些过去是什么样子。

玄奘法师归国前,还经历了一场轰动"五印"(东西南北中)的讲学活动。当时,印度最大的摩揭陀国的君主戒日王,在曲女城召开佛学辩论大会,与会的有十八位国王,三千名大小乘佛教学者,还有其他人士共两千余人。大会特邀玄奘法师为论主。玄奘升座后,先阐扬大乘宗旨,说明作论的本意;又由那烂陀寺沙门明贤法师宣读全论,另外抄写一本,悬放在会场门外,遍告大众,如果有人能指出其中一字错误加以驳斥,玄奘法师愿当众低头谢罪。可是,连续五天,竟无人发言问难,出面反驳。于是,印度全国敬服,同时被大乘尊为"大乘天",被小乘尊为"解脱天"。戒日王益发敬重崇拜,再度供奉贵重金银衣物,其他各国国王见状也纷纷效仿,但都被玄奘法师一一婉言谢绝。

旅居印度的青年学者伊洛,在一篇文章中谈到,今天,在印度无论是什么场合,无论是官方还是民间,只要提起中国,提起两国关系,都是"言必称玄奘"。在20世纪50年代,印中两国合作在那烂陀寺附近玄奘学习生活过的地方,修建起一座中国风格的玄奘纪念堂,用来永远纪念这位伟大的先行者,这也是中印两国人民之间源远流长的传统友谊的有力见证。不过,印度人对玄奘法师的尊崇,并非是近代才有的事。据义净记载,他在玄奘之后几十年再到印度时,当地佛教界就已经把玄奘当作神来供奉了。在寺庙的壁画里,已经有玄奘的形象;他从中国到天竺的万里行旅中所穿的草鞋,已经被作为圣物的象征,也出现在壁画的云端中。

5

除了唐僧玄奘在国内和域外的历史真实形象,我在寻访古代丝绸之路过程中,还意外地听到许多富有传奇色彩、把唐僧玄奘加以神化的民间传说,这可以看作是与文学形象相对应的一种形象。

横亘吐鲁番盆地东北部、名闻遐迩的火焰山,《西游记》里说它有八百里火焰,四周寸草不生,唐僧师徒来到山下无法穿过,便由孙悟空三借芭蕉扇,连扇四十九扇,断绝火根,永不再发,取经队伍才得以通过,继续西行。可是,当地的传说却是这样的:若论唐僧的法术,原本可以顺利通行,不必在此耽搁时间。但他一向以仁爱惠民为本,当看到这里烈焰蒸腾,上无飞鸟,下无草木,人民生活极端困苦,便动了恻隐之心。于是,智擒牛魔王,取得纯阳宝扇,一扇熄火,二扇生风,三扇甘霖普降,从此这一带才广种棉花瓜果,人民赖以养生发展,世代康宁。至今,当地维吾尔族同胞还指认火焰山胜金口旁的峭石为唐僧当年的拴马桩,并热情地带领我们看了葡萄沟断崖上的牛魔王洞,以及高昌古城中的唐僧讲经台。

说到葡萄,这里也有一个传说:唐僧西天取经归来,路过已经熄火多年的火焰山,把从域外带回来的葡萄种子交给当地七位贤人,并点地出泉,穿岩造井,传授葡萄栽植技术。经过当地人民世世代代的辛勤劳动,这一带成为世界闻名的"葡萄之乡"。这种说法显然是带有附会性质,因为《史记》载明,早在西汉年间张骞通西域时,这里即已普遍栽植葡萄。当地人民将这些善举一概归美于玄奘,反映出他们对这位高僧的无限仰慕之情。

后来,我又访问了洛阳、偃师及唐僧故里缑氏乡。如果说,西行取经沿途的传说,对于唐僧玄奘主要是神化,通天撼地,法力无边;那么,他的故乡所流传的虽然也有神化色彩,而更多的则是富有人情味,紧密贴近生活实际。当地人民对他怀有特别深厚的感情,那里流传着许多关于他童年时的生活故事和取经传说。

在《大慈恩寺三藏法师传》中,曾有这样一段故事:大师初生时,他的母亲梦见一位白衣法师向她辞行,法师说:"为了求法,所以要西行。"这位白衣法师就是玄奘。

当地也有类似的传闻,但添加了许多动人的细节。

"玄奘井"开凿于北齐年间,相传玄奘自幼饮此井水,智慧早开,颖异过人,因此被誉为"慧泉""神水"。"皂抱凤凰槐"是一棵能够扭颈的皂角树,传说玄奘西天取经时,树头向西,归国后,树头又扭向东边。因此,又称为"望子树"。西原墓地有玄奘父母的合葬墓。当地传说:玄奘西天取经,一去十几年杳无音信,母亲思子心切,日日燃香拜佛,为远在天边的儿子祈福。玄奘取经归来,得知母亲已经去世,却又找不到她的坟地,心里十分难过,便牵着白马,漫步郊原。忽然,白马长啸一声,前蹄在地上踏出一个大坑,涌出泉水,待大水退后,玄奘母亲的坟墓便清晰地展现出来。还有"晾经台",传说玄奘取经归来,在少林寺遇水浸淋,他们便把洇湿的经卷放到高台上晾晒。恰值观音大士云游过此,在空中见此情景,便吹过一阵轻风,很快就把经卷吹干了。从此,这里香火兴旺,遐迩闻名。

前几年我又欣喜地看到,由中央电视台等单位联合发起了"玄奘之路"大型文化考察活动。此举其他方面的成就不言而喻,这里不再一一列及,同时,它还大大补充了过去史料的不足,搜集到大量流传于民间的有关唐僧取经的故事、传说,从而进一步丰富了唐僧玄奘的不朽形象。

第十七篇

逃禅

I

浙江义乌作家曾折柬相告,骆宾王纪念馆落成之时,大厅里悬挂了由我撰拟的对联与匾额。感慰之余,浮想联翩,绵绵思绪霎时飞扬到了数千里外的义乌江畔——

那一年造访义乌,可说是事出偶然;但我对于这里的思慕,却是由来已久的。说来,人的情感的发生确也十分奥妙。比如说,对一个陌生地方的向往,常常不是像故乡那样,由于曾经同它有过长期亲密的接触,从而留存下浓烈的意缕情痕;情况恰恰相反,倒是缘悭一面者居多,纯属意念中的遐思畅想——或者肇因于一则诗文、一幅图画,或者与一段有趣的逸闻往事相关,甚至可能出自一种说不清道不明的"意绪无端",结果弄得魂梦相牵,萦萦难以去怀。我的"义乌情结"的形成也正是这样。

我在高校读书时,无意中在图书馆看到一幅中国画:开阔的江面上,一叶扁舟荡漾在金光潋滟的清波里。岸旁挺立着两株高大的乔木,红叶灼灼,像是两支硕大无朋的烛天烈炬。斜阳一抹中,整个树冠的轮廓和劲拔的躯干透出斑驳的绀紫。在一般的作品中,黄昏暮色总是被涂抹得凄清、萧瑟;老树孤村,昏鸦数点,似乎成了深秋薄暮的特有景观。可是,在这幅画面上却大异其趣,洋溢着撩荡心魂的亮色,呈现出一种格调高华的丰赡与壮美。更加显眼的是,画的左上方的留白处,题着一首郁达夫的七绝:

骆丞草檄气堂堂,杀敌宗爷更激昂。
别有风怀忘不得,夕阳红树照乌伤。

诗句为这幅画作加上点睛之笔,增添了特殊的艺术魅力。

义乌在公元前20年建县时,曾取名"乌伤",源于秦孝子颜乌葬父献身,乌鸦衔泥相助,嘴为之而伤的动人传说;唐高祖武德七年(624)改为今名。"骆丞"即"初唐四杰"之一、大名鼎鼎的骆宾王,晚年他曾做过临海县丞;"宗爷"指的是北宋抗金名将、民族英雄宗泽。这"一文一武",都是义乌人,他们有如并峙的双峰屹立在浙中大地上。1933年晚秋,郁达夫曾有故乡之行,途经义乌,写下了这首七绝,时为11月11日。这在他的散文《杭江小历纪程》中有过记载。其时正值东北三省沦陷,祸深寇急,国运衰颓的存亡绝续之时,举国上下亟待振作精神,抒张正气,共赴时艰。也许正是出于这一考虑,诗人才想到这两位古代英灵的。

那幅国画的作者为谁,已经记不得了。可是,那丽景,那氛围,那轩昂的气势,却像刀镌斧削一般深深地刻印在脑海里。心中暗自思忖,有朝一日,一定要坐在义乌江畔,静下心来,饱看一番实实在在的红树、夕阳。

也许有人感到奇怪——几句诗文、一幅画面,就会引出他乡游子神奇的憧憬,播下思恋的种子。其实,这种情况是所在多有的。当我还没有机缘踏上"春风十里扬州路"的时候,就已经久久地钟情于这片土地了,原因并不复杂,只是由于"天下三分明月夜,二分无赖在扬州"这两句脍炙人口的唐诗在脑子里翻腾。我多么渴望亲自站在瘦西湖畔、五亭桥边,直接体味一番那清景迷人、月华如练的景色啊。还有丘迟《与陈伯之书》中"暮春三月,江南草长,杂花生树,群莺乱飞"的名句,不仅着实打动了陈伯之,重新撩拨起他的久经淡漠的故国之思;也使我这个塞外学子,在千载之下随之而心旌摇荡,尚值童稚之年,就对于祖国的江南春色满怀着无边的向往。

那次访问义乌,因为时届初夏,自然没有看到"夕阳红树"的胜景,心中未免感到几丝缺憾;但更大的收获是趁便凭吊了骆宾王的枫塘墓地,还寻访了坐落在城市公园的他的故居遗址,也算是"失之东隅,收之桑榆"吧。

2

对于骆宾王这位一千三百多年前的桑梓先贤,当地人民怀有特殊深厚的感情。他们赏赞其轶群超凡的文学天才,耿介拔俗、刚直不阿的品格,炽烈的正义感和惊人的勇气,也深情地哀悯他那充满着悲剧性的不幸遭遇。他们把这位千古奇才引为故乡的骄傲,以他的姓名命名驰誉中外的义乌小商品市场,"宾王路""宾王大桥"等纪念性建筑设施布满市区内外。其时,一些学者、名流正在倡议扩建骆宾王纪念公园,重修枫塘古墓,而且得到了当地政府的鼎力支持。义乌的文友知道我和他们一样尊重这位旷世英才,喜欢他也了解他,便委托我为拟议兴建的骆宾王纪念馆撰写一副对联,我也乐于以笔墨为媒介,实现一次暌隔千古的两个灵魂的慧命交接。

骆宾王,可以说是个倒霉、晦气的文人,生前没过上几天顺心日子,迭遭不幸,备受颠折,死后却依旧得不到安宁,不停地被折腾过来折腾过去。由于受儒家正统观念支配和政权更迭的影响,强加于他的人格面具总是在不断地变换着,时而被贬斥为"狂悖躁进,落魄无行"的驵侩之辈,时而又被尊崇为"义诛诸吕"的周勃和光复唐祚的狄仁杰一流人物。令人哭笑不得的是,连南明小朝廷的弘光帝,也要抬出这已死的亡灵来大做文章,封他为"文忠公",还写了一篇《唐文忠公像赞》,意在以骆宾王匡扶唐室的"义举"为号召,作为苟延残喘的强心剂。

千余年来,骆宾王以一个"陪衬人"的对比角色,始终被捆绑在则天后的"龙车凤辇"上,随着这位女皇的荣辱、浮沉而起伏跌宕,一忽儿鹰击长空,一忽儿鱼翔浅底。当武则天被定谳为篡位窃国、大逆不道时,他便被打扮成"心存故国,不忘旧君"的义士忠臣,一时间大红大紫,闹得沸沸扬扬;而当这位女皇帝的历史被包装成金光璀璨、振古励今的七彩华章时,骆宾王又一变而为开历史倒车的"反面人物"。以致在历史的某一时期,他竟遭到挖掘坟墓、焚毁文集的惨劫。

明末清初,有人曾为骆宾王祠题过这样一副联语:

讨伪周在窃器之初,义揭中天,奚待虞渊方夹日;
恢唐室于颁文以后,功扶坠地,终教仙李再盘根。

说来说去,这里真没有新鲜的内容,总是重复着"功"啊"义"呀那一套用滥了的词语,脱不开"伪周""仙李"封建传统的干系。这和周勃、狄仁杰式的"义士忠臣",或者什么"驵侩之辈""反面人物"的论定,同出一辙,都是出于一定历史条件下种种色色的现实政治需要,是由旁人强涂硬抹到他的脸上的油彩。

其实,骆宾王什么也不是,他就是他自己。他只是一个才华出众、富有文誉的大诗人,一个正气堂堂、有血有肉有骨气的男儿汉,一个行高于人、刚直不阿而饱遭忌恨、备受煎熬的悲剧人物。我们应该剥掉一切强加给他的"伪装"和"时装",除去罩在头上的各种"恶谥"与光环,还他以本真的面目。

于是,我草拟了这样一副对联:

露重风高,一檄雄文沉巨响;
潮残日暮,三生老衲向孤荣。

横批是:

一代文宗

按照一般规则,联语应该对事主的多彩人生加以高度的概括,而这又是颇费周章的。因为骆宾王的阅历极为丰富,在他近七十年的生涯中,值得记述的事件不知凡几,而联语的容量十分有限,只能择取其一生中最具代表性的、最有典型意义的二三经历。由于他是一位在文学史上有着重大影响的作家,讲述他的经历又必须对应其诗文创作,使这些诗文与其生命进程的发展链条紧相联结。

经过一番覃思苦虑,我在二十二字的联语里,集中讲了他的三段经历:上联讲他的遭谗系狱和草檄声讨武则天这两件事情,其一生浮沉荣悴、祸福存亡,可以说尽系于此。将近两年的缧绁生涯,对于骆宾王无疑是一生中最惨重的打击。但是,"塞翁失马",祸福相循,这次劫波也使他留下了一些脍炙人口的名篇,特别是五言律诗《在狱咏蝉》这样的代表作。同样,参与扬州起事,为李敬业草拟雄文劲采的《讨武曌檄》,使他遭遇了灭顶之灾。但也正是这篇檄文,不仅使这次"昙花一现"的军事行动放射出奇异的光彩,而且,从一定意义上说,它也玉成了这位失意的文人。人以文传,骆宾王凭着这张含金量很高的"入场券",得以跻身于伟大的文学殿堂而傲睨千古。下联主要是讲了他最后兵败"逃禅"的悲惨结局。

作为"一代文宗",骆宾王同旧时代绝大多数文人一样,其前进道路是呈"双线式"发展的:在诗文创作方面获得了巨大的成功;而于仕进一途,则极为崎岖坎壈,可说是荆棘丛生,危机四伏。但这两条轨迹又是紧相纠合,密切联结,相互影响,交错进行的,而且总是呈反向发展。每当仕途颠踬,政治上备受打击、迫害的时候,创作业绩便显现直线发展的态势。这一沉一显,一起一伏,似乎相互背反,实际上恰恰反映了诗才塑造、创作生成的规律,也从一个特定的角度,验证了骆宾王人品、文品和志行的高度统一。正是那社会的裂变、际遇的颠折和灵魂的煎熬,造就出他那义薄云天的磅礴情怀,氤氲而成一腔郁塞难抒、愤懑不平之气,为他的诗文创作提供了坚实的心理基础和内在动因,赋予他以旺盛的生命激流、持久的创造活力和空前的艺术张力。

3

西哲有句传世的名言,性格决定命运。此言验之于骆宾王,大体上也是准确的。从个性特征来看,骆宾王有两点是非常突出的:一是迂阔,二是刚直。

唐代科举场中重视私人引荐,注重考生声望,存在着请托、私谒、通关节、场外议定等流弊。小于骆宾王四十岁左右的陈子昂,对于"个中三昧"倒是摸得一清二楚。赴京应试时,为了扩大知名度,他特意在长安街头以重金买下一把名贵的胡琴,引起在场人群的惊异。他解释说:我擅长此技。人们请他当众表演一番,他说:明天我在宣阳里举行宴会,到那里去听吧!众人如期赴会,酒肴毕具,那把新买的胡琴也安放在那里。酒菜餍足之后,他手捧着胡琴,当众致辞:"蜀人陈子昂,有文百轴,驰走京毂,碌碌尘土,不为人知。"又说道:说来可叹!至于摆弄这种乐器,本是贱工之役,实在没有价值。说罢,当众把胡琴砸碎,并将百轴诗文遍赠与会人士。一日之内,便声溢全城。(《独异记》)

可是,骆宾王对于这里面的诀窍却缺乏研究,也可能虽然了解这种流弊,但不肯屈从俯就,结果就屡挫科场。

这位七岁时就以"鹅,鹅,鹅,曲项向天歌。白毛浮绿水,红掌拨清波"的妙语天成,在乡里博得"神童"美誉的奇才,京城应试,却名落孙山。后来虽然勉强入仕,没过多久便遭到了罢黜。已经过了"而立"之年,经人举荐,充任了豫州道王府的幕僚。道王李元庆十分欣赏他的才华,特意下了一道手谕,要他"自叙所能"。岂料,这个"迂夫子"却不识时务地说,大谈个人的长处,掩饰自己的行迹,贪禄冒进,是可耻的行径,既扰乱了邦国大计,也败坏了个人名节,因而明确表示,不能奉命。之所以如此决绝,固然由于他看重节操远胜于追逐名利,因而面对宗室重臣的赏识提携,不为所动;也和他多年来对于官场上那种"炫媒自售"的恶习极端愤慨有直接关系,于是便借助这个喷火口,放言高论,大张挞伐。后果自然是招惹了道王的不快,此后一段时间,只能坐冷板凳了。

又过了十多年,已经年届半百的他,经过再度对策考试,被授予唐时九品三十个官阶中第二十九级的奉礼郎,虽然也算个京官,但品秩极其卑下,大约只相当于今天的小股长或者办事员吧。职责是遇有朝会与祭祀典礼时,负责君臣饭位的安排和祭器的摆设,仪式开始时做些赞导与鼓吹的事。造物主也实在是有意捉弄人,竟让一位文坛巨擘整天从事这些无聊的琐事,真还不如索性回家去"扪虱"窗下。可是,饥寒累,稻粱谋,又使他下不了那个决心,只能在背后发发牢骚。不料,即使这个小小的"芝麻官"也没有坐稳,三年过去就又遭人排挤了。

骆宾王后来曾经几度从军,但都无功而返。吏部按绩考核,量功补过,重新授职,几经曲折,他终于爬上了御史台侍御史这个比较像样的位置。这是朝廷的监察官,职责是"纠举百僚,推鞫狱讼"。骆宾王一向疾恶如仇,刚直狷介,敢于秉公行事,直言纠举,现在又恰好在这个位置上,自然要不断地开罪于人。特别是当时"高宗不君,政由武氏",他出于正义感,屡次飞章讽谏,结果遭到了武则天的忌恨,上任不到半年,这个职司纠举贪官的侍御史,就遭人构陷以莫须有的"贪黩"罪名,一变而为阶下囚。这对于视名节如生命的骆宾王来说,自是痛苦万分。狱中,他借着咏蝉来抒写自己的愤懑:

    西陆蝉声唱,南冠客思侵。
    那堪玄鬓影,来对白头吟。
    露重飞难进,风多响易沉。
    无人信高洁,谁为表予心?

蝉,在全诗中属于整体性象征,一开局便采用比兴手法,以凄婉的蝉声来领起他这身陷囹圄的囚徒(南冠)的悠悠思绪。他在想些什么呢?想的是书剑无成,半生潦倒;想的是时世艰危,仕途险恶;想的是高洁受污,沉冤莫白,前路不堪设想。由于首联像倒挽银河一般打开了阔大的局面,下面就如飞流直泻,一发而不可收。次联的特色是物我合一,一句说蝉,一句讲他自己。此际,骆宾王已是满头白发,自然会感叹大好年华在多重的政治磨难中黯然消逝。三联纯用比体,表面说蝉,实际上是暗喻社会人生,也正是他悲惨遭际的写照。"风多""露重"是说政治环境的恶劣;"飞难进"说他仕途艰难;"响易沉"比喻言论上受钳制,也说明苦心进谏并没有获得丝毫的效果。最后以问句作结,造语凄凉。在举世皆浊的大环境中,纵然像秋蝉那样餐风饮露,也无人信其高洁,没有谁会为之辩诬、昭雪的。到头来,只能和这高洁的鸣虫相濡以沫,惺惺相惜了。

4

骆宾王在狱中已经度过了花甲之年,赶上唐高宗立英王为皇太子,大赦天下,侥幸获释,第二年夏天出任临海县丞。又过了两年,高宗驾崩,太子嗣位,是为中宗,尊武则天为皇太后。这个权欲极强、野心勃勃的女人,先王在世时就已久操国柄,现在,哪里肯把朝政和盘交出!于是,找个借口,废中宗为庐陵王,另立幼子为帝。这样,她就实实在在地总揽了朝纲。一时,武氏私党气焰熏天,诬陷、告密之风盛炽,酷吏横行,用刑日滥,李唐宗室和元老勋臣诛戮殆尽,到处笼罩着一派恐怖气氛。

这一年的春天,骆宾王因事晋京,耳濡目染了这般般情事,心中像打翻了五味瓶,凄苦难言,从他《与程将军书》中也许可以窥知一二:"万里烟波,举目有江山之恨;百龄心事,劳生无晷刻之欢。"实在是伤心人语。在返回临海途中,得知原眉州刺史李敬业兄弟准备在扬州举兵起事,他激于冲天的义愤,当即主动投军,共同密商讨伐武后的大计,并以艺文令的身份,起草了檄文,传布各个州县,号召天下勤王,匡复唐室。

实际上,朝廷权力的争夺与转移,对骆宾王来说,原本没有直接的利害关系,几十年间,李唐王朝并没有给过他玉堂金马,高官厚禄。他之所以慷慨从征,自是基于反抗邪恶势力与残暴统治的强烈的正义感和"经国济民"的参与意识,当然,封建士子的正统思想和伦常观念也起了一定的心理支撑作用。

以他那种激扬踔厉的气质,怎堪如此长时间的沉沉重压!在看似静默中,一种郁勃已久的生命激潮,正狂奔怒涌般鼓荡在渊深的灵府里,等待着一场极度残酷的野性搏击。时机终于来了,个体生命的强悍张扬,人格气质的直接外化,总算有了着落。他悲慨,他震怒,他把满腔怨愤全部倾泻到这篇战斗的檄文里,嬉笑怒骂,恣肆披猖,词锋锐利,气势雄浑。正如郁达夫诗所言,"骆丞草檄气堂堂",一个"气"字包容着丰富意蕴:正气堂堂,元气淋漓,怒气贲张。因此,檄文一出,就像震天号角一般,发挥出极大的鼓动作用。

檄文从武则天的出身、品行讲起,胪列她的种种秽行劣迹和残害勋臣、窥伺神器的阴谋祸心,在"用事实说话"的前提下,极力铺陈,层层剖断,剥去其"母仪天下"的伪装,破除那些不明真相的人对"天后"的偶像崇拜。而当谈到当朝公卿将相所肩负的责任时,则辞严义正,合情入理,极具感染力、说服力。文中说,诸公世袭爵禄,或与皇室为宗亲,或曾受命于朝廷,值此高宗坟土未干,中宗就被废逐的艰危时世,你们自应"共立勤王之勋,无废旧君之命"。

据说,武则天初览檄文,还不动声色,及至读到"言犹在耳,忠岂忘心;一抔之土未干,六尺之孤安在"?不禁为之击节感叹,说道:"人有如是奇才,而使之沦落不偶,宰相之过也!"当然,这也不过是自我解嘲,或者一时动情说说而已,奸雄欺人,大抵如此。她早已把这个"糟老头儿"恨得牙痒痒的,一旦抓到手,不把他千刀万剐才怪呢。不信,且看扬州起兵失败后,她是如何疯狂报复,残酷镇压的。对于参与起事的,不问主从轻重,一律诛杀务尽,连已经死去二十七年的勋臣李绩都不放过,只是因为他是李敬业的祖父,也要毁坟戮尸,哪里表现出半点的豁达胸怀和容人雅量!

早于"天后"四百七十年的曹丞相,有时也要扮扮"红脸儿",他不也曾极度赞赏过孔融、杨修、祢正平的才华吗?可是,这些人的下场如何?还不一个个直接或间接地成了他的刀下之鬼!不该否认,一些明智的君主爱惜人才是真,但他们所看重的往往不是"具体的人",而是人才的实用价值——有利于巩固他们的统治。前提条件必须是为我所用,供我驱使。当他们发现情况与此相背时,总是要一杀了事。过去两军交战,粮草是至关重要的,所谓"大军未动,粮草先行"。但是,待到此地无法落脚必须撤离时,首先就要忍痛把它烧掉,再有用也不能留下。原因何在?防其资敌也。人才的情况也是如此。

扬州起事的军队,尽管檄文中称为"铁骑成群,玉轴相接",尽管满怀着必胜信念,声言"试看今日之域中,竟是谁家之天下",但众寡之势悬殊,加上决策出现某些失误,面对着武则天几十万大军的围剿夹击,不出三个月就土崩瓦解了。"一檄雄文"也随之而沉咽了它的洪音巨响。

5

关于扬州兵败后骆宾王的结局,史书上记载得非常简略,只说是"敬业败,宾王亡命,不知所之"。结果,千余年来,聚讼纷纭,产生多种多样的说法。大别之有三类:一说为其部将斩杀;一说投水自尽——应了他从前的诗"倏忽抟风生羽翼,须臾失浪委泥沙";一说匿迹潜逃。

我相信最后一种说法。

唐中宗复位后,朝廷曾责令郗云卿搜集骆宾王的诗文,并结集印行。郗云卿在文集序言中有"兵事既不捷,因致逃遁"的话。郗云卿与骆宾王同时而稍后,而且是奉旨寻查,他的结论应该有足够的根据。至于逃亡的下落,也所传不一,传播最广、影响最大的是遁入空门,即"灵隐为僧"的说法。唐人孟棨《本事诗·征异》中记载过这样一个故事:

宋之问(初唐诗人)被贬黜后放还,游览杭州西湖的灵隐寺。夜月通明,他在长廊里乘兴行吟,以《灵隐寺》为题,吟成了起句"鹫岭郁岧峣,龙宫隐寂寥",下一联却苦吟至再,终不如意。这时,发现一位老僧,点长明灯,坐大禅床。接谈之后,老僧帮他续就:"楼观沧海日,门对浙江潮。"之问听了,异常惊愕,没想到这个方外之人竟有如此高的诗才。接下去就顺势展开,斐然成篇。但老僧的续句,实为全诗之警策。次日清晨,披衣往访,则不复见矣。经过问询寺里的人,才知那位老僧原来就是名闻四海的骆宾王。这样一个难得的机缘,竟然交臂失之,宋之问感到深深的怅悔。

有人对此表示怀疑:骆宾王诗集中载有两三首赠宋之问的诗,说明他们过去有过交往,日后邂逅灵隐,竟然晤面不识,似乎有背常理。但是,见过面就能永记不忘吗?岁月淹忽,世事沧桑,形貌发生变化是必然的,即使早年见过面,打过交道,此刻月下猝然相逢,很难说就一定能够辨认出来。何况,社会上早已传闻骆宾王兵败伏诛,纵然尚在人间,又怎会想到他已出家,且在灵隐!

《本事诗》中的这段故事,曾被宋元之后的文人多次引用。我在联语里也檃括了这则轶闻,并借助骆宾王续句中的"沧海日"与"浙江潮"两个意象,以"潮残日暮"象征其悲剧下场。"老衲"且又"三生",意在表明其僧人身份,暗喻他有佛禅夙缘。"孤檠"独对,寂寥自不堪言,回思既往,一起举兵起事的志士仁人,都已化身泉壤,只剩下自己还在窃延残生,看来时日也无多了。

提到骆宾王的结局,自然要涉及他的葬身之地。《骆氏宗谱》中收录一篇明万历四十六年(1618)的序言,内有"先生潜迹灵隐,终归于家,葬邑东三十里上枫塘之原"的记载,这里指的就是义乌的枫塘古墓。而明人朱国桢《涌幢小品》中却记述,一曹姓农民于正德年间在江苏南通城东黄泥口发现了骆宾王墓。消息传出,远近轰动,有人写了四首《骆宾王遗墓诗》,各地文人纷纷步韵奉和,多达一百九十余首。足证后人对于这位悲剧人物,是无限景仰和殷殷眷注的。

6

骆宾王关于"逃禅"的选择,总的可说是不得已而出此。因为他是一个极端热衷世务,勇于任事,不甘沦落的人。现代诗人、学者闻一多称他

"天生一副侠骨,专喜欢管闲事,打抱不平,杀人报仇",是一个"久历边塞而屡次下狱的博徒革命家"。这是很准确的。你看他从军巴蜀期间,偶然遇见友人卢照邻的情妇郭氏,听她哭诉了与卢照邻的恋情以及卢照邻忘情负心的衷曲,当即写了一首《艳情代郭氏赠卢照邻》的长诗,意在以情动人,希望卢照邻回心转意。与此堪称姊妹篇,他还写过《代女道士王灵妃赠道士李荣》一诗,同样是为痴情女子打抱不平的。这都说明他富有同情心,情感非常丰富。

但他还有另一面,你看那首《于易水送人》诗:

此地别燕丹,壮士发冲冠。
昔时人已没,今日水犹寒。

是不是有些寒气袭人,凛然肃杀之气?还有那首扬州起事时写的《在军登城楼》,该是何等激扬壮烈,意气风发:

城上风威冷,江中水气寒。
戎衣何日定,歌舞入长安。

很难设想,这样一个豪情四溢、浑身冒火的热血男儿,当遭遇挫折之后,会心志全灰,遁入空门。其实,这里恰恰表明了人性的复杂、情感的跃动,也反映出古代中国文化传统在封建士子身上的深重印痕。中国古代的知识分子,把"达则兼济天下,穷则独善其身"作为终生奉行的立身方略。一方面,他们深受儒家正统观念的影响,满怀着立功名世的抱负,社会责任感和担当意识十分强烈;另一方面,由于世途的艰危、命运的难于把握,他们又往往向老庄与佛禅寻求逃避磨难的精神遁逃薮,直至把此作为终老的栖身之地。

过去有"英雄回首即神仙"的说法。一些盖世豪杰、名王宿将,当他们彻悟人生、名心荡尽，或者面临着致命威胁、走投无路的时候，常常会撒手红尘，选定佛门这个括地涵天、大而无外的避难所。骆宾王是这样，根据传说，明初的建文帝、明末的李闯王，走的都是这条路。

从功业的角度来衡量，骆宾王无疑是一个彻底的失败者。但他的诗文杰作，却如杜甫所言，是"不废江河万古流"，长存未泯的。过去，人们习惯以成败论英雄，其实，这是大可以研究的。成败的关键常常取决于外在条件，外在条件不同，人生机遇各异，结局必然不同。也正因为如此，功业、建树、贡献，往往难以比并；但是，"人皆可以为尧舜"，就是说，高尚的情操、正直的品格，作为人人都应具备的内在条件，却是可以效法的。由于"历史存在依人不依事，人永远可以存在"，所以"我们要看重人，拿人来做榜样，做我们一个新的教训、新的刺激"（钱穆语）。

骆宾王不仅以其出色的诗文，光耀文学史册，而且，还是一位敢爱敢恨、无所畏惧的勇士。在他的身上，充溢着那么一种骨气、一种正气、一种侠气、一种值得称道的高尚品格。我想，这也正是世人，特别是家乡人民热爱他、尊重他的根本原因吧！

第十八篇

千古文章未尽才

I

那天在河内的中国驻越南大使馆,听到一个惊人的消息:初唐"四杰"之首、文学家王勃的墓地和祠庙在越南北部的义安省宜禄县宜春乡,那里紧靠着南海。《旧唐书》中本传记载,王勃到交趾省父,"渡南海,堕水而卒"。罹难场所和葬身之地向无人知,想不到竟在这里!

由于急切地想要看个究竟,第二天,便在越南作家协会外联部负责人的陪同下,驱车前往实地访察。一路上的话题,自然离不开这位短命的天才诗人。对于一个一千三百多年前的外国文学家,邻邦的同行们不仅熟知,而且饶有兴趣,确属难能可贵。只是,我心里越是急切,汽车越是跑不起来,路又窄,车又多,不足二百公里的路程竟然走了六个小时,到达那里已经是夜幕沉沉了。

在海边一家简易旅馆住下。客房在楼上,很空阔,窗户敞开着。夜色阴森,林木缝隙中闪现出几星渔火,杂着犬吠、鸦啼,空谷足音一般,令人加倍感到荒凉、阒寂。"哗、哗、哗",耳畔涛声阵阵,好像就轰响在脚下,躺在床上有一种船浮海面、逐浪飘摇的感觉,似乎随时都可能漂走。迟迟进入不了梦乡,意念里整个都是王勃——到底是怎么死的,死了之后又怎么样……很想冲出楼门,立刻跑到海边去瞧一瞧,无奈环境过于生疏,只好作罢,听凭脑子去胡思乱想。

当年,少陵诗翁出巫峡,至江陵,过诗人宋玉故宅,曾有"怅望千秋一洒泪,萧条异代不同时"的慨叹,其时上距宋玉时代恰值千年上下;于今,又过去了一千多年,我来到了另一位名扬中外、光耀古今的诗人的终焉之地,不仅是"萧条异代"了,而且远托异国,自然感慨尤深。我多么向往,这位同族同宗的先辈文豪,能够走出泉台,诗魂夜访,相与促膝欢谈,尽倾积愫啊!他那脍炙人口的"海内存知己,天涯若比邻"的名句,不知倾倒了多少颗炽热的游子之心。在这异国的晚上,而我竟然"天涯做比邻"了,真是三生有幸,"与有荣焉"。

2

  东方刚刚泛白,我便三步变作两步地飞驰到海边。风很大,衣服被鼓胀得像个大包袱隆起在背上,海潮也涨得正满,目力所及尽是如山如阜的滔滔白浪。几只渔船正劈波入海,时而被抛上浪尖,时而又跌下谷底。说是船,其实本是藤条编的大圆笸箩,里外刷上厚厚的黑漆。平时扣在潮水漫不到的沙滩上;捕鱼季节到来,渔民把它们翻转过来,然后推进海里,手中架起长长的木桨,艰难费力地向前划行着。

  当地文友说,这里是蓝江入海口,距离中国的海南岛不远,大体在同一纬度上。气候很特殊,看上去滩平坡缓,视野开阔,没有任何遮拦,可是,老天爷却老是耍脾气,喜怒无常,瞬息万变。说声变脸,立刻狂风大作,搅动得大海怒涛汹涌,面目狰狞,往来船只不知底里,时常遭致灭顶之灾。听到这些,王勃遇险的因由,我已经猜到几分了。

  草草用过了早餐,便赶忙去看王勃的祠庙和墓地。听说有中国作家前来拜望王勃,乡长停下正在进行的会议,早早等候在那里。见面后,首先递给我一本铅印的有关王勃的资料。封面印着王勃的雕像,里面还有墓碑的照片,正文为越南文字,后面附有以汉文书写的《滕王阁序》。大家边走边谈,突然,一大片荒榛断莽横在眼前,几个圆形土坑已经长起了茂密的茅草。乡长指着一块凸凹不平的地基说,这就是王勃祠庙的遗址,整个建筑1972年被美国飞机炸毁了。我急着问:"那么,坟墓呢?"当地一位乡民指告说,离这里不远,也都被炸平了。这时,乡长从我手里取回资料,让大家看封底的照片——炸毁前此地的原貌：几株参天乔木笼罩着一座园林，里面祠堂高耸，径路依稀，不远处有荒冢一盉，累然可见，徜徉其间还有一些游客。于今，已全部化作了尘烟，进入了虚无。真是"此情可待成追忆，留得残图纸上看"了。

全场静默，榛莽无声。苍凉、凄苦、愤懑之情，壅塞了我的心头；而目光却继续充盈着渴望，我往四下里搜寻，很想从历史的丛残碎片中打捞出更多的劫后遗存。于是，又拨开对面的灌木丛，察看隐没其间的一座墓碑。它已经断裂了，碑额抛掷在一旁，以汉字刻写的碑文多处残损，而且漫漶模糊，大略可知竖立于王勃祠庙重修之际，时间约在18世纪末年。

3

王勃，字子安，山西绛州龙门人，生于唐太宗贞观二十三年（649）。祖父王通，世称文中子，是隋末知名学者，声望极高，"往来受业者，不可胜数，盖将千余人"，唐初许多著名人物，像李靖、房玄龄、魏征、薛收等，都是他门下的弟子；叔祖父王绩，是著名诗人；父亲王福畤、伯父王福郊也都声誉素著。在这样一个良好的家庭环境熏陶下，王勃的诸兄弟都是"一时之健笔"，而他更是其中的佼佼者，一生著述甚丰，有《王子安集》传世。

王勃悟性极强，六岁善文辞，即有"神童"之誉。他见到庭前的风吹叶落，便随口吟出："高高山头树，风吹叶落去。一去数千里，何当还故处？"寥寥二十个字，竟然隐喻了他一生的行藏。当时在场的有他父亲的挚友杜易简，他听后便说，此子日后必将长成参天的大树。九岁时，他读了颜师古所著《汉书注》，——指摘其中疵误，并辑录成册，博得周围名士交口称赞。因为颜师古是唐初的文献学家，素称功底深厚、学风谨严、考据翔实。颜氏以其毕生功力，精心修撰了这部著作，被奉为研习《汉书》的学术经典。而一个小小孩童，竟能从中寻疵指谬，实在不同凡响。后来，经朝廷重臣刘祥道举荐给唐高宗，王勃入朝为朝散郎，当时才十四岁。

但是，他的仕途并不顺畅，由于恃才傲物，深为同僚所嫉，屡遭颠折。当时，他的名声很高，使得高宗的几个儿子都争相礼聘，要网罗他进入自己的王府。后经高宗批准，他来到刚刚受封的沛王李贤府中，担任修撰，充当谋士和指导教师的角色，深得沛王信任。其时宫中盛行斗鸡之戏，沛王也是一个积极分子。他有一只体高性烈、毛色鲜美的公鸡，多次比赛中都大获全胜，独独被英王李显的"鸡王"所战败。英王神色飞扬，无限得意，而沛王却十分尴尬。年轻气盛的王勃，当即产生了创作冲动，援笔立成一篇《檄英王鸡》的游戏文章，当场吟诵，博得一阵阵笑声。后被高宗发现，读了盛怒不已，指责说，无比庄重的文体竟以儿戏出之，如此放肆，这还得了？文章说是檄鸡，实则意在挑动兄弟不和，真是可恶得很。于是，下令免除王勃官职，并逐出王府。

王勃的第二次遭贬，后果更为严重，不仅自己丢掉了官职，被投进监狱，险些送了性命，而且连累了他的父亲。事情是这样的：他被逐出沛王府之后，即远游江汉、旅食巴蜀。闲居数年之后，经友人陵季友帮忙，补为虢州参军。这里盛产药草，而他对中医药颇有兴趣，就在公余之暇从事草药的采集与研究。一天，有人主动登门求见，自称得祖上秘传，王勃遂待为上宾。其实，此人原是一个官奴，杀人后潜逃至此，官府正通缉捉拿。按大唐法律，窝藏罪犯当连坐，王勃深悔自己的孟浪，但为时已晚。万般无奈之下，他便趁夜黑天将罪犯杀掉、掩埋。消息很快就传出了，于是，以窝藏并私自处死罪犯之罪被捕下狱，将被判处死刑。这一年他二十六岁。据一些人推测，由于他得罪了同僚，此案很有可能是经人精心策划的，引诱他上了圈套。幸亏赶上高宗册立太子，大赦天下，他才挣脱了这场杀身之祸。仕途的险恶，使他惊悸万端，心灰意冷，决意从此告别官场，远涉千山万水，前往交趾看望被流放的父亲。

4

这年六月，他从龙门出发，一路沿黄河、运河乘舟南下，再溯江而上，经芜湖、安庆抵达马当。九月初八这天,听说滕王阁重修工程告竣,洪州都督阎伯屿将于重阳节邀集宾朋,盛宴庆祝。他十分珍视这次以文会友的机会,可是,马当山离洪州(南昌)尚有七百里之遥,一个晚上是万万不能赶到的。这时奇迹发生了,据说,因有江神相助,一夕间神风飒飒,帆开如翅展,船去似星飞,次日清晨就系舟于滕王阁下。于是,"敢竭鄙诚,恭疏短引,一言均赋,四韵俱成",那篇千秋杰作《滕王阁序》应运而生。

显而易见,王勃此行,心情是十分压抑的。少年壮志已成尘梦,而今以一无爵无禄的刑余之人,萍浮梗泛,羁身南北,怎能不深深陷于极度的愤懑与绝望之中!这种情怀在序文中表现得十分充分。文章在正面描绘了滕王阁壮美的形势和秀丽的景色之后,笔锋一转,便进入淋漓酣畅的抒怀,极写其兴尽悲来,怀才不遇的惆怅:

关山难越,谁悲失路之人;萍水相逢,尽是他乡之客。怀帝阍而不见,奉宣室以何年?嗟乎!时运不齐,命途多舛。冯唐易老,李广难封。屈贾谊于长沙,非无圣主;窜梁鸿于海曲,岂乏明时?

里面满是牢骚,满是愤慨。最后归结到:索性弃官就养,一走了之——"舍簪笏于百龄,奉晨昏于万里"了。

显然,这是借滕王的酒杯浇自己的块垒。我想,即使没有这次重阳雅集,他也会凭借其他由头写出类似文字的。许久以来,他实在是太伤心、太抑郁、太苦痛了,憋闷得简直喘不过气来,胸膛都要炸裂了。作序,使他在集中展现才华的同时,也获得一个敞开心扉、直抒忧愤的机会。

其实,这里面是潜藏着一定的风险的。好在与会者一时为其华美的辞章所打动,惊服他的旷世才情,并没有过多地玩索其中的深意;否则,纵使初唐时期文学环境比较宽松,不致像后世的苏东坡那样,遭人轻易地罗织一场新的"乌台诗狱",也总会给那些蓄意倾陷、别有用心之人提供一些彰明昭著的口实,难免再次遭致什么难以预料的灾愆。

5

就是说,这次他还是很幸运的。雄文一出,不但四座叹服,并且为后世文坛所推崇。也有轻薄訾议王勃等四子之文"以骈骊作记序,多无足取"者,但受到了"诗圣"杜甫毫不留情的抨击:"王杨卢骆当时体,轻薄为文哂未休。尔曹身与名俱灭,不废江河万古流。"轻薄者"身名俱灭",而王勃为首的"初唐四杰"则"江河万古"。韩愈一向是眼空四海,目无余子的,可他也为自己的《滕王阁记》能排在王勃的文章后而感到荣耀。此后,地以文传,马当山也跟着出了名。清代诗人潘耒路过这里,题诗云:"飞帆如箭劈流开,遥奠江神酒一杯。好风肯与王郎便,世上唯君不妒才。"借讲述马当山神风相助的故实,抒写他对王勃高才见嫉的深切同情和愤懑不平。

也是借助这一故实,后来在元明小说、戏曲中便出现了一句常用的文词:"时来风送滕王阁。"中国过去讲究对句,那么,"运去……"呢?也还是因为风神作祟。王勃于唐仪凤元年(676)夏初来到交趾,陪父亲一起度过了炎热的溽暑,秋八月踏上归程,由蓝江启航,刚刚驶入南海,即不幸为风浪所噬,终年二十八岁。也许是"天道忌全"吧,一个人如果太完美、太出色了,即将为造物者所忌。上帝总是在最不合时宜的当儿,忍心摧折他亲手创造的天才。结果,那七彩斑斓的生命之花还未来得及充分绽放,就悄然陨落,身后留下了无边的空白。

据越文资料记载:那一天,海水涨潮倒灌,把王勃的尸体顶入蓝江,被村人发现,认出是这位中土的早慧诗人,即刻通知他的父亲,然后就地埋葬在蓝江左岸。出于对他的崇敬,并且雕像、修祠,永为纪念。千古文章未尽才,无论就整个文坛还是就他个人来讲,都是抱恨终天的憾事。传说王勃死后,情怀郁结难舒,冤魂不散,蓝江两岸总有乌云滚动。还有人在南海之滨看到过他那飘忽不定的身影:夜深人静时,风翻叶动,籁籁有声,细听,竟是他操着中原口音在吟咏着诗文。

这一带文风较盛。过去许多上了年纪的人都能背诵"落霞""孤鹜"的名句和"闲云潭影日悠悠,物换星移几度秋"的诗章;子弟潜心向学,有的还科名高中,历代出现过许多诗人。其中成就最大、声望最高的是被誉为"越南的屈原""民族的天才诗人"阮攸。他出生于黎王朝末叶,中年入仕后,曾几度出使中国,到过长江沿岸许多地方,对于中国的风物人情,尤其是汉文学素有深湛研究。他根据中国章回小说改写的诗歌《金云翘传》,长达三千二百五十四行,享有世界性的声誉。阮攸从小就熟读王勃的诗文,心向往之,不仅在作品中引用过"风送滕王阁"的逸闻佳话,还专门凭吊过王勃祠、墓。听说,重修后的王勃祠庙的对联"座中尽是他乡客,眼底无非失路人",就是阮攸亲拟的;还有一副联语"信哉天下有奇作,久矣名家多异才",引自陆放翁诗,亦为阮攸手书。他在《漫兴》一诗中写道:"行脚无根任转蓬,江南江北一囊空。"虽有自嘲意味,但用来比况王勃也是至为贴切的。

明朝末年,中国的白话短篇小说"三言""二拍"付梓后,不久便传入越南,并产生深远的影响。其中冯梦龙编的《醒世恒言》第四十回《马当神风送滕王阁》,里面有"王勃乃作神仙而去"的说法,还附了一首七绝:"从来才子是神仙,风送南昌岂偶然?赋就滕王高阁句,便随仙仗伴中源(江神名)。"大约就是从这时开始,王勃便在南海沿岸一带被作为神祇供奉了。原本是出于敬慕,现在又涂上了一层信仰的釉彩,于是,这位青年才俊便在香烟缭绕中开启了他的仙家岁月。

什么圣帝贤王、天潢贵胄、巡边都抚、镇海将军,当地人民早已通通置诸脑后了,唯有这位谈不上任何功业而又时乖运蹇的文学家,却能世世代代活在人们的心里。

6

承乡长见告,王勃祠庙遭受轰炸后,当地一位名叫阮友温的退伍大尉,冒着生命危险把王勃的雕像抢救出来,没有地方安置,便在家中腾出一间厅堂供奉起来。这引起我们的极大兴趣,立即赶赴阮家探望。阮先生已经故去,其胞弟阮友宁和先生的儿媳、孙儿接待了我们。王勃像供在中堂左侧,前面有一条几,上设香案。像由上好红木雕刻,坐姿,为唐朝士大夫装束,通高约一米四五。由于年深日久,脚部已开始朽损,面孔也有些模糊。跟随着主人,一同上前焚香拜祝。我还即兴吟咏了一首七律:

南郡寻亲归路遥,孤篷蹈海等萍飘。
才高名振滕王阁,命蹇身沉蓝水潮。
祠像由来非故国,神仙出处是文豪。
相逢我亦他乡客,千载心香域外烧。

　　站在雕像面前,我为这样一位悲剧人物深情悼惜——对于文学天才,造物主不该这样刻薄悭吝。唐代诗人中得享上寿者为数不少,怎么偏偏同这位"初唐四杰"之冠过不去,不多留给他一些创造璀璨珠玑的时间!短命还不算,在他二十几年的有限生涯中,几乎步步都在翻越刀山剑树,弄得伤痕累累,焦头烂额。他的身心实在是太疲惫了,最后只好到南海之滨寻觅一方逍遥化外的净土,让那滚滚狂涛去冲洗倦客的一袭黄尘、满怀积怨,让富有诗情画意的蕉风椰韵去抚慰那颗久滞异乡的破碎的心。

　　王勃失去的已太多。他像彗星那样在大气层的剧烈摩擦中倏忽消逝,如一粒微尘遗落于恒沙瀚海。他似乎一无所有,然而却在文学史上留下了一串坚实、清晰的脚印,立起一座高耸云天的丰碑,特别是能在域外长享盛誉,历久弥新。如此说来,他可以死而无憾了。

　　王勃属于精神世界远比行为层面更为丰富、更为复杂的文学家,有广泛而深邃的可研究性。相对地看,我们对于这位天才诗人的关注反而不如邻邦,至于不为成见所拘,独辟蹊径地解读其诗文,恐怕就更欠火候了。

第十九篇

百年歌自苦

I

晚年的"诗圣"杜甫,孤凄无依,"漂泊西南天地间",过着"天边老人归未得,日暮东临大江哭",去留两难,备受煎熬的惨淡生活。十年间,他先是流寓川渝大地,后因思归心切,扁舟出峡,转徙荆楚,浪迹湖湘。但由于时局动乱,生计艰难,北归无望,生命的最后两年,不得不以多病羸弱之躯,辗转于衡岳之间,或为孤舟摇荡,或为鞍马劳顿,辛苦备尝,终日不堪其苦,最后病死在潭州驶向岳阳的一艘小船里。

这说来也是够凄惨的。

唐代宗大历四年(769)春节一过,杜甫就开始了自岳阳经潭州(长沙)前往衡阳的行程,前一段走的是水路,趁着桃花汛发,从巴陵县启航,再经洞庭湖、青草湖,驶入湘江。船上,诗人写了一首五律,题曰"南征":

> 春岸桃花水,云帆枫树林。
> 偷生长避地,适远更沾襟。
> 老病南征日,君恩北望心。
> 百年歌自苦,未见有知音。

这首诗首联交代起帆时节和沿途所见,以春色撩人的美妙景色作衬托,反衬南行的凄苦生涯与悲凉心境。颔联表现诗人"晚岁迫偷生",颠沛流离,居无定所的艰辛境况。"避地"谓迁徙以谋生避祸。颈联讲他即使在抱病南行之日,也没有冷却报效朝廷的热忱。"君恩"句,是指他在成都时,经严武表荐,代宗曾诏授检校工部员外郎一事。尾联"卒章显其志",为一篇之警策。他一生的悲剧尽在这十字上,凄怆、悲苦之情跃然纸上,令人不忍卒读。

"百年歌自苦,未见有知音"两句,可说是诗人对自己一生作为、当时心境及悲剧命运的总结,更是长期郁积胸中,无以自释,至死都此恨难平的痛苦悲鸣。这里饱含着血泪、浸满了酸辛、充盈着凄苦、渗透着不平,意蕴极为深厚,却以淡淡的十个字出之。

"百年"者,一生也。"歌",吟咏,意为写作诗文。"苦"字,刻苦、劳苦、勤奋之意。杜甫之所以能够"笔落惊风雨,诗成泣鬼神",被后代奉为"诗圣",固然有其天纵之才,聪明早慧,"七龄思即壮,开口咏凤凰""往昔十四五,出游翰墨场"(《壮游》),但他又是古代诗人中刻苦磨炼、镂肺雕肝、笔补造化的典范。正如他自己所说的"为人性僻耽佳句,语不惊人死不休""读书破万卷,下笔如有神"。连"诗仙"李白都说他:"借问别来太瘦生,总为从前作诗苦。"(《戏赠杜甫》)

漂泊西南期间,他写作《解闷》组诗,有一首是自叙其作诗甘苦的:

陶冶性灵存底物,新诗改罢自长吟。
孰知二谢将能事,颇学阴何苦用心。

诗中提到了他曾师法的南朝四位诗人。全诗大意是:依靠什么来陶冶性情呢?就是在成诗之后,诵读长吟,反复修改,锤炼字句,从而达到理想的效果。既做到谙熟(古与"孰"通)、精读谢灵运和谢朓的绝妙诗篇,尽量得其能事;又认真学习阴铿和何逊刻苦用心、不懈钻研的精神。浦起龙在《读杜心解》中注释:"自言攻苦如此。"翁方纲在《石洲诗话》中也说:"言欲以大、小谢之性灵,而兼学阴、何之苦诣也。"在这两位清代评论家之前,东坡居士早就指出:"老杜言'新诗改罢自长吟',乃知此老用心最苦,后人不复见其剞劂(指雕词琢句),但称其浑厚耳。"

>>> 杜甫晚年流寓川渝大地,转徙荆楚,浪迹湖湘。"百年歌自苦,未见有知音",可说是诗人对自己一生作为、当时心境及悲剧命运的总结,更是长期郁积胸中,无以自释,至死都此恨难平的痛苦悲鸣。他这样一位超凡拔俗的"诗圣",在生前却并未获得应有的重视。诗人歌自歌,苦自苦,竟然没有见到知音之人!

正是由于"耽佳句""苦用心",因而杜甫之诗被后世诗人无上推崇。现以宋人为例:王安石编《唐宋四家诗》,杜诗被列在首位,许之以"悲欢穷泰,发敛抑扬,疾徐纵横,无施不可,故其诗有平淡简易者,有绮丽精确者,有严重威武若三军之帅者,有奋迅驰骤若泛驾之马者,有淡泊闲静若山谷隐士者,有风流蕴藉若贵介公子者。盖其诗绪密而思深,观者苟不能臻其阃奥(深邃的内室,比喻学问、事理的精微深奥所在),未易识其妙处,夫岂浅近者所能窥哉?此甫所以光掩前人,而后来无继也"。在苏轼看来,"古今诗人众矣,而杜子美为首者"。秦观也说:"杜子美者,穷高妙之格,极豪逸之气,包冲淡之趣,兼峻洁之姿,备藻丽之态,而诸家之所作不及焉。"

岂料,就是这样一位超凡拔俗的"诗圣",在他的生前,却并未获得应有的重视。诗人歌自歌,苦自苦,竟然没有见到知音之人!

在唐代,唐诗即有选本,其中对后世影响最大的要算是《河岳英灵集》与《中兴间气集》了。它们分别选入二十四家的二百三十首诗和二十六家的一百三十二首诗,其共同之点,就是都没有选入杜诗。前者编选人为进士殷璠,据学者考证,时在玄宗天宝十二年(753),当时杜甫已四十二岁;后者编选人为高仲武,时在代宗大历十四年(779),其时杜甫已辞世九年。如果说,《河岳英灵集》成书较早,漏掉杜甫,还说得过去的话;那么,《中兴间气集》所选诗作正值肃宗朝至代宗大历年间,其时杜甫诗歌创作处于辉煌夺目阶段,仍未入选,可就难以理解了。唯一的缘由,应是杜甫在世之日甚至去世一段时间内,其诗歌价值并未引起时人的足够重视。

这里还有一件小事,就在《河岳英灵集》编成的前一年秋天,杜甫曾与高适、岑参、储光羲、薛据同登长安慈恩寺塔,五人皆有诗作。其中,同为著籍河南、小杜甫三岁的岑参,诗的标题为"与高适、薛据登慈恩寺浮图"。高适与作者岑参都是"边塞诗"人,题目中专门点出,亦属常情;可是,点出薛据(弟兄几人都是进士),却不及杜甫,这就有些奇怪了。那么,要论这次登塔诗作的质量呢?清人杨伦有言,杜甫之诗"视同时诸作,其气魄力量,自足压倒群贤,雄视千古"(《杜诗镜铨》)。

这种情况,到中唐后期发生了改变。此前,是李白诗名高于杜甫;从元稹、白居易开始,颠倒了过来,他们首倡"扬杜抑李"之说。宪宗元和八年(813),元稹在《唐故工部员外杜君墓系铭并序》说:"诗人已来,未有如杜子美者";"盖所谓上薄风骚,下该沈宋,言夺苏李,气吞曹刘。掩颜谢之孤高,杂徐庾之流丽,尽得古今之体势,而兼人人之所独专矣"。意思是,至于杜甫,大概可以称得上上可逼近《诗经》《楚辞》,下可包括沈佺期、宋之问,古朴近于苏武、李陵,气概超过曹氏父子和刘桢。盖过颜延之、谢灵运的孤高不群,糅合徐陵、庾信诗风的流美清丽。他完全掌握了古人诗歌的风格气势,并且兼备了当今各家的特长。白居易在《与元九书》中也说:"李(白)之作,才矣,奇矣,索其风雅比兴,十无一焉。杜诗最多,可传者千余首,尽工尽善,又过于李。"与此同时或稍后,韩愈寄诗张籍,指出:

> 李杜文章在,光焰万丈长。
> 不知群儿愚,那用故谤伤。
> 蚍蜉撼大树,可笑不自量!
> 伊我生其后,举颈遥相望。
> 夜梦多见之,昼思反微茫。

双星并耀,朗照骚坛,则不复为优劣矣。这应是中国诗史上最权威、最公正的评价。

2

"文章千古事,得失寸心知。"这是杜甫晚年的长诗《偶题》中的名句。上句是说,诗文留传久远,关系重大,不可率尔操觚;下句说,至于诗文的得失高下,作者本人是最清楚不过的。从这个角度看,他不会因为《河岳英灵集》的漏选、岑参诗题中没有提名而心灰气馁,失去信心。

其实，更准确地说，他也未必在乎这些细事。就是说，"未见有知音"，主要的还不在这里。这样，问题就来了——那么，在他的心目中，究竟什么是大事呢？当然，还是登朝执政，大展宏图。尽管对于诗文的价值他也十分看重，并不像李白所说的"吟诗作赋北窗里，万言不值一杯水"；但其重视程度，较之从政，还是大有差异的。他严格地恪守着"太上有立德，其次有立功，其次有立言，虽久不废，此之谓不朽"的古训，把经邦济世，治国安民，创制垂法，惠泽无穷，作为"不朽"的首要目标，而要实现它，就必须拥有一定的社会地位与政治权势。

可是，事与愿违，他的仕途却极为坎坷，从根本上讲，并没有走通。从他三十九岁时所写的《奉赠韦左丞丈二十二韵》中，可以得知当日他是何等自负："甫昔少年日，早充观国宾。读书破万卷，下笔如有神。赋料扬雄敌，诗看子建亲。李邕求识面，王翰愿卜邻。自谓颇挺出，立登要路津。致君尧舜上，再使风俗淳。"如同李白以大鹏自况，"大鹏一日同风起，抟摇直上九万里"；他则把凤凰作为抱负的象征"坐看彩翮长，举意八极周。自天衔瑞图，飞下十二楼。图以奉至尊，凤以垂鸿猷。再光中兴业，一洗苍生忧"。依他原来的想法，可以像唐代立国之初出过许多"白衣卿相"那样，他也有朝一日，能够解褐入仕，脱颖挺出，"立登要路津"。

实际情况，远非如此。盛唐时期，科举考试竞争极为激烈，录取率很低；而且，即便是考取了进士，也只是得到一个资格，若要朝廷任职，还须通过吏部考试，如不合格，照样赋闲。杜甫二十四岁这年，曾参加东都洛阳进士科考试。当时处于开元全盛之日，朝政与社会风气尚好；主考官孙逖文思敏捷，衡文亦有眼力，颇为时流敬服。但是，由于杜甫文章颇嫌艰涩，不及其诗，结果未能中第。这对他本人来说，尽管自视甚高，由于少年气盛，对于考场得失，也并没有看得太重，尔后便开始了他的"放荡齐赵间，裘马颇清狂"的漫游生活。

杜甫少有壮志，受他的十三世祖杜预的影响很深，他对这位精通战略、博学多才、功勋卓著，有"杜武库"之称的西晋名将备极景仰。在他三十岁的时候,自齐鲁归洛阳,曾在首阳山下的杜预墓旁筑舍居留,表示不忘这位先祖的勋绩和要在政治上建功立业、光宗耀祖的雄心。接下来,便来到长安,开启了十年困守京城的生涯。他曾分别向朝中的许多权贵投诗干谒,请求汲引,却也同李白一样,都以失望而告终。

在他三十六岁这年,赶上了玄宗诏令天下通一艺以上的士人可以在京就选,中选者由皇帝亲试,这叫做"制举"。杜甫信心十足地前来应试,但最后却空欢喜一场,铩羽而归。四年后,又值玄宗举行祭祀老子庙、祭祀太庙(祖先)、祭祀天地三大盛典,杜甫献上《三大礼赋》,"帝奇之,使待制集贤院,命宰相试文章"。就是说,得到一个候补选官的资格。可是,宰相根本没把这个当回事,结果,他空自在帝都"候补"了一年左右,眼见希望已无,便暂时回洛阳探家去了。

沉寂一段之后,杜甫终究求进心切,便又向皇帝连续献《封西岳赋》《雕赋》《天狗赋》等。在《封西岳赋》进表上诉说:

> 臣本杜陵诸生,年过四十,经术浅陋。进无补于明时,退尝困于衣食,盖长安一匹夫耳。顷岁,国家有事于郊庙,幸得奏赋,待罪于集贤,委学官试文章,再降恩泽。仍狼以臣名实相副,送隶有司,参列选序。然臣之本分,甘弃置永休,望不及此。岂意头白之后,竟以短篇只字,遂曾闻彻宸极,一动人主。是臣无负于少小多病、贫穷好学者已。在臣光荣,虽死万足。至于仕进,非敢望也。日夜忧迫,复未知何以上答圣慈,明臣子之效。况臣常有肺气之疾,恐忽复先草露、涂粪土,而所怀冥寞,孤负皇恩。

屡次献赋,终无结果。绝望之余,杜甫忽然接到授河西县尉的任命。就这位气吞河岳、志大心高的诗人臆想,即便得不到相位,起码五品、六品应该不在话下,而今到手的竟然是个从九品的县尉,心里觉得实在太委屈了,倔强的他,索性辞不赴任。后又改授右卫率府兵曹参军,官阶是从八品下。虽然从心里感到不快,但他还是勉强接受了,曾为诗以自嘲:"不作河西尉,凄凉为折腰。老夫怕趋走,率府且逍遥。"时在天宝十四年(755)十月,距"安史之乱"起,只有不到三十天。不久,安禄山即攻陷潼关,玄宗逃往四川;太子李亨即位,是为肃宗。第二年四月,杜甫逃出长安,潜往肃宗所在的凤翔,"麻鞋见天子,衣袖露两肘",衣衫褴褛,狼狈不堪,被授为左拾遗。官阶为从八品,职司供奉谏诤。

其时,正值昔日的"布衣交"、宰相房琯因兵败陈陶斜和门客贪赃枉法受到牵累而遭贬,杜甫遂上疏营救,说"罪细,不宜免大臣"。言辞激烈,触怒了肃宗,要治以重刑,下到三司推问,后经御史大夫韦陟等说情,才得免于处分,但从此便"不甚省录"——对他很疏远了。

其实,廷诤忤旨被责,这不过是"诗圣"倒霉的开始,一年过后,真正的打击便落到头上了。原来,在肃宗眼中,杜甫同严武、刘秩等都是前朝重臣房琯的同党,因而形势稍见稳定,便开始动手清理。先是以结党营私,"潜为交结,轻肆言谈"的罪名,贬房琯为邠州刺史;接下来,严武被贬为巴州刺史,刘秩被贬为阆州刺史;与此同时,官卑职小的杜甫,也"小鱼串在大串上",被贬为华州司功参军。

不久,诗人便从当日经此赴凤翔趋拜肃宗的金光门走出来,直奔华州上任,真是感慨重重,即题诗写怀,有"无才日衰老,驻马望千门"之句。时在唐至德三年(758)。杜甫大概不会预料到,此次一去,不仅终结了这场历尽波折、为时短暂的朝官春梦,而且,从此也再没有返回都城长安。在生命的最后十二年间,他寄迹秦州,浪游巴蜀,漂泊荆湘,除了在成都严武幕中任职参谋、检校尚书工部员外郎七个月以外,就算彻底摆脱了噩梦一般的仕宦生涯。

看得出来,杜甫的"百年歌自苦,未见有知音",固然包括诗文在内,但更主要的还是慨叹识宝无人,怀才不遇,终生未能得偿以一介布衣直达卿相的夙愿——这才是未有知音的实质。

3

"大凡物不得其平则鸣。"(韩愈语)杜甫无疑是满怀激愤,意有不平的。那么,作为"诗圣",他的"以其所能鸣",就是写诗。

杜甫对于马,情有独钟,平生写了大量马诗,通过这个忠实、温驯的可爱伙伴,寄心志,诉衷肠,托悲欢,抒愤懑,篇篇精彩,各极其致。

杜甫贬官华州之后,一次出游东郊,见到一匹原本饲养于内厩的骏马,因伤残瘦弱而被委弃道旁,不禁恻然心动,感慨生哀,遂写下了这首《瘦马行》,抒发内心的抑郁不平。诗人借马之昔用而今弃、昔贵而今贱,寄寓自己宦途的坎坷遭遇,以马之残躯瘦态比照自己的忧思愁苦。

> 东郊瘦马使我伤,骨骼硉兀如堵墙。
> 绊之欲动转欹侧,此岂有意仍腾骧。
> 细看六印带官字,众道三军遗路旁。
> ············
> 当时历块误一蹶,委弃非汝能周防。
> 见人惨澹若哀诉,失主错莫无晶光。
> 天寒远放雁为伴,日暮不收乌啄疮。
> 谁家且养愿终惠,更试明年春草长。

此诗首句,"我伤"二字统贯全局。下面三句,写马的瘦骨嶙峋,疲弱不堪。"硉兀",状写马形销骨立,突出如石;"绊之",用马缰绊结马足。"细看"二句,交代马的来历,"官"字印说明原在官马坊。"当时"二句,讲马的见弃经过,"历块"言马行之速,只因"一蹶"之误,失足跌倒,遂被委弃。诗人借喻因疏救房琯,触怒肃宗,而一蹶不起。"周防",犹提防,原谅马的无辜,也就是诉说自己的无罪。"见人"二句,写马错寞(落寞)其态、惨淡其容

（六神无主，眼无晶光）的外形和似欲哀诉的内在心理，借喻自己疏救房琯，本意是要匡助君王，没料到忠而致尤，反遭错怪，像这匹瘦马那样，憔悴不堪，而被抛弃在郊外。"天寒"二句，写见弃之后的悲惨下场。最后，希望有人能把马收养起来，明年草长马肥，更试其材，必有可观。曲折地表达了诗人希冀重获重用、济世有为的愿望。

这首《瘦马行》虽然也属不平之鸣，但格调低沉，情怀凄婉。这同诗人青年时代所写的《房兵曹胡马》五律，血性滂沛，意气风发，势凌万里，恰成鲜明的对比。

玄宗开元二十八年（740）与开元二十九年（741）之间，诗人漫游齐鲁，兴之所至，当时写了这首以马为客观意象的咏物言志诗：

> 胡马大宛名，锋棱瘦骨成。
> 竹批双耳峻，风入四蹄轻。
> 所向无空阔，真堪托死生。
> 骁腾有如此，万里可横行。

"兵曹"，为掌管军防、驿传事务的基层小官。"胡马"，指产于西域大宛国的良马。二、三、四句，实写马的外在形象：筋骨精瘦，有如刀锋峻利，棱角突出，精悍遒劲；双耳斜竖，像斜削的竹筒一样短小尖锐；跑起来四蹄轻快，奔走如风。五、六句，虚写马的内在品格，精神气质，说这匹骏马奔驰起来，有着无限空阔的天地，腾沟跨涧，所向无阻，能够托生死，共患难，骑着它完全可以放心驰骋沙场。七、八句，总收一笔，说拥有如此骁腾矫健、快捷无比的良马，自然就可以横行万里之外，立功绝域了。

传神写意，妙笔生花，气宇轩昂的奔马形象，跃然纸上。这正是盛唐强国之音的余响。题曰"胡马"，实为自我写照——诗人抒写其胸怀壮志、满溢豪情、激昂向上的阳刚之气和渴望建功立业的内心追求。当时他不到三十岁，正过着一生中最快意的日子，生活优裕，阅世不深，对前途充满美好憧憬。一种大丈夫立身处世、舍我其谁的豪气和霸气,在诗中淋漓尽致地体现了出来。

继《瘦马行》之后,杜甫于第二年秋天,又写成一首马诗,为《秦州杂诗》二十首之五。诗人在短暂的华州司功参军任上,经过反省与沉思,心绪渐渐地平和下来,淡化了愤懑不平之气,也破除了对朝廷的不切实际的幻想,从而坚定了去志,于是弃官西行,浪迹秦州,开启了他生命历程最后十年的漂泊之旅。

诗人在秦州郊野见到了庞大的马群,心有所感,遂借以咏怀寄慨,表达心迹:

南使宜天马,由来万匹强。
浮云连阵没,秋草遍山长。
闻说真龙种,仍残老骕骦。
哀鸣思战斗,迥立向苍苍。

五律开头,用汉使(亦称"南使")张骞从西域引入天马途经此地领起;紧接着讲,如今这里万马齐奔,以浮云般的阵势,出没于遍山秋草之间。听说其中有很出色的龙媒异种,说不定还残余着"老骕骦"这样的龙马呢!令人伤怀的是,这些神马、良马,空自散荡逍遥着,未能发挥其立功绝域、骁腾万里的作用。且看那马,迥立荒野,哀鸣向天,意在期待和盼望着驰骋沙场,为国立功哩。

走笔至此,想起抗战期间的一桩轶事。1942年底,现代画家徐悲鸿寓居贵阳,适值因发动"西安事变"而被蒋介石囚禁的少帅张学良亦在贵州桐梓,当即画《立马》一幅以赠。画面上,良驹昂首振鬣,做嘶鸣状;旁边题了"哀鸣思战斗,迥立向苍苍"两句诗;落款是"汉卿先生教之,壬午岁尽。悲鸿贵阳客中写少陵诗"。徐悲鸿深谙少帅彼时渴望参加抗日战争,却身陷图圄、报国无门的愁苦心境,准确、恰当地引用了少陵诗句。回想当年"诗圣"把笔题诗时,所思所想的,也大概与此相似吧?空怀壮志,无路请缨,洵是可悲可叹!

诗人到了晚年,流寓湖北江陵、公安一带,曾写作五律《江汉》,以老马为喻,展现其虽然年老力衰,仍然壮心不已的可贵精神。

> 江汉思归客,乾坤一腐儒。
> 片云天共远,永夜月同孤。
> 落日心犹壮,秋风病欲苏。
> 古来存老马,不必取长途。

首联中"思归客",说他久客他乡,思归长安而不得的凄苦心境;"腐儒",意为迂阔不合时宜、不能为世所用的"老夫子",含有自鄙而又自负的双重意蕴,真实意图是状写其怀才不遇、终生潦倒的辛酸际遇,而以谐谑语调出之。清人黄生说得好:"身在草野,心忧社稷,乾坤之内,此腐儒能有几人?"(《杜诗说》)

颔联说自己犹如一片浮云,飘飞游荡,与天共远;又像永夜(长夜、终夜)高悬的孤月,伶仃萧索,无助无依。

颔联咏志抒怀。虽然也写落日,也写秋风,但只是衬托与借喻,而并非着意写景。诗人是年虽只五十七岁,但身体状况已经很差,牙齿半落,耳朵重听,右臂偏枯,身倦气衰,故以"落日"为喻。但"心犹壮""病欲苏",精神还依然是坚挺的。这和曹操"烈士暮年,壮心不已"的诗意不谋而合,完全一致。

尾联以识途"老马"为喻,说明自己虽然年已老迈,体弱多病,但智慧犹存,仍能为国效力,有所作为。《韩非子·说林》记载:"管仲、隰朋从于桓公而伐孤竹,春往冬反(返),迷惑失道。管仲曰:'老马之智可用也。'乃放老马而随之,遂得道。"诗人指出,古人存养老马,不是取它的膂力,而是用他的智。言下之意,虽说我是一个"腐儒",但此心犹壮,孤忠未泯,仍然能够发挥应有的作用。遗憾的是,诗人写作此诗后不到两年,就病逝于岳阳舟中,夙愿未偿,赍志以终。

4

"诗圣"去世四百年后,南宋的大诗人陆游写过一首《读杜诗》的古风,有句云:

> 看渠胸次隘宇宙,惜哉千万不一施。
> 空回英概入笔墨,生民清庙非唐诗。
> 向令天开太宗业,马周遇合非公谁?
> 后世但作诗人看,使我抚几空嗟咨。

陆老诗翁悲慨地说,你看杜甫那比宇宙还要宽广的胸襟怀抱,可惜连千万分之一的才华都未能施展出来啊。结果,只能将英雄气概融入笔墨之中,写出的都是忧国忧民的历史,而不是简单的唐诗呀!《生民》《清庙》,《诗经·大雅》里的诗篇。在这里,可以理解为事关国脉民命,而非寻常吟咏。)这一切,都是因为生不逢时造成的,如果赶上唐太宗那时候,就会像马周那样,得以君臣遇合了。贞观五年(631),太宗下诏百官谈论朝政得失。武将常何素无学识,门客马周为他代拟条陈,全都切中时务。太宗感到奇怪,常何说了实话:这是门客马周教给我的。于是,太宗立刻召见马周,因为太宗急于相见,马周晚到了一会儿,太宗连派使者催促四次。接谈之后,十分满意,当即下诏让他入值门下省,第二年又拜马周为监察御史,并赏赐常何三百匹丝帛。正是由于杜甫没有这样大展奇才的机遇,所以,后世只能把他当作诗人去看,这让我抚几兴叹,怅憾无穷。

杜甫继承了"奉儒守官"的家世传统,时刻想念着"致君尧舜上,再使风俗淳",热切地期待着摄魏阙,居高位;可是,这宏伟的抱负竟百不一施,整个一生历尽了坎坷,充满着颠折,交织着生命的冲撞、挣扎,饱尝着成败翻覆的焦灼、痛苦。从这个角度看,他确是一个道道地地的悲剧人物,难怪陆老诗翁要为他"抚几嗟咨"。

不过,深一层看,杜甫的悲哀固然反映了他自身坎坷多舛的遭际,但是,同时可以说,这也是旧时代整个知识分子的共同命运。皇权至上、"家天下"的封建专制制度,与天下为公、选贤任能,存在着根本性的矛盾,与中国传统知识分子对国家、对民族的使命感和责任感,也是不相容的;封建社会缺乏科学、合理的人才引进机制,往往只靠少数、个别的"伯乐"慧眼识英豪,而缺乏制度的保证。这样,如同韩愈所说的:"千里马常有,而伯乐不常有。故虽有名马,祗辱于奴隶人之手,骈死于槽枥之间,不以千里称也。"结果,大量奇才异能之士,就难免没身草泽,潦倒终生。

即以天宝六年(747)杜甫参加的那次"制举"试科为例。原来,当时科举考试分"常举"与"制举"两类:前者由礼部主持考试,以文学或经义为主要内容;后者以皇帝名义(实际是由权臣)主持,考试策问,"应诏而陈政",结合实际需要,属于特科考试。主持那次"制举"考试的,是受玄宗委托的宰相李林甫,其人"口蜜腹剑",作恶多端,由于害怕"朝野之士对策,斥言其奸恶",遂以"野无遗贤"为缘饰,上报皇帝,无有一人中第。这样,杜甫就又一次失去了入仕机会。

而献《三大礼赋》那次,"候补"一年无果,也是由于李林甫从中作梗。待到这个骗局揭开,已经几年过去了,他只有怃然哀叹:

破胆遭前政,阴谋独秉钧。
微生沾忌刻,万事益酸辛。

生无所成头皓白,牙齿欲落真可惜。

当然,从这里也完全看得出,"重色思倾国"的玄宗皇帝,根本没把心思放在选才、用才上。不然,面对这类明显的纰漏,怎么会不予过问、严加追究呢?什么"制举",什么"候补选官",无非是做下姿态,装点所谓"明君"的门面罢了。可见,悲剧的根子还是黑暗的皇权政治与社会机制。

杜甫的失意,诚然有个"生不逢时"问题,如果能够际会"圣君贤相",处境可能会好一些。但是,也应该记得"初唐四杰"之首王勃的几句话:

冯唐易老,李广难封。屈贾谊于长沙,非无圣主;窜梁鸿于海曲,岂乏明时?(《滕王阁序》)

王勃出生、太宗去世,恰巧在同一年。按说,明君的流风余韵,总该未泯吧。那么,王勃的命运又是如何?且不说他被罪飘零,魂飞异域,单是玩味一下这几句酸辛之语,大致也就了然。

客观地说,杜甫之未能登龙入仕,建不世之功,创回天伟业,除了时代环境、社会条件的限制,也有他个人的因素在。同李白一样,从根本上讲,他算不上一个合格的政治家,他们只是诗人,当然是伟大的天才诗人。虽然他胸怀壮志,高自期许,但他并不具备政治家应有的才能、经验与素质。他个性突出,刚正、率直、刻板、认真,动辄激昂慷慨,犯颜直谏;在波诡云谲的政治变局中,不善于审时度势、见机而作,缺乏应有的适应能力。他在任谏官左拾遗这个从八品官时,曾频频上疏,痛陈时弊,以致上任不到半个月,就因抗疏营救房琯而触怒了肃宗皇帝。房琯为玄宗朝旧臣,原在伺机清洗之列。而杜甫却不明白个中底细,不懂得"一朝天子一朝臣"的事体,硬是坚持任人以贤、唯才是用的标准,书生气十足地和皇帝辩论什么"罪细,不宜免大臣"的道理,最后险遭灭顶之灾。

在挫折、失意面前,李白能够放浪形骸,轻世肆志,抛开那些政治伦理、道德规范、社会习惯,直到"长安市上酒家眠,天子呼来不上船,自称臣是酒中仙",痛饮狂歌,飞扬无忌,从而使其内心的煎熬得到缓解。杜甫则异于是,他不屑于也不能够做到这一点。他拳拳服膺于儒家的尊君、济世、安民宗旨,"颠沛必于是,造次必于是",像孔子那样,"三月无君,则皇皇如也";直至生命的最后,仍然是身在江湖,而心怀魏阙,口口声声叨念着"思归",实际是还朝之想,是要最终圆他的破碎不堪的报国之梦——这是他的精神家园,生命寄托。可是,这样一来,他的绝望,他的痛苦,他的悲哀,自然也就加倍的严重了。

当然,也正是由于无缘从政与精神痛苦这两个方面,为时代造就、中华民族拥有一位"国宝级"的"诗圣",提供了基础性条件与不竭的动力。不妨设想,如果杜甫得遂宿志、摄高位、登台阁,整日周旋于昏君奸相周围,而未能漂泊江湖,深入底层,接触不到"世上疮痍""民间疾苦",缺乏这方面的切身体验,那么,即便他有天赋奇才,又怎么可能创作出伟大的"诗史"呢?清代诗人赵翼有"国家不幸诗家幸"之语,无疑属于真理性认识;我觉得,似也可以倒过来说,"诗家不幸国家幸"——杜甫的出现,实乃国家之幸,中华民族之幸,世界诗坛之幸。

资料记载,西方早期画家鲁本斯,曾任荷兰驻西班牙大使,每天下午在御花园里作画。一位侍臣在园中走过,说道:"哟,外交家有时也画几张画消遣呢!"鲁本斯答道:"错了,艺术家有时为了消遣,也办点外交。"鲁本斯以他的高超画艺自豪,在他看来,绘画要比当那个大使高尚得多,重要得多。事实上也正是如此,鲁本斯之所以传世,完全是由于他的艺术,而与他的外交工作无关。

同样,杜甫之所以千秋不朽,是由于他的诗歌,而不是什么左拾遗、工部员外郎。且莫说奸相李林甫、杨国忠,早已被钉在历史的耻辱柱上,即便是并世的所谓"明君贤相",又有谁能够与"诗圣"媲美呢!

"尔曹身与名俱灭,不废江河万古流。"

第二十篇

"文宗"求仕

I

关于"一代文宗"、位居"唐宋八大家"之首的韩愈,宋代几位同在"八大家"之列的文学巨擘各有说法——

以雄视百代之宏才主盟文坛的东坡居士,称颂韩愈"文起八代(东汉、魏、晋、宋、齐、梁、陈、隋)之衰,而道济天下之溺"。他说:"故诗至于杜子美,文至于韩退之,书至于颜鲁公,画至于吴道子,而古今之变,天下之能事毕矣。""八代"也好,"天下"也好,都是把韩愈之文作为中华古代文明瑰宝的极品,放到"古今之变"的最广阔的文化背景上来考量,从而确立其文学史上崇高的地位。还是这位眼空四海的大文豪,曾经断然地说:

> 唐无文章,唯韩退之《送李愿归盘谷序》一篇而已。平生愿效此作一篇,每执笔辄罢。因自笑云:"不若且放,教退之独步。"

无独有偶,宋代另一位文坛盟主、发现并拔擢苏轼的伯乐——欧阳修,也曾以韩文作为学习楷模。他在应进士试落第之后,曾两次取出韩文研读,发出了"学者当至于是而止尔"的赞叹。

而东坡居士的老父亲苏洵,则评论说:

> 韩子之文,如长江大河,浑浩流转,鱼鼋蛟龙,万怪惶惑,而抑遏蔽掩,不使自露;而人望见其渊然之光,苍然之色,亦自畏避,不敢迫视。

上面说的,是韩愈之文;那么,关于他的诗呢?欧阳修有言:"退之笔力,无施不可,而尝以诗为文章末事,故其诗曰'多情怀酒伴,馀事作诗人'也。然其资谈笑,助谐谑,叙人情,状物态,一寓于诗,而曲尽其妙。此在雄文大手,固不足论;而余独爱其工于用韵也。"清代诗评家叶燮在其名作《原诗》中说:"杜甫之诗,独冠今古,此外上下千余年,作者代有,唯韩愈、苏轼,其才力与甫抗衡,鼎立为三。韩诗无一字犹人,如太华削成,不可攀跻。"以其境界独辟、め力充沛、想象雄奇、不甘蹈袭前人,成为"唐诗之一大变"。现代学者游国恩等主编的《中国文学史》,对于韩愈的诗有过如下的论断:"从创作实践来看,韩愈主要是继承李白的自由豪放,和杜甫的体格变化、'语不惊人死不休'的艺术传统,独立开拓道路。"学者孙昌武指出:"对韩愈诗文风格的总评价,一般归结为'雄奇''奇伟''奇诡'等等,甚至说'奇者极于韩'(清代朱彝尊语)。……韩愈尚奇,首先决定于他的思想意识。坎坷不平的人生经历郁结下的愤懑之气无可发泄,加上他又具有学奇好胜、不安凡庸的个性,这都促使他在创作中形成奇崛不凡的美学特征。"(《韩愈选集·前言》)

我之所以不厌繁复地列举历代名家赞颂韩愈诗文的宏言谠论,无非是想说,韩愈"手持文柄,高视寰海;权衡低昂,瞻我所在;三十余年,声名塞天";"古人中求,为敌盖寡"(唐刘禹锡语),号称"文章巨公""百代文宗",竟然在科举考场上屡试屡挫——四应礼部进士试只一得,三试于吏部博学宏词科竟无一成,求仕之难简直是"难于上青天"啊!说来,很是让人感到疑惑,又颇为气闷和感伤的。

2

唐德宗贞元二年(786),韩愈离开宣州,赴京师长安应举求官。当时,他从其他举子那里了解到进士试的程式、命题的方法,又看了往年礼部所试赋、诗、策等试题,"以为可无学而能",并没有太当一回事;办了县、府两级甄选手续,获得乡贡资格之后,便于贞元四年(788)投身礼部春闱进士考试。他万万没有料到,竟然连续三届皆未得中,与原来想的"一战而霸"大相径庭。在愧愤交加之下,写下了五古《县斋有怀》,有"人情忌殊异,世路多权诈,蹉跎颜遂低,摧折气愈下"之句。直到贞元八年(792),第四次应礼部进士试,多亏遇上了爱才识才,且"长于辞翰"的兵部侍郎陆贽权知贡举,才被录取。在此次中第的二十三名进士中,韩愈名列第十四。是年他二十五岁。

其实,若论入仕的话,这也只是取得了一个资格。唐时选官,考中进士只是取得了"出身",若要"释褐"(脱掉粗布衣服,换上官服),亦即得到朝廷的正式委任,还须应试吏部诠选。

于是,韩愈便"趁热打铁",在当年初冬,又应了吏部的博学宏词科考试。试卷中的赋题是《钧天乐赋》,诗题是《中和节诏赐公卿尺诗》。韩愈看过,觉得信心满满,势在必得。事实上也是如此,试卷经吏部核审即予铨定;岂料,报中书省复审时竟遭否决。接下来,于第二年、第三年连续赴考,皆全部落第。

"官门"在望,咫尺天涯。韩愈在怅怀失意之余,把登仕的希望寄托在权臣或名士的引荐上。这期间,他曾多次上书求荐。他曾到凤翔节度使邢君牙府上参谒,奉上《与凤翔邢尚书书》,渴望得到他的推举。谈到"及至此都,徘徊而不能去者,诚悦阁下之义,愿少立于阶墀之际,望见君子之威仪也。居十日而不敢进者,诚以无以为荐,惧阁下以众人视之,则杀身不足以灭耻,徒悔恨于无穷。故先此书,序其所以来,阁下其无以为狂,而以礼进退之,幸甚,幸甚!"可是,最终也未得一见。

贞元九年(793),他曾给韦舍人写了一封信,即《应科目时与人书》。说的是:

天池之滨,大江之濆,曰有怪物焉,盖非常鳞凡介之品汇匹俦也。其得水,变化风雨,上下于天不难也。其不及水,盖寻常尺寸之间耳,无高山大陵旷途绝险为之关隔也,然其穷涸,不能自致乎水,为猵獭之笑者,盖十八九矣。如有力者,哀其穷而运转之,盖一举手一投足之劳也。然是物也,负其异于众也,且曰:"烂死于沙泥,吾宁乐之。若俛首帖耳,摇尾而乞怜者,非我之志也。"是以有力者遇之,熟视之若无睹也。其死其生,固不可知也。今又有有力者当其前矣,聊试仰首一鸣号焉。庸讵知有力者不哀其穷,而忘一举手一投足之劳,而转之清波乎?其哀之,命也。其不哀之,命也。知其在命,而且鸣号之者,亦命也。愈今者,实有类于是。是以忘其疏愚之罪,而有是说焉,阁下其亦怜察之。

结果,同样是一无所获。

而最令人伤情甚至气愤的,是贞元十一年(795)春的三次上书宰相。他从正月二十七日开始,给当时在相位的贾耽、赵憬、卢迈写信自荐,申诉自己"四举于礼部乃一得,三选于吏部卒无成";"遑遑乎四海无所归,恤恤乎饥不得食、寒不得衣"的窘况,情词极为恳切,希望得到提携,求得任用,以便实施自己的抱负,但未获理睬;于是,过了十九日,又写了第二封信,自喻"蹈水火者之求免于人也""疾呼而望其仁之也",相信宰相不能"有可救之道而终莫之救也"。岂料,即使这么说,仍然被置之不理。这样过了二十九天,又第三次上书,申明自己不是为贪图富贵,而是为了"忧天下",不愿独善其身的。最后,依旧是"泥牛入海——杳无音信"。

这样,虽然韩愈考中了进士,但由于三次吏部选试均未能过关,最后不得不到地方去担任节度使的幕僚,以便寻觅机会,登朝入仕。他先是到汴州董晋幕府中谋得一个观察推官的微职。直到贞元十八年(802),才被正式任命为国子监四门博士。就这样一个职位不算很高的学官,韩愈竟苦奔苦曳了十六年,才终于到手。

3

总体上说,唐代科举制较之魏晋南北朝的九品中正制,由限定门第出身到不经察举自由报名,参加统一考试,是个很大的进步。但中唐以后,统治集团腐败,朝政混乱,内部斗争加剧,有理想、有抱负的新进之士难以容身;而"贡举猥滥,势门子弟交相酬酢,寒门俊造十弃六七"的不公正、不合理现象,也时有发生。考试过程中,主司把学识以外的因素掺杂进评判里,有的则以个人好恶作为去取的衡量标准。

具体落实到韩愈身上,上述情况当是其多次落选的首要原因;其次,朝中无人举荐,虽经奔走呼号,也无人肯于施以援手,也是一个重要因素;其三,与其个性狂傲,矜奇尚异,耻于趋附流俗,也有直接联系——过去不有"不求文章中天下,只求文章中试官"的说法吗?在《答崔立之书》中,他曾对于应吏部试所答试卷进行反省:"退自取所试读之,乃类于俳优者之辞,颜忸怩而心不宁者数月";"夫所谓'博学'者,岂今之所谓者乎?夫所谓'宏辞'者,岂今之所谓者乎?诚使古之豪杰之士若屈原、孟轲、司马迁、相如、扬雄之徒,进于是选,必知其怀惭,乃不自进而已耳"。这也就是孔夫子所说的"行己有耻"(一个人行事,凡自己认为可耻的就不去做)吧?以之立人、修身,当然难能可贵;可是,抱持这样的观念去应试,岂非"缘木求鱼""南其辕而北其辙"乎!

至于上书无人理睬、遭到冷遇的问题,处于一般情况,确实不可理解,甚至无法容忍;可是,唐代有个特殊情况,开科取士,不仅看其考试成绩,还需要有名士或者公卿推荐。这样,考生奔走权门,奉书自荐,投献作品(当时称作"投卷"),就习闻惯见,甚至每天都会碰上几起。除求贤若渴、以进才擢士为己任的贤明长者会认真对待外,普通官吏"有眼无珠",弃置不顾,恐怕亦是常事。

当然也应看到,在唐代,考取进士(更不要说还有吏部铨选一关)确也着实不易。据记载,有唐一代,约三百六十个州(府),下辖一千五百多个县,历年参加进士考试的都在一千五百人左右,而录取率不过百分之一二,仅有十几人到二十几人。"僧多粥少",竞争激烈,三四次落第的十分正常,连考十几次的也不少见,而终生不第的则居大多数。"诗圣"杜甫有"读书破万卷,下笔如有神。赋料扬雄敌,诗看子建亲。李邕求识面,王翰愿卜邻。自谓颇挺出,立登要路津"(《奉赠韦左丞丈二十二韵》)之句,非常自负;可是,应"制举"试却遭落榜,只好"骑驴十三载,旅食京华春",哀叹"生无所成头皓白,牙齿欲落真可惜",最后,靠着给皇帝献上《三大礼赋》,才得待制集贤院。诗人罗隐久试不第,嗒然为诗:"病想医门渴望梅,十年心地仅成灰。早知世事长如此,自是孤寒不合来。"而"诗仙"李白则毅然拒绝赴考,远离科场,其结果是无缘魏阙,浪迹江湖。这样也好,博得个身心自由,率情适意。否则,沉香亭畔,皇帝身旁,将多出一个"帮闲"的隽影,而千秋诗苑的青空,则会因为失去一颗朗照寰宇的巨星,而变得无边的暗淡。

可以说,一千余年的科举史,就是由这些落第者与及第者共同以眼泪与欢笑书写成的。而才人的落拓失意,则为文学史增添了丰富的内涵。这里只概略地列出两个带有规律性,且相互关联的课题——

"古来才命两相妨。"唐代诗人李商隐的这一名句,对于历史上才大如海的杰出人才总是命途多舛的悲剧现象,做出了高度的概括。人们常以才高命短的贾谊、王勃、李贺为例,说明自古以来,一个人的才华与命运,常常是注定要相克相妨的。杜甫就曾悲吟过:"文章憎命达,魑魅喜人过";"古来材大难为用";"终日坎壈缠其身"。

由此,又导出另一个耐人寻味的课题——诗文与命运的关系。韩愈在《荆潭唱和诗序》中说:

> 夫和平之音淡薄,而愁思之声要妙;欢愉之辞难工,而穷苦之言易好也。是故文章之作,恒发于羁旅草野。至若王公贵人,气满志得,非性能而好之,则不暇以为。

欧阳修亦有类似见解:"诗必穷而后工。"学者傅璇琮在《唐代科举与文学》一文中也曾指出:"唐人以科举为题材的诗篇,还是以写落第的作品最好。"验之以韩愈,亦然,他的大量传世名文,都是困顿、穷愁期间写出来的。

4

不管怎么说,人们对于这位"百代文宗"蹭蹬、蹉跌几十载的仕途经历,总还是抱着无限同情、痛惜的态度,意有不平,"于心有戚戚焉"。当然,在如何看待韩愈的汲汲求仕问题上,有的学人也有不同的看法。主要是认为他求官心切,"热中躁进""不善处穷";不理解他何以要那样苦苦地追求,简直到了"惶惶不可终日"的程度。也有人认为,既然李白与韩愈的父亲韩仲卿交谊甚深,在所撰《武昌宰韩公去思颂碑》中对韩仲卿赞美备至,那么,作为晚辈的韩愈,为何不学学李白的远避尘俗、超然物外呢?由此再深入一步,责之以"逢迎权贵",俯首乞怜,有时甚至达到丧失尊严、丧失人格的地步。

这里有一个如何读史,如何对待古人的问题。读史,贵在通心。未通古人之心,焉知古代之史?"理解才是历史研究的指路明灯。"(法国史学家布洛赫语)通心,首先应能设身处地地加以体察,也就是要把历史人物放在当时当地的历史情境中去进行察核。南宋思想家吕祖谦有言:"观史如身在其中,见事之利害、时之祸患,必掩卷自思,使我遇此等事,当作何处之。"研究历史的朋友都知道,苛责前人,率意做出评判,要比感同身受地理解前人容易得多。而换位思考,理解前人,却是一切治史以及读史者所必不可缺的。

韩愈属于正统的儒家学派,尽管他也十分推重李白,但在出处、进取上,他们却是"两股道上跑的车"。李白说:"我本楚狂人,凤歌笑孔丘。"而韩愈则是以孔孟学派的正统继承人自居的。孔子说:"不仕无义";"君子之仕也,行其义也";"行义以达其道"。他特别强调读书士子应该具有推行和弘扬"道"的强烈责任感与使命感。孔子本身就是这样做的,周游列国,席不暇暖,就是渴望入仕以达其道。与春秋之世不同,唐代是大一统的天下,不存在周游列国的条件,那么,要实现一己之行道、救世的宏伟抱负,就只有参加科考,以求及第,进而为官之一途。韩愈在《与卫中行书》中说:"其所不忘于仕进者,亦将小行乎其志耳。"

韩愈奉行儒家"兼济"与"忧天下"的思想主张,并不赞成走"独善自养"的道路。而要"行乎其志""兼济天下",则必须入仕、当官。这个道理很简单:论德才,商鞅根本无法和孔子相比,可是,"商鞅能教令必行",原因就在于他身居高位、手握重权;而孔子则无职无权,所以,只能悲叹"手无斧柯,奈龟山何"。

至于说到上书乞官,逢迎权贵,这里也有具体情况。前面说过,唐代取士,考试成绩是一方面,公卿权贵与知名人士的推荐也很重要。因此,士人纷纷奔走于名公巨卿门下,这是普遍而公行的。即便是超脱、清高如李白,不也是写过自荐信《与韩荆州书》吗?信中同样说过:

> 今天下以君侯为文章之司命,人物之权衡,一经品题,便作佳士。而君侯何惜阶前盈尺之地,不使白扬眉吐气,激昂青云耶?

关键是要看投书自荐是怎么写的。李白的信写得不卑不亢,很占身份。韩愈的信写的也是如此。他在《与凤翔邢尚书书》中,一开头就说:"布衣之士,身居穷约,不借势于王公大人,则无以成其志;王公大人功业显著,不借誉于布衣之士,则无以广其名。是故布衣之士,虽甚贱而不谄;王公大人,虽甚贵而不骄。其事势相须,其先后相资也。"在《后二十九日复上宰相书》中,韩愈以周公为标杆,对时宰说:"愈闻周公之为辅相,其急于见贤也,方一食,三吐其哺,方一沐,三握其发。""周公求之如此其急,唯恐耳目有所不闻见,思虑有所未及,以负成王托周公之意,不得于天下之心。""今阁下为辅相亦近耳。天下之贤才,岂尽举用?奸邪谗佞欺负之徒,岂尽除去?四海岂尽无虞?九夷、八蛮之在荒服之外者,岂尽宾贡?……其所求进见之士,虽不足以希望盛德,至比于百执事,岂尽出其下哉?其所称说,岂尽无所补哉?今虽不能如周公吐哺握发,亦宜引而进之,察其所以而去就之,不宜默默而已也。"这些连珠般的质问,义正辞严,哪里显现一丝奴颜媚骨?

5

韩愈为人行事,非常可贵的,是其不忘初心。

初心之一,是"行乎其志",也就是为国为民行道、做事。宋人杨万里写过一首以山泉为喻的讽刺诗,有句云:"流到前溪无一语,在山作得许多声。"说的是某些为官者,在他们还没有入仕,或当政坛失意之时,踌躇满志,雄论滔滔,满是一副生不逢时、怀才不遇的牢骚,或者侈谈一些治国理政、致君泽民的宏伟抱负。可是,一当入朝执政,权柄在手,便全然忘却当初的承诺,或者尸位素餐,毫无建树;或者学乖弄巧,缄口不言,唯恐触犯时忌,心安理得地做起"太平官"来。韩愈可不是这样。《新唐书》本传上说他:"操行坚正,鲠言无所忌";"有爱在民,民生子,多以其姓字之"。

韩愈在国子博士任满之后,升调监察御史,终于获得进谏机会。当他看到关中一带大旱,民众纷纷饿死道旁,但官府仍肆意聚敛,京兆尹李实竟然向朝廷谎报"今年虽旱,而谷仍好",遂上书数千言,请免徭役赋税。结果,触怒了当朝,被贬为阳山县令。二十来年辛勤谋得的一个官位,仅仅两个月即弄丢了。两年后,宪宗即位,韩愈遇赦,移官江陵,为法曹参军。历经几年贬官生涯,回京任中书舍人,时值蔡州藩镇吴元济谋乱,宰相裴度巡视诸军,力主以武力制伏,与权要李逢吉等意见相左。韩愈遂上书皇帝,奏言,吴元济"况以三小州残弊困剧之余,而当天下之全力,其破败可立而待也。然所未可知者,在陛下断与不断耳"。致使"执政不喜",他被改任太子右庶子。后来,因为参与平定淮西吴元济之役,以行军司马之职,表现出处理军国大事的才能,升迁为吏部侍郎,这算真正进入了朝廷上层统治集团。但两年后,他又因上表谏迎佛骨,引起宪宗震怒,幸得裴度等大臣挽救,才免于一死,却被贬为潮州刺史。"欲为圣明除弊事,肯将衰朽惜残年!"结局却是"一封朝奏九重天,夕贬潮阳路八千"(《左迁蓝田示侄孙湘》)。此时,他年已五十又二。五年后,他便辞世了。

初心之二,是爱惜人才。在他看来,选拔人才乃是一种"深思长虑",是"为国家树根本之道"。对于选拔、培养人才,他有一套高明的见解。他说:

世有伯乐,然后有千里马。千里马常有,而伯乐不常有。故虽有名马,只辱于奴隶人之手,骈死于槽枥之间,不以千里称也。马之千里者,一食或尽粟一石。食马者不知其能千里而食也。是马也,虽有千里之能,食不饱,力不足,才美不外见,且欲与常马等不可得,安求其能千里也?策之不以其道,食之不能尽其材,鸣之而不能通其意,执策而临之,曰:"天下无马!"呜呼!其真无马邪?其真不知马也!(《杂说》)

他曾说过:"余尝观于皇都,每年贡士至千余人,或与之游,或得其文。"(《送权秀才序》)其目的就在于发现、培养、选拔与推荐人才,且终生乐此而不疲。他曾向礼部员外郎陆修推荐侯喜、侯云长、刘述古、韦群玉、沈杞、张弦、尉迟汾、李绅、张后余、李翊待十位俊秀之才。这些人后来都陆续进士及第,得到长足发展。《新唐书》本传说他"成就后进士,往往知名。经愈指授,皆称韩门弟子"。比如,后来成了名家的李翱、皇甫湜、张籍、李绅、贾岛等多人,就都曾受惠于韩愈的奖掖与扶持。至于其亲访神童李贺,针对当时过分强调避讳的社会风气以影响李贺考取进士,著文《讳辩》,予以有力地批驳,更是传为千秋佳话。还有对于"穷究经史,章通句解"的樊宗师,先荐于宰相郑余庆,后又荐于故相袁滋,最后,又拟状荐于朝廷,一而再,再而三,呕心沥血,期于必成。诚如清代史学家、诗人赵翼所言:"昌黎以主持风雅为己任,故调护气类,宏奖后进,往往不遗余力。"

对于这位"百代文宗"而言,震古烁今的文学成就之外,上述两个方面,同样是他生命历程中辉煌熠耀的闪光点。

第二十一篇

风雅大宋朝

I

  我喜欢旅游,更喜欢在足迹所至的山川灵境中寻觅文学的根、诗性的美,体味活泼泼的宇宙生机中至深的理,追摹一种光明鲜洁、超然玄远的意象。而脑子里由于积淀着丰富的"内存",每接触到一处名城胜迹,都会有相应的诗古文辞、清词丽句闪现出来,任我去联想、品味。也可以说,这些诗古文辞,使我背上了一笔相当沉重的情思的宿债,每时每刻都急切地渴望着对于诗文中实境的探访。

  我踏上中州大地,同样是被一些古代诗文典籍牵引着。记忆中,前人何希齐有这样两句诗:"陈桥崖海须臾事,天淡云闲今古同。"正是它,把我引到了开封东北四十五华里的陈桥驿。

  陈桥驿,是一个普通至极的北方中原小镇。低平的房舍,窄狭的街道,到处都有人群往来,却也谈不上熙熙攘攘。只是由于一千多年前,这里曾经发生过一起震惊全国的"兵变",导致了王朝递嬗,这个小镇便被载入了千秋史册。

  唐朝末年,群雄混战,藩镇割据,形成了五代十国,分裂局面持续了近半个世纪。后来成为宋朝开国皇帝的赵匡胤,当时不过是一个中层将领。由于跟随后周世宗柴荣作战有功,被提升为殿前都点检,统领精锐的禁军,担负着防守京师汴梁的重任。这样,他就开始确立了在禁军中的统帅权威,有意识地培植了自己的势力,暗地里同其他禁军将领石守信等结拜为"十兄弟"。

>>> 唐末,群雄混战,藩镇割据。赵匡胤开始在禁军中培植了自己的势力后,他和胞弟赵光义及赵普等人,发动"陈桥驿兵变",建立宋朝。

后周显德六年(959),后周世宗死去,七岁的儿子柴宗训继位,是为恭帝,由他的母亲符太后掌握政权。翌年元旦,河北镇州、定州谎报辽朝和北汉联兵南下,向后周进攻。慌急中,符太后和宰相范质等未辨真假,便派遣赵匡胤率领禁军出城迎战。赵匡胤的军队刚刚出动,汴京城内便传播起"点检做天子"的舆论。

正月初三晚上,大军行至陈桥驿宿营,军帐设在东岳庙。深夜,军中部将在赵匡胤的胞弟赵光义和归德军掌书记赵普的策动下,集结于军帐之外,声言要拥立赵匡胤为皇帝。赵匡胤装作酒醉未醒,慢腾腾地起床坐帐,将士立即把一件事先准备好的黄袍披在他的身上,然后一齐跪拜,高呼万岁。这就是历史上有名的"陈桥兵变"、黄袍加身。

陈桥驿还保留着关于这次事件的许多文物,主要有当年设过军帐的东岳庙,赵匡胤拴过战马的系马槐,众将领饮过水的古井和几处大小碑刻等。这座东岳庙创建于五代时期,为中州大地上的一个著名古迹。千余年来,几经修缮,大殿现在已辟作展览室,介绍"陈桥兵变"的经过。几块石碑上分别刻着清代顾贞观、张德纯和金梦麟等人即兴咏怀的几首诗词。

漫步古镇街头,玩味何希齐诗中的意蕴,不禁浮想联翩,感慨系之。的确,从赵匡胤在这里兵变举事,黄袍加身,创建赵宋王朝,到末帝赵昺在崖州沉海自尽,宣告赵宋王朝灭亡,三百多年宛如转瞬间事。可是,仰首苍穹,放眼大千世界,依旧是淡月游天,闲云似水,仿佛古今都未曾发生什么变化。

"后之视今,亦犹今之视昔",这是一个深刻的哲学命题,让人们生发出许多感慨。不仅接触到古人"通天尽人"的怆然感怀,体味到哲人智者的神思遐想,而且,为研究史事打开了一个新的视界,提供了足够的思考空间。有人评说,何希齐诗中的寥寥十四个字抵得上一部《南华经》,自是夸张之言。但诗人"纳须弥于芥子",以少胜多、举重若轻的涵盖力,实在给后人留下了许多想象的空间。

2

那位"一条杆棒等身齐,打四百座军州都姓赵",纵横捭阖,睥睨一世的旷代枭雄赵匡胤,在自立为帝以后,十七年间,主要开创了两个方面的事业:对外削平南方一些割据政权;对内加强中央集权,铲除藩镇势力。两者的目的却是一个:保证赵宋王朝的长治久安,万世一系。为此,可说是虑远谋深,机关算尽。

赵匡胤受禅即位,南唐国主李煜是唯一前来朝贺的君主。尔后,南唐一直以附属国的身份称臣纳贡,从无异志,后来甚至主动撤去国号,自称"江南国主",进一步表示臣服。李煜由于酷信浮屠,留意声色,属文工画,无心振兴国家、强兵修武,可以说,对大宋江山构不成任何威胁。

但即使这样,赵匡胤也不想放过他。为了制造进攻南唐的借口,便指令李煜亲自到京城朝拜。南唐一些大臣认为,李煜此去定被扣留,因此力加劝阻。这样,正好堕入太祖预设的彀中。于是,以南唐有意"抗旨"为由,堂堂正正地派出十万大军进击。李煜急忙派遣能言善辩的徐铉,前往汴京面圣,请求退兵。并诉说南唐对大宋天朝一向百依百顺,没有任何得罪之处,现在,大兵压境,似乎师出无名。赵匡胤赫然震怒,不加任何掩饰地说:"卧榻之旁,岂容他人鼾睡耶!"是的,"匹夫无罪,怀璧其罪"。狼要吃羊,难道还要说出什么理由吗?

一天,他向谋臣赵普提出了两个问题:唐末以来,数十年间,为什么走马灯似的换了八姓十三个君主,争战无休无止?有什么办法能够从此息天下之兵、建长久之业?这里充分反映出赵匡胤积怀已久的心迹。应该说,他无时无刻不在思虑如何避免宋王朝继五代之后成为第六个短命王朝,如何永保赵氏家族万世一系的问题。

赵普的答复是:问题的核心在于方镇太重,君弱臣强。赵匡胤又问,那么,有何根治的办法?答曰,只有夺他们的权,收他们的兵,控制他们的钱谷。这样,天下自然就会安定了。赵匡胤连声说,我懂了,我全明白了。原来,君臣二人的想法完全一致。

赵匡胤从自己据有天下的事实,看到手握重兵的人的极端可怕。就是说,异己的军事力量,可以对政治起支配作用,是对既得政权的最大威胁。因此,对于身边一些共同举事的军界首脑,产生了强烈的疑忌心理,不能不时刻加以防范。于是,乘慕容延钊与韩令坤二人出外巡边、回京朝见的机会,首先解除了他们禁军主帅的兵权,安排到外地当节度使。并且,此后不再设统领禁军的殿前都点检一职。

而禁军将领石守信等有拥立之功,不好下令罢免,便实行了第二步棋:四个月后,利用晚朝机会,请这些禁军宿将宴饮。酒酣耳热之际,屏退左右侍从,赵匡胤显得十分亲热地说,如果没有众卿的拥戴,我是不会有今天的。然而,众卿又怎能知道,做皇帝也实在是太艰难了,远远赶不上做个节度使那样舒服,一天到晚都不能安枕而卧啊!石守信等人听了,赶忙叩问缘由。他便接上说,我是担心天下坐不安稳啊。皇帝的位置,人们都争着坐。虽然你们没有异心,然而部下总是希图富贵,一旦有人也以黄袍加身,你们想要不干,能办得到吗?

一席绵里藏针的话语,使这些将领觉察到自己已经深受疑忌,弄得不好将要遭致杀身之祸。于是,纷纷泣谢叩头,要求皇帝指出一条"可生之途"。赵匡胤就势开导说,人生一世,犹如白驹过隙,所以那些期望富贵的人,都想广积货财,多享快乐,使子孙免受困乏,常保康宁。你们这一辈子也够辛苦的了,不如交出兵权,前去地方任职,多买些良田美宅、歌姬舞女,日夕欢宴,以乐天年。我还要同众卿结为姻亲,君臣之间永无猜疑,上下相安,不是很美好吗?

大家见皇上说得如此直白,便连连谢恩。第二天,石守信等人便都上表称病,请求免去掌管禁军的职务,到地方当节度使,赵匡胤欣然同意。事后,为了兑现酒席上的承诺,安抚这些失去兵权的禁军统帅,他也真的将一妹二女同他们结了姻亲。这就是历史上有名的"杯酒释兵权"。

3

在解除武将兵权的同时,赵匡胤又起用一批文臣担任知州职务,并在各州设置通判,使其权力与知州相等,以分散地方长官权限,避免出现个人专权的弊端。地方上的军事、民政、财赋、司法权限,全部收归中央管辖。在中央,对宰相实行分化事权、相互制约的办法,把军事行政权分出,划给枢密院;国家财政和地方贡赋,划给三司。这样,宰相便不再是一个人,而是一个执政的群体,包括参知政事、枢密使、副使、三司使等十来个人。任何一个相职都不能独断军政大事,最后全都听命于皇帝。

对军队更是严加控制。军权一分为三,"三衙"负责日常管理、训练,枢密院负责调动、发兵,最高指挥权归于皇帝。禁军之外,还有厢军,其中精锐部分,全部收入禁军,厢军不再参加训练,不具备战斗力。针对这一举措,司马光评论说,这样,各地方镇都自知兵力虚弱,远不是京师的对手,自然谁也不敢再有异心,只能服服帖帖,唯命是从。

为防止将领出外作战不受君命约束的情况发生,宋太宗赵光义更是实行"将从中御"的对策,每次出征,皇帝都要亲授事先拟好的"阵图",大自战略布局,小至部伍行止,都不得改变;同时,派遣宦官监军。结果就像叶适所言:"一兵之籍,一财之源,一地之守,皆人主自为之也。"

宋初立国伊始,即大力提倡封建道德,崇尚礼义,声称"以孝治天下",把孝经列为群经之首,作为宗室子弟和民众的必读书,目的在于杜绝犯上作乱。注重对历史人物进行道德评价,宋朝统治者之所以猛烈抨击唐太宗"杀兄篡位",骂他"为子不孝,为弟不悌,悖大埋,灭人伦",也无非是为了防止"玄武门之变"重演。有人也许会问:那么,赵匡胤为什么不提倡"忠君报国"呢?道理很简单,他自己得天下的路子就不正,若是强调"忠君",他总觉得有些嘴短。

为了赵氏王朝的万世一系,赵匡胤、赵光义,这对开基创业的难兄难弟,真可谓费尽心思。历史的发展却常常是动机与效果大相径庭,许多事情都不是始料所及的。秦始皇唯恐诗书乱政,儒生造反,实行焚书坑儒、毁灭文化的绝招,可是,"坑灰未冷山东乱,刘项原来不读书"!

《资治通鉴》记载:唐太宗晚年,太史占卜,谓"女主当昌",民间又传"秘记"云:"唐三世之后,女主武王代有天下。"于是,太宗对疑似的人严加查治。默想武卫将军李君羡,小字五娘,且他著籍武安,又封为武连县公,处处带着"武"字,莫非应在此人身上?遂调他出外,任为华州刺史,后有御史弹劾他谋为不轨,干脆下诏活活处死。可是,太宗竟没有想到,娇滴滴的武媚娘就在身旁,最后还是祸起萧墙。

赵匡胤同样也没有料到,像当年后周的符太后领着刚刚七岁的周恭帝仓皇辞位一样,三百多年以后,赵氏王朝的寡妇、孤儿——谢太后和恰好也是七岁的宋恭宗,不得不逊位于元世祖忽必烈,亦步亦趋地重复了前朝亡国败降的命运。元代诗人刘因有《书事》七绝:

卧榻而今又属谁,江南回首见旌旗。
路人遥指降王道,好似周家七岁儿。

另一位元朝时人北客也有一首七绝《宋太祖》:

忆昔陈桥兵变时,欺他寡妇与孤儿。
谁知三百余年后,寡妇孤儿又被欺。

诗出两人之手,内容却不谋而合,都是讥刺宋太祖赵匡胤的。元将伯颜也曾对南宋的降臣说:"汝国得天下于小儿,亦失于小儿,其道如此,尚何多言!"历史上惊人的相似之处,确是一个绝妙的讽刺。

4

走进原为北宋都城汴梁的开封,空间没有跨出多远,时间却仿佛越过了千年,著有"一步走进历史,转眼似成古人"的感觉。历史风烟在胸中掠过,那沉埋于地下的万种喧嚣与百代繁华,已无声无息,无影无踪。而生者自生,死者自死,人生舞台上还在上演着各色的悲喜剧,生命也同时间一样,在文字传承和现实记忆中彼此衔接,而成为一页页的历史。

整个古城,简直就是一座充满历史回声的博物馆,典雅凝重,这在中国"七大古都"中是独一无二的。闲步街头,随时随地都能看到或者听到一些熟悉的名字——天波杨府、包公南衙、大相国寺。每一条街巷都深藏着一段生动的史实,每一处遗址都埋伏下许多迷人的故事。

我以为,一个朝代给予人们的印象是深刻的抑或是淡漠的,未必和这个朝代的历时久暂成正比,往往同当时事件的密集度、人物的知名度以及后世民众的关注度紧相联系。比如,三国时期不过几十年,可是人们却觉得绵绵无尽,为时久远,就因为斗争风起云涌,矛盾层见错出,豪杰、奸雄、智者、高人应有尽有,好戏连台,沸沸扬扬,异常热闹。宋代属于又一种情况。由于《杨家将》《包公案》《说岳全传》等大众文学流传广远,深入人心,在人们印象中,宋代尽多忠臣良将、义士英杰,一派河清海晏、四境承平的景象。其实并非如此。

中国封建社会,到了宋代,经济、文化的发展都达到了巅峰,但已开始走下坡路。就帝王的才略来说,除了宋太祖之外,也并没有哪个是真正大有作为的。走笔至此,我倒想起一则轶事:宋初,华山道士陈抟乘白骡入汴州,途中听说赵匡胤登基做了皇帝,高兴至极,竟忘乎所以,从骡背上滚了下来。他说:"天下从此定矣!"还有一位自号"安乐先生"的道学家邵尧夫,写过一首《插花吟》,有句云:"身经两世太平日,眼见四朝全盛时。"都属过甚其辞。

实际上,当时的形势远不像他们想象得那样乐观。北宋刚取得政权时,其统治区域只限于黄淮流域,主要是中原一带。当时,北有契丹、北汉,虎视眈眈;西有西夏,日夕图谋东进;西南有后蜀,坐险自大;南有吴越、南汉、南唐,占据着重要经济地区,割据称雄。太祖、太宗两朝,整整用了二十年时间,才结束了十国割据局面。尔后,太宗七年间两度征辽,都惨遭失败,不得不完全采取守势。到了第三代皇帝宋真宗时,辽军大举南下,直抵汴州以北的澶州,宋廷惊恐万状,甚至拟议迁都,最后与辽国订立了屈辱的"澶渊之盟",后期又面临着金人的大举入侵。南宋小朝廷偏安一隅,这不必说了。终北宋之世,尽管没有发生过大的内乱,但外患频仍,兵连祸结,却是公认的事实。

5

宋朝是这样一个特殊的时代,它兼为古代中国修文之高峰与武备之谷底。这和立国以来一直奉行重文轻武、"守内虚外"的统治政策有直接关系。说到"轻武",有人也许不以为然。因为在太祖、太宗眼中,"武"已经重到不能再重的程度,以至言"兵"色变,带有一种恐惧心理。这是事实。但这种重武、惧武的心态发展到极端,必然走向抑武、贬武一途。这也是完全合乎逻辑的。于是,文人就成了政权的主要依靠对象,文人知州,文人入相,文人管辖军队,文人能够较为随便地议论时政。在宋代,文人得到了历史上未曾有过的优越地位。

当然,这种"重文"恰也说明,在宋初皇帝心目中,文人是无足轻重的,是最容易驾驭和控制的。据《宋史纪事本末》记载,赵匡胤曾经说过,我用百余名儒臣分治百藩,纵使他们都去贪污,其为害也赶不上一个武将。这最露骨地道出了重文的实质。历史上常常出现"无心插柳柳成荫"的现象,不管原初的用意何在,随着一系列政策的确立与实施,重文轻武逐渐成为有宋一代全社会的普遍意识,客观上也推动了整个文化的发展。

所谓"守内虚外",可从宋太宗的论述中了解个大概。他曾对近臣说过:"国家若无外忧,必有内患。外忧不过边事,皆可预防;唯奸邪无状,若为内患,深可惧也。"(《宋史·宋绶传》)这里反映出他对"外忧"缺乏足够的认识,因此终北宋之世,一直把主要兵力,尤其是为数一半以上的禁军的主力部队,放在京师与内地要冲,以防备和对付"内患"。至于北部数千里的边界线上,则只有少量兵力,又分散在孤立的据点上,而且战斗力极差。

苏轼等有识之士都看到了问题的严重性,明确地指出,部队中多是一些资望甚浅的人担任将帅;而在第一线领兵的,"非绮纨少年,即罢职老校","一旦付以千万人之命,是驱之死地矣"。至于兵员,素质就更没法说了,"沿边屯戍骑兵军额高者无如龙卫,闻其间有不能披甲上马者。……每教射则望空发箭,马前一二十步即已堕地。……骄惰既久,胆力耗惫,虽近戍短使,辄与妻孥泣别,披甲持兵,行数十里,即便喘汗"。

马可·波罗在其游记中追述前朝情景时说:"这片土地上的人民,决非勇武的斗士……皇帝本人满脑子里都是女人,他的国土上并无战马,人民也从不习武,从不服任何形式的兵役。"孟元老在《东京梦华录》中也写道:"太平日久,人物繁阜,垂髫之童,但习鼓舞;斑白之老,不识干戈。"

武备如此,自然无力抵御辽、金、西夏的不断侵扰。一部北宋对外作战史,充满了令人心丧气沮的溃逃、败降的记录。单是北宋与契丹的战事中,先后进行过八十一次战斗,获胜的仅有一次。每一次败绩的结果,自然都是通过外交途径屈辱求和。宋景德二年(1005),与契丹贵族订立的"澶渊之盟",开了有宋一代以金银布帛换取屈辱和平的先河。此后,每年向辽、金、西夏输纳岁币,都在百万左右。

宋朝中晚期,对待入侵之敌,先是"奉之如骄子",后来沦为"敬之如兄长",最后败落到"事之如君父",真是一蟹不如一蟹。宋人张知甫的《可书》中,引述了绍兴人的谐谑:人们将金人和宋人的事物做类比,说金人有柳叶枪,宋人有凤凰弓;金人有凿子箭,宋人有锁子甲;金人有狼牙棒,宋人有天灵盖。鲁迅先生在引证这则令人哭笑不得的趣话时,愤慨地说了一句:"自宋以来,我们终于只有天灵盖而已!"

6

开封处于南北要冲,历来都是兵家必争之地,却又地势坦平,无险可守,作为都城,从军事角度看,存在着先天不足的明显缺陷。但是,物产丰饶,四通八达,就经济、文化的发展来说,又具有十分优越的条件,成为我国封建社会后期城市的典型代表,是一座十分适合平民百姓居住,充满着浓厚的生活气息和人情味的都城。

这里,虽然不具备汉、唐国都那样宏阔的气派和规整的布局,但它也没有那种封闭式的里坊之隔、墙垣之限,因而便于沿街设市,商贸流通。而且,店铺不避官廨,所有的通衢小巷都可作为市场,就连最庄严肃穆的御街,也变得熙熙攘攘,热闹喧杂,完全从冷漠、隔绝状态中走了出来。

但随之而来的,便是奢靡、享乐之风盛行,官僚经商趋于普遍化。

立国伊始,朝廷就实行了以经济收买换取君臣相安的策略,给予一些功臣宿将兼并土地的特权,使他们可以收取巨额地租,作为官商本钱;而一般官僚仕宦也都有丰厚的俸禄,加上高利盘剥,贪污索贿,同样具备经商的条件。他们竞相动用官府车船偷税逃税,经营包括域外与禁榷的各种物资,获取高额利润。真宗朝,两浙转运使和镇州知州,在倒卖金银、布帛的同时,还从事贩卖人口生意。这种雄厚资本与政治特权的结合,不仅使国家财政遭受极大的损失,也造成了官僚政治的严重腐败。

据《宋朝事实类苑》记载:宋初,太祖、太宗十分厌恶奢靡,恭行节俭。宋乾德二年(964),北宋扫平了后蜀,亡国之君孟昶来到开封,献上一个装饰着七彩珠宝的尿壶,太祖见了,怒形于色,当即掷之于地,令侍从把它敲个粉碎,并气愤地对孟昶说:"一个便器就这么讲究,那么,你该用什么器具来贮藏食物?如此骄奢淫逸,怎能不亡国!"

但是，由于建国后皇家鼓励开国功臣及时退休，蓄养歌僮舞女聊以自娱，尔后，这种风气逐渐在社会上弥漫，每逢宴会照例有歌舞侑酒，有时出来歌舞承欢的就是主人的家伎。仁宗朝，晏殊以宰辅之尊，日日以饮酒赋诗为乐，每会宾客，必有宴饮。从北宋的许多文人常为歌女演唱而写作，且多沿袭五代《花间集》的传统，可知一代文风是和当时的世风时尚紧相关联的。

在内忧外患频仍的危急存亡之秋，朝野上下，生活方式仍然极度奢侈淫靡。汴梁城内到处布满酒楼、食店、妓院、戏场。宋代诗人刘子翚，青少年时代曾久住开封，"靖康之祸"发生后，他回故乡福建做官与讲学，忆起当年在东京的酣歌醉舞的往事，写了《汴京纪事》诗二十首，其一曰：

梁园歌舞足风流，美酒如刀解断愁。
忆得少年多乐事，夜深灯火上樊楼。

当时的樊楼三层高耸，五楼相向，彼此飞桥横架，明暗相通，为东京城内酒楼之最。当时，像这样的"星级大酒店"有七十二座，每家饮客常在千人以上。工商店铺多达六千四百家。这从《东京梦华录》和名画《清明上河图》中也看得很清楚。最令人记怀的是州桥夜市，它是东京著名的景观之一。刘昌诗在《上元词》中做了生动的记述：

家家帘幕人归晚，处处楼台月上迟。花市里，使人迷，州东无暇看州西。都人只到收灯夜，已向樽前约上池。

备述故都太平景象，其中已隐伏着日后的危败之由。

宋徽宗赵佶更是把这种骄奢淫侈之风推向极致，其生活之腐朽糜烂，在历代的皇帝当中，是少有其比的。他用了十年多时间，在京城东北部修起一座"万岁山"，范围超过北宋皇城的三倍。里面峰峦起伏，曲池环绕，山林蓊郁，楼阁参差，是当时世界上独一无二的特大皇家园林。为了让这座

"万岁山"有一种云雾缭绕的氛围,亲信们叫人做了许多油绢口袋,弄湿后挂在山岩上,充分吸收水蒸气,然后把口扎上。待皇帝到来再打开口袋,水汽外溢,宛如云雾蒸腾,名为"贡云"。

为了满足以赵佶为首的统治集团的享乐要求,特意在苏州、杭州设立了应奉局、造作局,只要发现士庶之家有奇石异木,便即用封条做记,收为皇家禁物。在淮河、汴河之中,专门运送花石纲的船只,舳舻相接,数月不绝。这座园林后来毁于金人的战火。人们在一座建筑的盘龙柱上刮下的金屑达四百多两,其豪华富丽于此可见一斑。元代诗人李溥光咏叹道:

一沼曾教役万民,一峰会使九州贫。
江山假说方成就,真个江山已属人。

诗句是说,"万岁山"建成之日,即江山易手之时。这一假一真,讽刺深刻而感慨深沉。

当时,还有一首咏《万岁山图》的七绝:

万岁纲船出太湖,九朝膏血一时枯。
阿谁种下中原祸,犹自昂藏入画图!

诗人的一腔怒气未敢直接发向皇帝,结果对着假山放了一通火炮,但其抨击的效果却是一样的。

7

综观有宋一代的兴衰史,益发相信鲁迅先生警辟的睿断。他说,无论什么局面,当开创之际,必靠许多"还债的";创业既定,即发生许多"讨债者"。此"讨债者"发生迟,局面好;发生早,局面糟;与"还债的"同时发生,局面完。在隋代,"讨债的"炀帝杨广紧跟在"还债的"文帝杨坚脚后出现,结果二世而亡。赵匡胤创业一百四十年后,才出现赵佶这班"讨债者",此亦北宋不幸中之幸也。

汴梁城毁于金人战火,加上后来几次黄河泛滥,致使往日的千般绮丽,万种繁华,一股脑地被深埋地下。前面说过的那座"州桥",当时汴河流经其下,天街贯穿南北,备极繁华之盛,不然"青面兽"杨志也不会跑到那里去卖刀。在开封我要寻觅它的踪迹时,东道主却说,遗憾得很,它已经隐匿在五米土层之下了。这也没有什么奇怪的,毕竟是"往事越千年"了。现在看到的古城面貌,说是宋城旧迹,其实,乃是清代的孑遗。

英国文学名著《简·爱》的女主人公重回故地桑菲尔德府,目睹物是人非之惨景,曾喟然叹道,一切没有生命的依然存在,而一切有生命的已经变得面目全非了。尽管这话十分精辟,但却并不准确,没有生命的同样也在变化。一千多年前,李白写过一首《梁园吟》,有句云:

昔人豪贵信陵君,今人耕种信陵坟。
荒城虚照碧山月,古木尽入苍梧云。
梁王宫阙今安在?枚马先归不相待。
舞影歌声散渌池,空余汴水东流海!

说的是山河犹是,人事已非。于今,不要说梁园、万岁山,连那滔滔滚滚的汴水也已荡然无存,早就淤成了平地,只剩下"汴水秋声"四个字,作为"汴京八景"之一,留存在传统里。

第二十二篇

无字碑

I

此行的目的地,是寻访太原的古城村:一是看看晋阳故城遗址;二是参观名闻中外的晋祠;三是听说晋祠里有一座无字碑,我也想考察一番。

说到晋祠这个名称,也许有人以为它是晋国或者晋家的祠庙,那可就错了。它也不是晋水的神祠。只是由于这里地处悬瓮山下晋水的源头,又与春秋时代的晋国有些因由,因而得名。晋祠创建的年代,现已难于考定,最早的记载见于北魏郦道元的《水经注》。由此可知,至少也有一千五六百年的历史了。

周威烈王二十三年(公元前403),韩、赵、魏三家分晋,现在的太原,当时称为晋阳,曾经一度作为赵国的都城。后来,东魏的高欢,隋代的杨广,五代时期后唐的李存勖、后晋的石敬瑭、北汉的刘知远,都是依靠着雄踞晋阳而坐上了龙椅。对于唐王朝来说,晋阳更有其重要意义,李渊灭隋,就是从这里起兵的,凭借着"晋阳之地士马精强,宫监之中府库盈积"和有利的战略地位,不到半年时间,就沿着汾河、渭河西进,攻入长安,奠定了唐王朝四百年的基业。所以,唐太宗称晋阳为"王业所基,国之根本"。

经过唐王朝的历次修建,晋阳城由跨越汾河两岸的三座城池组成,周围达四十余里,不仅规模巨大,而且十分坚固,成为唐朝北方的重要屏障,在"安史之乱"中,发挥了抵御敌军的重要作用。当时,叛军攻破了洛阳、长安"东西二京",唐玄宗逃往四川;十万叛军合攻太原,而太原守将李光弼凭借着坚固的城池,以不足万人的地方武装,坚守五十余天,终于击退了敌军,并以此为基地,收复了大批失地。

从北宋讨伐北汉的战争中,我们再次看到了太原的战略地位。为了扑灭雄踞太原的北汉政权,宋太祖八年间两次出兵,都由于城池坚固,无功而返。又过了三年,宋太宗赵光义御驾亲征,将太原城围困了五个月。在粮尽援绝的情况下,北汉主弃甲投降,这才夺取了这座易守难攻的古城。

当时,有人向宋太宗进言,太原一带有一条"龙脉"不可不防。北面的系舟山是龙角,西面的龙山、天龙山是龙身、龙尾,太原城正当这条蟠龙的腹心。宋太宗是非常迷信的,他想,怪不得历史上这里出了那么多的开国皇帝,原来它有"龙城"之兆啊。为了铲除这条"龙脉",摧毁一切可能出现的割据势力的温床,宋太宗于宋太平兴国四年(979),下诏削平系舟山,名为"拔龙角";同时,撤销藩镇建制,改太原城为平晋县,将并州这一太原的古称硬栽给了榆次县;并彻底摧毁城池,纵火焚烧了城中的宫殿建筑及居民庐舍,老幼来不及逃出的多被烧死在城中;还引汾水、晋水灌城,将古城的废墟冲没,使这座自古以来即为防御北方侵略势力的屏藩重镇毁于一旦。尔后,在东北方向五十里外的唐明村修了一个小型的土城,用以安置流民,这就是今天的太原。新城里一律不修"十"字街,只铺"丁"字路,为的是钉住这里的"龙脉"。

面对晋阳故城的废墟,想到它旧日的赫赫声威,真是不胜铜驼荆棘之感。那样一座坚如磐石的城池,除了一个破烂不堪的不知建于什么朝代的旧城门,其他任何遗迹也见不到了,破坏得十分彻底。我和两位农民打扮的老者接谈,听到的都是一些对宋太宗赵光义的愤怼之言。陪同游览晋祠的张女士向我解释说,宋太宗毁城祸众,伤透了当地民众的心,这个疙瘩已经结下了一千多年。

张女士还告诉我,宋太宗在捣毁晋阳城的同时,却在晋祠大兴土木。因为他特别迷信,以为这样可以积功树德,祓除不祥,同时又能获得敷扬文教的美好声名。他效仿唐太宗建立贞观碑的做法,在晋祠也立起了一座太平兴国碑,记述他修祠立碑的始末。但是,两个碑的命运却截然不同:贞观碑被精心保护在宝翰亭中,劲秀挺拔的字体与洒脱洗练的刻工交辉互映;

而对这块宋碑,老百姓却偏偏不买账,碑文早已被刮剥净尽,结果,只好作为一个变形的无字碑,被冷冷落落地放置在胜瀛楼北面的台基上。

这使我想起了"皇威争一瞬,民意重千秋"这两句古话。对于宋太宗捣毁晋阳城的恶行,不只普通民众恨之入骨,千载以还,犹有余愤未平;而且,后世许多主持正义的作家、诗人,也都予以严厉的谴责。比如,毁城二百余年之后,金代诗人元好问凭吊晋阳故城遗址时,想到这座"天下名藩巨镇,无有出其右者"的北方屏障的惨遭毁坏,曾经激愤地悲吟:

> 中原北门形势雄,想见城阙云烟中。
> 望川亭上阅今古,但有麦浪摇春风。
> ……………
> 汾河决入大夏门,府治移著唐明村。
> 只从巨屏失光彩,河洛几度风烟昏!
> ……………
> 鬼役天财千万古,争教一炬成焦土!
> 至今父老哭向天,死恨河南往来苦。
> 南人鬼巫好禨祥,万夫畚锸开连冈,
> 官街十字改丁字,钉破并州渠亦亡!

诗的前四句,是说这座形势雄胜的"北门锁钥",于今已不复存在,废墟上麦浪摇风,而昔日的城阙只能想见于云烟之中。中间部分,是诗的腹心部分,讲述毁城过程及其严重后果。诗人临风吊古,痛斥宋太宗毁掉晋阳城给国计民生带来了无穷灾难——由于石敬瑭割让了燕云十六州,赵光义又摧毁了这一北方的名藩巨镇,黄河以北成为敌开了大门的庭院,终于导致金人侵入,汴京失陷,北宋覆亡;而在毁城的当时,父老们纵然有幸逃出火海,也是哭告无门,流离失所。最后四句,指斥赵宋统治者迷信天命,挖龙角,断龙脉,结果钉破了并州,也毁灭了自己。

2

听着太原人对宋太宗的议论,我虽然没有插言,但内心是赞同的。也许是先入为主吧,我对这位雄猜狠鸷的君主一直没有好的印象。小时候,看过一出《贺后骂殿》的京戏,剧情是宋太祖赵匡胤猝死之后,其胞弟赵光义继承皇位,赵匡胤的皇后贺氏因丈夫死因不明,令长子德昭上殿质问。赵光义赫然震怒,想要把他斩掉,德昭又惊又恨,一头撞死。贺后于是带领次子德芳上朝骂殿。唱词是:

> 有贺后在金殿一声高骂,骂一声无道君细听根芽。老王爷为江山何曾卸甲,老王爷为山河奔走天涯。遭不幸老王爷晏了御驾,贼昏王篡了位谋乱邦家。把一个皇太子逼死殿下,反倒说为嫂我拦阻有差。贼好比王莽贼称孤道寡,贼好比曹阿瞒一点不差。贼好比秦赵高指鹿为马,贼好比司马师搅乱中华。只骂得那贼昏王装聋作哑,只骂得那贼昏王扭转身躯,闭目合睛,羞羞惭惭,一语不发。只骂得贼昏王无言对答,两旁的文武臣珠泪如麻。

结局是,赵光义殿前谢罪,赐贺后尚方宝剑,封入养老宫,加封赵德芳为八贤王。看戏当时,除了为低回沉郁、悲凉慷慨、优美动听的二黄唱腔所陶醉之外,也觉得贺后骂得实在痛快,算是呼出了一口闷气。

这出程派的名剧,是根据北宋神宗时僧人文莹《续湘山野录》"烛影斧声"之说演义而来的。关于宋太祖之死,《宋史》上的记载极为简单,只有"帝崩于万岁殿,年五十"九个字。南宋史学家李焘《续资治通鉴长编》,综合了《续湘山野录》和北宋史学家司马光的《涑水纪闻》等书,记载得比较详细。说太祖夜召晋王光义入内,属以后事。左右皆不得闻,但遥见烛影下,晋王时或离席,若有所逊避之状,后来又看到太祖以柱斧戳地,大声对光义说:"好为之。"次晨太祖就死了。时夜已四鼓,宋皇后使太监王继恩召唤德芳,而王继恩却直接跑到晋王赵光义那里。晋王犹豫,不肯前行,继恩催促说:"拖延久了,就会落到别人手里。"于是,晋王跟随他一起来到寝殿。宋后问道:"德芳来了吗?"继恩曰:"晋王到了。"宋后愕然,慌遽地对晋王说:"我们母子的性命,都托靠给官家了。"晋王哭着回答:"我们会共保富贵的,无须忧虑。"

此外还有一些说法。如宋末遗民徐大焯在《烬余录》中记载:太宗多次在太祖面前,盛称蜀国花蕊夫人费氏的才干,没过上一个月,蜀主就暴卒了。太祖感到诧异,当即找来花蕊夫人了解蜀主猝死的情况。发现这位费氏确实才情敏慧,便把她留在掖庭中陪侍,宠幸无比。这天,赶上太祖患病,光义于夜间入宫问候,适值太祖熟睡,呼之不应,遂乘机对费氏动手动脚,加以调戏。不料,太祖此时突然醒来,正巧目睹了这一场面,当即愤怒地以柱斧砍地,斥责光义说,你做的好事!第二天晚上,太祖就死了。

"从现存史料中得知,太祖死前两个月,每月都有御驾出行的记载,甚至远到洛阳,可见他身体健康,精力充沛,死得实在是非常突然。最大的可能是死于他的胞弟赵光义的谋害。"当代史学家邓广铭如是说。

也正是由于赵光义是以篡弑手段夺取了皇位,唯恐后世非议,于是,便又伙同赵普编造出了一个"金匮之盟",即杜太后临终前曾有太祖传位于光义的遗嘱。其真实性同样令人怀疑。尽管其时光义已做了开封府尹,实际上居于接班人的地位,但要继承大统,既无太祖的临终顾命,也没有正式储君的名分,而且,以弟继兄,毕竟有乖常例。为了寻求合法继位的依据,只好抬出一个太后临终遗命来加以缘饰。

这又是一个"千古之谜"。对此,官修的《宋史》同样是多所讳避,所记仍是九个字:"太祖崩,帝(太宗)遂即皇帝位。"封建王朝的史书向来是为尊者讳的。但在宋太宗统治权力干预不到的辽国,史官却记为"宋主匡胤殂,其弟炅(太宗名)自立"。一个"自"字道出了问题的实质。纸里终究包不住火,有些敏感的史学家到底还是提出了问题,《宋史》中"特书曰'遂',所以别于受遗诏而继统之君也";有的直斥太宗"褊急奸贪而攘天位"。可见,在后世的史学界,多数都是否定"金匮之盟"的真实性的。

《贺后骂殿》这出戏,正是针对赵光义这样一些龌龊的行径来编排的。作为一种舆情真实而曲折的反映,它像《击鼓骂曹》《审潘洪》《斩黄袍》等剧目一样,在很大程度上代表了广大下层民众的心声和愿望,但它与史实确有明显的出入。赵光义即位于宋开宝九年(976),而贺后早在后周显德五年(958)就已下世。人已云亡,何来骂殿?赵德昭也并非死于赵光义窃位当时,而是在四年之后。尽管其事属于子虚乌有,但是,由于那激越慷慨、低回悲壮的唱词已经深深地印在脑底,再加上赵光义篡位后确实又"多行不义",所以,即使知道戏文失真,感情上也还是过不来,所谓"宁肯信其有,不愿信其无"也。

当然,剧情也并非一无依傍,凭空虚构,或多或少还是存在一些影像的。德昭之死,确与宋太宗有直接关系。据《涑水纪闻》和《续资治通鉴》记载,太平兴国四年(979)六月,武功郡王赵德昭随从宋太宗出征幽州。幽州当时是辽朝的南京,防守甚严,宋军连续攻打了十一天也没能破城。嗣后,辽军的援兵赶到,大败宋军于幽州城西的高梁河。太宗连夜挥师后撤,辽兵紧追不舍,宋军陷入了一片混乱,丢盔弃甲而逃,太宗急忙搭上一辆驴车,趁夜逃遁,才免于被俘。军中找不到皇上,以为他已经被辽兵俘获或死在乱军之中,有人便提议拥立德昭,但很快就知道了太宗的下落,也就把这个事压下了。可太宗听到了一点风声,心中非常忌恨,只是嘴上不讲。

班师回朝之后,上上下下都议论,这次北征失利,同未能及时赏赐扫平北汉之功有直接关系。于是,德昭就提醒太宗,应该对平定北汉的将士论功行赏。这本来是一件正常的建言,没想到却引发了太宗的宿火,当即怒气冲冲地说:"等你自己当了皇帝,再行赏也不晚!"德昭听了,惶恐万分,觉察到太宗怀疑他想要篡夺皇位,话中已经露出了杀机。回宫以后,就寻觅刀剪,侍从们不知他用意所在,便说,宫中哪敢带这类东西呢?德昭又跑到茶酒阁去,用切果刀自刎了。此时离太祖驾崩不过三年时间。

又过了一年半,太祖的另一个儿子德芳(即戏曲中的"八贤王")也不明不白地死去,年仅二十三岁。人们怀疑他的暴死也与赵光义有关,只是史书失载,无从悬揣。史书上讲,德昭既不得其死,德芳又相继夭绝,太祖的胞弟廷美感到了形势的严重,觉得太宗的屠刀很快就会降临到自己头上。果然,在赵普的策划下,他屡受诬告,连遭贬逐,三年之后死于房州。

当得知廷美的死讯后,太宗淡淡地对朝臣说,廷美之母并不是杜太后,而是太宗的乳母耿氏。这就彻底否认了廷美与他是同胞兄弟。后来的修史者,就把太宗的说法记入了《宋史·赵廷美传》。可是,却忘记了同时修改杜太后的传记,在那里分明记载着:太祖母昭宪杜太后"生邕王光济、太祖、太宗、秦王廷美",结果,终于还是露出了马脚。

赵光义之所以处心积虑地必欲置廷美于死地,乃至不惜制造谣言,否认与廷美的同胞关系,是因为"金匮之盟"中有"能立长君,社稷之福"的话。当初,这句话为他篡权夺位提供了根据;现在,却又觉得不利于他安排后事;论年龄,廷美长于太宗之子,要立"长君",他该是首选。因此,只有除掉这个难以逾越的障碍,才能达到日后"传子"的目的,才能实现终北宋之世继承皇统的全归太宗一系。

但一除了之,又太容易暴露出他的罪恶用心,于是,便又打出"廷美本为庶出"这张王牌。言外之意是,即使他健在,也没有继统的资格。那么,也许有人会提出问题:既然太宗握着这把廷美不是他的胞弟的撒手锏,尽管亮出来就是了,何必非得煞费苦心把他害死呢?答曰:害死廷美原是前提条件,只要廷美一息尚存,就会搬出铁证来为自己辩护;这样,太宗造作谣言就很容易露馅儿。而今,杜太后已死,当事人又不在了,自然就可以随意编排。

有宋一代,对于太宗蓄意传子,不惜骨肉相残的卑鄙行径,一直是啧有烦言;而对太祖一支的惨遭杀戮,普遍深表同情。只是慑于太宗的威势,不敢公开、正面地议论,于是,便通过各种笔记、杂说等道里传闻的形式,寄感、抒怀、泄愤。这一思想倾向,到了南宋初年渐趋激化。当时,许多人士把北宋灭亡,太宗子孙被掳劫殆尽,归因于赵光义虐待太祖子孙而招致的报应。南宋之后问世的《古事比》和《七修类稿》等记载,统兵灭掉北宋、大肆屠戮太宗子孙的金朝大将斡离不,相貌极似宋太祖,人们认为,这是一种冥冥中的因果报应。上述诸说均属迷信,荒诞不经,没有什么价值可言,但是,显然都反映了当时的舆情民意。

3

闲览有宋一代史籍,发现有关宋太宗遗事的记载,有个显著的反差,就是官修史书许多方面或者失载,或者语焉不详,而所谓野史或民间传闻所记的却异常繁复,这在历朝历代都是少见的;而在一些私家著述或所谓野史、传闻中,披露的宋太宗的许多并不光彩的甚至损名败德的事,特别是涉及政治问题的,在正史中不仅全部隐去,而且还要反话正说,曲尽美化之能事,这从《宋史·太宗本纪》和北宋末年进士江少虞编纂的《宋朝事实类苑》中,看得最明显。

本来,中国的史官中存在着对当代史事秉笔直书,毫不隐瞒回护的优良传统,像先秦时代的董狐、南史,汉代的司马迁,都是这方面的典范。直到魏晋南北朝时期,还或隐或显地留下一些"直笔"的余脉。比如,苻坚的寡母曾汲引将军李威为男宠,这样的家丑竟记载在"起居注"里,苻坚看到后当然要"既惭且怒"了;北魏最高统治者拓跋氏的先世翁媳婚配之类的旧俗,史官撰国史时也曾据实直书……但到宋代之后,这种优良的直笔传统已经完全被斩断了。

应该承认,宋太宗的功业还是很显著的。继位之后,他大体沿袭了太祖时期的政策,结束了五代十国的分裂局面,基本实现了国家统一;同时,重视发展文化事业,不管出于何种考虑,牢笼读书士子也好,炫耀文治之功也好,通过组织编纂《太平御览》《太平广记》《文苑英华》三大类书,对于当时和后世都产生了积极有利的影响。对于这些方面,官修史书做了客观的较为详尽的记述,是正确的也是应该的。但在军事方面,则举措失当,八年之中打了五次大的败仗,丧失了军事优势,引发了财政危机,开始形成积贫积弱的局面,这也不应加以隐讳与缘饰。

鲁迅先生曾一针见血地指出:"历史上都写着中国的灵魂,指示着将来的命运,只因为涂饰太厚,废话太多,所以很不容易察出底细来。正如通过密叶投射在莓苔上面的月光,只看见点点的碎影。但如看野史和杂记,可更容易了然了,因为他们究竟不必太摆史官的架子。"反映在对宋太宗的记述上,也是如此。比如,焚毁晋阳城这样一件大事,在《宋史·太宗本纪》中只是用"隳其城"几个字一笔带过。宋太宗在征辽中指挥失当,全盘尽输,丧师不下三十万,这在《宋史·太宗本纪》中根本看不出来。即使那次几乎全军覆没,太宗险些被俘的"高梁河之战",也只是轻描淡写地说:"帝督诸军与契丹大战于高梁河,败绩。"

之所以出现野史、杂记多所记载,而正史却避而不谈的现象,除了一般情况下史官"为尊者讳"以外,还和宋太宗的"做贼心虚",直接出面干预有关系。他说过,为君为臣,做一恶事,载之简册,流传万载。正因为他很怕把一些不光彩的事情记上去,影响后世对他的评价,他对宋初史料的编纂极为关注。他一改前朝的惯例,专门做出规定:本朝的"时政记"和"起居注",必须按月首先送他本人审阅,然后再交付史馆。这样,作为修史时的主要依据的《太宗实录》,其可靠性就很难说了。

史载:太宗朝,有人向朝廷进言,请求放出宫女三百人。太宗对宰官说:"宫中无此数。"他本人亦颇自诩:"即位以来……朕持俭素,外绝游观之乐,内却声色之娱。"从这些情况看,太宗似乎并不留意女色,宫中也是清净简约的。但是,实际并非如此。太宗刚刚去世,继位的真宗就对辅臣说,宫中嫔御颇多,幽闭可悯,朕已告诉后宫,把那些进来年头很多的统统放出去。时隔三年多,儿子就给老子一个反手巴掌,戳穿了赵光义的谎话。

《烬余录》载:太宗既平北汉,圣心狂悦,率军征辽时,尽载北汉妃嫔随御,诸将亦掠北汉妇女以充军妓,致令士气不扬,全军尽覆于高梁河。南宋初年的王铚在《默记》一书中,还披露了这样一件事情:赵光义在做开封府尹时,一个青州人携带一个十多岁的小女儿,到南衙办理产业事,光义一眼就看中了这个女孩,硬是通过手下的安习给强买下来。后来,这件事被太祖知道了,十分气愤,不便直接追究光义的罪责,便下令追捕安习归案,光义只好把他藏匿在府中。连个十多岁的小女孩都不放过,"内却声色之娱",又从何谈起?当然,这是他登基之前的事。

太宗殚精竭虑十几年,才得遂其位登九五之愿。因为得来不易,所以防范心理极强,处处表现出心怀戒虑,猜忌多疑。这种个性品质也决定了他的领导方式:大权独揽,任人唯亲。为了钳制将帅,出征时实行"将从中御",剥夺了前方将帅的机动指挥权。出发之前,皇帝预授锦囊妙计,大至战略方针,行军布阵,小至进退行止,全部事先做出安排,不得改动,并派出亲信赴阵监军。

由于他素性猜忌多疑,使战功卓著、有"宋代第一良将"之誉的曹彬,只因秉政日久,深得民心,便被罢免了枢密使的职务。名臣寇准在罢朝归第途中,因为有人迎着马首欢呼"万岁",也被免除了职务。参知政事赵昌言已经出任川峡招安行营都部署,可是,当太宗听说他前额上的皱纹特殊,呈现反叛之相,立即收回成命,改派宦官卫绍钦前往四川,同领招安捉贼事。最可笑的是,册立元侃为太子后,京师之人欢喜雀跃,说:"真社稷之主也!"太宗听说以后,异常恼火,立即找来参与策立太子的寇准问道:"五洲四海都归心于太子,那将置朕于何地?"连亲生儿子也要怀疑、忌妒,其他人就更不要说了。

也正是由于这一原因,吴越王钱俶和南唐后主李煜等降王都未得善终。关于他们的死,《宋史》的记载都极为简略,前者记为"是夕暴卒,年六十";后者记为"(太平兴国)三年七月卒,年四十二"。但在褚人获的《坚瓠广集》中,却揭露了事实真相:他们都是宋太宗通过暗下毒药害死的。钱俶出生于后唐天成四年(929)八月二十四,死于宋太宗端拱元年(988)八月二十四,巧还巧在他的父亲也死在这个日子。李后主七月七出生,也死在七月七这一天。在他们庆生辰时,宋太宗都曾派人送去了祝寿的酒。

史书上说,钱俶作为一个属国之君,每逢朝廷使至,他都接礼勤厚;他本人一贯谦和、俭素,自奉尤薄。宋兴以来,贡奉不绝,而在太祖、太宗对南唐用兵之际,所贡资财增至数十倍。特别是,据《续资治通鉴·考异》引述《默记》,在"高梁河之战"中,宋师惨败,太宗乘驴车夜遁,其时掌管后军的钱俶发现后,为怕走漏消息,连续斩了六个前来报告御驾行踪的人,并下令后军缓行,以便同太宗的车驾拉开较大距离,免得目标过大,引起辽军注意,否则,就没有逃脱的可能。从这点看,钱俶之于太宗,就不仅是恭谨有礼,简直称得上救命恩人了。但是,由于"衔忌未消"(褚人获语),最后竟也未能逃出毒手。至于南唐后主李煜的下场,当然就可想而知了。

4

我知道李后主,是由于他的虚灵在骨、神秀绝伦的词作。早在中学时代,就喜欢背诵他那含思凄婉的名句:"春花秋月何时了?往事知多少";"问君能有几多愁?恰似一江春水向东流"。同时,也为他在不惑之年即命归泉壤而感到惋惜。尔后读书渐多,知道正是这首被后人目为神品的《虞美人》词,使他罪遭不赦。治罪的不是别人,当然是宋太宗赵光义,而手段之残忍毒辣,令人发指。

原来,李煜沦为亡国贱俘之后,痛感往事如烟、人生若梦,造物者残酷无情,使他承受了太深、太重的苦痛与愁恨,于是,写下了许多伤怀感旧、思念故国的词。不意这些作品很快就不胫而走,传遍了京师汴梁,也早被朝廷的耳目报告给了宋太宗,特别是"小楼昨夜又东风,故国不堪回首月明中";"雕栏玉砌应犹在,只是朱颜改"这些词句,使宋太宗启动了杀机。

正好这时又发生了另一件事,起了火上浇油的作用。这天,太宗指派南唐归顺的旧臣徐铉到后主那里打探消息。君臣久不见面,自然感到有许多话要说,他们便略去了昔日的礼节,促膝深谈。后主这天很动感情,也就忘却了应有的戒备。只见他长叹一声,黯然说道:"当时悔杀了潘佑、李平!"二人分别是南唐的内史舍人和户部侍郎,曾上书言事,指陈奸恶。

徐铉回宫复命,太宗问他,后主都说了些什么,他不敢隐讳,便据实以告。太宗敏感地意识到,李煜活在世上,就是南唐旧梦死灰复燃的希望,因此万万留他不得。当即传旨医官,配制烈性毒药,并要设法使李煜的尸体做俯首屈身之状,以示永世臣服。这样一来,那场令人不忍目睹的惨剧就发生了。七月七这一天,宋太宗派人前来给他祝贺生辰,亲赐御酒,李煜奉旨饮下,登时五脏剧痛,全身痉挛,头足相就,状如牵机,于次日凌晨气绝身亡。钱俶、李煜死后,太宗都极尽奸雄之能事,虚情假意地封王厚葬,分别辍朝七天和三天,以示哀悼,上演了一出"猫哭耗子"的闹剧。

看来,在酒中暗下毒药,乃是太宗的惯用手法。《续湘山野录》记载:太祖与光义"酌酒对饮,宦官、宫妾悉屏之","将五鼓……帝已崩矣"。据此,史学界有人推测,太祖死因,是光义在酒中暗下了毒药。而毒药则可能是由医官程德玄提供的。史有明载,德玄颇得太宗信任,众多趋其门;性贪,然太宗亦优容之。

从李后主的直言贾祸来看,他的机灵劲儿,远远比不上那个叫做阿斗的刘后主。据《汉晋春秋》载:晋司马昭灭蜀后,蜀后主刘禅被掳至京师洛阳。一日,宫中宴集,一些原来蜀国的艺伎舞乐于前,陪同后主观看的故蜀官吏尽皆落泪,唯独后主嬉笑自若。异日,司马昭又问他:"颇思蜀否?"答复是:"此间乐,不思蜀也。"左右听了这一番"全无心肝"的话,都忍不住暗笑。但它却蒙骗过了机灵诡诈的司马昭。《三国志集解》引于慎行说,刘禅对司马昭的应答,"未为失策也……思蜀之心,昭之所不欲闻也。……左右虽笑,不知禅之免死,正以是矣"。清人毛宗岗在评点《三国演义》时也说,"此间乐,不思蜀"之言,"乃禅之巧于自全也。若日夜流涕,感愤思归,奸雄如司马昭,其能容之乎"?

可是,这一全身远祸的韬晦之术,"性情中人"的李后主却压根儿就不会。一则他不是枭雄之子,没有掌握刘备那套"青梅煮酒,闻雷失箸"的家传;二则,"诗人者,不失其赤子之心者也",及其悲慨,忽忘形骸,全不理会徐铉能否把他卖掉。当然,由于宋太宗必欲置之于死地,即使李后主安分守拙,隐忍苟全,也不会放过他的。从钱俶的悲惨下场,完全可以得出这一结论。就这一点来说,李后主的结局较之刘后主更惨,也同所遭逢的对手较之司马昭更阴鸷、更明察有关。

其实,对于李煜来说,死也许是一种精神上的解脱。亡国被俘以后,他饱谙屈辱之苦。最为难堪的是,与他朝夕相伴、相濡以沫的小周后,经常被宋太宗召去陪宴侍寝,使后主痛苦万端,彻夜难眠。一个是"向君歌舞背君啼";一个是"此中日夕,只以眼泪洗面",都是苦不堪言的。明人沈德符在《万历野获编》中记载,宋人画《熙陵(即太宗)幸小周后图》中,太宗戴幞头,面黔色而体肥,小周后肢体纤弱,数宫人抱持之,周后做蹙额不胜之状。元代诗人冯海粟学士题诗曰:

江南剩有李花开,也被君王强折来。
怪底金风吹地起,御园红紫满龙堆。

小周后每次被召入宫,一留就是几天,回来后便大哭不止,骂李煜无力庇护她,从中可以想见其所受污辱之沉重。《烬余录·甲编》谈到,对小周后被胁入侍,后主多有怨言,遂致暴卒,小周后被正式纳入宫中。这又是太宗毒害李煜的一个因由。

宋太宗一生凶残猜忌,恶行甚伙。他当然不会料到:一个半世纪之后,他的嫡亲子孙徽宗赵佶、钦宗赵桓落到金太宗的手里,他们所遭受的屈辱与苦难,比后主李煜还要惨重许多倍。

第二十三篇

灵犀

I

　　诗有灵犀,是指它生发于诗人的当下感兴,既不脱离具体的审美意象,又能寄寓某种哲学内涵,阐发社会、自然、人生以及心灵境域最基本的具有普遍意义的道理。这种道理或曰理趣,并不表现为一般的知识性判断,而是诗人含道应物,迁想妙得,独特的心灵感悟、切身感受、审美体验的产物。就是说,大前提必须具备诗的审美特质,亦即诗人应该通过形象创造特殊的审美意境,而不能以逻辑思维的方式进行构思。"诗人以形象来思考,他不证明真理,却显示真理。"(别林斯基语)诗歌一旦成为感情和理性的黏合剂,就会产生强大的思想张力与艺术魅力。

　　苏轼的哲理诗就具有上述特点。秦观有言,"苏氏之道最深于性命自得之际,其次则器足以任重,识足以致远"。黄庭坚也说:"吾闻斯人,深入理窟。"都是突出强调东坡居士的哲学造诣,反映到诗词文赋创作上,其基本特征就是诗有灵犀。秦观、黄庭坚二人都入列"苏门四学士",对于他们的师长,当然是最有发言权的。

　　东坡居士的哲理诗,主要是围绕着人生问题展开,抒写其多舛人生的偶然性、有限性、缺憾性、悲剧性;而不同于其他诗人的,是他在涂抹苍凉底色、流露感伤意识的同时,提供了心灵解脱、形神超越、清旷闲适、自在悠然的独特体验。诗人以审美的眼光、辩证的思维,观照社会事物、自然现象,体察、感悟人生,进而上升为哲思理趣,转化为诗性智慧。诗词为哲思提供了展现智慧的平台,哲思使诗词获得了升华的阶梯。作为智慧文学,这一诗苑奇葩,其价值所在无疑是哲思理趣,但诗情、诗性却是其生命的根基和存在的理由。

宋仁宗嘉祐二年(1057),苏轼、苏辙(字子由)同时考中进士,时年分别为二十二岁与二十岁。五年后,苏轼获授大理评事凤翔府(在今陕西)签判,十一月动身赴任。苏辙伴送至郑州,回京后,写了一首七律。苏轼遂步韵作和,写了《和子由渑池怀旧》:

> 人生到处知何似?应似飞鸿踏雪泥。
> 泥上偶然留指爪,鸿飞那复计东西。
> 老僧已死成新塔,坏壁无由见旧题。
> 往日崎岖还记否?路长人困蹇驴嘶。

这首诗的前四句,巧妙地以形象、生动、新颖、奇警的鸿雪意象,譬喻人生漂泊无定、聚散难凭的经历,蕴含着深刻的哲思,此为全诗的重心所在。说它"巧妙",在于苏辙原诗"共道长途怕雪泥"之句,只是忆及当时旅途泥泞难行,充其量是暗喻人生道路、生命历程之艰难;而苏轼则机敏地把"雪泥"作为一种文学意象,抒写鸿雁偶然踏在雪泥上留下爪痕之后,便飘然远引,踪迹杳然,根本没有考虑也没有人知道它究竟飞往何处,后事如何,说明人生去来无定、聚散偶然、命途难测、遇合无期。这样,就把普通至极的事物,化作"雪泥鸿爪"的深刻哲学命题,堪称"点石成金"的神来之笔。

这首诗的后四句照应"怀旧"诗题,通过回忆前尘往事,认证并深化诗中蕴含的哲理性认识。旧事两桩:其一,当年兄弟应试过渑池时,那位热情接待他们的奉闲老和尚已经圆寂,留下了一座贮藏骨灰的新塔;而他们共同题诗的寺壁已经坍塌,因而也就无从再见旧时的墨迹。人们惯说"物是人非",时间仅仅过去五年,竟然不只人非,物亦非了。死者形迹的转换和生者墨迹的消失,两相映衬,言下不无感伤意味。而这恰恰印证了前面的哲学思考:人生多故,世事无常,一如雪泥上留下的鸿爪,雪化泥消,爪痕荡然无存,更不要说漂泊无定的飞鸿了。旧事之二,那次进京赴考时骑的马,半路上死了，只好换乘一头毛驴到了渑池。山路崎岖，路程遥远，瘦弱的毛驴累得嘶叫不停。诗中既有对人生萍踪不定、鸿迹缥缈的怆然感怀，又有对骨肉情深的往事的追怀与眷念；在张扬着温馨亲情和浓郁诗意的同时，以鲜活灵动的意象反映哲思理趣，寄意深沉，让人产生共鸣。

应用现代阐释学的理论，还可以从"泥上偶然留指爪，鸿飞那复计东西"两句诗，联想到作者、文本与读者的关系。飞鸿在泥上偶然留下指爪便飘然离去，这有如诗人、作家留下作品以后，不仅行迹"不计东西"，文本更是处于永远开放的状态，任凭时人与后人去读解、阐释，不断地嫁接、移入、填充新的理解，新的意义了。

同样是与子由互通心曲，同样属于心性启悟、人生体验，坡公还写过一首七绝：

窃禄忘归我自羞，丰年底事汝忧愁？
不须更待飞鸢堕，方念平生马少游。

这首诗作于神宗熙宁六年（1073），东坡时在杭州。诗中对王安石新法有所讥讽，结果被蓄意倾陷他的一些人罗织罪名，连同其他一些诗文，告到朝廷，就中有"包藏祸心，怨望其上，讪渎谩骂，而无复人臣之节者"的话。

诗中与其胞弟坦诚地交谈心事：开头说，多年来，我贪位窃禄，恋栈不归，自己感到羞惭，难以自适，这是很自然的；那么，值此年丰岁稔之际，你又为什么有所忧愁呢？尔后，又由"忘归"生发开去，联系到了《后汉书》中东汉功臣伏波将军马援及其从弟的故实，说道，不用等到遭遇"飞鸢堕水"的艰险处境，自己早就想到马少游的告诫，准备抽身引退了。

"飞鸢堕水"，出自马援的一席话："当吾在浪泊、西里间，虏未灭之时，下潦上雾，毒气重蒸，仰视飞鸢跕跕（飞鸟坠落状态）堕水中，卧念少游平生时语，何可得也！"此前，其从弟马少游曾劝告他，但求衣食足用，不必追求高官厚禄，自讨苦吃。看得出来，此刻，马援对于功名之累已经有所认识；

但时隔不久,湘西南"五溪蛮暴动",年已六十有二的他,又主动请缨,前往讨伐,结果遭遇酷暑,士兵多患疾疫,他本人也染病身死。设想如果他能知足知止,见好就收,何以至此!应该说,待到"飞鸢堕水",才想到从弟的劝告,已经为时过晚了;而马援却是"飞鸢堕水"之后,再次请缨,主动自投"网罗",岂非典型的悲剧性格!

马援戎马终生,功高盖世,北征朔漠,南渡江海,"受尽蛮烟与瘴雨,不知溪上有闲云"(明代袁宏道诗),立志为国家战死疆场,马革裹尸。最后,竟因他在以前南征交趾时,曾经载回一车薏苡粒,以备日后药用,结果被人诬陷为私运明珠、文犀。在"海内不知其过,众庶未闻其毁"的情况下,汉光武帝勃然震怒,削官收印,严加治罪。其时马援已死,妻孥惊恐万状,连棺材都不敢归葬祖茔。这成为历史上有名的一大冤案。唐代诗人胡曾深为马援鸣不平,有句云:"功成自合分茅土,何事翻衔薏苡冤!"劳苦功高如马伏波者,尚遭遇如此惨痛下场,等而下之的就更被君王玩于股掌之上,操纵其生杀予夺之权了。

这样,"不须更待飞鸢堕,方念平生马少游",也就成了千秋智者悟道之言,但真正能够记取并且践行的,其实也未必有很多人。

苏东坡初到杭州,即为诗以寄子由,有"眼前时事力难任,贪恋君恩退未能"之句,这里又说"窃禄忘归我自羞",一再提醒自己,宦途艰难,朝政险恶,不可贪恋禄位,应该早做归计。子由见到此诗,当即奉和,诗云:"贫贱终身未要羞,山林难处便堪愁。近来南海波尤恶,未许乘桴自在游。"意思是,眼前的政治风波,涛惊浪恶,大概你想退隐全身,恐怕也很难做到。果然,不久,东坡就遭到了控告、诬陷。

这里的"飞鸢堕"与"乘桴"(事见《论语》,孔子说,主张行不通了,我想坐个木筏到海外去),都是用典,亦称"用事"。它的作用是"据事以类义,援古以证今"(《文心雕龙》)。即是用来以古鉴今,借古抒怀,既可加重、丰富诗文的内涵,又能避免粗浅与直白。清代诗人赵翼有言:"古事已成典故,则一典已自有一意。作诗者借彼之意,写我之情,自然倍觉深厚,此后代诗人不得不用书卷也。"但用典乃是一门学问,讲究颇多,要求既师其意,又能于古处翻新,而且意如己出,不露痕迹。

东坡居士这类人生感悟之类的诗作,有许多反映在旅途中。如《慈湖夹阻风》:

卧看落月横千丈,起唤清风得半帆。
且并水村欹侧过,人间何处不巉岩!

诗人于哲宗绍圣元年(1094)六月,被贬英州(今广东英德),南行乘船至当涂北慈湖夹时,为风浪所阻,遂有此诗。诗人躺在船上,气定神闲地观看着天边月落的地方,云横千丈,一色皎然。啊,天将破晓了!这时,但见经验丰富的老船工急急爬将起来,观察一通四周的风势,尔后紧急呼啸,借得半帆清风,迅速开船赶路。行进中,前方突然进入了江流险段,老船工处变不惊,暂且傍着临江的小村,驾船行驶,倾斜摇荡着渡过了险滩。应该说,这是冒着很大的风险的。但诗人却说,仔细一想,要说风险又何止此处,人世间哪里不是满布着峭壁危岩呢!

最后这句"人间何处不巉岩",洵为诗人的椎心泣血之语。既是此次艰险旅程的真实写照,更是他仕途中屡遭贬谪、历经忧患的概括性、形象化的书写,体现了诗人旷怀达观、履险如夷的精神境界和直面现实、不避艰险、随遇而安的人生态度。诚如清人汪师韩在《苏诗选评笺释》中所言:"荒湾旅泊,却写得即事可喜。读此数诗,足以豁尘襟而通静照矣。"

坡公写过一首《定风波》词:

莫听穿林打叶声,何妨吟啸且徐行。竹杖芒鞋轻胜马,谁怕?一蓑烟雨任平生。　　料峭春风吹酒醒,微冷,山头斜照却相迎。回首向来萧瑟处,归去,也无风雨也无晴。

宋元丰五年(1082)三月,坡公有黄冈沙湖之行,途中遇雨,因未备雨具,同行者遑遽万状,唯先生步履从容,泰然自若。此词即抒写其雨中的独特体验,其事固小,而寄寓深广,颇富哲理性。

就在三年之前,先生"愠于群小",以所作诗文"语涉谤讪",而遭逮捕下狱(即所谓"乌台诗案"),后被流放到了黄州。虽历经磨难,而其心境仍如此宁静、超拔,且吟且啸,缓步徐行,显现出内外宇宙之和谐统一:人事既"一蓑烟雨任平生",大自然便"也无风雨也无晴"了。

2

诗有灵犀,心也有灵犀。

我又想到了他的三位妻子。她们都姓王,死得都比较早,一个跟随着一个,相继抛开这位名闻四海的大胡子——苏长公。

先说苏公的第一任妻子王弗。

这是他在故乡时,由他的父亲苏洵一手包办的,当时属于早婚。妻子才十五岁,东坡刚到十八岁。女方家在青神,与苏家相距不过十五华里。

过门之后,王弗虽然岁数很小,却成熟得早,聪慧异常。特别是在东坡年富力强、意气风发、经常任才使气之时,妻子的箴规解劝,起到了良好的"减压阀""缓冲器"的作用。

有个"幕后听言"的故事,一直流传广远——

东坡这个人,旷达不羁,胸无芥蒂,待人接物宽厚、疏忽,性格有些急躁、火暴,用俗话说,有些大大咧咧,满不在乎。由于他与人为善,往往把每个人都当成好人;而王弗则胸有城府,心性细腻,看人往往明察无误。这样,她就常常把自己对一些人的看法告诉丈夫。出于真正的关心,每当丈夫与客人交谈的时候,她总要躲在屏风后面,屏息静听。一次,客人走出门外,她问丈夫:"你花费那么多工夫跟他说话,实在没有必要。他所留心的只是你的态度、你的意向,为了迎合你、巴结你、讨好你,以后好顺着你的意

仿宋庙人物效赵承旨筆意通
動高古昌老隱真人之書此圖
幸扱无稽随伯不仿生物柳會
曾露糖安我品生一的诗涤入
閩防之堂興曼特乎首已那
且隨義之
  澄卿

>>> 诗有灵犀,是指它生发于诗人的当下感兴,既不脱离具体的审美意象,又能寄寓某种哲学内涵,阐发社会、自然、人生以及心灵境域最基本的具有普遍意义的道理。苏轼的一生,是以崇尚儒学、讲究实务为宗旨的;尤其是初涉仕途之际,踔厉风发,踌躇满志,同绝大多数读书士子一样,志在社稷,功名心切。然而,人也有灵犀,他经历了相知的三段感情历程。

思去说话。"她还提醒丈夫说,现在,我们是初次独立生活,身旁没有父亲照管,凡事应该谨慎小心,多加提防,不要过于直率、过于轻信;观察人,既要看到他的长处,也要看到他的短处;再者,"路遥知马力,日久见人心",速成的交情往往靠不住。

东坡接受了妻子的忠告,避免了许多麻烦。

不幸的是,这样一个年轻貌美、精明贤惠的妻子,年方二十六岁,便撒手人寰,弃他而去了。抛下一个儿子,年方六岁。

东坡居士原乃深于情者,遭逢这样打击,益发情怀抑郁,久久不能自释,十年后还曾填词,痛赋悼亡。这样,由于嫁给了一位大文豪,王弗便"人以诗传",千载而下,只要人们吟咏一番《江城子》,便立刻想起她来:

十年生死两茫茫,不思量,自难忘,千里孤坟,无处话凄凉。纵使相逢应不识,尘满面,鬓如霜。　夜来幽梦忽还乡,小轩窗,正梳妆,相顾无言,唯有泪千行。料得年年肠断处,明月夜,短松冈。

上阕抒写生死离别之情,面对闺中知己,也抒发了沉郁在胸中已久的因失意而抑郁的情怀,"凄凉"二字,传递了个中消息;下阕记梦,以家常语描绘了久别重逢的情景,以及对妻子的深情忆念。

妻子离世之后,苏东坡开始续弦。他的第二任妻子,名叫王润之,是王弗的堂妹。这一年她刚好二十岁,小东坡十一岁。

自幼,她就倾心仰慕堂姐夫的文采风流,可说是佩服得五体投地。堂姐故去,她立即表达了愿意锐身自任,相夫教子,承担起全部家务的愿望。得到了胞兄的鼎力支持,更获得了未来丈夫的首肯。东坡先生过去就见过这位小堂妹,觉得她正合己意。

关于这个王润之,林语堂先生在《苏东坡传》中多有刻画:

她知道她嫁的是一个人人喜爱的诗人,也是个天才,她当然不会和丈夫比文才和文学的荣誉。她早已打定主意,她所要做的就是个好妻子。

她不如前妻能干,秉性也比较柔和,遇事顺遂,容易满足。在丈夫生活最活跃的那些年,她一直与他相伴,抚养堂姐的遗孤和自己的儿子,在丈夫宦海浮沉的生活里,一直和丈夫同甘共苦。男人一生在心思和精神上有那么奇特难言的惊险变化,所以,女人只要聪明解事,规矩正常,由她身上时时使男人联想到美丽、健康、善良,也就足够了。

丈夫才气焕发,胸襟开阔,喜爱追欢寻乐,还有——是个多么渊博的学者呀!但是,佩服丈夫的人太多了,有男的,也有女的!难道她没看见公馆南边那些女人吗?还有在望湖楼和有美堂那些宴会里的。……她聪明解事,办事圆通,她不会把丈夫反倒推入歌妓的怀抱。而且,她知道丈夫这个男人是妻子管不住的,连皇帝也没用。她做得最漂亮——信任他。

王润之默默地支持丈夫度过了一生中崎岖坎坷、流离颠沛的二十多年。其间,东坡曾遭遇过平生最惨烈的诗祸:"乌台诗案"——以"谤讪新政"的罪名,他被抓进乌台,关押达四个月之久。这是北宋时一场典型的文字冤狱。

王润之的父亲是进士,她本人也能读会写,但是,她把这些全都一概放下。她只为丈夫做他所爱吃的眉州家乡菜,做丈夫爱喝的姜茶。东坡先生对她非常满意。他曾说过,他的妻子比诗人刘伶的妻子贤德,因为刘伶的妻子限制丈夫饮酒。他还曾写诗,说儿子或可责备,像陶渊明曾有《责子诗》一样;而妻子就只有表彰的份儿了,她十分贤惠,大大超过东汉的学者敬通:"子还可责同元亮,妻却差贤胜敬通。"

我们读过东坡的《后赤壁赋》,该能记得其中的这样一段:

客曰:"今者薄暮,举网得鱼,巨口细鳞,状似松江之鲈。顾安所得酒乎?"归而谋诸妇。妇曰:"我有斗酒,藏之久矣,以待子不时之需。"于是,携酒与鱼,复游于赤壁之下。

那位说"我有斗酒"的妇人,就是王润之。尽管文中没有披露名字,但妻子体贴、支持丈夫的这段佳话,由于被东坡写入他的名篇,因此而千古流传。

王润之死时,东坡居士已经五十八岁,不禁老泪纵横,哭得肝肠寸断,几不欲生。他写了一篇祭文:

呜呼!昔通义君,没不待年,嗣为兄弟,莫如君贤。妇职既修,母仪甚敦,三子如一,爱出于天。

从我南行,菽水欣然,汤沐两郡,喜不见颜。我曰归哉,行返丘园,曾不少顷,弃我而先。孰迎我门?孰馈我田?

已矣奈何!泪尽目干。旅殡国门,我实少恩,唯有同穴,尚蹈此言。呜呼哀哉!尚飨!

全文分三部分,其一是说,润之是贤惠的妻子、仁德的母亲,视前妻之子,一如己出;其二是说,丈夫屡遭险衅,仕途蹉跌,妻子安时处顺,毫无怨言;其三,做出承诺:生则同衾,死则同穴。

"通义君"指王弗,这是王弗殁后朝廷对她的追赠。"没不待年",是说王弗去世不到一年,他们的婚事便定了下来。因为王弗留下的幼儿无人抚育。"三子",一是姐姐留下的,加上自己婚后生育的两个。

苏东坡被贬黄州,润之随他南下,生活十分拮据,困难时吃豆子、喝白水,妻子也欣然以对;待到丈夫接受两郡封邑,收取许多赋税,渐渐富裕起来,她也并没有怎么欢喜,做到了古人所说的"不戚戚于贫贱,不汲汲于富贵"。

"孰馈我田",有学者研究,元丰二年(1079)七月发生"乌台诗案",苏东坡下狱,润之为了营救丈夫,不得不请求父亲施以援手,父亲遂拿出很多财产让她去京城打点。

妻子死后百日,苏东坡请大画家李龙眠画了十张罗汉像,在和尚为王润之诵经超度时,他将此十张画像献给了妻子亡魂。待到苏东坡去世后,弟弟苏辙按照兄长的意愿,将他与润之合葬在一起。

苏东坡的第三任妻子,也姓王,名朝云,字子霞,年龄小于东坡近三十岁。她在十二岁时,即从杭州来到王弗身边做了丫鬟,后来被东坡纳为小妾;在他被流放到岭南惠州时,润之已死,这样就只有她一人随行。在凄清的晚境中,东坡由她相伴,倒也情怀愉悦,心境安然。两人相亲相爱,关系非常融洽。

朝云生有一个儿子,名叫遁儿。在他出生三天举行洗儿礼时,苏东坡写了一首著名的七绝:

人皆养子望聪明,我被聪明误一生。
唯愿孩儿愚且鲁,无灾无难到公卿。

诗是有感而发的,或者说,是借助写儿子来发泄老子的弥天愤懑。这也难怪,东坡一生由于聪明过度,才华横溢,所受到的挫折与打击实在是太多了。不过,诗句的幻想成分过重,在那忌才妒能的封建时代,又要做公卿,又要无灾无难,岂非是甜蜜蜜的梦想!

朝云小时识字不多,但天分极佳,到了苏家之后,接受长时期的文化熏陶,奋力读写,获得飞速进步。东坡先生非常喜爱她。她好佛,对道家也感兴趣,东坡便称她为"天女维摩",意为一尘不染。据佛经记载,当年释迦牟尼居住在一个小镇,这天,正与门人研讨学问,空中忽然出现一位天女,将鲜花撒在他们身上。众门人身上的花瓣均纷纷落在地下,只有一人身上的花瓣不落下来,沾着不掉。天女解释,此非花瓣之过,乃是此人凡心不退,尚有人我之分。

初到惠州时,朝云才三十一岁,东坡曾给她写过一首词,调寄《殢人娇》：

> 白发苍颜,正是维摩境界。空方丈,散花何碍?朱唇箸点,更髯鬟生彩。这些个,千生万生只在。　　好事心肠,著人情态。闲窗下,敛云凝黛。明朝端午,待学纫兰为佩。寻一首好诗,要书裙带。

这里也提到了"维摩境界",说她"散花何碍"。诗人把爱升华到了宗教高度,充分体现出他对朝云的挚爱之诚、赞许之深。

朝云三十四岁华诞,东坡曾写诗《王氏生日致语口号》,前有小序,略云："人中五日,知织女之暂来;海上三年,喜花枝之未老。"诗是一首七律:

> 罗浮山下已三春,松笋穿阶昼掩门。
> 太白犹逃水仙洞,紫箫来问玉华君。
> 天容水色聊同夜,发泽肤光自鉴人。
> 万户春风为子寿,坐看沧海起扬尘。

前两句,交代时间、住所。中间四句,描写女主人的精神风貌——太白、紫箫,依然透露着道家仙气;"天容水色""发泽肤光",状写她的花容玉貌。最后两句,落脚到生日祝贺上来。

时在春中,可到了七月,惠州一带瘴疫流行,朝云即染疾身死。东坡悲痛异常,觉得失去一个知音。"织女暂来"云云,竟然一语成谶!

说到朝云的巧慧、机敏,明人曹臣所编《舌华录》,记载过这样一个故实:东坡一日饭后散步,拍着肚皮,问左右侍婢："你们说说看,此中所装何物?"一婢女应声道："都是文章。"东坡不以为然。另一婢女答道："满腹智慧。"他也以为不够恰当。爱妾朝云回答说："学士一肚皮不合时宜。"东坡捧腹大笑,认为"实获我心"。

朝云死后,东坡将她葬在惠州西湖孤山南麓大圣塔下的松林之中,并筑亭纪念,因朝云生前学佛,诵《金刚经》偈词"如梦、如幻、如泡、如影、如露、如电"而逝,故亭名"六如"。楹联为:

> 从南海来时,经卷药炉,百尺江楼飞柳絮;
> 自东坡去后,夜灯仙塔,一亭湖月冷梅花。

还有一副楹联:

> 不合时宜,唯有朝云能识我;
> 独弹古调,每逢暮雨倍思卿。

3

苏轼历经坎坷,却心境开阔。综观其一生,他是以崇尚儒学、讲究实务为宗旨的;尤其是初涉仕途之际,踔厉风发,踌躇满志,同绝大多数读书士子一样,志在社稷,功名心切。其词云:"有笔头千字,胸中万卷,致君尧舜,此事何难?"他曾多次上书皇帝,希望"涤荡振刷,而卓然有所立"。但与此同时,他也深受庄禅思想的影响。如他自己所说,"龆龀(孩童换齿之时)好道",少年时代,就非常喜欢庄子,在给友人信中说过:"吾昔有见于中,口未能言。今见是书(《庄子》),得吾心矣。"加上生当禅悦之风盛行的时代,广泛涉猎佛禅典籍,并且结交了道潜、佛印、参寥、辩才、维琳等多位诗僧,同这些方外之友往来密切,因而佛禅思想对他也产生了明显的影响。这样,每当挫折失意,处境险恶,他都会从庄禅思想中,获取独特的视角和对待人生穷通、苦乐、宠辱、得失的超越理性,从而有助于解脱困惑,保持心境旷达、心态宁静、心情愉悦。

苏轼的仕宦生涯,充满了崎岖、曲折,是极不平坦的。先是因为反对

"新法",被贬为杭州通判;后来流离转徙,陆续到了密州、徐州、湖州;直到"乌台诗案"发生,被捕入狱;一番折磨过后,又被贬谪到黄州,先后到过汝州、常州、登州、颍州、扬州;五十八岁那年,又横遭贬谪,到了岭南的惠州;三年后再度遭贬,谪居荒远的海南岛的儋州……

三十年间,经过这十二个州的颠沛、蹉跌,使他这个迁客、谪人,逐渐悟解了世路人生,深化了同庄子的不解之缘。综览苏轼诗文,脱胎于《庄子》的精言胜义,可说比比皆是。诚如宋人邵博所言:"东坡早得文章之法于《庄子》,故于诗文多用其语。"学者陶白统计,《苏轼诗集》所引《庄子》中典故、词汇,约有三千六百余处,足见其所受影响之大、陶冶之深。

多舛的人生,颠踬的仕途,耗损了他的生命,摧折了他的健康;如果说有所获取的话,那便是诗词文赋的特大丰收。如同他所概括的:"秀句出寒饿,身穷诗乃亨。"当然,还有一条,就是对庄学的领悟和把握。可以这样说,如果没有后一项,他的诗文绝对不会有如此的丰神、如此的机锋、如此的超拔、如此的透辟。进而可以说,如果没有对《庄子》的领悟,恐怕很难设想,他将如何度过后半生的如水益深、如火益热的贬谪岁月。

生命都不能正常地维持,又谈何创作的丰盈!

正因得益于庄子的"逍遥""齐物"之论,寻找到了精神的伊甸园、灾难的遁逃薮,苏轼的精神世界才能那么超拔、洒脱,心境才能那么旷远、达观。且听他在黄州谪所的吟咏:"长恨此身非我有,何时忘却营营?夜阑风静縠纹平,小舟从此逝,江海寄余生。""此身非我有",出自《庄子·知北游》。苏轼痛恨自己不能掌握"此身"的命运,整天为功名利禄而奔走劳神,亟需以庄子思想为依托,获得心身自由。而回归"江海"自然,正是他此时的真实心境。

苏轼还有一首纯用家常俚语写的词,题目就叫《无愁可解》:

> 光景百年,看便一世,生来不识愁味。问愁何处来?更开解个甚底。万事从来风过耳,何用不著心里。你唤做、展却眉头,便是达者,

也则恐未。　此理本不通言,何曾道、欢游胜如名利。道即浑是错,不道如何即是?这里元无我与你,甚唤做、物情之外!若须待醉了、方开解时,问无酒、怎生醉!

一是说,解愁还不算达观,因为毕竟有愁要解。只有像庄子说的,忘情物我,游于自然,做到无愁要解,才称上乘;二是说,按"齐物"之论,人间本无物我之分,因而也就谈不上放情物外。他在颍州期间,曾写过一首七古,开头四句是:"太山秋毫两无穷,巨细本出相形中。大千起灭一尘里,未觉杭颍谁雌雄。"这里所阐扬的同样是庄子的思想。《齐物论》云:"天下莫大于秋毫之末,而太山为小。"在黄州期间,他也曾引用《齐物论》的观点,批评战国时宋玉的《风赋》:"堪笑兰台公子,未解庄生天籁,刚道有雌雄。一点浩然气,千里快哉风。"

苏轼在散文《宝绘堂记》中指出:"君子可以寓意于物,而不可以留意于物。寓意于物,虽微物足以为乐,虽尤物不足以为病。留意于物,虽微物足以为病,虽尤物不足以为乐。"所谓"寓意",就是借客观事物以寄托自己的思想感情,在这种情况下,再微小之物,也可以产生审美愉悦;再珍奇之物,也不致带来得失的痛苦。而"留意",亦即出于自身利害关系而产生的占有欲,则有别于审美欣赏的"寓意",无论其为尤物还是微物,都足以为病——"物之所以累人者,以吾有之也。"这些深邃的思想、超拔的见解,都源自庄子的人生观、价值观、审美观。还有散文《超然台记》所述:"凡物皆有可观。苟有可观,皆有可乐,非必怪奇伟丽者也";"人之所欲无穷,而物之可以足吾欲者有尽。美恶之辨战于中,而去取之择交乎前,则可乐者常少,而可悲者常多"。根源在于"彼游于物之内,而不游于物之外。物非有大小也,自其内而观之,未有不高且大者也。彼挟其高大以临我,则我常眩乱反复,如隙中之观斗,又焉知胜负之所在?是以美恶横生,而忧乐出焉,可不大哀乎"!这里所说的"物内""物外",同样也源自《庄子》。

在深入濡染庄学的同时,苏轼还广泛地接受了佛禅思想的影响。翻开《苏轼诗集》和《东坡词编年笺证》,随处都会发现直接出自佛经的梦、幻、泡、影、露、电、浮沤、浮云、空华(花)、微尘、菩提、维摩、卧轮、舍筏等词语。按照学者木斋、李明华对苏诗所做的定量分析,情况就更明显了。苏诗共两千八百二十三首,其中关涉佛禅的诗共四百九十首;大部分集中在杭州、黄州与惠州、儋州三个时期,分别为一百首、九十首、一百〇六首。诗词中几乎涉及《金刚经》《楞严经》《维摩经》《法华经》《传灯录》等佛禅全部主要经典,足见其涉猎之广、浸淫之深。

在坡公六十六年的生命途程中,佛禅思想同庄子学说一道,成为他静观世事、启悟人生、缓和紧张情绪、维持心理平衡的有效方法。就此,学者周裕锴做了深刻的分析:"苏轼对禅宗义理谈不上有多少发挥或独到的体会,但由于他将人生如梦的真切体会以及随之而产生的游戏人间的态度与禅宗诙诡反常的思维方式结合在一起,因此更充分地显示了禅宗思想作为一种人生艺术所发挥的作用。其实,真正能帮助苏轼摆脱困惑和痛苦、体验到人生自由的不是禅学,而是文学创作,他的那些或庄或谐的富有禅意的文字本身,才使他感受到一种真正的生命欣悦。""然而,正因为苏轼始终未脱根尘,才使得他的诗在旷达诙谐之外,保持着生活的热情,别具一番咏叹的情调。这也正是苏轼的可爱之处。"

苏轼善于从禅宗思想中找出可以与诗艺相通之处,从而张扬以至开创了"以禅喻诗"的风气。这里有一个比较典型的例子,他有一首《琴诗》:

若言琴上有琴声,放在匣中何不鸣?
若言声在指头上,何不于君指上听?

诗人以弹琴为喻,通过富于禅趣的两个反问,启发人们认识产生艺术美的主客观条件这一美学问题——作为一个多元的有机整体,美妙的琴声是由若干相互影响、相互制约的要素构成的,它们相生相发,缺一不可。琴是基础性的客观条件,当然十分关键,但绝不能说,只要有了精美的琴就可以了。坡公问得好:"放在匣中何不鸣?"就是说,还必须依赖主观条件。最根本的是技艺娴熟的操琴者,要有熟练而灵巧的手指,有饱满充沛的情感,甚至需要一定的艺术修养和精神境界。只有各个方面很好地加以配合,才能演奏出美妙的乐曲。佛教经典《楞严经》有一段话:"譬如琴瑟、箜篌、琵琶,虽有妙音,若无妙指,终不能发。"坡公的《琴诗》,恰是此语的形象化确解。

其实,何止弹琴一事,任何事业的成功,都是客观条件与主观能动性相互统一的结果,都需要多重因素相互配合,相辅相成。唯物辩证法认为,普遍联系的根本内容,就是事物内部和事物之间的矛盾双方的联系。《琴诗》语虽俚俗,意义却为深远。清代诗话《昭昧詹言》中指出:"坡公之诗,每于终篇之外,恒有远境。"于兹可见。

上升为哲学理论,就是"主客二分",这是科学世界观的基础性问题。前面说,主客统一、主客观因素相辅相成,都是以它们的各自存在为前提的;而当代一些西方哲学家,却极力否定"主客二分",主张客体依存主体,主客一体,彼此无须区分,认为这样才消除了主客对立。"其实,主客一体论是一种思辨空论。"当代哲学家陈先达指出,"实际生活中这个问题早就解决了。在实际认识中,人总是以主体的地位同他周围的世界相互作用的,不管是否意识到或承认与否,全部实践和认识活动,都是主客二分的。"从《琴诗》中我们可以自然地引申出这一结论。

至于东坡居士的"庐山烟雨浙江潮,未到千般恨不消。到得还来别无事,庐山烟雨浙江潮"这首七绝《观潮》,则是体现鲜明的禅宗思想的诗篇了。

当代国学家南怀瑾在《圆觉经略说》中指出,这是一种大彻大悟以后的境界。庐山风景太美了,钱塘潮非常壮观,这一辈子没有去的话,死了都不甘心,非去不可。等到到了庐山,又看到了钱塘潮,本地风光,圆明清净,悟道以后,就是这样。没有悟道以前,拼命地学佛呀,跑庙子呀,磕头呀!各种花样都来,要有功德,要怎么苦行都无所谓,要怎么刻薄自己都可以,

"未到千般恨未消"啊!及至到来无一事,真的大彻大悟了。怎么样呢?"庐山烟雨浙江潮",原来如此!

这使人联想到《五灯会元》所载南宋黄龙派青原惟信禅师的一段著名语录:"老僧三十年前未参禅时,见山是山,见水是水。及至后来,亲见知识,有个入处,见山不是山,见水不是水。而今得个休歇处,依前见山只是山,见水只是水。"这里讲了三般见解,指的是禅悟的三个阶段,亦即入禅的三种境界。这与德国哲学家黑格尔所讲辩证法的"否定之否定",有相同的机理。最初境界与最后境界看似一样,其实已经发生了质的变化:最初的山水是纯自然的山水,而大开悟时的山水已经是禅悟的山水,禅与自然合而为一了。青原禅师这段语录与此诗确有相通之处,说不定他是接受了东坡居士的启发与影响。

当然,也可以从非宗教的意义和朴素的人生立场来理解。学者骆玉明指出:"东坡诗的意思,是摆脱贪求和幻觉来看待事物,这时事物以自身存在的状态呈现自己,朴素而又单纯。《菜根谭》说:'文章作到极处,无有他奇,只是恰好;人品做到极处,无有他异,只是本然。'道理与此相通。"还有学者认为,依常情常理,人们都有好奇心,对充满神奇却尚未见到的东西总是刻意追逐,所谓"恨(遗憾)不消",正是指此。及至见过,心里的神秘感消失了,最后得出结论:原来不过如此。从报刊上看到过这样一段话:"那些在时光里淡淡地流逝了的种种聚散、悲喜,那些为了得到而付出的努力,那些为了成全而承受的隐忍,那些在理想和现实之间的徘徊和挣扎,那些含泪挥手笑着说的再见……磨灭了的是最初的殷勤和炽热,埋没了的是壮怀和渴望,最后剩下的是平静如水的淡泊,'到得还来别无事,庐山烟雨浙江潮'。"

第二十四篇

魂断五国城

I

幼年就从史书上知道,在东北的苦寒之地有个五国城。可是,只因为它太偏远、太闭塞,直到半个多世纪之后,才有机会踏上黑龙江依兰的这块土地。

10世纪,分布在依兰以东、松花江和黑龙江沿岸的生女真人,形成了五大部族,通称五国部。这里是五国部之一的越里吉部的驻地,位置在最西面,当时是五国部的会盟所在,故又称五国头城。古城遗址在县城北门外,呈长方形,周长两千六百米。现存几段残垣,为高四米、宽八米左右的土墙,上上下下长着茂密的林丛。里面有的地方已经辟为粮田、菜畦,其余依然笼罩在寒烟衰草之中。传说中的屋宇、堂廒以及斩将台、练兵场等建筑和设施,已经荡然无存。但这并不影响它的声名远播,原因在于北宋末年徽、钦二帝曾被长期囚禁于此。

这里地形十分险要,整个宏观环境也比较特殊。牡丹江、松花江、倭肯河从西、北、东三面把它围拢起来,左右还有东山、西山为其屏障,南面却是一马平川,没有任何遮拦。远远望去,人们说像个倒在地上的硕大无朋的"门"字,我仔细地端详一番,倒觉得是个地地道道的大土囊,一个没有扎嘴儿的口袋。

一个秋天的傍晚,江面上吹过来习习的轻风,天边雾霭朦胧,半钩新月初上,除了一阵叽叽喳喳的细碎的鸟鸣,再没有其他声响。静静地,我独自站在颓残破败的城头,扫视着周遭的一切,念及八百年前的陈年旧事,心想,真是世事如棋,风云变幻,偌大的一个称雄一百六七十年的威威赫赫的北宋王朝,竟被洪荒初辟的女真人的数千铁骑践踏在脚下,最后统统被拢进这个破破烂烂的土囊里,"收拾乾坤一袋装"了。一时百感中来,遂口占七绝一首:

> 造化无情却有心,一囊吞尽宋王孙。
> 荒边万里孤城月,曾照繁华汴水春。

生女真人世代居住在黑龙江中下游及长白山地区,开始只有十多万人,分成不相统属的七十二个部落,都在辽朝的统驭之下。到11世纪末,完颜部强大起来,统一了生女真各部。这时的辽朝上层贵族日趋腐败,对生女真人的压榨也更加残酷,激起了女真人民的强烈愤恨。遂于北宋政和四年(1114),在完颜部首领阿骨打的率领下,誓师起兵,展开了抗辽斗争。第二年,阿骨打立国称帝,建立了奴隶制的金朝。看到在金兵进攻下辽朝已岌岌可危,北宋最高统治者以为可以通过联金灭辽,火中取栗,收回久被辽朝占领的燕云十六州。

本来,在女真人的心目中,堂堂的大宋天朝尽管已经武备虚弱,但是,"瘦弱的骆驼大于马",总还是一只余威尚在的庞然大物。可是,在联合出兵过程中,他们发现,北宋政治上的腐败和军事上的无能已经到了无可救药的地步。他们没有料到,那些高踞庙堂的"白蚁",已经把这样一座摩天大厦蛀成了空壳,只消一阵卷地狂风,便可以摧枯拉朽、柱断梁颓。

于是,这头贪欲越来越强、胃口越来越大的塞外凶狮,在北宋宣和七年(1125)吞噬了辽朝之后,还没来得及过细地咀嚼、消化它,便掉转矛头,兵分两路,以"双钳合拢"之势,朝着这个天朝"盟友"发起了猛烈的进攻。东路由斡离不率领,从平州(今河北卢龙)直扑燕京;西路以粘罕为首,经云中(今山西大同)进袭太原,最后共同的目标是夺取北宋的都城——东京汴梁。

可是,当时北宋的最高统治者,对金朝的进军企图却茫然不晓,原以为无非是掠几座城池、要两块土地、勒索一些金银财宝,到手之后就会志得意满、乖乖地撤兵。直到金兵一路上杀将过来,眼看到了黄河北岸,徽宗赵佶才慌了手脚。他想到的对策只有避战,逃逸。于是,仓皇退位,交班给他的儿子赵桓,是为钦宗;自己则做了太上皇,称为道君皇帝。名义上说是要去安徽的亳州太清宫进香,实际上是要避地江南,逃之夭夭。他嫌汴河里行船太慢,改乘轿子;坐上轿子还是嫌慢,又换乘骡马。直到进了镇江城门,才惊魂甫定,暂时放下心来。

这面,金兵正长驱直入,逼近黄河大桥。宋军守桥部队远远望见金兵的旗帜,就急忙烧桥溃逃。而守卫在黄河南岸的两万宋军,更是连金兵的影子都未见到,就已望风遁去。当金兵用小船一批一批地从容过河之后,竟没有遇到一兵一卒进行抵抗。金军统帅斡离不慨叹道:"南朝可真称得上没有人了。假若有一两千人拦击,我们还能这样顺利地渡过天堑黄河吗?"

在兵临城下之后,北宋赖以守卫京都的大将,竟是术士郭京,这是一个自称能够施行六甲神术,可以生擒金兵统帅,并且有把握击退金兵,一直把他们赶到阴山为止的大骗子。士兵则是由郭京亲自选择的年命合于"六甲"的一些市井游民,总共七千七百七十七人;另外还有一些自称"六丁力士""北斗神兵"和"天阙大将"的人应募参加。除此之外,就是皇帝的卫士和城中的弓箭手了。钦宗天天眼巴巴地盼着这些"神兵"创造出一鸣惊人的奇迹,可是谁晓得,这些"神兵神将"刚一出城,就被金兵打得个落花流水。郭京在城楼上眼见骗局已被戳穿,推说要亲自下去"作法",便匆匆地带上一些残存的流氓无赖,溜之大吉。

直到这时,宋钦宗还没有从"和议"的迷梦中醒转过来,仍然委派宰相频繁往来金营,商议割地、纳币、贡献珍宝等事宜,以求得苟延残喘。在北宋朝廷接受了极为苛刻的议和条件下,金兵暂时从城内撤兵,进驻南郊的青城。而汴京城里的昏君奸相,仍然行使着他们的行政权力,一面按照金人的意旨,将城中所有的作战物资尽数集中起来,然后统统献给金人,并下令阻止各路勤王兵马开赴京师,对自动组织起来制造兵器、准备抵抗的民众进行无情的镇压;一面在最高统治层又开展了紧张的内部斗争。接受亲信的提醒和建议,钦宗赶忙派人将道君皇帝从镇江接回,以防止他在那里乘机制造分裂活动,名义上却是"奉养尽孝"。这天,钦宗到龙德宫去拜见道君皇帝,献上一杯御酒,道君一饮而尽,随手也给钦宗斟了一杯。钦宗刚要接饮,却被身后一位大臣轻轻踢了一脚。钦宗悟到这是要他防备下毒,于是,伏地恳辞,坚决不受。道君伤心得痛哭了一场。

2

靖康元年(1126)闰十一月,开封陷落;接着,赵桓向金主上表投降。金人通过北宋文武大臣中的败类,将开封城内的金银、绢帛、书籍、图画、古器等物,收缴上来,劫掠一空。翌年四月初一,金人掳走徽、钦二帝和在东京的所有嫡亲皇室、宗戚,及技艺工匠、皇宫侍女、娼妓、演员等三千余人,皇室中得以脱网幸免的只有宋哲宗的废后孟氏和身任大元帅的康王赵构。金兵同时还将北宋王朝所用礼器、法物、教坊乐器和八宝、九鼎、浑天仪、铜人、天下府州县图全部携载而去。这就是旧时史书上的所谓"靖康之祸"。

说来也十分可笑,本来明明白白是两个皇帝做了俘虏,可是,朝臣奏章、史籍记载却偏要说成"二帝北狩"。其实,即便用"巡狩"字样来加以表述,也不是他们麋鹿出狩,而是作为会说话的两脚动物,乖乖地成了金人的猎物。当然,这些都是现在的话。在古时,人们已经见惯不怪,因为《春秋·公羊传》上就煌煌大书着"为尊者讳,为亲者讳,为贤者讳"嘛。讳什么?尊者要讳耻,亲者要讳疾,贤者要讳过。一部"二十四史",就是照着这个则律记载的。

赵佶一生中最后九年的穷愁羁旅,就这样开始了。第一站是燕山府,时在早春,有《燕山亭·北行见杏花》词作。他以杏花的凋零比喻国破家亡,自己被掳北去,横遭摧残的命运,婉转而绝望地倾诉出内心无限的哀愁。

>　　裁剪冰绡,轻叠数重,淡著胭脂匀注。新样靓妆,艳溢香融,羞煞蕊珠宫女。易得凋零,更多少无情风雨。愁苦!问院落凄凉,几番春暮　　凭寄离恨重重,这双燕何曾,会人言语。天遥地远,万水千山,知他故宫何处?怎不思量,除梦里有时曾去。无据,和梦也新来不做。

这首词情绪低沉,音调哀伤,体现了"亡国之音哀以思"的特点。李后主曾有词曰:"梦里不知身是客,一晌贪欢。"至赵佶则说,连梦也不做了,其情岂不更惨!

十月中旬,赵佶、赵桓等人,又从燕京的悯忠寺出发,被押送到旧日辽国所建中京大名城(今内蒙古宁城)。大批被俘的北宋官员则被押往显州(今辽宁北镇)。南宋建炎二年(1128)秋,他们被押解到金国的都城上京会宁府(今黑龙江白城子)。金人隆重地举行了献俘仪式,命令徽、钦二帝及其皇后都要罩头帕,着民服,外袭羊裘,其余诸王、驸马、王妃、公主、宗室妇女等一千余人,皆袒露上身,披羊裘,到金朝的祖庙行牵羊礼。然后,又把这两个当日的堂堂君主拉赴乾元殿,身着素服,以降虏身份跪拜胜国天子金太宗。这当然都是最为难堪的。

年末,金太宗又把赵佶、赵桓父子及皇室九百余人迁徙到韩州(今辽宁八面城),赐地十五顷,让他们种植庄稼、蔬菜,在金人武力的严密监视之下,过着自耕自食的生活。此前,已将当地居民全部迁出。他们原以为可以终老于此,没有料到,一年半之后,又被发配到千里之外更加荒凉的穷边绝塞——松花江畔的五国城。

这里,流传着徽、钦二帝"坐井观天"的遗闻。经人考证坐实,这个所谓的"井",就在慈云寺西北百余米处。我在城垣内前后察看一番,确实发现了一口古井。如果属于当年旧物,我以为,也是供这些亡国贱俘饮用的水井,而根本不可能在里面住人。据分析,他们极有可能是住在北方今天还偶尔可见的地窨子里。莫说是八百年前气温要大大低于现在，即使今天，在寒风凛冽的冬日，把两个身体孱弱的人囚禁在松花江畔的地井里，恐怕过不了两天就得冻成僵尸。相反，那种半在地上半在地下的地窨子，倒是冬暖夏凉，只是潮湿、气闷罢了。之所以称为"井"，无非是形容其局促、塞陷的景况。从流传下来的赵佶的一首诗，也可以验证这种推测：

彻夜西风撼破扉，萧条孤馆一灯微。
家山回首三千里，目断天南无雁飞。

一般的井，只有盖而无门；"西风撼破扉"云云，自然也就无从谈起。可见，当时绝非住在井里。

在中国的封建王朝历史上，末代皇帝丢了江山之后，含愤自杀的寥寥可数。因为"知耻近乎勇"，若是一无廉耻，二乏勇气，就不会像明朝的朱由检那样煤山自缢，选择"殉国"一途。退而求其次，就是变装出逃。可是，出逃又谈何容易！到了穷途末路，"率土之滨，莫非王臣"就变成"率土之滨，莫非敌臣"了，往往是没有跑出多远，就被人家递解回来。于是，就出现了第三种选择，索性白旗高举，肉袒出降。这在大多数亡国之君，被认为是较为理想，他们的逻辑是"好死不如赖活着"。如果新的王朝宽大为怀，只要脸皮厚一点，还有望混上个"安乐公""归命侯"当当，可以继续过那种安闲逸豫的日子。

其实，这不过是一厢情愿的甜蜜蜜的幻想，历史上多数"降王"的日子都不好过。当了亡国贱俘以后，如果像前秦苻坚，南燕末主慕容超，大夏王朝的废主赫连昌、后主赫连定那样，很快就都死在胜利者的刀剑之下，所谓"一死无大难矣"，倒还罢了；假如类似南唐李后主和北宋徽宗、钦宗父子这样，投降之后沦为俘虏，一时半刻又能喘上几口活气，那就免不了要受到终生縻押，心灵上备受屈辱不算，身体上还得吃苦受罪，结果是"终朝以眼泪洗面"，那又有什么"生趣"之可言呢！

3

　　历史确有惊人的相似之处。像宋太祖不问任何情由,只因"卧榻之旁不容他人鼾睡",便蛮横地灭掉南唐一样,金太宗攻占汴京、扑灭北宋,也是不讲任何情由的。而且,南唐的李后主和北宋的道君皇帝,都是诗文兼擅,艺术造诣超群,"好一个翰林学士";却都不是当皇帝的"胚子",他们缺乏那种雄才大略和开疆定国的本领。最后,只能令人慨叹不置:"作个才人真绝代,可怜薄命作君王。"巧还巧在,他们败降之后,又分别遇到了宋太宗和金太宗两个同样凶狠、毒辣、残忍的对手。当宋太宗用牵机药毒死李后主的时候,他绝对不会料到,一百五十七年之后,他的五世嫡孙赵佶竟瘐毙在金太宗设置的穷边绝塞的囚笼之中。

　　说来,历史老仙翁也真会捉弄人。它首先让那类才情毕具的风流种子,不得其宜地登上帝王的宝座,使他们阅尽人间春色,也出尽奇乖大丑,然后手掌一翻,"啪"一下,再把他们从荣耀的巅峰打翻到灾难的谷底,让他们在无情的炼狱里,饱遭心灵的磨折,充分体验人世间的大悲大苦、大劫大难。

　　但这样说,绝不意味着赵佶之流的败亡,自身没有责任。恰恰相反,他们完全都是咎由自取。可以说,赵佶的可悲下场,他的大起大落,由三十三天堕入十八层地狱,受尽了屈辱,吃透了苦头,都是他自己一手造成的。

　　记得小时候读过一本《帝鉴图说》,据说是明、清两朝皇帝幼年时的史鉴启蒙课本。其中选载了五十多个帝王的善政与恶行。在三十六件恶行里,宋徽宗自己占了三件。

　　我印象最深的,是他的信用奸人,穷奢极欲。这个历史上有名的风流天子、无道昏君,在位二十五年间,整天耽于声色犬马,吃喝玩乐,荒淫无度。凡是在这些方面能够投其所好的人,不管是朝中大臣、宫廷阉宦,还是市井无赖,他都予以信任和重用。蔡京奸贪残暴,无恶不作,却能四次入相,祖孙十一人同时担任朝廷命官。王黼多智善佞,五年为相,所蓄金帛珍宝和娇姬美妾之多,几乎能与皇帝比美。宦官童贯和梁师成,一个掌握兵权达二十年之久,成为北宋末年的最高军事统帅;一个掌管御书号令,权势熏天,连宰相都得把他当作父亲看待,因而有"隐相"之称。他们互相勾结,排斥异己,操纵了朝中的大权。而徽宗则乐得悠游岁月,过着花天酒地的放荡生活。

蔡京还挖空心思,从《易经》中找寻根据,以"丰亨豫大"相标榜。说当前朝廷的宫室规模,同国家的富强、君德之隆盛不相配称,极力怂恿徽宗要"享天下之奉",勿"徒自劳苦"。他们知道徽宗特别嗜好奇花美石、珍禽异兽,便勒令各地搜括、进献,一时间,贡奉珍品的船只在淮河、汴水中首尾相接,称为"花石纲"。当这些花石运到都城之后,蔡京又鼓动皇上兴建豪华的延福宫,分门别类放置。并用六年时间,在平地修起一座万岁山(亦名艮岳),周长十余里,高峰达九十步。山间布满了亭台楼阁,开掘了湖沼,架设了桥梁。他们确定了一条营造的标准:"欲度前规而侈后观。"就是说,其富丽堂皇不仅达到空前,还要能够绝后。

童贯从市井中物色到一个善于饲养禽鸟的薛翁。他入园之后,便仿效皇帝出游的架势,每日集中大量车舆卫队,清街喝道,在万岁山中巡游。车上张设黄罗伞盖,并安放巨大的盘子,满盛着粱米,任凭过往的禽鸟随意啄食。飞禽饱食后便翔集于山林之中,自由来去,绝对不许捕杀。经过一个多月的训练,飞禽习惯了与游人狎玩,立于伞盖之上也不再畏惧。一天,徽宗临幸万岁山,霎时,有数万只禽鸟听到清道的声音,迅速飞集过来,铺天盖地。薛翁于御前奏报:"万岁山瑞禽迎驾!"徽宗喜上眉梢,当即委之以官职,并给予厚重的赏赐。

20世纪50年代初,我看过一出《皇帝与妓女》的新京剧。剧作家宋之的根据《三朝北盟会编》《宋人轶事汇编》和《李师师外传》,把"靖康之祸"中徽、钦二帝伙同朝中的投降派,残酷镇压主张抗金的将领和民众,甘心为侵略者效劳的种种恶行搬到了舞台上。妓女李师师和宋徽宗以及朝中的几个奸臣、抗金将领吴革、代表民众的李宝等都有交往,剧情便以她为线索一步步地展开,再现了当时错综复杂、内外交织的矛盾斗争。当然,由于戏剧本身是文学创作,有些情节出于合理想象,未必与史实尽合榫卯,但它往往比普通的实际生活更集中、更典型。六十多年过去了,剧中有些情节至今还深深地印在脑子里——

金兵攻下开封之后,钦宗签下了降表,命令吴革火速率兵勤王,自陕北前线归来。就在吴革取得节节胜利,接连杀得金兵马仰人翻,即将活捉敌军渠帅的关键时刻,朝廷却以"破坏和议"的罪名,要捉拿他归案。吴革"情愿做不忠之鬼,不愿做亡国之臣",抗命杀敌,结果,却被伪装助阵、实为内奸的投降派范琼从背后施放冷箭,一箭射倒。当时,台下观众悲愤填膺,传出一片唏嘘之声。

另一件事发生在金军的囚营里。羁押中的道君皇帝,像个丑角演员似的,强装出笑脸,陪同金军将领们踢球打弹、斗鸡走狗,或者吟咏歌功颂德的诗篇,背地里却心态悲凉、愁苦万状。这一切,被天真善良的妓女——其时也遭捕入狱,陪伴歌舞的李师师偶然见到了。出于同情和信任,她便把刚刚获得的一个信息透露给他。原来,吴革在结义弟兄李宝等的悉心护理下,箭伤得到了康复,他们策划在正月十五元宵节时,趁着金人歌舞狂欢之际,带领一些勇士潜入金营,同三千在押囚犯里应外合,刺杀金军统帅,大张义旗,重整旗鼓。届时,李师师通过献歌侑酒,加以配合。

可是,李师师万万没有想到,这个无道又无良的亡国之君,竟然把她出卖了。结果,一场精心筹划的义举,最后以吴革等被捕杀、李师师当场自刎而告终。赵佶及其左右侍臣的"逻辑"是:万一举事失败,他们必然会受到牵累,到那时,想要屈辱苟活亦不可得;即使侥幸成功,最后起义军把金人赶出去,得利的也不是他这个太上皇,而是南朝的现任天子。综上分析,于是得出结论:"宁赠友邦,不予家奴。"

够了,不必再罗列其他了。看来,让这样一个无道昏君,在荒寒苦旅中亲身体验一番饥寒、痛苦、屈辱的非人境遇,也算得是天公地道了。

4

其实,对一般人来说,苦难本是一笔宝贵的财富,是锻造人性的熔炉。一个人当缺乏悲剧体验时,其意识往往处于一种混沌、蒙昧状态,换句话说,他们与客观世界处于一种原始的统一状态,既不可能了解客观世界,也不可能真正认识自己。

而对于赵佶之流来说,恐怕就不那么简单了。

一则故事说,徽宗当了太上皇之后,逃避金兵,跑到镇江。这天,游览金山寺,见长江中舟船如织,因向一位禅师问讯:江上有多少只船?禅师答说:只有两只,一只是寻名的,一只是逐利的,人生无他物,名利两只船。显然其中寓有讽喻的深意。但在当时的赵佶,是无法理解的。

史载,李煜在囚縶中,曾对当年错杀了两个直臣的事感到追悔。且不知赵佶经过苦难的磨折之后,对于自己信用奸佞、荒淫误国的行为,有没有过深刻的反思。

据传,赵佶在五国城写过这样一首感怀抒愤之作:

杳杳神州路八千,宗祧隔绝几经年。
衰残病渴那能久,茹苦穷荒敢怨天!

古代圣人有一句很警策的话:"天作孽,犹可违;自作孽,不可活。"看来,岂"敢怨天"云云,倒还算得上一句老实话。

有资料记载,钦宗赵桓在流放中也填写过一首《西江月》词:

历代恢文偃武,四方晏粲无虞。权臣招致北匈奴,边境年年侵侮。　　一旦金汤失守,万邦不救銮舆。我今父子在穹庐,壮士忠臣何处?

词句直白、浅露,水准不高,达意而已。但是,如果真的出自赵桓之手,倒是从中可以看出,他在历经劫难之后的些微觉醒。

南宋绍兴五年(1135)四月,赵佶卒于五国城,年五十四岁。二十六年后,赵桓也在这里结束了他屈辱的一生。生前,他们都曾梦想能够生还故国。《纲鉴易知录》载,在燕山时,徽宗曾私下嘱托侍臣曹勋,要他偷逃回去转告康王赵构(即宋高宗):便可即位,救出父母。羁押中的康王夫人邢氏也曾脱下金环,使内侍交给曹勋,说道,请为我向大王转达"愿如此环,得早相见"的愿望。曹勋回去以后,即向高宗奏报,应迅速招募勇士绕行海上,潜入金国的东部边境,偷偷接奉上皇从海道逃归。结果,不但意见未被采纳,曹勋本人还被放往外地,九年不得升迁。原来,这里面有一种非常微妙、隐秘的内情。

高宗赵构,乃徽宗第九子,是钦宗的弟弟。北宋靖康二年(1127)四月,徽、钦二帝被俘北去,五月,赵构在南京应天府(今河南商丘)即皇帝位,后来迁都临安(今浙江杭州),建立了被称为南宋的小朝廷。他同乃父、乃兄一样,也是最怕同金兵交战的。他所信用的汪伯彦、黄潜善和充当金人内奸的秦桧,都是主张逃跑和屈膝投降的人。除此之外,他还另有一块心病,就是如果抗金成功,他的父亲、哥哥就会返回,那实在是难以接受的事实。明人陈鉴有诗云:

> 日短中原雁影分,空将环子寄曹勋。
> 黄龙塞上悲笳月,只隔临安一片云。

诗意是说,捎话也好,"寄环"也好,都是无济于事的,阻隔就在"临安一片云"上,当然指的是宋高宗了。

与这种委婉的批评相对照,明代文学家文徵明在《满江红》词中,则一针见血地对赵构等人的卑劣用心进行了尖锐、直白的揭露:

岂不念封疆蹙,岂不念徽钦辱,但徽钦既返,此身何属?千载休谈南渡错,当时自怕中原复。

清人郑板桥也写道:

丞相纷纷诏敕多,绍兴天子只酣歌。
金人欲送徽钦返,其奈中原不要何!

不过,诗中的"金人欲送"的说法并不确实。不要说活人他们不想放回,就是死者的灵柩,金人也无意遣返。徽宗已知生还无望,临终时曾遗命归葬内地,但金廷并未同意。六年后,宋、金达成和议,才答应把赵佶夫妇的梓宫送回去。至于赵桓的陵寝,由于南宋朝廷无人关心,不加闻问,所以,究竟埋在哪里已经无人知晓了。

徽宗有皇子三十一人,公主三十四人,除了赵构和早殇的以外,其他统统被俘获到穷边绝塞。在徽宗的近千名随从、钦宗的上百名随从中,有些年老体弱者抛尸于流徙途中,还有很多人惨死在金兵的剑锋之下,有一百多名"王嗣"(徽宗的后代)成为海陵王的刀下之鬼——这是在金世宗即位诏书中罗列海陵王罪行时揭露出来的。被俘的宗亲、后妃中唯一得以生还的是徽宗的韦后、高宗的生母,在高宗千方百计的营求下,得随徽宗的灵柩返回中土。

现今五国城的东门和南门外,有许多荒丘,传说乃赵氏宗室的墓葬。另外,20世纪30年代、70年代,在城内先后掘得许多用铁柜盛装的北宋通宝。考古学家认为,可能是金人的掳获品。在依兰一带,还流行有所谓"徽宗语"者,类似切音叶韵,传说系当时徽宗与侍从所用之隐语。

有关徽、钦二帝羁身北国的情况,《宋史》《金史》上只是寥寥数语,《松漠纪闻》《北狩行记》等几部个人著述,由于掌握资料有限,也都是语焉不详。诚如鲁迅先生所说,过去的历史向来都是胜利者的历史,失败者如果不遭到痛骂,也要湮没无闻。就我所见的史料钩沉,要推日本园田一龟的《徽宗被俘流配记》较为详尽,但其中有些说法,还需做进一步的考证。

本来,赵佶的诗文书画都称上乘,宋人吴曾《能改斋漫录》中评说,"徽宗天才甚高,诗文而外,尤工长短句"。在中国书法艺术上,赵佶以其深湛的学养、悟性和独特的审美意识,跳出唐人森严的法度,选择和创造了能表现其艺术个性的"瘦金书"体。赵佶所作的画,同样居于北宋绘画艺术的峰巅。他从当皇帝的第二年起,便日日写生作画,长年不辍;还从宫中所存的几万件绘画作品中精选出一千五百件,反复展玩赏鉴,再从里面选出上百件日日临习,直到每一件足以达到乱真的程度才肯罢休。他作为一个绘画大家,举凡人物、山水、花鸟、虫鱼,以及其他杂画、风俗画,各色俱备,技艺卓绝,成就不凡。

据说,在九年的穷愁羁旅中,他也未曾辍笔,仅诗词就写过上千首,但流传下来的极少,书画则已全部散佚。这里有两个原因:一是金朝初期统治者对"汉化"存有戒心,因而对流人的创作钳制极严,即使社会上偶有流传,也必然遭到禁绝;二是作者本人出于全身远祸的考虑,不得不忍痛自行销毁。赵佶谢世之前,曾遭到一子一婿以谋反罪诬告,后来事实虽然得到澄清,但釜底游鱼早已吓得惊魂四散,片纸只字再也不敢留存了。

就艺术创作方面看,李煜要比赵佶的命运稍好一些。

5

告别了五国城,我又沿着松花江、黑龙江,一路寻访了九百多年前女真部族生息繁兴、攻城略地的丛残史迹,最后来到金代前期的都城——阿城的上京会宁府,考察了金太祖完颜阿骨打的龙兴故地。这座曾经煊赫百余年的王朝都会,几经兵灾劫火,风雨剥蚀,于今已片瓦无存,只余下一片残垣土阜,在斜阳下诉说着成败兴亡。

值得记述的是,据《大金国志》和《金史》记载,当时上自朝廷的宫阙、服饰,下至民风土俗,一切都是很朴陋的,充满着一种野性的勃勃生机和顽强的进取精神。可是,后来这些值得珍视的遗产,在他们的子孙身上就逐渐销蚀了。代之而起的是豪华、奢靡,玩物丧志。他们在燕京,特别是迁都汴梁之后,海陵王完颜亮之辈,骄奢淫逸,横征暴敛,简直比宋徽宗还要"宋徽宗"了。其下场之可悲,当然也和前朝一样。

汴梁城的南郊有个名叫"青城"的小镇,是当年金军受降之处,徽、钦二帝以及赵宋的后妃、皇族都曾被拘禁于此。

过了一百零七年,元人灭金,亦于青城受降,并把金朝的后妃、皇族五百多人劫掳至此,并全部杀死。诗人元好问目击其事,曾写过一首七律,末后两句是:"兴亡谁识天公意,留着青城阅古今!"到了明末清初,文人钱谦益在论及金源覆亡时,也曾慨乎其言:"呜呼!金源之君臣崛起海上,灭辽破宋,如毒火之燎原。及其衰也,则亦化为弱主谀臣,低眉拱手坐而待其覆亡。宋之亡也以青城,金之亡也亦以青城,君以此始,亦必以此终,可不鉴哉!"可谓苍凉凄苦,寄慨遥深。

元好问还有一首描写元人灭金,蒙古军肆虐、掠夺的七绝:

随营木佛贱于柴,大乐编钟满市排,
房掠几何君莫问,大船浑载汴京来。

它使人忆起一百多年前金兵掠宋的情景。

本来,前朝骄奢致败的教训,应该成为后世的殷鉴,起码也是一种当头棒喝。但历史实践表明,像海陵王以及金朝的末代皇帝那样重蹈覆辙,甚至变本加厉的,可说是比比皆是。时间还可以往前追溯一下。六朝时,南齐的末代昏君萧宝卷,给他所宠爱的潘妃修筑永寿殿,凿金以为莲花贴地,让潘妃走在上面,说这是"步步莲花"。不久,即为梁武帝所灭。可是,新朝并未接受前朝的教训,豪华的齐殿变作享乐的"梁台",依旧是歌管连宵,舞彻天明。唐代诗人李商隐对此感喟无限,写下了一首有名的《齐宫词》：

> 永寿兵来夜不扃,金莲无复印中庭。
> 梁台歌管三更罢,犹自风摇九子铃。

看过金代的兴亡故迹,我也有无限的感喟。为此,发扬李商隐的诗意,步《土囊吟》一诗原韵,续写七绝二首：

> 艮岳阿房久作尘,上京宫阙属何人？
> 东风不醒兴亡梦,大块无言草自春。

> 哀悯秦人待后人,松江悲咽土囊吟。
> 荒淫不鉴前王耻,转眼蒙元又灭金！

唐人杜牧的名篇《阿房宫赋》中,有"灭六国者,六国也,非秦也;族秦者,秦也,非天下也"和"秦人不暇自哀尔后人哀之;后人哀之而不鉴之,亦使后人而复哀后人也"的警句,诗中阐发了其中的奥蕴。

第二十五篇

枉凝眉

I

那两弯似蹙非蹙、轻颦不展的凝眉,刀镌斧削一般深深地刻印在我的脑海里。我想象中的易安居士,竟然是这样,其实也应该是这样。

斜阳影里,八咏楼头。站在她长身玉立、瘦影茕独的雕像前,我久久地、久久地凝望着,沉思着。似乎渐渐地领悟了,或者说捕捉到了她那饱蕴着凄清之美的喷珠漱玉的词章的神髓。

千古风流八咏楼,江山留与后人愁。
水通南国三千里,气压江城十四州。

我一遍又一遍地暗诵着她流寓金华时题咏的,现时书写在塑像后面巨幅诗屏上的这首七绝。

八咏楼坐落在金华市区的东南隅,是一组集亭台楼阁于一体的风格独特的建筑。楼高数丈,坐北朝南,耸立在高阜台基上。登上百余级石阶,凭栏眺望,南山列嶂,双溪蜿蜒,眼前展现出的画卷,俨然一幅宋人的青绿山水。

八咏楼初名玄畅楼,为南朝文学家、史学家,当时任东阳郡太守的沈约所建,至今已有一千五百多年历史。因为沈约曾在楼上题写过《八咏诗》,状写其愁苦悲凉的意绪,后人遂以"八咏楼"名之。唐、宋以降,李白、崔颢、崔融、严维、吕祖谦、唐仲友等诗人骚客,都曾登楼吟咏,畅抒怀抱,一时云蒸霞映,蔚为壮观,遂使它成为浙中一带具有深层文化积淀的人文景观。当然,要从写得苍凉、凝重、大气磅礴、堪称千古绝唱这一点来看,易安居士的这首《题八咏楼》当为压卷之作。

在创作上,易安居士谨遵以诗言志、以词抒情的固有传统。在其有限的传世诗章中,这一首是颇具代表性的。女诗人感慨无限地说,在强敌入境、国脉衰微如缕的艰难时世,像八咏楼这样"水通南国""气压江城",占尽千古风流的东南名胜,留给后人的已经不可能是什么"遥吟俯畅,逸兴遄飞"的博雅风华了;而漫天匝地、塞臆填胸的只有茫茫无际的国恨家仇。"愁"字为全篇点睛之笔。诗中婉转而深刻地抒发了深沉的爱国情怀,对南宋统治者一味割地献金,以求苟安一隅做了讥讽。

现今的八咏楼为清代建筑,由四部分组成。前为亭廊,重檐歇山顶,亭内塑有沈约胸像,壁间综合介绍了建楼的历史;后三部分是一组三进两廊的硬山顶木架结构,展厅气势宏阔,朱红的楹柱托举着高大的屋顶,正中悬挂着郭沫若手书的"一代词人"匾额,下方是一座雪白的易安居士雕像。四周陈列着她的生平经历和诗词文赋的代表作品。

这种前轻后重、喧宾夺主、后来居上的现象十分耐人寻味,它使人联想到成都的武侯祠,明明是昭烈庙,里面却主要陈列着诸葛武侯的文物。说来道理也很简单,"诸葛大名垂宇宙",他的声望要高出先主刘备许多。较之沈约,李清照在一般人的心目中也是如此。难怪有人说,历史的影子总要打在现实上,对于历史的叙述与解释,必然带有叙述主体选择、判断的痕迹。由于历史的认识是一种追溯性的,它不能回避也无法拒绝后人的当代阐释。

2

拾级步下层楼,穿过两条小巷来到婺江的双溪口。此间为武义江与义乌江两水交汇之处,故得名"双溪"。婺江流到这里,江面陡然变宽,水域十分开阔,所以沈约在《八咏楼》诗中有"两溪共一泻,水浩望如空"之句。

现在处于枯水季节,尽管水量还不算少,流势却显得纡徐、平缓,已经见不到当年那种双流急泻、烟波浩渺的气势了。

我们不妨让时光倒流,把时针拨回到八百多年前的初冬十月。就是在婺江双溪口的水旱码头上,已经过了"知天命"之年的易安居士,旅途劳顿,面带倦容,风尘仆仆地走出了船舱——她是从临安登上客船,前来此间避难的。

"客子光阴诗卷里","又不道、流年暗中偷换"。转瞬间,已经由金风飒飒变成了煦日融融。禁不住窗外"绿肥红瘦""淡荡春光"的撩拨,她曾多次动念,想要走出那褊窄、萧疏的住所,步上八咏楼头,然后再徜徉于双溪岸畔,面对着滔滔西下的清溪和载浮载沉的凌波画舫,重温一番已经久违多年的郊外春游。

我们知道,她是特别喜欢划船的。少女时期,她尝在溪上贪玩,"沉醉不知归路。兴尽晚回舟,误入藕花深处"。结婚之后,还曾在"红藕香残"的深秋时节,"轻解罗裳,独上兰舟"。可是,这一次却偏偏错过了大好春光,她虽然痴痴向往,实际上却未曾泛舟溪上,而是了无意绪地怏怏独坐空房,捧着书卷,暗流清泪,哪里也不想去。正如她所表述的那样:"纵然花月还相似,安得情怀似旧时!"最后她抛书把笔,写下了一首调寄《武陵春》的《春晚词》:

> 风住尘香花已尽,日晚倦梳头。物是人非事事休,欲语泪先流。
> 闻说双溪春尚好,也拟泛轻舟。只恐双溪舴艋舟,载不动许多愁。

这是一幅精妙绝伦的大写意。没有用上五十个字,词人就把自己这一心事重重、满腔悲抑、双颊挂着泪珠的愁妇形象及其凄苦心境,活脱脱地描绘了出来。

这是一个特定时间——正值残红褪尽、风光不再的暮春时节,它与人生晚景是相互对应的。太阳已经升起老高了,女主人公还呆呆地坐在床前,懒得把头发梳理一下,含蓄地表现了她内心的凄清、愁苦。接着,就交代这种凄苦的由来:于今,风物依然而人事全非,令人倍增怅惋。正因为所遭遇的乃是一种广泛的、剧烈的、带有根本性的重大变化,故以"事事休"一语结之。在这样凄苦的情怀之下,自然是还没等说出什么,泪水就已潸潸流注了。

下阕将词意宕开一笔。为了摆脱这冰窖似的悲凉和抑郁难堪的苦闷,女主人公也打算趁着尚好的春光,泛轻舟于双溪之上;可是,马上她又打消了这种念头。她担心蚱蜢一般的小舟难以承载这塞天溢地、茫茫无尽的哀愁,因此,只好作罢。——这当然是一种虚拟,泛舟未果的真正原因在词的上片已经讲叙清楚了。"闻说""也拟""只恐"三个虚词叠用,就把矛盾、复杂的心理变化,刻画得婉转、周折、细致而入微。

3

易安居士从小就生活在一个学术、文艺气息非常浓厚的家庭里,受到过良好的启蒙教育和文化环境的熏陶。她在天真烂漫的少女时代,也像其他女孩子一样,对人生抱着完美的理想。童年的寂寞未必没有,只是由于其时同客观世界尚处于朴素的统一状态,又有父母的悉心呵护和优越的生活条件的保证,整天倒也其乐融融,一干愁闷还都没有展现出来。及至年华渐长,开始接触社会人生,面对政治漩涡中的种种污浊、险恶,就逐渐地感到了迷惘、烦躁;与此同时,爱情这不速之客也开始叩启她的灵扉,撩拨着这颗多情易感的芳心,内心浮现出种种苦闷与骚动。那类"倚楼无语理瑶琴","梨花欲谢恐难禁","醒时空对烛花红"的词句,当是她春情萌动伊始的真实写照。

那种内心的烦闷与骚动,直到与志趣相投的太学生赵明诚结为伉俪,才算稍稍宁静下来。无奈好景不长,由于受到父亲被划入元祐"奸党"的牵连,她被迫离京,生生地与丈夫分开。后来,虽然夫妇屏居青州,相与猜书

易安居士三十一歲之照

清照其詞端莊其品歸去來芳真堪僱隱
汲和甲午新秋德父題於歸來堂

金石姻緣翰墨芬芳夫婦能文西風庭院秋如水
人比黃花瘦幾分乾隆居士吳寬題于洲上草題

小窗簾捲早凉初辛傍詞人竃里居吟到黃花人瘦句
然亭繡女相如順治壬辰同里人李澄中漁村拜題

一代文宗作女師更怪董本得風姿戴：正氣朱元晦朱
見吹衆有販詞五十編悼已白頭憶懷家國不勝慈我朝
自有盧俞凌千載浮言早罷休拢老人王字詢題

吳興俞明睒宗人本石瞢居士為錄元題

斗茶,赏花赋诗,搜求金石书画,过上一段鹣鲽相亲、雍容闲适的生活;但随着靖康难起,故土沦亡,宋室南渡,她再次遭受到一系列更为沉重的命运打击。

易安居士的感情生活是极具悲剧色彩的,她中年不幸丧偶,再嫁后又遇人不淑,错配"驵侩之下才";而丈夫一生辛苦搜求、视同生命的金石文物,在战乱中也已经丧失殆尽;晚境更是凄凉,孑然一身,伶仃孤苦,颠沛流离;这所有的一切,使她受尽了痛苦的煎熬,终日愁肠百结,精神处于崩溃的边缘。

自北朝庾信创作《愁赋》以来,善言愁者,代有佳构。形容其多,或说"谁知一寸心,乃有万斛愁",或说"茫茫来日愁如海","恰似一江春水向东流";通过诗人的巧思,看不见摸不着的悲情愁绪形象化、物质化了:"浓如野外连天草,乱似空中惹地丝","闭门欲去愁,愁终不肯去;深藏欲避愁,愁已知人处"。而到了易安居士笔下,则更进一步使愁思有了体积,有了重量,直至可以搬到船上,加以运载。真是构想奇特,匪夷所思。

李清照少历繁华,中经丧乱,晚境凄凉,用她自己的话说:"忧患得失,何其多也!"而且,它们具有极为繁杂而丰富的内涵,也像她本人所说的,不是一个"愁"字所能概括得了的。翻开一部渲染愁情尽其能事的《漱玉词》,人们不难感受到布满字里行间的茫茫无际的命运之愁、历史之愁、时代之愁,其中饱蕴着作者的相思之痛、婕妤之怨、悼亡之哀,充溢着颠沛流离之苦、破国亡家之悲。

但严格地说,这只是一个方面。若是抛开家庭、婚姻关系与社会、政治环境,单从人性本身来探究,也就是透视用生命创造的心灵文本,就会发现,原来,悲凉愁苦弥漫于易安居士的整个人生领域和全部的生命历程,因为这种悲凉愁苦自始就根植于人的本性之中。这种生命原始的悲哀在天才心灵上的投影,正是人之所以异于一般动物、诗人之所以异于常人的根本所在。

这就是说,易安居士的多愁善感的心理气质、凄清孤寂的情怀,以及孤独、痛苦的悲剧意识的形成,也是有其必然的因素的。即使她没有经历那些家庭、身世的变迁,个人情感上的不幸、挫折,恐怕也照例会仰天长叹,俯首低回,踌躇反侧,比常人更多、更深、更强烈地感受到悲愁与痛苦,经受着感情的种种折磨。

正是由于这位"端庄其品,清丽其词"的才女,自幼生长于深闺之中,生活空间十分狭窄,生活内容比较单调,没有更多向外部世界扩展的余地,只能专一地关注自身的生命状态和情感世界,因而,作为一个心性异常敏感、感情十分脆弱且十分复杂的女性词人,她要比一般文人更加渴望理解,渴望交流,渴求知音;而作为一个才华绝代、识见超群、具有丰富的内心世界的女子,她又要比一般女性更加渴求超越人生的有限,不懈地追寻人生的本真意义,以获得一种终极的灵魂安顿。这两方面的特征,紧密地结合在一起,相生相长,相得益彰,必然形成一种发酵、沸腾、喷涌、爆裂的热力,生发出独特的灵性超越与不懈的向往、追求。反过来,它对于人性中所固有的深度的苦闷、根本的怅惘,又无疑是一种诱惑、一种呼唤、一种催化、一种裂解。

4

而要同时满足上述这些高层次的需求,换句话说,要达到精神世界异常充实和真正活得有意义、有价值,则需要从两个方面提供保证:一是真情灼灼、丝毫不带杂质地去爱与被爱;二是通过卓有成效的艺术创造,确立自己特殊的存在。用一句话来概括,就是必须能够真正求得一种心灵上的归宿与寄托。

应该说,这个标杆是很高的。

好在易安居士都有幸地接触到了。就后者而言,她能自铸清词,骚坛独步,其创获在古代女性作家中是无与伦比的;而前一方面,通过与赵明诚的结合,也实现了情感的共鸣、灵魂的契合、生命的交流,尽管为时短暂,最后以悲剧告终。为了重新获得,她曾试图不惜一切代价,拼出惊世骇俗的勇气,毅然进行重新选择,然而所适匪人,铸成大错,使她陷入了更深的泥淖。至此,她构筑爱巢的梦想宣告彻底破碎,一种透骨的悲凉与毁灭感占据了她的整个心灵。

这样,她就经常生活在想象之中。

现实中的爱,游丝一般的苍白、脆弱,经受不住一点点的风雨摧残;只有在想象中,爱才能天长地久。前人有言"诗人少达而多穷","盖愈穷则愈工"。现实中爱的匮乏与破灭,悲凉之雾广被华林,恰好为她的艺术创造提供了源源不竭的灵泉。

> 梧桐更兼细雨,到黄昏,点点滴滴。这次第,怎一个愁字了得。

> 吹箫人去玉楼空,肠断与谁同倚。一枝折得,人间天上,没个人堪寄。

> 如今憔悴,风鬟雾鬓,怕见夜间出去。不如向帘儿底下,听人笑语。

这一系列千古绝唱,就正是在这种心境下写成的。

一个灵魂渴望自由、时刻寻求从现实中解脱的才人,她将到哪里去讨生活呢?恐怕是唯有诗文了。

虽然我们并不十分了解易安居士幽居杭州、金华一带,长达二十余载的晚年生活,但有一点可以断定,就是她必定全身心地投入到诗文中去。那是一种翱翔于主观心境的逍遥游,一种简单自足、凄清落寞的生活方式,但又必然是体现着尊严、自在,充满了意义追寻,萦绕着一种由传统文化和贵族式气质所营造的典雅气氛。

诚然,易安居士的《漱玉词》仅有五十几首作品,传世的诗文还要更少一些。比起那些著作等身、为后世留下更多精神财富和无尽话题的文宗巨擘，未免显得有些寒酸，有些薄弱。可是，一部文学史告诉我们，诗文的永生向来都是以质而不是以量取胜的。如同茫茫夏夜的满天星斗一般，闪烁着耀眼光芒的，不过是可数的几颗。

作为一个有限偶在，"一代词人"李清照早已随风而逝；可是，她那极具代表性的艺术的凄清之美，她那灵明的心性和具有极深的心理体验的作品内涵，她那充分感性化、个性化的感知方式和审美体验方式，却通过那些脍炙人口的词章取得了无限恒在，为世世代代的文人提供了成功的范本，像八咏楼前"清且涟漪"的双溪水一样，终古滋润着浊世人群的心田。

第二十六篇

孤枕梦寻

I

　　自由飞翔的愿望和现实的种种羁绊之间,仿佛永远有一道无形的穿不透的墙。古人喜欢用"心游万仞""神骛八极"之类的话语来状写人的心志的放纵无羁。可是,实际上却是,或则被弃置在灵魂的废墟上,徒唤奈何;或则被拘禁在自己设置的各种世俗陈规的樊篱里,不能任情驰骋,像一只囚鸟那样,即使开笼放飞,也不敢振翮云天。

　　倒是酣然坠入了黑甜乡之后,神魂在梦境中,可以凭借大脑壳里的方寸之地,展开它那重重叠叠的屏幕,放映出光怪陆离、千奇百怪的画面。既不受外界的约束,自己也无法按照计划加以规范,完全处于一种自在自如的状态。而由于任何人在梦中都会撤下包装,去掉涂饰,从而显露出各自的本来面目,因此,梦境中的那个自我,往往比清醒状态下的更真实、更本色。梦境是一部映射心灵底片的透视机,可以随时揭示出人的灵魂深处的秘密。

　　说来,梦境也真是奇妙无比。哪怕是天涯万里,上下千年,幽冥异路,人天永隔,也可以说来就来,要见就见。梦中似乎不存在时间与空间的概念,也不怎么考虑基础和条件。清人胡大川《幻想诗》中,有"千里离人思便见,九泉眷属死还生";"天下诸缘如愿想,人间万事总先知"之句,现实生活中根本做不到,可是梦境中却能够实现。

　　当然,梦境也并不总是尽如人意。甜美的固然不少,但凄苦、忧伤的梦也常常碰到,有的还会使人震怖、惶遽。而且,经常是幻影婆娑、扑朔迷离,像日光照射下的枝间碎影,像勉强连缀起来的残破的网片,又像是迸落在岩石上飞流四溅的浪花,不仅错乱复杂,不易解读;而且,有的竟如电光石火,稍纵即逝。更主要的是,现实中得不到的,梦境中也未必就能如愿以偿,所谓"绮梦难圆"者也。

林黛玉魂归离恨天,贾宝玉到了潇湘馆号啕大哭一场,意犹未尽,还想在梦中见上一面,细话衷肠,于是,诚心诚意地独自睡在外间,暗暗祷告神灵,希望得以一亲脂泽,孰料"却倒一夜安眠","并无有梦"。大失所望中,他只能颓然慨叹:"悠悠生死别经年,魂魄不曾来入梦。"第一次愿望没有达成,又寄希望于第二次,结果照样是一无所获。

大抵人们做梦,不外乎由内在与外在双重因素促成。所谓内在,是指精神上、心理上的向往,也就是人们常说的"梦是心头想","昼有所思,夜有所梦";而外在因素,即是指身体上、生理上的物质原因,比如,心火盛即往往夜梦焦灼,四体寒凉则梦见风雨交袭。古人把前者叫做"想",把后者叫做"因"。二者结合起来,决定了一个人在什么情况下会做什么梦。

现代人说,梦是现实生活中某些缺憾的一种补偿,是一种愿望的达成,是生活中某种向往与追求的反映。歌德说过:"人性拥有最佳的能力,随时可在失望时获得支持。"他还说,在他一生中有好几次是在含泪上床以后,梦境用各种引人入胜的方式来安慰他,使他从悲伤中一步步超脱出来,从而得以换来隔天清晨的轻松愉快。看来,德国的这位大诗人是善于做梦的了。

无独有偶,在中国也有一位大诗人,最懂得在梦境里讨生活。我敢说,古今中外的诗人中,南宋的陆游堪称是最善于做梦的一个,而且,许多梦中情境又能通过诗篇记叙下来。在现存的八十五卷《剑南诗稿》中,专门记述梦境的诗达九十九首之多,里面记叙了许许多多现实中未能实现而在梦境中得到补偿的快事。当然,这仅仅是他的记梦诗的一部分。他在一篇文章中谈到,四十二岁之前,他大约作诗一万八千多首,经过自己两次删定,只留下了九十四首,其中记梦诗只有一首。料想在人生多梦的青年时期,他一定会做过更多的梦,写过更多的记梦诗,可惜绝大多数都已删除,后人已经无缘在这部诗稿中得以相见了。

2

读过了陆游的《剑南诗稿》《渭南文集》和关于他的几部传记,仿佛觉得这位老诗翁就在我的身旁,倾吐着他的"忧国复忧民"的积愫,愤切慨慷地朗吟着他那豪情似火的诗章。凌晨起来散步,我耳边也似乎回响着老先生情深意挚的娓娓倾谈。但诗翁的形象却并不十分鲜明。虽然他的诗里有"团扇家家画放翁"之句,但我却没有见过几幅他的画像。按照明人黄道周对他的形象的描述,"供之千佛经前,又增得一幅阿罗汉像也",我想象他的个头不会太高,面相是和善的,甚至看起来有些憨态可掬,没有"诗仙"李太白那种丰神俊逸、潇洒出尘之慨。但应该说,两人的"虽长不满七尺,而心雄万丈"却是一致的。

从接受美学的角度,在欣赏陆游诗作的过程中,我习惯于凭借自己的生活经验和审美情趣,进行艺术的再创造。透过那些炽烈喷薄的诗章,看到了诗翁的盘马弯弓之姿、气吞残虏之势,感受到的是诗人的雄豪雅健;可是,同时却也体味到了他的英雄失路、托足无门、壮士凄凉、宝刀空老的悲哀。就中,给我印象最深的是他那对祖国、对爱情的执着坚定、之死靡他的精神,简直可以说是感天地而泣鬼神。

恰如当代学者钱锺书所说,爱国情绪饱和在陆游的整个生命里,看到一幅画马的画,碰见几朵鲜花,听了一声雁唳,喝几杯酒,写几行草书,都会惹起他报国仇、雪国耻的心事,这股热潮有时甚至泛滥到梦境里去。即使是在残年老病,政治上遭受重重打击,处境十分艰难的情况下,诗翁也从不叹老嗟卑,仍旧期待着勇跨征鞍,披坚执锐,奔赴杀敌的前线。正如他在一首诗中所描述的:

僵卧孤村不自哀,尚思为国戍轮台。

夜阑卧听风吹雨,铁马冰河入梦来。

但是,命运对于他实在过于苛酷,终其一生,也难得一遇大展长才以酬夙志的机会。他的仕途十分坎坷,直到三十四岁,才谋取一个福州宁德县主簿的职位,后来又担任过镇江府、隆兴府的通判,却又屡遭弹劾。许多愿望只能靠梦中结想,梦中追忆。他在七十七岁时,回思征西幕中旧事,有"不如意事常千万,空想先锋宿渭桥"之句,可说是很好的概括。

四十九岁这年秋天,他在嘉州以权摄州事身份,成功地主持过一次军队的秋操检阅。整齐的队伍,赫赫的军威,使他联想到:国家并不是没有抵抗侵略的武装力量,自己也不是不能用武的文弱书生,只是没有很好地组织,也没有这个机会。否则,"草间鼠辈何劳磔,要挽天河洗洛嵩",那是毫无问题的。凭借这个"想"和"因",半个月后,他做了一个梦:大军驻扎河东,抗击入侵之敌,声威所至,望风披靡,当即派出使者,招降敌人占领下的边郡诸城,"昼飞羽檄下列城,夜脱貂裘抚降将","腥臊窟穴一洗空,太行北岳元无恙"。尽管不过是黄粱一梦,但当时那种称心快意的劲头,实在不是笔墨所能够形容的:"更呼斗酒作长歌,要遣天山健儿唱。"

这类令他快然于心的梦,后来还做过。一次,梦中随从皇帝车驾出征,全部收复所失故地。"驾前六军错锦绣,秋风鼓角声满天。""凉州女儿满高楼,梳头已学京都样。"沦陷区人民兴高采烈地投入祖国的怀抱,不仅重睹"汉家威仪",而且连梳妆打扮都与京城趋同了。

陆游一生中最称心的岁月,是从军南郑那段时间。当时,抗战派首领王炎任四川宣抚使,驻节南郑,掌握着西北一带的兵权和财权。陆游此时正好在他的幕下。过去,虽然他也喜欢谈兵论战,划策筹谋,但毕竟都是纸上空谈;这次,亲临前线,而且深得主帅的信任,正是一展长才的机会。除了建言献策,帮助首长处理一些日常事务,他还经常巡视各方,传达指令,并且到过大散关下的鬼迷店和仙人原上的仙人关,这两处都是宋、金对峙的最前线,有时身披铁甲,骑着骏马去追击敌人,有时还行围打猎。一次,正在催马扬鞭,纵横驰骋,突然一阵风起,一只猛虎蹿出,陆游挺起长矛戳去,正中老虎的喉管,"奋戈直前虎人立,吼裂苍崖血如注"。一场令人惊怖的搏斗,就这样胜利地结束了。

可惜,这样的战斗生涯只过了半年,随着王炎调回临安,陆游的欢快生活亦告终结。虽然像一场短梦那样,还没来得及仔细地玩味就惊醒了,但却刀刻斧削一般,在他的心中留下了永生难以忘怀的印象。九年后,他已经回到故乡山阴赋闲,当忆起这段生活时,曾经写道:"骏马宝刀俱一梦,夕阳闲和饭牛歌";又过了十年,他已经六十七岁了,在一首《怀南郑旧游》的七律中,再次惋叹:"惆怅壮游成昨梦,戴公亭下伴渔翁。"

陆游反复慨叹往事如烟,旧游成梦,一方面说明这段生活的短暂,一方面也可以看出他对这段美好经历是何等的珍视。西线陈兵,简直成了陆游的一个永生不解的情结,因而不但反复忆起,更是多次结想成梦。他自己曾说过:"客枕梦游何处所?梁州西北上危台。""慨然此夕江湖梦,犹绕天山古战场。"一部《剑南诗稿》中,记载这方面内容的梦中之作不胜枚举,有的在题目上还直接标明"梦行南郑道中","梦游散关渭水之间"。如果说,往事如梦、如烟,那么,这段往事再进入梦境之中,并且把它形诸笔墨,那就真正是梦中说梦。

3

陆游胸中的另一个情结,就是同爱妻唐琬的那段短暂的情缘。这使他梦萦魂牵,终生不能去怀。

二十岁这年,陆游和舅舅的女儿唐琬结婚。唐琬是一个美貌多情的才女,对于诗词有很好的修养,和陆游兴趣相投,因此,他们婚后的生活十分美满,情深意笃,以白头偕老相期;又兼亲上加亲,按说家庭关系也应该处理得很好。谁料,陆游的母亲竟然对自己的内侄女很不喜欢,最后甚至蛮不讲理地硬逼着儿子和她仳离。如果处在今天,夫妇完全可以不去管它,至多离家另过就是。可是,在那个理学盛行的时代,在封建礼教的威压下,陆游是无论如何也不敢违抗"慈命"的,他只能向母亲婉言解劝,百般恳求,而当这一切努力都毫无效果之后,就只好含悲忍痛,违心地写下了一纸休书。一对倾心相与的爱侣,就这样生生地被拆散了。后来,陆游奉父母之命另娶了王氏,忍辱含垢的唐琬也在叩告无门的苦境中,改嫁给同郡士人赵士程。

光阴易逝,转眼间十年过去了。

在一个柳暗花明的春天,陆游百无聊赖中,信步闲游于禹迹寺南的沈家花园,偶然与唐琬及其后夫相遇。尽管悠悠岁月已经逝去了三千多个日夜,但唐琬始终未能忘情于陆游。此时,见他一个人在那里踽踽独行,情怀抑郁,唐琬心中真像打翻了五味瓶,说不出是酸是苦,分外难受。赵士程为人还算豁达洒脱,当下已经觉察了妻子痛苦的心迹,便以唐琬的名义,叫家童给陆游送过去一份酒肴。

陆游坐在假山上的石亭里,呆呆地望着伊人的"惊鸿一瞥",转眼已不见了踪影;温过的酒已经变冷,肴馔也都凉了。他眼含清泪,一口口地吞咽着闷酒,体味着唐琬深藏在心底的脉脉深情,心中霎时涌起一丝丝的愧怍;想到人世间彩云易散,离聚匆匆,不禁百感交集,顺手在粉墙上题下了一首凄绝千古的《钗头凤》词:

红酥手,黄縢酒,满城春色宫墙柳。东风恶,欢情薄。一怀愁绪,几年离索。错!错!错!　春如旧,人空瘦,泪痕红浥鲛绡透。桃花落,闲池阁。山盟虽在,锦书难托。莫!莫!莫!

上阕透过眼前的实景,忆述当日美满姻缘的破坏经过及其沉痛教训;下阕写春光依旧而人事已非,昔日温存仅留梦忆。

原来,古代诗文有口头与书面两种传播形式,题壁属于后者。当诗人意兴淋漓、沛然发作之时,往往借助题壁的方式,来发抒磅礴的逸气,浇洗胸中的块垒。这种"兴来索笔漫题诗",就古代文人自身来说,自不失为一种富有艺术情趣的生活内容和抒怀寄兴的方式,其间总是蕴含着层次不一的非语言的信息;而对于普通读者或曰观众,则是一种近乎大众化的免费的精神享受,包括对于诗人襟怀的解读以及诗情、书艺的欣赏。

有人考证,题壁始于汉代,已见于《史记》的记载;到了唐、宋时期,便成为骚人墨客惯用的一种写作方式,几乎达到无人不题、无处不题的程度。陆游是题得最多的诗人之一,正如他自己所说:"老去有文无卖处,等闲题遍蜀东西";"酒楼僧壁留诗遍,八十年来自在身"。

相传,唐琬后来重游沈园,看到了陆游的题壁词,不胜伤感,当即和了一首:

> 世情薄,人情恶,雨送黄昏花易落。晓风干,泪痕残,欲笺心事,独语斜阑。难!难!难! 人成各,今非昨,病魂常似秋千索。角声寒,夜阑珊,怕人寻问,咽泪佯欢,瞒!瞒!瞒!

此后不久,唐琬便悒郁而终。

清代诗人舒位游观沈氏园亭时,曾就陆游、唐琬的这场爱情悲剧写过一首七绝:

> 谁遣鸳鸯化杜鹃?伤心姑恶五禽言!
> 重来欲唱钗头凤,梦雨潇潇沈氏园。

寥寥四句,下笔如刀,无情地鞭挞着以"恶姑"为代表的封建宗法势力,揭露了造成这场人为悲剧的社会原因。

4

纯真的爱,作为人类一种自愿的发自内心的行为,作为自由意志的必然表现,是不能加以强制命令的。外力再大,无法强令人产生情爱;同样,已经产生的情爱，也不会因为外在压力的强大而被迫消失。陆游，这个生当理学昌盛时期的封建知识分子，没有也不可能用足够的觉悟和勇气，去奋力抗击以母亲为代表的封建宗法势力，但在他的内心世界，却始终不停地翻腾着感情的潮水，而且，一有机会就冲击封建礼法的约束，做直接、率真的宣泄。诚如他自己说的："放翁老去未忘情。"他年复一年地从鉴湖的三山来到城南的沈园，在愁痕恨缕般的柳丝下，在一抹斜阳的返照中，愁肠百结，踽踽独行。旧事填膺，思之凄哽，触景伤情，发而为诗。这种情怀，愈到老年愈是强烈。

陆游五十九岁这年，正隐居于故里山阴。一次夏夜乘舟中，他听到岸边水鸟鸣声哀苦，像是叫着"姑恶、姑恶"，当即联想到他和唐琬的爱情的悲剧结局，随手写下了一首五言古诗，最后四句是：

古路傍陂泽，微雨鬼火昏。
君听姑恶声，无乃遣妇魂？

九年之后的一个深秋，陆游重游沈园，看到蛛网尘封中当年的题词尚在，而伊人已杳，园林易主，流风消歇，不禁怅然久之。于是写下一首感旧怀人的七律：

枫叶初丹槲叶黄，河阳愁鬓怯新霜。
林亭感旧空回首，泉路凭谁说断肠？
坏壁醉题尘漠漠，断云幽梦事茫茫。
年来妄念消除尽，回向禅龛一炷香。

晋朝的潘岳曾任河阳县令，后人遂以"河阳"来指称他。潘岳写过三首悼念亡妻的诗，在文学史上很有名。陆游的这首诗，寄托了对已故去多年的唐琬的深切怀念，同样属于悼亡性质，因而便以"河阳"自喻。诗翁满怀深情地说,林亭回首,泉路无人,如今幽冥异路,重见难期,只能心香一炷,遥遥默祷了。

陆游七十五岁这年春天,再一次来到沈园,目睹非复旧观的园亭景色,感叹好梦难寻,韶光不再,四十载倏忽飞逝,回思既往,益增唏嘘。于是,怀着更加沉痛的心情,为这位无辜被弃、郁郁早逝的妻子,写下了两首七绝:

  城上斜阳画角哀,沈园非复旧池台。
  伤心桥下春波绿,曾是惊鸿照影来。

  梦断香消四十年,沈园柳老不吹绵。
  此身行作稽山土,犹吊遗踪一泫然。

光阴易逝,陆游已届八十一岁高龄。而爱侣仳离,劳燕分飞,已经整整过去了一周甲子,连他们的最后一面,也是五十年前的旧事;但是,唐琬的音容笑貌以及寄托着他们无限深情的沈园,却时萦梦寐。这天夜里,诗翁梦中重游了沈氏园亭,醒后写下两首纪实七绝:

  路近城南已怕行,沈家园里更伤情。
  香穿客袖梅花在,绿蘸寺桥春水生。

  城南小陌又逢春,只见梅花不见人。
  玉骨久成泉下土,墨痕犹锁壁间尘。

对于美好的事物,人们总是无限地追恋。当残酷的现实扯碎了希望之网时,痛苦的回忆便成了最好的慰藉。一年过后,一个暗淡的秋日,他写下了一首忆旧的七绝:

城南亭榭锁闲房，孤鹤归飞只自伤。

尘渍苔侵数行墨，尔来谁为拂颓墙？

直到八十四岁高龄，陆游在《春游》诗中还写道：

沈家园里花如锦，半是当年识放翁。

也信美人终作土，不堪幽梦太匆匆。

在陆游的眼里，唐琬永远是美目流盼的丽人。诗中的"幽梦匆匆"，乃是追叹他们夫妇美满生活的过于短暂；"美人终作土"云云，似是哀婉世间一切美好的事物总逃不脱陨灭的厄运。

犹如春蚕化茧，千丈万丈游丝全都环绕着一个主体；犹如峡谷飞泉，千年万年永不停歇地向外喷流。爱情竟有如此巨大的魅力，历经数十年不变，着实令人感动。此刻的诗翁已经临近生命的终点，死神随时都在向他叩门；但是，他那深沉、炽烈、情志专一的爱的火焰，却伴随着生命之光，始终都在熠熠地燃烧着。

一年过后陆游也辞别了人世。

"尚余一恨无人会"，"但悲不见九州同"。晚岁的陆游念念不忘沦陷的中原，念念不忘长眠的唐琬。正是这两个情结，为我们留下了一个感情完整、境界高远的诗翁形象。

第二十七篇

道学家的矫情

I

这分明是一番梦中场景,一幅山水画卷。

滔滔汩汩的九曲溪宛如一条飘逸的玉带,迂回萦绕在丹崖翠嶂之间,流贯了武夷山大部分景区。一曲数峰,一峰多景,数不尽的婉转迷离,使有限空间增添了无尽的容量。随着清溪的流转,四围山景不断地变换着形态,时而壁立如屏,时而穿云似塔,一眨眼间,断笋孤根又幻化为莲花并蒂,各自都争奇赌胜地展现着妩媚娇姿。在这天造地设的奇境中,游人坐在竹筏上,可以悠然自得地骋怀纵目,恣意赏玩着大自然的鬼斧神工。

初冬的一个响晴天。我们中国作家闽北采风团一行六人,在游过云窝、天游景区之后,匆匆用过午餐,便驱车来到星村码头,登上竹筏,开始了"武夷九曲"的漫游。两位篙工一男一女,都很年轻、漂亮、利落,而且知识面宽,富有情趣,口才也都很好。据说,他们在上岗之前,都曾经过专门的培训。两人神采飞扬地站立在竹筏的两头,见我们已经坐稳,便合力撑篙,把竹筏划向中流,同时风趣不无幽默地说:"欢迎各位作家上了我们的贼船。"大家一齐笑起来。

竹筏自"第九曲"启航,顺流而下。一舟容与,载浮载沉,翻腾的浪花不时地扑打在衣襟上,沁凉心脾。笑语喧哗杂着涛声林籁,激活了寂静的群山,顿觉两旁的云峦竹树都鲜活灵动起来,满眼生机盎然。前行不远,右侧山壁上忽然现出一处摩崖石刻,细看原是一首七言绝句:

九曲将穷眼豁然,桑麻雨露见平川。

> 渔郎更觅桃源路,除是人间别有天。

这是南宋理学家朱熹《九曲棹歌》组诗的最后一首,带有总结、收场性质,所谓"曲终奏雅"。

陪同游观的东道主、一位作家说,正像人们到了西湖定会记起白居易、苏东坡,登上岳阳楼不能不提到范仲淹和杜甫一样,来到武夷山是必然要接触到朱熹的。这一带是朱夫子的"过化之乡",他在此间前后寓居四十余年,足迹遍布川原村社、茶场书坊,最后选定一个叫做黄坑的村落,作为他的夜台长眠之地。八百多年过去了,至今还随处可以感受到他的流风遗韵,其深远影响,遍及整个中华大地以至朝鲜、日本和东南亚。至于身后是非,为毁为誉,那就是另外一码事了。

"是的!"我接上说,"作为理学大师,朱熹自有其不可磨灭的历史地位。但是,即使在旧时代,对他说东道西,甚至猛烈抨击的,也所在多有。"有的人不仅痛斥他扼杀人性,批评他制造情感悲剧、宣扬禁欲主义,甚而连累及于诗文。清代诗人、性灵派的主将袁枚不用说了,这里只引述清人张霁南的诗句:

> 浪填僻典苦搜罗,芳草斜阳信口哦。
> 更有程朱称李杜,诗中迂腐逼人多。

平心而论,朱熹的诗与其他道学家的不同,往往寓理趣于叙事、抒情之中,还是比较活泼有趣的。比如,刚才看到的那首,就比较清新自然,文字简约生动,意蕴也是十分丰富。作者巧妙地运用了《桃花源记》中的故实,并不属于"浪填僻典",因为这是读书人尽皆通晓的。诗中一二两句,纳入了陶渊明文中"复行数十步,豁然开朗,土地平旷,屋舍俨然,有良田、美池、桑竹之属"的内涵,描述"九曲"过尽,眼前所见的村原实景;三四两句是一种倒装句式,意思是说,除非"别有天地非人间",否则,"世外桃源"便非此莫属了。

竹筏顺风顺水,很快地便进入了"八曲""七曲"。大家兴致勃勃,在饱游饫看山光水色的同时,一路上,不断地欣赏着朱夫子的其他几首《棹歌》,觉得像"却怜昨夜峰头雨,添得飞泉几道寒";"金鸡叫罢无人见,月满空山水满潭";"虹桥一断无消息,万壑千岩锁翠烟"一类诗句,都是可圈可点的,既含蕴着深刻的禅思、理趣,也并没有使人感到枯燥乏味。

2

一直在沉思默想的一位散文女作家,突然插了一句:"朱熹诗句确也不错,九曲溪的景观更是妙境天成。可是我总觉得,如果要给它编排次序,总该是顺着流向,一、二、三、四地往下排列,现在却是'九曲''八曲''七曲'地一路倒数下去,实在有些别扭。"

"是呀,游程刚一开始就演奏《九曲棹歌》的尾声,我也觉得这么'倒尾为头'的做法,非常滑稽。"一位诗人说,"当时,我的脑子里突然闪现出一个真实的故事:'文革'中某市一个造反派头头,'文化水'很浅,刚刚走上领导岗位。这天,他出面主持一个大会,秘书事先给他起草好了开幕词和闭幕词,他也没有细看,就分别放在左右两个衣兜里。由于他事先并没有弄清楚会议的主题、开法和讲话稿里的意思,跨上了主席台,就照本宣科地读了一通,结果,开幕式上竟把闭幕词念了,闹出了大笑话。……朱老夫子可是硕学鸿儒啊,莫非他老先生也要幽我们一默?"

诗人真是富于联想,你看他说着,就带出来一个"笑话"。

"显然,这和朱夫子当年逆游九曲溪有直接关系。"男篙工说,"各位刚才都经过了,'七曲'之上一滩高似一滩,顶着激流漩涡,撑篙难度很大;不像我们这样顺水漂舟,省时省力。所以,当地有两句俗话,叫做'古人是笨蛋,今人是懒汉'。"

"其实——"我说,"顺行、逆行,各有各的道理。走顺水船,'舟摇摇以轻扬,风飘飘以吹衣',淋漓酣畅,充溢着一种快感;可是,过眼云烟,不像逆水行舟那样,可以深思熟想。打个比方,前者属于诗人气质,后者就有点儿像哲学家了。这位朱夫子整天在那里细推物理,格物致知,自然就喜欢船走得慢一点。听说,他终生不吃豆腐,这倒不是因为滋味不鲜,也不是觉得做起来费事,只是由于他发现豆腐做出之后,重量超过豆、水、配料的总和,反复'格致'也不得其解。"

大家笑说,这真是一个古怪的老头儿。

我们正在这么七嘴八舌地议论着,突然发觉,这些欢声笑语竟然招来一阵阵的空谷响答。篙工说,竹筏已经到了"六曲"的响声岩。这里两岸高峰壁立,岩壑纵横,形成一处天然的回音壁,因而山鸣谷应。

九曲溪在这里绕了个大弯子,北侧就是著名的云窝和天游峰,为武夷山的第一胜境。上午我们已经游览过了。云窝者,云屯雾聚之地也,其高可想。古人有诗:"白云本是无心物,寻得溪岩便作窝。"天游峰下,面对九曲清溪,有一座高达四百米、平滑如镜面的巨型岩壁,上面布满了斑斑水迹。斜阳映射下,晴光闪烁,宛如素练悬天。晒布岩,大概是由此得名吧。

怪不得我们站在天游峰上俯瞰,那一湾碧水缓缓流动着竹筏,竟像古画上的"曲水流觞"一般;此刻,我们坐在竹筏上遥望峰头的几群游人,简直就是一行行的墨点;靠近一些的,可以依稀地看见有些人在向我们招手。我真想对他们哦诗相应:"君岸已登我在筏,羡从峰顶看迷津。"

舟行"五曲",男篙工指了指对面的山峰,告诉大家说,朱熹在这座隐屏峰下建立了武夷精舍,经常到这里来传经讲道。这时,竹筏过处,恰好闪现出摩崖石刻上朱熹的《棹歌》诗句:

五曲山高云气深,长时烟雨暗平林。
林间有客无人识,欸乃声中万古心。

我说:"看得出来,朱老夫子当时的心境是十分孤寂的。"

"自鸣清高,孤芳自赏。"那位女散文家陈述了她的看法。

"也可能是撇高腔儿。弄不好,就成了'此地无银三百两'。"女篙工说,"诸位往左上方看,那里有一个很大的山洞。民间传说,当年里面住着一个聪明、美丽的狐仙女郎,化名胡丽娘。每当黄昏人静之后,她都要到武夷精舍去,悄悄地和朱熹幽会。当时称为小妾,现在时髦的说法,叫做恋人。"

男篙工有意逗趣,偏要反话正说:"人家可不是'家里红旗不倒,外面彩旗飘飘'。书本上考证了,那个时候,朱老夫子的老婆已经病故,所以,人家就是再娶一房,也是顺理成章的。"

"就算是老婆死了,再娶。朱熹可是信奉孔孟之道的,也应该遵照圣人的教导,'非礼勿动',等待'父母之命,媒妁之言'啊。说一套,做一套,难怪人家说他言行不一。"女篙工口口不咬空,也是够厉害的。

朱老夫子究竟有没有这桩风流韵事,史无明文。也可能是当地民众颇不满于他那可憎的道学面孔,有意识地作践他、取笑他——越是正襟危坐,道貌岸然,越要给他抹上一鼻子白灰。

3

不过,要说朱熹言行不一,倒也并非游言无根,而是有迹可察的。鲁迅先生说过:"道学先生是躬行仁恕的,但遇见不仁不恕的人们,他就也不能仁恕。所以朱子是大贤,而做官的时候,不能不给无告的官妓吃板子。"

这个"无告的官妓"指的是天台营妓严蕊。这是一起典型的冤案。据晚于朱熹的南宋词人周密记载,唐与正守台之日,曾与严蕊有过交往。朱熹想要惩治这位唐与正,就指控他行为不轨,"与蕊为滥";并把严蕊捉进官府里来,刑讯逼供,以进一步索取唐与正奸邪放荡的口实。可是,严蕊并不为权势所屈,始终未有"一语及之",结果,"两月之间,一再受杖,委顿几死"。应该说,这和朱熹所标榜的"仁者,本心之全德";"民吾同胞,物吾与也",是大相径庭的。

其实,抹杀人性,压抑人的正常情感,原本是朱熹这些道学先生的一贯态度。史载,与朱熹同时期,有个胡铨,为南宋名臣。他曾上疏朝廷,请求将秦桧等卖国求和的贼臣斩首示众,结果,却被秦桧倒打一耙,妄加罪名,贬谪岭南十年。流放期间,胡铨在广州恋上了一个名叫黎倩的女子,遇赦之后,带上了她,从贬地北归。

朱熹得知这一消息,当即写下两首七绝,予以指责、批评。其二曰:

十年浮海一身轻,归对黎涡尚有情。
世路无如人欲险,几人到此误平生。

在朱熹看来,"人欲"是一种险恶可怕的东西。一旦跌入这个罪恶的深渊,任凭你曾经是条铁骨铮铮的硬汉,也会误尽平生,一蹶不复。因此,他提出要"存天理,灭人欲",以一种"蹈虎尾,涉春冰"的危惕意识和养正、居敬的功夫,去压抑情感,制服人欲。其中为害至烈的,就是鼓吹女人全贞守节,反对寡妇再嫁。

实际上,古人早就说过:"饮食男女,人之大欲存焉。"欲望是生命之所以成为生命的决定性本质。清代学者戴东原曾批驳说,离开人欲,谈何天理?生与欲不可分,要生,又怎么能完全否定欲呢?

两位年轻的篙工都来自武夷山南麓的建阳农村,当年朱熹曾长期定居于此。女篙工说:"各位作家不是前来采风吗?建议能到建阳看看。"

他们二人说,建阳过去有一道特殊的风景线——贞节牌坊随处可见。看上去倒是挺壮观的,可是,人们知道,每一座牌坊下面,都有一个甚至几个孤孀的灵魂在低声啜泣,每一座牌坊的下面,都掩埋着一部辛酸悲惨的血泪史。一般的无法统计,这里只说那些声名赫赫、载入旧县志的节妇烈女的典型,仅清代就有五六百人之多,数量远远超过青史留名的全县的举人进士、文武官员。有一户老陈家,婆婆、媳妇、孙媳妇都是青年丧夫,有的根本就没有见过丈夫的面,只是苦苦守着一个"名分"——说开了不过是一个男人的名字。就这样,祖孙三代,同时孀居守节,最后换得一座两层楼高的"三节坊"。

"这种现象真是世间最残酷、最凄惨的。"一位女作家一扫平时天真烂漫的常态,沉痛地说,"我觉得,贞节观念简直比迷信天堂、来世,还要荒唐、虚妄。一些善男信女为了虚无缥缈的来生,为着一种无法验证的灵魂寄托,不惜以牺牲现实的今生为代价,心安理得地去等待呀、向往呀,整天以苦为乐,沉醉在无限憧憬里,直到生命终结也不晓得那手中握定的绳子的终端原本空无一物。说来也是很可悲的。但是,他们毕竟还是有着一种信仰追求——执着地信奉冥冥中确实存在一个美妙的天国。"而节妇烈女所追求的是什么呢?一片漆黑。这些孤苦无告的弱女子所面对的,是捆缚着她们的封建礼教的绳索,是强大如山的世俗舆论压力,是残酷、冰冷的现实,是生不如死的漫漫长夜。为着严守那个'失节事大'的训条,她们不得不咬紧牙关,斩断情缘,苦捱死撑,极人世未有之艰辛,从妙龄少女一直熬到白头老妪,最后,在乡里建坊、官家赠匾的闹闹嚷嚷、吹吹打打中,告别了凄凉的人世。"

"渔郎更觅桃源路,除是人间别有天。"在朱夫子心目中,这里分明就是人间的理想世界。可是,阴错阳差,恰恰在这充满无限生机的情山媚水之间,在过去的数百年中,竟有难以计数的孤孀嫠妇,以其凄凄切切、惨惨戚戚的酸辛血泪,涨满了滔滔东下的九曲溪潮。

这真是一种绝妙的讽刺!

4

"人世几回伤往事,山形依旧枕寒流。"武夷山水是清白无辜的。亿万斯年,这从万山丛中奔泻而出的一线清流,无论其为涓涓、潺潺,还是滔滔、滚滚,也不管前路如何崎岖险阻、迂回曲折,它总是满怀着旷世痴情,矢志不移地环绕着丹峰翠嶂,紧相依傍,难解难分,体现出一种动人心魄的炽烈真情。世间还有比这更清纯、更缠绵、更执着的醉心依恋吗?

可是,情到浓时,又常常为造物所忌,结果免不了要出现令人扼腕的悲剧性结局。竹筏漂流到了"二曲",面对着风姿绰约的玉女峰,女篙工满怀深情地讲述了一个凄婉动人的传说。

她的叙述方式很特别,没有急于铺陈故事,而是先把故事中的一个个形象鲜明地摆在听众面前。这有点儿像古典小说前面的"绣像全图",也和现代剧本开列一个"剧中人物表"相似。她首先引导大家欣赏玉女峰的丰姿、俊采:玉立亭亭,俯瞰着一溪碧水,娇羞不语,楚楚怜人,实在是俏极了,美极了。接着,又指点着前面的大王峰:看,多么巍然高拱,英气不凡!最后,向大家介绍夹在两峰中间的铁板嶂:身材扁窄,体貌黝黑,一副形神委琐的样子。

三个形象都定位了,女篙工这才开始叙述情节:玉女和大王原本是玉皇大帝的爱女和侍卫将军,由于耐不住天庭寂寞,二人偷偷下凡,赋形为两座隽秀的青峰,在风光旖旎的武夷山朝夕聚首,相亲相爱。不料,后来被面貌奇丑、心性阴暗的铁板鬼发现,告了密,玉皇大帝便吩咐他严加监管,确保二人永生不得聚在一处——把这作为铁板鬼亡魂超度的条件。在这个鬼魅的蓄意破坏下,这对恋人"盈盈一水间,脉脉不得语",咫尺天涯,遗恨绵绵。而那个破坏者也作法自毙,自作自受,成了一座隔在两峰中间、永世动弹不得的铁板嶂。

面对着这种深情爱恋,任是铁石心肠的人也会为之动容的。可是,道学先生朱熹却不然,在玉女峰前,他竟板着面孔,冷冷地吟出几句诗来:

> 二曲亭亭玉女峰,插花临水为谁容?
> 道人不作阳台梦,兴入前山翠几重。

听着大家读诗,撑篙女工插了一句:"其实,这是矫情。"

两个小时的游程就要结束了,"一曲"已经抛在我们身后。下筏前,大家卸下马甲式的救生衣。男篙工故意学着赵本山的腔调,逗乐说:"脱了马甲,我也会认出你们来的——希望我们能够再见!有道是,十年缘分同船渡,百年缘分共枕眠。看来,咱们至少都有十年的缘分。"

"这么说,你们两位是有百年缘分了?"我对他们颇有好感,因而这么随便问了一句。

"不是。"女篙工笑着摇了摇头。

"白天同摆一条船,夜晚回家各自眠。朱老夫子英灵在上,山野小民是不敢胡来的。"男篙工的话语刚一落音,立刻又引发出一阵哄堂笑声。

第二十八篇

何人说断肠

I

多年前我第一次到杭州,正值梅子黄时。当时撑着一把布伞,漫步在丝丝细雨之中。这里靠近"门前春水碧如天"的西子湖,是古临安的著名街巷,据说当年朱淑真的旧游之地桃村就在这一带。

女诗人的《断肠诗词》里有"东风作雨浅寒生,梅子传黄未肯晴"的锦句。今天看来,除了物候大致不差;其他一切都已经满目皆非,地面上的楼台、屋宇,不晓得已经几番倾圮、几番矗起了。一般的景观我无心过问,只是关注着那些被写进诗词的"东园""西楼""桂堂""水阁""迎月馆""依绿亭",想从中寻觅到女诗人的哪怕是一丝一毫的心痕足迹。结果呢,除了失望,还是失望。

据说,我们的现存古籍多达六七千万册;单是南宋以降的史书、笔记,即足以"处则充栋宇,出则汗牛马"。可是,翻检开来,关于这位了不起的文学精灵的兰因絮果,竟然统付阙如。不妨追问一句:那些连篇累牍、不厌其详地记载的究竟都是些什么物事?怎么就偏偏悭吝于这样一位传世诗词达三四百首的旷代才人!操纵在男性手中的史笔,那些专门为帝王编撰家谱的御用文人们,他们的心全都偏在腋下了。

"林亭感旧空回首,泉路凭谁说断肠?"提起唐琬来,人们无不为之伤怀悼惜,尤其是那位陆老诗翁数十年间痴情未泯,咏怀忆旧,叹惋不置;可是,大约同时期的朱淑真,无论是当时还是后世,又有谁为之深情悼惜,或者愤慨不平呢!说来也是很可悲的。

2

童稚时期读过蒙学课本《千家诗》,在二百二十六首五七言律绝中,有朱淑真《落花》《即景》两首。"谢却海棠飞尽絮,困人天气日初长。"每当春困难捱之时,脑子里便会涌现出这两句诗来。

有一次,我在雨中贪玩,竟然忘记吃饭,耽搁了上课,塾师带着愠色,让我背诵《千家诗》中咏雨的诗篇。当我吟过"天街小雨润如酥,草色遥看近却无";"绿遍山原白满川,子规声里雨如烟"等令人赏心悦目的清丽诗章之后,老先生轻轻点了一句:"朱淑真的诗,你可记得?"我猜想指的是那首《落花》:"连理枝头花正开,妒花风雨便相摧。愿教青帝长为主,莫遣纷纷点翠苔。"因为觉得太感伤了,有些败兴,便摇了摇头。老师也不勉强,只是轻叹一声:"还是一片童真啊,待你到了我这个年纪,就会懂得人生,懂得性理了。"说着,老先生就讲了朱诗的风致之佳,体悟之妙,还简单地谈了她的凄凉身世。于是,这位女诗人在我那小小的童心中,除了赢得喜欢,赢得仰慕,又平添了几分怜惜、几丝叹惋、几许同情。

及至通览了《断肠诗词》之后,确认了老师的说法,诗境果然是苦涩而凄清:

哭损双眸断尽肠,怕黄昏后到昏黄。
更堪细雨新秋夜,一点残灯伴夜长。

秋雨沉沉滴夜长,梦难成处转凄凉。
芭蕉叶上梧桐里,点点声声有断肠。

断肠,断肠,断尽愁肠,道尽了人世间椎心泣血的透骨寒凉。

为《断肠诗词》作序的魏仲恭曾下过如下的断语:

一生抑郁不得志,故诗中多有忧愁怨恨之语。每临风对月,触目伤怀,皆寓于诗,以写其胸中不平之气。竟无知音,悒悒抱恨而终。自古佳人多命薄,岂止颜色如花命如叶耶!

朱淑真的生命结局备极凄惨,而且扑朔迷离。辞世之后,一种说法是"残躯归火"。其根据来源于"魏序":"其死也,不能葬骨于地下,如青冢之可吊;并其诗为父母一火焚之。"另有一说,"投身入水",毕命于波光潋滟的西子湖。传说,她入水之前曾向着情人远去的方向大喊三声。真乃"重不幸也,呜呼惨哉"!

3

随着年华渐长,世事洞明,我的感知又出现了变化,也可以说获致一种升华。由童年时对朱淑真的无尽哀怜,转而为由衷的钦佩,赞美她的胆气、勇气、豪气,服膺其凛然无畏的叛逆精神。

对于女性来说,爱情不啻生命,她们总是把全部精神生活都投入到爱情之中,因而显得特别凄美动人。古代女子尽管受着政权、族权、神权、夫权的重重压榨,脖子上套着封建礼教的枷锁,但从来也未止息过对于爱情的向往、追求,当然,表现形式也不尽相同。

当命运搬了道岔儿,"所如非偶",爱情的理想付诸东流的时节,大多数女性是把爱情的火种深深埋藏在心里,违心地屈从父母之命,委委屈屈、窝窝囊囊地打发流年,断送残生。再进一层的,不甘心做单纯供人享乐的工具,更不认同"嫁鸡随鸡,嫁狗随狗"的混账逻辑,便暗地里进行抗争,偷偷地、默默地爱其所爱,"红杏"悄悄地探出"墙外"。而更高的层次,是勇敢地冲出藩篱,私奔出走,比如西汉年间的卓文君。

在几千年的中国封建社会里,私奔一向被视为奇耻大辱,甚至大逆不道。而卓文君居然敢于冒天下之大不韪,跟着心爱的人司马相如毅然逃出家门,大胆冲破封建礼教的约束,勇敢地追求婚姻自由,追求爱情的幸福,不惜抛弃优裕的家庭环境,去过当垆卖酒的贫贱生活。做到这一点十分不易,那要终生承受着周围舆论的巨大压力,不具备足够的勇气是下不了这个决心的。当然,较之她的同类,卓文君属于幸运之辈。由于汉初的社会人文环境比较宽松,不像后世礼教网罗的森严密布,她所遭遇的压力并不算大。再者,在旧时代,女性原本被压在社会的最底层,无法得见天日,而她,有幸投身于一个著名的文人,结果不仅没有遭到鞭笞,反而留下一段流传千古的风流佳话。

应该承认,从越轨的角度说,朱淑真同卓文君居于同等的层次,可说是登上了爱情圣殿的九重天。这里说的不是际遇,不是命运,而是风致和勇气。作为一位出色的诗人,她不仅肆无忌惮地爱了,而且还敢于把这神圣不可侵犯的权利张扬在飘展的旗帜上,写进诗词,形诸文字。这样,她的挑战对象就不仅是身边的和并世的亲人、仇人,或各种不相干的卫道者,而且要冲击森严的道统和礼教,面对千秋万世的口碑和历史。就这一点来说,朱淑真的勇气与叛逆精神,较之卓文君有过之而无不及。何况,她所处的时代条件的恶劣、社会环境的严酷,那要超出西汉不知多少倍。

爱情永远同人的本性融合在一起,它的源泉在于心灵,从来都不借助于外力,只从心灵深处获得滋养。这种崇高的感情,只有开始而没有结束。爱情消灭了时间、空间的限制,具有永生的品格。叛逆者的声音,敢于向封建礼教宣战的激情,无论是获胜了或者遭致失败,都同归于不朽。

4

按照学术界的考证,也包括本人诗词中所展露的,大略可知,朱淑真少女时代的闺中生活是无忧无虑的,并且有一个情志相通的如意情人;随着年龄的增长,封建道德文化对女性的桎梏与其渴望张扬个性的矛盾日益突显,这在她的诗词作品中也都有充分的反映。在她刚刚步入豆蔻年华时，萌动的春心就高燃起爱情的火焰，虽是少女情怀，却也铭心刻骨。且看那首《秋日偶成》：

> 初合双鬟学画眉，未知心事属他谁。
> 待将满抱中秋月，分付萧郎万首诗。

"萧郎"，常见于唐诗，大体上指女子爱恋的男子。看得出，出嫁之前，她就已经意有所属了。未来情境，般般设想，诸如诗词唱和、一门风雅等等，大概都想到了。正由于心中存贮着这样一位俊逸少年、一位难得的知音，因而生命中的磅礴热情一直在高燃着。那首《清平乐》词，就把这种少年儿女的憨情痴态，描绘得惟妙惟肖。

> 恼烟撩露，留我须臾住。携手藕花湖上路，一霎黄梅细雨。
> 娇痴不怕人猜，和衣睡倒人怀。最是分携时候，归来懒傍妆台。

在含烟带露的黄梅季节，她来到湖上与恋人相见，一块儿游玩；淋着蒙蒙细雨，两人携手漫步，欣赏着湖中的荷花，后来觅得一处极其僻静的去处，坐下来，窃窃私语，亲密无间。娇柔妩媚的少女，再也按捺不住内心的爱火撩拨，索性不顾一切地倒入恋人的怀抱中，任他拥抱着、爱抚着，旁若无人，无所顾忌，如痴如醉地饱饮着美好恋情的香醪。

可是，由于"父母失审，不能择伉俪"，这场自由恋爱的情缘被生生地斩断了，硬把她嫁给了一个根本没有感情、在未来的岁月中也无法去爱的庸俗不堪的官吏。这使她万念俱灰，痛不欲生。

就一定意义来说，爱情同人生一样，也是一次性的。人的真诚的爱恋行为一旦发生，就是说，如果心中早已有了意中人，就会在心灵深处留存下永难磨灭的痕迹。这种唯一性的爱的破坏，很可能使尔后多次的爱恋相应地贬值。在这里，"一"大于"多"。对于这种现象，我们应该提到爱的哲学高度加以反思,而不应用封建伦理观念进行解释。

5

"事到无为意转平。"初始,她也曾试图着与丈夫加强沟通、培养感情,并且随同他出去一段时间,但是,"从宦东西不自由",终因志趣不投,裂痕日深。及至丈夫有了新欢,她就更加难以忍受,规劝过,抗争过,都毫无效果,最后陷入极端的苦痛之中。于是,以牙还牙,重新投入旧日情人的怀抱。那般般情态与心境,都写进了七律《元夜》(其三):

> 火烛银花触目红,揭天鼓吹闹春风。
> 新欢入手愁忙里,旧事惊心忆梦中。
> 但愿暂成人缱绻,不妨常任月朦胧。
> 赏灯那得工夫醉,未必明年此会同。

当时,南宋小朝廷偏安一隅,过着荒淫奢侈的腐朽生活,元宵节盛况不减北宋当年。她曾有诗记载:"十里绮罗春富贵,千门灯火夜婵娟。"就在这歌舞升平的上元之夜,她同旧日的恋人别后重逢,互相倾诉着赤诚相爱的隐衷,重温初恋时的甘甜与温馨。正是由于珍惜这难得一遇的销魂时刻,也就顾不上去赏灯饮酒了。谁知明年又会是什么境况,能不能同游共乐实在难说。

一种隐忧,自始就潜伏在短暂的欢情里。

一年过去,元宵佳节重临。可是,风光依旧,而人事已非。对景伤怀,感而赋《生查子·元夕》:

> 去年元夜时,花市灯如昼。月上柳梢头,人约黄昏后。 今年元夜时,月与灯依旧。不见去年人,泪湿春衫袖!

词中的感情是那样的真挚,让局外人也不由得不感慨伤情。此时的元夜,虽然繁华依旧,但是,"揭天鼓吹闹春风"的温情却不见了,留给她的只是泪眼哭湿的春衫双袖。这种无望的煎熬,直叫人柔肠寸断。与朱淑真热恋过的那位青年,许是慑于社会舆论的压力、家长的阻挠,终因意志薄弱而被迫退缩,此后再不敢或不愿露面了。

对于昔梦的追怀,对于往日的恋情和心上人的思念,成了疗治眼前伤痛的药方。且看那首《江城子》词:

斜风细雨作春寒。对尊前,忆前欢。曾把梨花、寂寞泪阑干。芳草断烟南浦路,和别泪,看青山。　昨宵结得梦夤缘。水云间,悄无言。争奈醒来,愁恨又依然。展转衾裯空懊恼,天易见,见伊难。

从眼前的孤苦,忆及当日两情相悦、恩爱绸缪的情景;再写到离别时的悲伤;最后因相思至极而梦中相会,醒来一片茫然,婉转缠绵,缱绻无尽,而结果是绝望、是怨恨:

鸥鹭鸳鸯作一池,须知羽翼不相宜。
东君不与花为主,何似休生连理枝。

这里将矛头直指不合理的婚姻制度,责问它为什么要把不相配的人强扭在一起?在《黄花》一诗中,朱淑真借菊花言志,表达了自己绝不苟且求全的态度:"宁可抱香枝上老,不随黄叶舞秋风。"这在封建礼教森严的时代,同样是一种决不妥协的叛逆行为。她日益感到人事的无常和空虚。据当时人的记载,她"每到春时,下帏趺坐,人询之,则云:'我不忍见春光也。'盖断肠人也"。

《减字木兰花·春怨》中是这样描述的:

> 独行独坐,独唱独酬还独卧。伫立伤神,无奈春寒著摸人。
> 此情谁见,泪洗残妆无一半。愁病相仍,剔尽寒灯梦不成。

6

　　有宋一代,理学昌行,"三从""四德"的封建伦理,"饿死事小,失节事大"的残酷教条,禁锢森严,社会舆论对于妇女思想生活的钳制越来越紧。当时,名门闺秀所受到的限制尤为严苛,"有女在堂,莫出闺庭。有客在户,莫出厅堂";"莫窥外壁,莫出外庭。窥必掩面,出必藏形"。逼使闺中女子完全处于封闭、隔绝状态。对于那些无耻的男人,不管你把形形色色的淫猥秽乱描写得多么不堪入目,依然难以穷尽他们的丑恶。而完全属于人情之常的妇女再嫁,却会招人咒骂,更不要说"偷情""婚外恋"了。什么"桑间濮上之行",什么"淫娃荡妇",一切想得出来的恶词贬语,都会像一盆盆脏水全部泼在她们头上。

　　朱淑真作为一个爱恨激烈、自由奔放、浪漫娇痴的奇女子——据说她是那位理学大师朱熹老夫子的族侄女,居然造反造到尊亲的头顶上,全不把传统社会的一切规章礼法放在眼里,不仅毫无顾忌地去做了,而且还以诗词为武器,向封建婚姻制度宣战,公开对抗传统道德的禁锢,热烈追求个人情爱与自我觉醒。其结局,不仅自身不见容于社会,遭迫害致死;而且,连累到那些掷地有声的诗词,它们也惨遭毁损,被付之一炬,致使"传唱而遗留者不过十之一"。

　　那首《生查子·元夕》词,竟至聚讼纷纭,从南宋一直闹到晚清。有的人把它作为"不贞"的罪证,对作者加以鞭挞,承认"词则佳矣",但"岂良人家妇所宜邪"? 有的人则出于善意,为了维护女诗人的"贞节"之名,说成是误收,而把它栽到大文豪欧阳修头上。在纳妾、嫖妓风行的男权社会中,尽管欧阳修以道德文章命世,却没有任何人加以责怪。偏偏在一个女子身上就成了大逆不道,岂非咄咄怪事!

其实,《断肠诗词》原本是十分娴雅、优美的,完全不同于那些淫媟污秽、不堪入目的货色。但在那些道学先生眼中,却通通成了罪证,他们一色的道貌岸然,却一肚子男盗女娼,"一见短袖子,立刻想到白胳膊,立刻想到裸体,立刻想到生殖器,立刻想到性交,立刻想到杂交,立刻想到了私生子。中国人的想象,唯在这一层能够如此跃进"(鲁迅语)。也许正是有鉴于此吧,女诗人才写下那首反讽式的诗,以"自责"的形式谴责道学与礼教对女性的禁锢,抒发其感时伤世的愤慨之情:

女子弄文诚可罪,那堪咏月更吟风。
磨穿铁砚非吾事,绣折金针却有功!

数百年后,清代文人吴敬梓在《儒林外史》中塑造了"自古及今难得的一个奇男子"形象——杜少卿。他"奇"在哪里呢?一是鄙弃八股举业,粪土世俗功名,说"秀才未见得好似奴才";二是敢于向封建权威大胆地提出挑战,在"文字狱"盛行之时,竟敢公然反驳钦定的理论标准——《四书》的朱注;三是敢于依据自己的人生哲学,说《诗经·溱洧》一章讲的只是夫妇同游,并非属于淫乱;四是他不仅是勇敢的言者,而且还能身体力行,在游览姚园时,竟坦然地携着娘子的手,当着两边看得目眩神摇的人,大声笑着,情驰神纵,惊世骇俗地走了一里多路。那些真假道学先生对"奇男子"为之痛心疾首,却又无可奈何。

那么,若是将这位"奇男子"同理学盛炽的南宋时期的那位"奇女子"比一比呢?无论是勇气、豪情,还是冲决一切、无所顾忌的叛逆精神,两人相比,又是如何呢?

第四章

平淡：人有悲欢离合

封建专制主义走向极端,市井经济逐渐兴起成熟,先驱者以新的姿态,为思想文化透露出清新之气,毕竟,中国封建社会已走向衰落,文化将走向何方?

第二十九篇

一代天骄

I

我想以拙作《咏叹成吉思汗》七律,作为本篇的领起:

灭国开疆枉自多,天骄无奈死神何。
衢街枕藉横尸骨,妇孺悽惶说战魔。
踏破山河驰铁马,凿穿欧亚挺珊戈。
强梁空有长生梦,一样金棺伴挽歌。

"强梁"一词,意为强盛勇武、强悍果决、强横凶暴。看来,用这个词来状写既令人震撼也让人恐惧、既遭人诅咒还令人自豪的"一代天骄",还是形象而又贴切的。

史学家周良霄在《元史》这部书中,引述了世界史名著《史集》中的一段记载:

有一次,成吉思汗询问他的近臣,男子最大的乐趣是什么?
臣属们都回答说:
"男子之乐,莫过于乘健马,架名鹰,射猎禽兽。"
成吉思汗听了,说:
"你们说得不好。镇压叛乱者,战胜敌人,将他们连根铲除,夺取他们所有的一切,使他们的已婚妇女号哭、流泪;骑乘他们的后背平滑的骏马,将他们美貌后妃的腹部当作睡衣和垫子,注视着她们的玫瑰色的面颊并亲吻着,吮她们的乳头色的甜蜜的嘴唇。这才是男子汉(最大)的乐趣。"

此则轶事,也见于《蒙古秘史》。面对这番真实无隐地映现着成吉思汗强横凶暴的性格的谈话,我始而震惊,震惊于其直白、露骨——在浩如烟海的史籍中,还曾有哪个封建帝王,会像成吉思汗那样,勇于坦露自己的心迹呀!继而思索如下两个问题:成吉思汗的这种慓悍凶残的性格和冒险、进取的精神,是如何形成的?即便成吉思汗对于坦露一己之私衷毫无顾忌,他身旁的人们,包括那些史臣,还有蒙古族的史学家,何以会把这类也许有损于伟大光辉形象的话语记载下来,并使之流传下去呢?就此,我想了很多。

——幼年的生活对人的一生往往会产生决定性的影响。铁木真(成吉思汗本名)一生下来,就饱经丧乱、流离之苦,遭受过无数次灾难性的打击。出生之前,其先祖就被金国皇帝钉死在木驴上;九岁时,他的父亲又被仇家暗下毒物害死;尔后,他便被同族人抛弃。从此,孤儿、寡母一家人,便陷入了饥寒交迫的境地,整天四出游荡,靠拾野果、挖草根、捕鱼、捉鼠度命。在冷酷无情的环境中,在极度苦难与愤懑的煎熬下,铁木真为了争夺一条鱼,竟然亲手将他的庶母弟弟射死。在孩童时代,他根本没有欢乐和幸福,更不知友爱、和谐、怜悯为何物;多的是物质欲望,是征服、占有、抢掠的欲望;除了通过袭击、打斗、争夺、拼杀获得快活与满足,此外再没有其他内容可以充实、装点儿时的生活。

对于铁木真来说,灾难和困苦是一把双刃剑,既锻造了他的刚毅果决的个性、顽强拼搏的精神,磨砺了他的坚韧不拔的意志和超强的体力,增长了他的智慧与才干;同时,也扭曲了他的性格,硬化了他的心灵,使之变得无比残忍而凶悍。

——残酷的不断的迫害,激活并强化了铁木真的复仇意志。他的仇家泰赤乌的首领,提防铁木真长大后为报杀父之仇施行反扑,于是,在他们一家走投无路的窘境中,又突然发动一次追捕袭击。铁木真捉住了一匹马,仓皇逃命,但躲藏到第九天,最后还是被抓住了。他的脖子上戴着沉重的木枷,从一个蒙古包转到另一个蒙古包,被巡游示众,肆加羞辱。每到一处营地,铁木真都用那双愤怒的眼睛注视着凶恶的敌人,他想看清楚他们的洋洋自得和成功的欢悦。心中暗自思忖着:只有那一张张以胜利骄人的面孔,可以告诉我失败是多么可耻、多么可怕。在这个只有十三岁的少年心中,鼓荡着熊熊燃烧的复仇火焰。

在一个漆黑的夜晚,他乘看守人员喝得烂醉如泥之机,偷偷地跑掉。重新获得了自由与生命之后,他把一切空闲时间,都用来苦练草原上的武艺。马刀被晨风吹得铮铮作响,闪着锋利而阴冷的毫光;那张用百年劲松制作的强弓,已被他那粗糙的手掌磨砺得光滑、崭亮。他暗暗发誓:一定要以更加残酷的暴力,来反击命运的残酷;要以更加疯狂的复仇,来摧残敌人、获得胜利。这种心理反应,一天天地在铁木真身上生根、发芽,在焦急中发酵,在愤怒里成长,最后演化为汹涌澎湃的征服欲望和理由。

——人是环境的产物。成吉思汗长期生长在极度艰苦的环境之中。在资源匮乏、产品单一的草原上,生齿日繁,需求不断增长,"粥少僧多",从而构成了尖锐的供求矛盾。生存竞争空前残酷而激烈,唯有强者才能有望存活下去。正是这种极度艰难困苦的条件,促使成吉思汗生发出这样一个愿景:"要让所有青草覆盖的地方,成为我的牧马之地。"

法国历史学家勒内·格鲁塞在他的名著《草原帝国》中深刻地指出:

> 他们,伟大的野蛮人,出现于完全文明化了的时代,而在几年之间突然地把罗马世界、伊朗世界或中国世界变成为一堆废墟。他们的来临,他们的动作和他们的失踪,似乎是难以解释的,以至于实际的历史,将这些人看作上帝降下来的灾难,对古老的各种文明的一种惩罚。
>
> 但是,人类从来不曾是大地的儿子以外的东西,大地说明了他

们,环境决定了他们,只要认识到他们的生存方式,则他们的动作及他们的行为便会即刻一目了然的。

——成吉思汗的强悍性格的生成,是万古洪荒的草原上特殊社会与自然环境的产物。蒙古族在 12 世纪、13 世纪的崛起和统一,以及整个社会的发展,始终是在出生入死的战争环境、拼搏状态下进行的。缺乏尚武精神,没有决战决胜的斗志,就不可能生存下去。因而,刚毅不屈,尚勇崇武,成为蒙古族共同的民族意识。史称,蒙古人"耻病死而尚阵亡,畏伤残而不惧死"。而作为部落联盟时代的最高首领,或者大蒙古国的天汗,其神圣职责即在于能够率领所部战胜攻取,对内保证部族的安全、富庶,对外能够击败一切敌人,并且夺取足够的财物,以维护、巩固自己的统治。否则,还有谁会追随你、服从你、拥戴你、崇拜你呢?

——这种特异的社会环境,特别是本人传奇的经历,不仅塑造了他坚韧、残暴的个性,也在很大程度上决定了他的价值取向与理想追求。就是说,他之所以把"镇压叛乱者,战胜敌人,将他们连根铲除,夺取他们所有的一切",视为人生最大的乐趣,其源盖出于此。

儒家的"亚圣"孟轲说"君子有三乐":"父母俱存,兄弟无故(即良好的亲情环境),一乐也;仰不愧于天,俯不怍于人(即自身的品格修养、胸襟抱负),二乐也;得天下英才而教育之(即社会责任与承担意识),三乐也。"这大体上代表了封建社会中一般读书士子的愿望。还有一本名为《延寿药言》的古籍,列举了读书人的四十件人生乐事,什么高卧、静坐、尝酒、试茶、阅书、临帖、对画、咏歌……应有尽有,唯独没有"杀敌""复仇"之类行为。这是两种悬同霄壤的生命存在方式。它们既体现着生命个体的规定性,更是社会文明环境的产物。

——由于成吉思汗"天神"般的领袖地位,及其所产生的巨大的感召力与影响力,他的这种个性与行为,已经作为一种文化传统基因,在整个社会中得以普遍传承,并为所有的追随者,也包括一些代表社会良知的知识分子所一体认同。在他们看来,这一切,都是极其自然、完全正当,甚至是值得崇尚、堪资颂扬的。所以,他们在口耳相传中、在记述先人的历史时,就会无所顾忌地、如实客观地记载下来。

曾记得现代史学家钱穆说过,大部分的官方历史是官僚写给官僚看的,远没有铁木真的这些故事的率真坦诚。之所以如此,道理恐怕就在这里吧?

2

蒙古族是我国的一个古老民族,生活在西起克鲁伦河、鄂嫩河、土拉河三河之源的肯特山,东至呼伦贝尔湖这片广阔的大草原上。据成吉思汗家族史记载,很古的时候,一只苍狼和一只白鹿,因受天命启示而相爱,尔后便在肯特山下、斡难河边定居下来,生下一个健壮、勇敢的男孩儿,名叫巴塔赤罕,后来成了蒙古族的远祖,也即成吉思汗家族的祖先。而肯特山顶上光秃秃的花岗岩石,便是蒙古人至高无上的神祇——"长生天"的住所。这是一处圣洁无比的所在。成吉思汗一生中,不知多少次朝拜过这里,每当命运出现转折关头,他都要登山祈祷,拜求"长生天"保佑他遇难呈祥,战无不胜。

铁木真的青年时代,处于蒙古高原上战火纷飞、灾患频仍、四分五裂的12世纪。此前,广袤无边的草原地带,部落星罗棋布,经过长时期的兼并、争夺,最后形成几个大的部落联盟:东部有塔塔儿部、北部有蔑儿乞惕部、中部有克列亦惕部、西部有乃蛮部,还有号称纵横家的扎木合为首的札答阑部,而少有大志的铁木真所在的蒙古部,只是其中比较弱小的一个。

铁木真深知,在当时宗教盛行的社会环境里,尽管他有卓越的才能和非凡的勇气,但要在各个部落的激烈角逐中获取胜利,还必须凭借宗教的信仰,使自己变作一个受人崇拜的精神偶像,显示出与众不同的独特优势。于是,他就积极借用"替天行道""汗由天授"的宗教观念,把自己的所作所为都说成是"执行天意";他在战争中获取的一切胜利,都是奉行"长生天"的意志的结果。他处处自觉不自觉地把自己看作天在人间的代表者、天意的执行者。

即使后来成为蒙古帝国的大汗,他也仍然大力宣扬他的成功是"天命攸归"。他说:"我做大汗,不是因为我有强健的身体,而是我顺从天命;我成为皇帝,不是因为我有超人的智慧,而是我仰赖天恩祖德;我扫荡群雄,全靠苍天的帮助。"从而使人认定:为成吉思汗效忠,就是为"长生天"效忠。他把"天命观"与忠君信仰巧妙地结合在一起,使之成为统摄一切的最高指导原则。这样,"天命观"既是一种为蒙古民族所共有的宗教信念,又成为一种世俗的价值观念与伦理准则。正是靠着这种强大的精神力量,使这位"力拔山兮气盖世"的"战争之神",获得了源源不竭的号召力和无远弗届的影响力。

为了终止战乱兵灾所造成的严重破坏,适应广大牧民渴望统一、安定的迫切要求,铁木真率领他的伙伴和部属,以"天命攸归"为号召,靠着勇敢、顽强的拼搏精神和高超的斗争智慧,从1183年起,经过二十四年的苦战,终于完成了整个蒙古草原的统一,结束了诸部林立、群雄角逐的局面,建立了东起呼伦贝尔草原,西至阿尔泰山的辽阔地域内,操着不同语言和具有不同文化水平的大汗帝国,逐步形成了勤劳勇敢的统一的蒙古民族。铁木真被加尊号为"成吉思汗"。

这一年是1206年,他四十五岁。

伴随着大蒙古国的创建,专制主义的汗权相应确立,在军事、行政、法律、文化等各方面都创立了一套崭新的制度,从而走上了一个新的历史阶段。成吉思汗及其亲属、功臣和贵族,渐渐地变成了封建主,原来的奴隶和自由民就成为封建牧民。整个蒙古草原上的游牧部落和泰加森林中的猎户,都只承认一个主人,即成吉思汗;只高举一面共同的旗帜,即九足白毛纛。作为军队"守护神"的象征,大旗的边上缀有九角狼牙,牙端悬有九条牦牛尾。从此,成吉思汗便高举这面象征着"守护神"的旗帜,率领统一组成的大军,浩浩荡荡地南下了。

成吉思汗接受大将木合黎的建议,全面夺取中原,是按照先攻西夏、次图金源、再取南宋的步骤进行的。可是,就在第四次出征西夏、围攻它的都城这一年,突然发生了意外的变故:由四百五十人组成的庞大的蒙古商贸使团,和满载着黄金、白银、精美丝绸、珍贵毛皮的五百头骆驼的运输商队,抵达西亚花剌子模的讹答剌城时,被"见财眼红"的驻城守将,妄加以"间谍"的罪名,把商贸使团扣押起来,最后国王摩诃末下令,财货一律没收,人员全部处死。

成吉思汗得知这一消息后,复仇的火焰在胸中强烈地燃烧起来。他怀着满腔的愤怒,独自登上了蒙古的圣山,脱下帽子,把腰带搭在脖子上,将脸贴到地面,跪在地上向"长生天"祈祷、号啕、奋呼,经久不止。祷天既毕,下令大军即刻出征,向花剌子模实施报复性的打击。由于他适时抓住了"报仇雪恨"的由头,把握住这一战胜攻取的至宝,就使这场"西征"成为"出师有名"的正义行动,从而激发了全军的斗志,将士个个奋勇争先,为他这个伟大的统帅提供了强大的战斗力。

花剌子模位于咸海之南、阿姆河的下游,是中亚地区的一个古国。它疆域辽阔,领土包括苏联中亚细亚南部、伊拉克、阿富汗等地,成为雄踞四方的强国。但这些地区,许多都是刚刚征服下来的,人心未定,危机四伏,内部统治很不稳定。加之,上层统治者横征暴敛,军行所至大肆屠杀,民众基础十分薄弱。而以"世界征服者"自居的摩诃末国王,却极端狂妄自大,野心勃勃,在经过多年战争征服了伊斯兰世界大片土地之后,很想紧步斡罗思的后尘,征服东方诸国。

1219年秋,成吉思汗率领的二十万蒙古大军,"车帐如云,将士如雨,马牛被野,兵甲赫天,烟火相望,连营万里",很快就杀到了花剌子模的边境城市讹答剌城下,这里距今土耳其斯坦仅有八十公里。守城的将领名叫亦难赤,他正是双手沾满蒙古使团商人鲜血的刽子手。"仇人见面,分外眼红。"被愤怒的火焰燃烧着的蒙古大军,气焰高涨,群情激奋。他们"视战争

363

为宴席的佳肴,战斗之日为新婚之夜,把一口吞食刀剑看成是满饮一盅美酒,枪刺看作是美女的亲吻"。讹答刺的守城部队登上城头望去,"郊外已变成一片无数雄师劲旅的汹涌海洋,而战马的嘶叫,披铠雄狮的怒吼,鼎沸骚嚷,充塞空间"(志费尼:《世界征服者史》)。他们为这种先声夺人的气势所慑服,将领们竟吃惊得直咬手指。

进攻的部队在大汗的两个儿子察合台和窝阔台率领下,满怀着报仇雪恨的强烈愤慨,一个个龙腾虎跳,似乎通身注入了一种疯狂的魔力。而守城将士,面对四周铁桶似的包围,找不到一线逃脱之路;且又深知,即使他们放下武器,举起降旗,也绝对不可能得到宽恕,因而拼死固守,绝不丝毫懈怠。战斗持续了很长时间,才把城池攻下。蒙古军像驱赶牲口那样,把城里的百姓全部逐出城外,然后进行疯狂的洗劫、掳掠。亦难赤则乘此机会,率领万余名将士,退守到预先准备好的城市内部的中心堡垒中去,继续顽抗了一个月,使城内的蒙古军遭到了很大伤亡。亦难赤在四面合围的情况下,带领两名贴身护卫登上屋顶格斗,待到两个护卫也倒下了,他就孤身拼杀,最后终被擒获。蒙古兵给他戴上了沉重的铁索。成吉思汗下令,将熔化了的银汁灌注到他的耳朵、眼睛里,为被害的商人报仇。

成吉思汗率大军继续南下,穿越大山屏障,进入一座名叫范延(亦译巴米安)的城市。这里战略地位十分重要,而且,历史文化遗迹极为丰富,峭壁上布满了六个多世纪以来开凿的佛教石窟,一尊尊高达数十米的塑像,若有所思地凝视着对面的河谷、庄园。攻城伊始,成吉思汗爱如掌上明珠的孙子蔑忒干,光着头,骑在马上,勇敢地冲在最前面,结果被一支飞箭射死。为了报这"一箭之仇",偿还这笔血债,成吉思汗发令:即日必须攻下城池,对所有喘气的,无分人和动物,包括还在母体中的婴儿,一律屠杀净尽,不许接受任何俘虏,不许掠取任何财物。为了使它变成一座"死亡之城",今后不会再有人居住,城中一切设施都在摧毁之列。蒙古军严格地执行了这一命令,以致时至今日,这里仍然荒无人烟,了无生气。

法国史学家格鲁塞在《成吉思汗》一书中,引用了多洛特的记述:

自从发生那起悲剧性的事件以后至今,在这个荒凉的死气沉沉的山上,一切仍是原样,破败的景象没有任何改观。我顺着一条小道艰难地攀登着,费了九牛二虎之力才爬上山顶。举目四望,所见无非废墟。在这一片废墟中,城堡主塔还立在那里,算是这个城堡的最高遗迹。这个地区气候十分恶劣,但七个世纪以来,恶劣的气候变化,剥蚀一切的凄风苦雨,都没有损坏这几堵普通的泥墙。狼藉的破砖碎瓦,简陋的陶器碎片,当年建筑用的卵石和彩釉陶瓷碎片,彼此混杂在一起。在这片阴森可怖的混乱中,只有那彩釉陶瓷碎片还在闪烁着光彩,显示着当年波斯陶瓷的装饰图案和颜色。

成吉思汗在西征过程中,只要遇到哪个城市稍有抵抗,便会施行最残酷的报复。讹答剌城在被围时,军民抵抗得比较激烈,结果,城池被攻陷之后,居民中的男子被斩尽杀绝,妇人和孩子都当了奴隶。最后,纵火焚烧了整座城市。

当成吉思汗攻下咸海岸边肥沃的绿洲、花剌子模首府玉龙杰赤后,愤恨于城内军民长达七个月的顽强抵抗,便将居民全部驱赶到野外,从中挑选出几万名工匠押送到东方去,青年妇女和孩子们都被纳入了俘虏队伍,剩下的一百二十万人则分配给军队屠杀,五万多蒙古兵每个人分到二十四人。最后又决开阿姆河堤,引水灌城,顿成泽国。这样,有些市民即便是幸免于刀兵的劫难,也都全被淹死。至于发达的纺织业,繁荣的商贸中心,随着城市的彻底毁灭,也都转瞬间化为乌有。

这支来自草原的、在凶狠残暴的军事统帅指挥下的征服者大军,每攻下一座城市,最终的也是唯一的目的,就是杀人屠城、掠夺财物。在那些"恃力而为"的军事贵族看来,屠戮与掳掠不仅不是罪恶行径,反而是胜利的象征,是值得永生炫耀与骄矜的英雄壮举。他们既体会不到农耕稼穑的艰难,更不知城市百业千行的惨淡经营为何物,因而对于凝结着多少代人心血的农业工程设施和城市建设成果,也缺乏应有的感情,不知道珍视和顾惜;只是靠着沸腾的感情冲动,带着当时仍很盛行的"血亲复仇"的狂热,动辄掘河、纵火、捣毁城池。狂飙所至,使西亚诸国遭受到空前的浩劫。

作为横绝一世的"战神",成吉思汗怀有一种异常鲜明的英雄主义情结。在他的心目中,最不能忍受与宽恕的,是下属对于主子的背叛;他极度鄙视奴颜婢膝的软骨头和俯仰由人的奴才性格,而最敬重的则是百折不挠、宁死不屈、意志坚强的勇士,即使置身于敌对营垒,甚至是专门与他作对的人,他也会格外高看一眼。据格鲁塞《成吉思汗》一书中记载:花剌子模帝国王位继承人扎兰丁,带领一支骁勇的骑兵,踞守在哥疾宁城。蒙古西征军的一支部队在围攻附近的一座要塞时,被扎兰丁所部击溃,损失了上千人。这使成吉思汗十分惊诧,当即指派他的"义弟"失乞忽秃忽亲自率领三四万人前去攻城。扎兰丁手下的将领,看到蒙古军气势汹汹,提议暂先撤退,以避锋芒。可是,扎兰丁却坚持寸步不让,决意拼杀到底。他命令骑兵全部下马,每个人都将马缰绳系在腰带上,手持强弓劲弩,列队站定,沉着地迎战进攻的敌人。当蒙古骑兵潮水般地涌来时,扎兰丁的军队一齐张弓攒射,矢如雨集,逼得蒙古军被迫后退。少顷,失乞忽秃忽再次挥师冲杀过来,眼看就要闯入对方的阵地,这时扎兰丁突然吹响号角,手下的骑兵呼啦啦地反扑过去,杀声震天。蒙古军遂大溃,各自策马奔逃,前路沟壑纵横,兵马纷纷颠扑,而扎兰丁的骑兵则挥刀猛进,大肆劈杀,使蒙古军遭致惨痛的失败。

成吉思汗闻讯后,亲自率军前往。两天急行军,马不停蹄,赶至哥疾宁城,扎兰丁却已神秘地消失。后来得知逃到了印度边境,成吉思汗下令部队全速前进,跟踪追击。这时发现扎兰丁军队正在准备强渡申河(今印度河)。成吉思汗当即下令,部队布成长蛇阵势,做半月形包围圈,向敌军步步逼近。可是,当接近了扎兰丁时,成吉思汗却下令"不得放箭",他想要活捉这个勇士。在走投无路的困境中,扎兰丁换乘了一匹健马,做最后一次猛冲,蒙古军便稍稍后退一些,这时他又突然掉转马头,改向河的对岸冲去。他背负盾牌,手持军旗,纵马一跃,很快地便抵达对岸。成吉思汗立马岸边,深深为扎兰丁的骁勇、机智所折服。将士们要继续追捕,他摆手加以阻止。

在整个西征进程中,扎兰丁是唯一坚持同成吉思汗抗衡到底的人。而成吉思汗不以为忤,反倒采取宽容大度的态度,放他一条生路。他还指示几个儿子,要学习扎兰丁英勇顽强的精神。但是,对于扎兰丁的部下,则像往常一样凶狠、严酷。他命令部队,向跳入河中的敌军将士放箭,将他们全部射杀;对留在此岸的部分残敌,包括落入蒙古军手中的扎兰丁的子女,都无情地处决了。

天命观、复仇意志与英雄主义情结——成吉思汗凭借着他的"三宝",战胜攻取,所向无敌,一往直前。帛书甲本《老子》中有一句意味深长的话:"祸莫大于无敌。"清代学者魏源解释为:"盖兵至无敌于天下,则杀人必多,乃祸莫大焉者也。"综观成吉思汗西征始末,益发感到先哲此言的睿智与深刻。

在人类历史的推进过程中,伴随着文明进步的脚印,邪恶总是如影随形地紧跟在后面。蒙古军的西征,不论其初始的动机如何,肆行无忌地杀戮与掠夺,以破坏一切文明成果为职司,甚至为乐趣,总是一种蒙昧、一种邪恶、一种无法令人宽宥的罪行。

德国史学家李斯特说过:"一个拥有权势的人,除了拥有更多的权势,还有什么能够吸引他?打败了所有的敌人以后,成吉思汗想要做的,就是去寻找更多的敌人。"但是,前路上已经没有敌人与之争锋。强悍的蒙古西征军,只好逐步地向东北方向撤回。一路上,成吉思汗既满怀着胜利的喜悦,快意平生,志得意满;又不无孤峰峭立、四顾苍凉、英雄寂寞之感。他踌躇满志地说:"直到如今,我还没有遇到过一个不能击败的敌手。我现在只希望征服死亡。"

3

史载:成吉思汗是在一场铺天盖地的白色乳雨过后诞生的。呱呱坠地之时,他的小脸上映现着血色的光华,眼睛里闪射出火花来,右手中攥着一个像红宝石似的血块。随着雨过天晴,一道拱形的奇异的白虹,出现在茫茫大草原的上空,经久不散。

早年的铁木真,曾经三次遇险,据说,都是由于得到天助,最后转危为安。第一次险情,前面已经叙过。抛弃了铁木真一家的泰赤乌部首领,为了斩草除根,把他捉拿到手,计划在巡游示众之后,就把他处死。结果,他趁着看押人烂醉如泥的当儿,机智地逃脱了。怎么就那么凑巧,不早不晚,偏偏在这一天,看守就醉了酒呢?在他看来,是冥冥之中有天意安排。

不特此也,他逃出之后,被一位名叫锁儿罕失刺的好心人,掩藏在装满羊毛的大车里。追赶的人逐户搜查,最后来到他家,翻箱倒柜搜了个遍,也不见踪迹;回头看到一辆装满羊毛的大车,便动手去扒车上的羊毛。眼看就要暴露了,主人若无其事地对来人说:"你们这种搜法实在荒唐,这大热天里,就是有人藏在里面,还不早就闷死了!"搜查者觉得有道理,他们原本也不想在那闷热而又脏臭的羊毛上做文章,听他这么一说,就返身走开了。在这危如累卵的千钧一发之际,居然得以解脱。人们都说,如果不是暗含着天助,哪里会有这神话般的幸运!

铁木真第二次遇险,是在穷追泰赤乌残部时,赶到斡难河边,被敌人射伤了脖颈,血流不止,昏迷过去。一位叫者勒篾的战士,按照蒙古族的疗伤经验,小心地用嘴吸吮出他伤口里的瘀血,然后擦洗干净。他一清醒过来,就说:"我的血快干了,口很渴。"者勒篾趁敌人熟睡之时,潜入敌营,带回了酸奶。铁木真喝过后,元气有所恢复,发现身边汪着一摊血水,这才知道是者勒篾一口口吐出来的,心中感动万分。

还有一次获救,就更是奇突、惊险。铁木真与王汗决裂之后,处境极度艰难。敌对的克列亦惕部,决定在他有效组织防御之前,第二天拂晓进行突袭,将他擒获。其中一个小头目当晚回家,无意中同妻子谈论起了这件事,碰巧被前来送马奶的牧人巴歹听到了。巴歹回去后,就把这个消息透露给同伴乞里失黑。两人出于对铁木真的仰慕,立刻借助夜色的掩护,飞马前去通报消息。这样,铁木真又得以侥幸脱险。

史书中还记述了这样一个传说:

> 有一次,成吉思汗带着一帮人出去打猎。他们一大早便出发,可是到了中午仍没有收获,只好意兴阑珊地返回帐篷。成吉思汗心有不甘,便又带着皮袋、弓箭以及心爱的飞鹰,独自一人走回山上。烈日当空,他沿着羊肠小道向山上走去,一直走了好长时间,口渴的感觉越来越重,但他找不到任何水源。良久,他来到了一个山谷,见有细水从上面一滴一滴地流下来。成吉思汗非常高兴,就从皮袋里取出一只金属杯子,耐着性子用杯去接滴下来的水。当水接到七八分满时,他高兴地把杯子拿到嘴边,想把水喝下去。就在这时,一股疾风猛然把杯子从他手里打翻,到口边的水被弄洒了,他不禁又急又气。忽然抬头,看见自己的爱鹰在头顶上盘旋,才知道原来是它搞的鬼。尽管非常生气,却又无可奈何,只好拿起杯子重新接水。当水再次接到七八分满时,又有一股疾风把水杯弄翻了。又是他的爱鹰干的好事!成吉思汗顿生报复心:"好!你这只老鹰既然不知好歹,专给我找麻烦,那我就好好整治一下你这家伙!"
>
> 于是,成吉思汗一声不响地拿起水杯,再从头接那一滴滴的水。当水接到七八分满时,他悄悄取出尖刀,拿在手中,然后把杯子慢慢地移近嘴边。老鹰再次向他飞来,成吉思汗迅速地掣出尖刀,把鹰杀死。不过,由于他的注意力过分集中在老鹰上,却忽略了手中的杯子,杯子不慎掉进山谷里。成吉思汗无法再接水喝了,不过他想到:既然水从山上滴下来,那么上面也许有蓄水的地方,很可能是湖泊或山泉。于是他拼尽气力向上爬,终于攀上了山顶,发现那里果然有一个蓄水的池塘。成吉思汗兴奋极了,立即弯下身子想要喝个饱。忽然,他看见池边有一条大毒蛇的尸体,这时才恍然大悟:"原来飞鹰救了我一命,正因为它刚才屡屡打翻我杯子里的水,才使我没有喝下被

毒蛇污染了的水。"

马基雅维里在他那部闻名世界的《君主论》中,有过这样的论述：

> 人是被命运女神和上帝所控制的,自由远不是绝对的,因为命运女神的力量是强大的。但命运之神是一个女人,她会受到男性品质的诱惑,她尤其为真正有男子气概的人的德行所感动,并受其左右。

过去说,神鬼怕恶人。原来,命运之神也是钟情于强者。中国古代诗人也曾咏叹过："时来天地皆同力,运去英雄不自由。"古往今来,一切英雄豪杰都逃脱不了由旺健到衰老直到死亡的自然规律,成吉思汗又如何呢？

在中国历史上,孔夫子属于意志上的强者——"知其不可而为之"，"不知老之将至云尔"。而"千古一帝"秦始皇,则不仅是意志,就其行为而言,也称得上是真正的强者。成吉思汗则是"强中更有强中手"。他与秦始皇隔着"时间之河"遥遥相望,分头生活在同一向度的空间里。在成吉思汗自己的字典上,根本就没有"不可"与"衰老"这类字眼,至于"死亡",似乎更已经与他绝缘。所以,尽管他相信天命,却并不相信命运女神能够控制他、左右他。

岁月终究不饶人啊！随着年龄的增长,他的身体、精力,在一天天地敲打着他的意志,一再地发出挑战性的警告信号。也许正是从这时候开始,成吉思汗渐渐地懂得了什么叫做"无奈"。

率军出征中亚,普通人不要说了,即使是戎马一生的成吉思汗,也是破天荒的一次。作为一位历尽艰辛、饱经忧患、百对战疆的年近花甲的老人,进入一个完全不同于蒙古大草原的陌生环境,特别是即将面对的是素以野蛮、强悍著称的花剌子模帝国,总是一场严峻的考验。在出发前的那些日子里,尽管成吉思汗嘴巴硬朗,绝不吐露一个"难"字、"险"字,但宫中上下还是弥漫着一种无法掩饰的忧心与悬念,只是没有谁敢于开口罢了。

后来,大汗的宠妃也遂终于忍不住了,冒着触犯天威的风险,对大汗说出了人们共同的心里话:

> 我汗将翻越巍峨险峻之山岭,渡过宽阔汹涌的江河,出征远行,平定诸国。然而,凡是有生之物都不可能长生,人寄身于天地间,同样也难以久留。倘若陛下在进军中,伟岸的身躯突然像参天大树一样骤然倒下,届时,那万里江山、普天下的百姓,将要托付给谁?在我汗所生的英杰四子中,陛下想要由谁来接班?这绝非我个人的一己之见,而是陛下诸子、诸弟以及广大臣民所共同关心的大事。愿陛下早做圣裁。

出乎人们的意料,听过也遂的这番话,成吉思汗不仅没有震怒,反而点头称是,可见,他的心里也正在筹思着这个问题。他说:"由于我未尝继承先祖之遗业,所以也就忽略了预立储君的问题;未尝遭遇过疾病和死亡,也就没有想到会有树倒梁颓之结局。多亏爱妃加以提醒。"经过一番周密的思考和议论,成吉思汗当下确定:由他最为钟爱的稳重沉着、头脑清醒的第三个儿子窝阔台,来做未来的接班人。并且,从长远考虑,宣布诸子以后要各治一方,各守封疆,以防患于未然。

从此,生死问题开始在成吉思汗的头脑中占据了位置。即使在尔后的西征途中,在战火纷飞的疆场上,他也没有放下这份心思。他记起当日在中原战场上,曾听说有一种"长生不老之药",秘方掌握在道教魔术师手里。后来,有人告诉他,一位类似高级萨满的人物,名叫丘处机,道号"长春真人",已经三百岁了,有长生延命的秘法,且又博古通今,才能超群。他下决心把这位神秘的人物罗致到身边来。他想借助这位"真人"的神力,掌握古老的秘方,实现长生久视,征服那不知什么时候就会降临到头上的死神。于是,派遣侍臣刘仲禄备下轻骑素车,携带他的手诏,前去敦请丘处机出山。

说起这位丘真人来,可算是大有来头,大名鼎鼎。不仅成吉思汗想要见他,内地的金宣宗和宋宁宗两位皇帝也都曾发出征召,但都被他借故回绝了。这次,震慑于成吉思汗的声威,为了保全自身及其教派,即使出于勉强,也只好前往应召。他挑选了十八名弟子,于南宋嘉定十三年(1220)初,开始了前路漫漫的长途跋涉。他们先是到了燕京,这时才知道,成吉思汗已经远在数千里之外的中亚地区。尽管略有悔意,但他迫于大汗的压力,也不得不以七十二岁高龄,勉力前行。当然,他也有所期待,希望通过此行,能够做一些度世济人的善事。经过两年多的奔波,丘处机他们师徒一行,终于赶到了昆都斯(今阿富汗北部),见到了已经事先等候在那里的成吉思汗。

在丘真人想象中,这位叱咤风云、骄横一世的蒙古大汗,一定是浑身透着杀气、两眼射出凶光、威风凛凛、步履生风的。可是,映入眼帘的却是一位眉舒目展、满脸堆笑的老人,无论如何,也难以把他同嗜杀成性的"战神"联系起来——然而,那一切却是天天都在发生的千真万确的事实。他的个子很高,前额宽阔,横着几道平行的皱纹,红脸膛衬着灰白色的胡髭,还有鼻翼两旁那"八"字深沟,也算是一道晚年的风景。身材有些发胖,看上去还算健壮,但已经谈不上神完气足。从道家养生的角度看,这是虚耗过度、真元亏损的反映。

见面礼之后,成吉思汗便单刀直入地向他求索长生之术,丘处机也像是相识已久的故交,答复得简单而斩截:"世上只有养生之道,而无长生之药。"就是说,长生不死是不可能的;但通过健康养生,可以获得长寿。成吉思汗并未因此而感到失望,反倒赞赏丘处机的诚实无隐。在尔后的三次讲道中,总是以"丘神仙"呼之。

他们之间建立了友好、亲密的关系。丘处机讲道,侧重三个方面:长寿之道,清心寡欲;一统天下,不嗜杀人;为治之方,敬天爱民。丘处机说,道家主张:敬天爱民以治国,心境安闲以养身,清心寡欲以抗衰老,这是百试不爽的秘方。

丘处机针对成吉思汗妻妾成群和现实神色的状况，特意告诫说：养生之道，无非是清心养气，固守精神。"气全则生，气亡则死，气盛则壮，气衰则老。""庶人一妻，尚且损身；况乎天子多畜嫔御，宁不深损？……贪欲好色，则丧精耗气，乃成衰惫。陛下宜加珍啬。一宵一为，已为深损，而况恣欲者乎？"当然，他也知道，成吉思汗根本不可能做到禁欲，便降格以求："虽不能全戒，但能节欲，则几于道矣。"

一次，成吉思汗在塔什干的一座山里狩猎，穷追一只受伤的大熊，不慎从马背上跌了下来。狰狞狂肆的大熊就在他的对面，可竟然没有猛扑过来，使他侥幸得脱。丘处机劝说他："此次坠马，乃天戒也，以后再不要经常行猎了。"成吉思汗说："神仙说得极是，朕亦深省。只是射猎自小所习，一时难以戒除。"他还向丘真人询问了地震与雷电的原因，真人则以"上天示警"答之。

在论道过程中，丘处机还乘机提出一些有关治国安民的建议："只有统一中原地区并能善加治理，方能称为大国；而要治理好中原，则必须施行仁政，爱惜民力，让人民休养生息。"成吉思汗当即召集诸子和其他王公贵族，要他们很好领会丘真人的教谕，并能照着去做。看到丘处机年事已高，成吉思汗允准他返回故国，并带领文武百官，在城外数十里夹道送行。临别时，与丘真人相约，希望日后再次会面。这时正值南宋嘉定十六年（1223）的春天。

他们绝没有料到，此次竟成永别，四年后两人在同年同月里辞世。

4

成吉思汗于南宋宝庆二年（1226）秋天，率军征讨西夏国。冬季，在一次出猎中，他胯下的红鬃烈马受到惊吓，昂首腾足，将他掀倒摔伤。当夜，他就发起了高烧。随行将领都奏请大汗立即回去养伤，待伤愈后再来攻打也不迟。无奈大汗一生逞强、赌胜，心想：如果这样回去，定会遭到西夏君臣的耻笑。恰好,这时一个去西夏探听情况的人回报,那里的一个大臣竟然当众讥笑大汗,说他根本没有本事对付西夏。成吉思汗听了,恼羞成怒,拍案而起,当即表示,宁可死在这里,也决不退兵,遂扶病上马,继续指挥部队向贺兰山挺进。

进军西夏,所向披靡,各路兵马很快就到达了中兴府,把这个西夏的首都围得水泄不通,旦夕之间,即可拿下。只是,成吉思汗的伤病已经一天天地加重,身体更加虚弱,再也没有了昔日的威风。炎热的气候,加上水土不服,又染上了斑疹伤寒,这就更是雪上加霜。到了第二年农历七月十二,终于命归黄泉。其地在六盘山下的清水县,得年六十六岁。

去世的几天前,成吉思汗知道属于自己的日子已经屈指可数,于是,赶紧把几个儿子召集到身边,心情沉重地说:

> 我的病势很重,看来是无法医治了。幸赖"长生天"之庇佑,我已为汝等创建此庞大帝国。现在,汝等中需有一人继承汗位,以支撑这一坚实的宝座。如果汝等人人都想争汗位,互不相让,则必将遭遇我所讲过的那条多头蛇的下场。

兄弟数人清楚地记得,大汗曾多次讲述过:在一个大雪纷飞、北风卷地的夜晚,一条多头蛇为了御寒,想要钻进洞里去。可是,由于惧怕寒冷,身上的每一个头都想尽先钻进去,结果互不相让,足足争斗了一夜。最后,这条多头蛇竟冻死在洞口。

当下,窝阔台等一齐跪在地下,说:"我们俯首听从父王的吩咐。"

成吉思汗说:"很好。那就让窝阔台继承我的汗位。因为他足智多谋,富有雄才大略,在你们中间尤为出色。"大家异口同声说:"遵命。"于是,共同立下了拥戴窝阔台继承汗位的文书。接着,成吉思汗又部署了经他深思熟虑的灭金方略:

金朝的精兵在潼关。潼关南据华山,北靠大河,难以一举攻破。如能借道南宋——宋、金为世仇,必能同意,则可出兵直捣开封。潼关数十万金兵必将千里赴援,纵能赶到开封,也必然兵疲马乏,不能作战,开封城指日可破。

窝阔台遵循这一方略,七年后终于灭掉了金国。

成吉思汗嘱咐左右,他死后,要严密封锁消息,待西夏国王前来朝拜时当即把他干掉,再把城内军民全部杀光。他要以屠杀整个民族来作为自己的葬礼。尽管这一切都会按照他的愿望圆满地实现,应该说是快意恩仇、死而无憾;但弥留之际,他仍然带着无限的依恋,而且不无伤感地说:"朕之子孙后代,将衣金衣,就美食,跨宝马雕鞍,拥绝色美妇。然而彼等将不记忆,此等荣华富贵所赖何人而有之也。"这倒应了"生非容易死非甘"那句古话。看来,即使像成吉思汗那样叱咤风云的强者,也同样贪生畏死,难割难舍。因为生是权力与富有的象征,意味着拥有一切、支配一切;而死是了断、是枯竭、是丧失,转瞬间一切化为乌有。"死而后已",实际是"死而即已"。

德国哲学家黑格尔说,死亡是自然对人所执行的必然的无法逃避的"绝对的法律",也就是庄子所说的"天刑"。对这一"性命之理",成吉思汗从前是不予以承认的;但自从西征以来,特别是会见丘真人之后,他已经逐渐地觉察到死神的套杆在身后晃动。只是他不肯乖乖地束手就擒,而是把征服一切的欲望作为助燃剂,去继续点燃生存欲望的火焰,用以取代对死亡的忧虑与恐惧。

"功成身退",原本是自然界极为普遍、极为正常的现象。日出月没,暑往寒来,千花万木,都是在时序交接中悄然退去,毫无恋栈、迟回之态。唯有人贪心无厌,欲海茫茫,活着要成为"长明的灯盏",咽气了也要做"不坏的金身"。即使从理性上承认死亡的必至性,但当死亡真的临头时,仍会感到无边的失落。用老百姓的话说,叫做"死不起"。而且,生前拥有得越多,死的时候就丧失得越多,痛苦也就越大,就越是"死不起"。对于那类一意攫取、不知止足者而言,生而必死的规律,实在是太残酷了。

记得《射雕英雄传》中,成吉思汗与郭靖有过一番对话,很有味道。虽属小说家言,但借用钱锺书的话说,其"遥体人情,悬想事势,设身局中,潜心腔内,忖之度之,以揣以摩,庶几入情合理"。

"靖儿,我所建大国,历代莫可与比。自国土中心达于诸方极边之地,东南西北皆有一年行程。你说古今英雄,有谁及得上我?"

郭靖沉吟片刻,说道:"大汗武功之盛,古来无人能及。只是大汗一人威风赫赫,天下却不知积了多少白骨,流了多少孤儿寡妇之泪。"

成吉思汗双眉竖起,举起马鞭就要往郭靖头顶劈将下去,但见他凛然不惧地望着自己,马鞭扬在半空却不落下,喝道:"你说什么?"

郭靖心想:自今而后,与大汗未必有再见之日,纵然惹他恼怒,心中言语终须说个明白。当下昂然说道:"大汗,你养我教我,逼死我母,这些私人恩怨,此刻也不必说了。我只想问你一句:人死之后,葬在地下,占得多少土地?"

成吉思汗一怔,马鞭打个圈儿,道:"那也不过这般大小。"

郭靖道:"是啊,那你杀这么多人,流这么多血,占了这么多国土,到头来又有何用?"

成吉思汗默然不语。

郭靖又道:"自来英雄而为当世钦仰、后人追慕,必是为民造福、爱护百姓之人。以我之见,杀的人多却未必算是英雄。"

成吉思汗道:"难道我一生就没做过什么好事?"

郭靖道:"好事自然是有,而且也很大,只是你南征西伐,积尸如山,那功罪是非,可就难说得很了。"他生性憨直,心中想到什么就说什么。

成吉思汗一生自负,此际被他这么一顿数说,竟然难以辩驳,回首前尘,勒马回顾,不禁茫然若失,过了半晌,"哇"的一声,一大口鲜血喷在地下。

成吉思汗的葬礼,由幼子托雷主持。

人们"用梡木二片,凿空其中。类人形大小合为棺,置遗体其中。加髹漆毕,则以黄金为圈,三圈定",做成了成吉思汗的金棺。他们杀死了最好的马,供大汗在阴间享用。同时,又从那些容色可爱、顾盼多姿的处女中,选出四十名殉葬。墓地是由大汗生前自己选定的,位于肯特山的萨里川,距离他的出生地大约有六天的行程。

下葬后没有留下冢堆,而是驱赶马群将地踏平,来年春草绿遍,一望平川,没有任何踪迹可寻。只是由于安葬时曾就地宰杀过一只小骆驼,当再次致祭时,将它的母亲牵来,从母驼嗅血悲鸣中,可以验知其地为大汗之葬所。但是,随着岁月的迁流,沧桑迭变,后辈人已经茫然不晓。于是,成吉思汗之灵骸所在,遂成为千古之谜。

其实"人死如灯灭",一瞑之后,万虑皆空。中国古代的名家提出过"白马非马"的命题。顺着这个思路,也可以问一句:死人还是不是人?答案应该是十分简单的:死亡之前是人,人死之后,作为尸体只是一个社会的符号。就社会属性来说,对死人是无法进行具体分析的,人们只能把它们放在一个过去的统一的范畴中加以认识。头角峥嵘、不可一世的秦始皇、汉武帝,也包括"一代天骄成吉思汗",当他们成为尸骸之后,就同普通的贩夫走卒的尸骸,没有任何实质上的区别。

当然,作为伟大的政治家、军事家,他在历史上所留下的足迹——他的丰功伟业以及给后世所带来的正面、负面的影响,并不会湮没于岁月的尘灰,随时间而褪色。

美国的元史专家杰克·威泽弗德有这样一番论述:

伟大的历史人物不能被整齐地卷塞在书皮之间,也不能像受压的植物标本被熨平。当事件本身从人们的视野中淡去后,它们的影响还将长期存在。就像一口钟的振荡声一样,在停止敲击之后,我们仍可以感觉到它。成吉思汗离开历史舞台已经很长时间了,但他的影响将持续地萦绕在我们这个时代。

成吉思汗的名字,在欧、亚许多国家中又是恐怖的象征,是一个沉重得令人两股战栗的话题。他的西征大军一路上焚烧劫掳,屠杀大量无辜平民,丧生者多达数千万,而当时全世界的人口总数也只有四个亿。冷兵器刀箭的杀伤量,竟然超过了 20 世纪的两次世界大战。说起来触目惊心,真堪发指!

当然,也应该承认,伴随着蒙古大军的西征,客观上打通了亚、欧之间的壁垒,扫除了东西方陆路交通的人为障碍,促进了经济、文化交流,推动了人类社会文明的进步。由于东西方交往的频繁、距离的缩短,中国的创造发明如火药、纸币、驿站制度等得以输出到西方;而西方的药品、织造品、天文历法等也随之传入了中国。诚如格鲁塞所言:"将环绕禁苑的墙垣吹倒,并将树木连根拔起的风暴,却将鲜花的种子从一个花园传播到另一个花园。"

第三十篇

狮山梵影

I

说起彩云之南的风景名胜来,人们会滔滔不绝地讲滇池,讲大观楼,讲石林,讲西山,讲苍山洱海,讲西双版纳……可是,十有九人却忽略了滇中北部楚雄武定的狮子山,令人不免有遗珠之憾。

其实,狮子山不仅自然风景绝佳,而且颇富人文价值。我在这里住了两天,仅仅看了三大景区中的一个角落,但已觉得充盈丰满,美不胜收。应该承认,这对一个景区来说,并不是很容易达到的。

若论幽邃僻静,风景宜人,生态环境良好,绝少污染,同时又地处少数民族地区,这里很像川西北的黄龙山、九寨沟,也很像湘西的张家界。不同之处,是这里拥有十分丰富的历史积淀、人文景观,而且主要是围绕着一个传说遁入了空门的帝王的行止、出处展开的。这倒又一次为"天下名山僧占多"的说法提供了佐证。

狮子山在武定县城西南四公里,号称"西南第一山",素有"雄奇古秀"之誉。在一百六十六多平方公里的风景名胜区内,有四分之三面积覆盖着郁郁葱葱的长林古木,中间盘踞着一座硕大无朋的雄狮般的山峦,更显得气象非凡。

循着石级登上耸入云天的凭虚阁,但见翠海接天,不知何处是岸,一片白墙赭瓦的庞大建筑群,掩映其间。穿行在林海里,两侧有寒流啸壑,溪水潺潺,古树栖云,浓荫盖地。纵使外面溽暑炎蒸,燎肌炙肤,此地依然清爽异常,确是理想的避暑胜地。林间草地上,山花野卉,姹紫嫣红开遍,引逗得蝶舞蜂喧,把一个寂静的山陬,装点得霞拥锦簇、生意盎然。

山中的正续禅寺,始建于元武宗至大四年(1311),其后于元延祐、明永乐、明宣德年间又经过多次扩建、续建,遂使殿宇层层,依山错落,气势雄伟,颇具规模。但在明代中叶以前,对外似乎并没有产生太大的影响,文献中也很少记载。后来,由于明初流亡出走的建文帝朱允炆曾在此间避难多年的说法传播开来,遂使狮子山名闻遐迩,以至闹腾得沸沸扬扬,数百年持久不衰。

漫步山中,几乎随处可见据说在这里避难为僧的建文帝的踪迹。一进山门,就看到迎面照壁上绘有"建文逊国"故实的大型壁画。我以为,这不过是近些年随着旅游业的开发,风景区管理部门特意找人绘制,用以吸引游人的,所以并没有怎么在意。可是,当走到大雄宝殿前,见到那株树龄五百余年、粗可五人合抱、标牌上注明"建文帝手植"的孔雀杉,就觉得非同凡响了。

在天王殿的南侧,还有一处名为"帝王居"的宅院,顾名思义,乃建文帝当年栖迟之地,院内也有他的手植柏。转到后山,在山半腰的林木葱茏处,隐约可见一处朴陋的建筑物,名曰"龙隐庵",据说这里是明廷搜索期间这位流亡皇帝的临时避难所。

走着走着,陪同人员又引领我看了建文帝亲手栽培的白牡丹、虎头兰和木芍药。对于这些,我可就不肯轻易置信了。现在,受商品经济大潮的冲击,为了招揽游客,人们惯常在一些以古迹著称于世的旅游景点上弄虚作假,牵强附会,以致许多景物弄得不伦不类、非今非古、真假难分。说句心里话,对于这类做法,我是很反感的。

东道主可能察觉到了我的怀疑情绪,他随手打开背包,从里面抽出一本陈旧不堪、已被虫蚀多处的线装古籍,名为《纪我所知录》,作者为罗养儒。里面记载:"建文住正续寺亦积有年,乃于寺之佛殿前植木芍药二本";"此花在云南颇少,唯见鹤庆之朝霞寺内有此佳种,建文当日或由迤西移其种而来也"。尽管这也属于故老传闻,但起码是流播久远,而且说得凿凿有据,总还称得上"一家之言"吧,我不能再做无谓的怀疑了。

最引人注目的是藏经楼下的帝王宫。有丹墀、品级阶、九龙口,完全按帝宫形制设置。宫内有塑像三尊,大小与真人相等。中间为建文帝,身披袈裟,双手合十;左右各塑一太监和老臣。藏经楼两侧有配殿,里面供奉着相传随建文帝出亡的护驾臣僚的牌位。

从一本《建文从亡十一先生记》的旧籍中得知,这座建筑物落成于清康熙七年(1668),建文帝的塑像为同时作品。宫门抱柱上雕着两条夭矫的蟠龙,一条向上升腾,一条俯身下降,各臻其妙,栩栩如生。关于它们的寓意,当场我听到了两种解释:一种说法,两条龙分别隐喻抢班夺权、位登九五的朱棣与逊位出走、遁迹空门的朱允炆;另一种说法,象征着建文帝由天子沦为庶人的起伏经历。

2

帝王宫外的廊柱上嵌有三副长联,都是充满诗情、理趣、禅机的史家上乘之作。其一曰:

> 僧为帝,帝亦为僧,数十载衣钵相传,正觉依然皇觉旧;
> 叔负侄,侄不负叔,八千里芒鞋徒步,狮山更比燕山高。

寥寥四十二字,概括了明初朱元璋、朱棣、朱允炆祖孙、叔侄三代君王的行藏、史迹与传说。

上联说的是祖父和孙儿。所谓"僧为帝",是指朱元璋。他家世贫苦,十七岁,在故乡投皇觉寺为僧,手持木鱼、瓦钵游方化缘,过了三年"乞丐"生涯,又回到寺里。此时,皇觉寺已遭火毁,在走投无路的情况下,投奔濠州郭子兴起义军,以骁勇机智为子兴所器重。朱元璋善于用兵,战功卓著。经过十几年的征伐,一步步扩充实力,剪除群雄,略地南北,扑灭元朝,于1368年在应天府即皇帝位,国号大明。

为了巩固皇权，保持朱家天下的万世一系，朱元璋可说是"机关算尽"，煞费苦心。他既担心故元王朝的地主官员对他不服，更害怕一同起事的文臣武将怀有二心。于是，从洪武五年（1372）开始，连续颁布申戒群臣的《铁榜文》《资世通训》《臣戒录》《志戒录》，纂录历代诸侯王、宗戚、宦官之属悖逆不道者数百余事，遍赐群臣，使知所鉴戒。

这充分说明，他对臣下一直是心存戒虑、防范甚严的。他不光是言者，而且是行者。先后兴起胡惟庸、李善长、蓝玉三起大狱，株连文武臣僚被诛杀者近四万人。大案而外，一些开国功臣也被相继剪除，或被明令处置，或遭暗中毒害，绝大多数都不得善终。

与此相对应，是建立了皇室分封制度，分封诸皇子在各地称王。目的在于依靠朱氏子孙辅翼王室，以确保朱明王朝的长治久安。而这一手，恰恰为日后的皇室争权，埋伏下了隐患。

明初，封建诸王分内外两线，有的分封在内线，如太原的晋王、西安的秦王、青州的齐王、开封的周王等；还有九个藩王分封到边塞前沿，主要是防止境外的事变，其中以燕王朱棣势力为最强大。允许诸王在其封地建立王府，交给他们一支护卫军和指挥当地驻军的权力，以监视和控制各地的异姓臣僚。兵力多者达万余人，有的甚至"带甲八万，战车六千"。燕王、秦王、晋王都曾屡次带兵出征，节制沿边诸将，威权日重。

洪武九年（1376），训导叶居升曾直言进谏说，当前，朝廷赋予诸侯王的权力过大，要警惕出现下强上弱、尾大不掉的局面。现在就应早做措置，否则，等出现离心倾向时再去减地削权，便会引起诸王的怨恨与反抗，像汉朝的"七国"、西晋的"八王"那样，或据险自守与朝廷抗衡，或率兵入京制造叛乱，到那时就无法控制了。不要认为，这些人都是皇子，不会干出这种事来。七国诸侯王于汉景帝皆为至亲，不是照样兴兵作乱吗？由此可见，分封制弊端甚多，希望皇上及早采取救治的措施。

应该说，这一建议是非常富有远见的，而且提得正是时候。可是，刚愎自用、一意孤行的朱元璋，听了之后却愤怒异常，认为叶居升心怀叵测，有意挑拨关系、制造混乱。大嚷大叫道一定要把他杀死。最后,叶居升终于被击死狱中,此后,就再也无人敢于进谏分封诸王之事了。

3

　　明太祖有子二十六人。太子朱标温文尔雅,赋性仁厚。朱元璋觉得他有些柔弱,有意识地让他处理一些复杂事务。这样,就更明显地看出,父子两人为政之道,差异甚大。老皇帝主张以猛治国,通过严刑酷法来威慑官民;而太子却主张仁政爱民,认为杀人越少越好。

　　一次,太子朱标向太祖进谏说:"陛下杀人过滥,恐伤和气。"朱元璋没有作声,第二天,父子俩在东阁外闲步,朱元璋故意把一条带刺的手杖扔在道上,叫朱标把它捡起来。朱标面有难色。朱元璋说:"你害怕手杖有刺不敢拿,我把这些刺先给你削光了,再交给你,岂不更好。"

　　眼看着"手杖"上的刺削得差不多了,不料,太子朱标竟一病不起。这时,太祖已经六十四岁了。究竟传位给谁,一时竟没有了主意。他认为四子朱棣沉雄、果断,颇有父风,有心立为太子,但群臣中多持异议。理由是,朱棣前面还有两个兄长,弃兄立弟,于礼不通。其实,更大的障碍还是朱棣本系庶出,其生母是高丽国进贡给太祖的一个妃子。按照正统观念,入继皇位的必须是皇后所生的嫡子。

　　既然在皇子中没有办法安排,事出无奈,只好把太子朱标的儿子、十六岁的朱允炆册立为皇太孙。朱元璋也料到了诸叔王未必服气,便特意编写一部《永鉴录》,教育诸王安分守己,顾全大局;又颁布了《皇明祖训》,把皇帝与诸藩王、臣下所应恪守与不该做的事,规定得一清二楚,还提出皇亲中如果发现谋逆之事,格杀勿论。

　　但是,这一切终究是纸上文章,一当他撒手红尘,任何约束力也就化为乌有了。诸叔王凭借手中的雄厚实力,言多不敬,行辄越法,根本不把这个年轻、文弱的小皇帝放在眼里。特别是燕王朱棣,从青年时代起,即跟随父亲驰驱疆场,战功卓著,成为诸王中的实力派、佼佼者,对于朱允炆的帝位造成了严重威胁。

早在太祖册立皇太孙那天,诸王都按时侍立两侧,唯独燕王朱棣姗姗来迟,到了之后,又重重地拍打着皇太孙说:"我这个侄儿真是幸运啊!"受到了太祖的严厉斥责。朱允炆即皇帝位,群臣入宫朝贺,朱棣竟无视礼法,从皇帝专用御道上殿,而且不叩不拜。

监察御史曾凤韶以"大不敬罪"弹劾燕王,建文帝却说,都是亲人,不必追究了。户部侍郎卓敬密奏建文帝说,燕王才智过人,酷似先帝。而北平向为强悍民族聚居之地,金、元两朝都从北平发迹。应速将燕王改封到南昌,以绝后患。建文帝还是不以为然,依然说道,燕王与我乃亲生骨肉,何至于此呢!

但是,形势毕竟是异常严峻的。面对诸叔王特别是燕王声威日烈、步步进逼的局面,建文帝也日益感到问题的严重。燕王返回北平后,建文帝即派都督耿瓛掌管北平都司业务,又安排都御史景清为北平布政司参议,这都是为了监视燕王府的动静。当事态进一步发展后,他便接受齐泰、黄子澄等谋士的意见,颁布了削夺诸藩的诏令。于是,燕王朱棣借口奸臣跋扈,朝廷孤立,社稷危亡,援引《皇明祖训》,以"清君侧"为由,入京"靖难"。从而爆发了一场持续四年之久的争夺皇位的内战,史称"靖难之役"。

朱棣攻占南京,登了帝位,建文帝下落不明。《明史》记载:"都城陷,宫中火起,帝不知所终。""或云帝由地道出亡。自后,滇、黔、巴、蜀间,相传有帝为僧时往来迹。"而成书早于《明史》八十多年的《明史纪事本末》则记为:建文帝从地道出逃,一些随从人员从水关出城。鉴于多人聚集多有不便,只留三人在建文身边。他们乘船经吴江、京口,过六合,尔后陆行,取道襄阳,最后到了滇南,又西游重庆,东到天台,转入祥符,侨居西粤,经常往来于云贵之间。

明末史学家谈迁在《国榷》中记载,燕兵攻破南京金川门后,建文帝束手无策,想蹈火而亡。这时,翰林院编修程济从奉先殿后取出一个铁条箍紧的匣子,说:"太祖生前嘱咐,太孙日后临大难时,可打开此匣,以找出解救办法。"建文帝忙叫人打开,只见匣子里装的全是和尚的用品,有剃度用的工具,还有两副袈裟、两副度牒。建文帝悲叹道,这是运数已尽啊!于是,抓紧剃去头发,穿上僧服,乘夜逃出聚宝门。整个亡命过程中,建文始终都是以僧人身份出现的。联语中说的"帝亦为僧",本此。

乃祖僧为帝,阿孙帝做僧。这倒不是朱家与佛门有特殊的凤缘,更非一场简单的历史性游戏,其间存在着制度方面的深层的种因。那位以撰写大观楼一百八十字长联闻名于世的清代诗人孙髯翁,在《登狮子山吊建文帝》一诗中,有"滁阳一旅兴王易,建业千官继统难"之句,说的是朱元璋创业有方而交班无术,凭吊兴亡,寄慨遥深。

清代大诗人、史学家赵翼则从更深层次上进行剖析,在《金川门》一诗中有句云"乃留弱干制强枝,召乱本由洪武起","岂知衅即起萧墙,臂小何能使巨指"。明确地指出,肇祸的根源乃在朱元璋身上,正是分封诸王制度造成了干弱枝强、指大于臂,最后,祸起萧墙,无法收拾。

联语中"正觉依然皇觉旧",分别讲了孙儿与祖父出家的场所。建文帝避难滇中,在正续寺为僧,"正觉"是对正续寺的檃括。联语作者拉出它来与明太祖早年出家的皇觉寺相提并论,一个庙貌"依然",一个已经"破旧",看来也不是闲笔,里面似乎隐寓着褒贬的意味,反映出一定的倾向性。

4

"寓褒贬,别善恶",在下联就更加明显了。下联是扯出叔侄来加以评断。燕王朱棣从侄儿手中夺取了皇位,因此,联语中"叔负侄"云云,容易理解。那么,"侄不负叔"又当做何解释呢?我以为,这里至少有两方面的根据——

燕王朱棣起兵后,曾多次遭遇危险的处境。建文三年(1401)三月的一天,在保定的夹河,燕王的军队再次败在大将盛庸手下,黄昏时节,走投无路的朱棣率领十几名骑兵竟误入盛庸的营地,被朝廷的军队团团围住,如果此时断然加以解决,那么,所谓"靖难之役"也就灯吹火灭了。但是,当时竟没有一个人前去抓捕和伤害燕王,这是因为建文帝事先向部队做过交代,双方交战,不可伤害燕王,以免背上杀害叔父的恶名。结果,燕王得以安然脱险。此其一。

其二,当燕王的"靖难"军攻入京师时,建文帝尽管逃身在外,也还是有一定的抵抗实力的。其时,江南一带基本上还是他的天下,辽东仍控制在朝廷手中,孙岳、铁铉、梅殷等几个心腹重臣分别据守凤阳、山东、淮上,且夕间即可开赴京师,举兵勤王。民间有个说法,建文帝为了解除内战中黎民之苦而甘愿逊位于叔父。这当然是臆测之说。但是,二百四十二年后,南明福王就曾称之为"让皇帝",并正式追谥建文为惠宗,其后,清乾隆帝又追谥为惠帝,也似乎为此种说法提供了一个佐证。

"四十载衣钵相传",讲的是祖孙递嬗,太祖在位三十一年,建文帝在位四年,"四十载"是取其概数,这是从时间上纵论;而"八千里芒鞋徒步",则是从空间上展开。"八千里路云和月",形容建文帝的亡命生涯,征程迢递,远哉遥遥。

从史书记载中得知,关于建文帝的下落,最先是由明成祖朱棣一锤定音的。他在登基之后给朝鲜国王的诏书上是这样写的:"建文为权奸逼胁,阖宫自焚。"后来,官修明史便据此做了记载。在朱棣看来,若是建文帝真的死于宫中大火,这当然是最理想不过的。不仅可以减轻他继承大统时制度上的约束和舆论上的压力,而且,也消除了前朝复辟的后顾之忧。因为他比谁都清楚,只要这个皇侄还活在世上,就无异于悄然竖起一面神圣的旗帜,在他的皇帝宝座旁埋下一颗威力强大的定时炸弹,对他的皇权统治随时都会构成威胁。

为了遮人耳目,进一步坐实建文已死这件事,他又编演了一场"辍朝三日,遣官致祭"的把戏。但这显然又引起了更多的人疑窦丛生,因为要"致祭",就总得有建文的陵寝,要有御制的碑铭。可是,这些全都没有。明末崇祯年间,曾有人上疏请将建文帝入祀,崇祯就说:"建文无陵,从何处祭?"

实际上,朱棣本人也并不相信建文帝已经死去。为了寻觅这个皇侄的踪迹,他处心积虑几十年,寝不安眠,食不甘味。他在永乐三年(1405)派遣郑和下西洋,目的之一就是在域外查探建文帝的下落。《明史》上说:"成祖疑惠帝亡海外,欲踪迹之。"

从永乐五年(1407)开始,朱棣又派遣户科都给事中(相当于现在的公安部部长)胡濙以颁布御制诸书和访察仙人张三丰为名,遍行天下州郡乡邑,暗察建文藏身之地,前后两段在外奔波了十五年。为了同样的目的,成祖曾多次命礼部榜示天下,申明僧侣、道人"俾守清规,违者必诛";还以对照度牒的办法,对出家人严加巡查。

《明史·胡濙传》载,永乐二十一年(1423),胡濙还朝,紧急谒见皇帝,当时成祖已经就寝,听说他到了,赶忙穿上衣服,召他入内。胡濙就把访察建文帝的情况做了报告,直到漏下四鼓才出来。究竟是什么内容,君臣竟谈了这么长时间?史书上没有明说,只是交代了这个情节:此前,传言建文帝蹈海去,现在才解除了疑虑。

可以据此推想,是不是掌握了建文帝已经死去的信息?或者,虽然建文帝尚在人世,但已寄迹佛禅,无心俗务;或者,因健康状况不佳。总之,对朝廷已不再构成威胁了。否则,朱棣何以"至是疑始释"呢?一年后,朱棣即病死于北伐途中。

在二十二年的皇帝生涯中,朱棣无时无刻不被这个侄子的疑踪搅扰着,说来也是堪笑又堪悲的。

5

至于建文帝究竟逃亡到了哪里,至今史学界也没有定论,可说是聚讼纷纭,莫衷一是。有的主张"在近不在远"。学者徐作生通过多年实地勘查,并研究大量文献资料,认定建文帝一直藏身于苏州吴县的穹窿山皇驾庵,其庇护人竟是曾辅佐朱棣得天下的和尚道衍(即姚广孝),有皇驾庵的碑刻资料为证;并考证,穹窿山拈花寺后半山坡上的当地人所称的"皇坟",即建文帝的陵墓。有的则坚持"流落滇黔说",认为武定狮子山即定居地之一。

我在武定期间,为了揭开这个历史上的疑团,或者说,要为"流落滇黔说"多找到一些史证,曾走访了当地的史志办、图书馆,翻阅了大量文献资料,可惜所获甚微。其中较有价值的,是清初《武定府志》的记载:"帝(建文)乃先入蜀,未几,入滇。虽往来广西、贵州诸寺,止于狮子山正续寺者数十年。"清乾隆时檀萃著《武定凤氏本末》一书,也有"让帝遁荒至滇,黔国公送之凤氏所"的记述。但即使这些资料,也都是事隔二三百年之后的往事钩沉了。

资料缺乏,载记寥寥,这原是容易理解的。鲁迅先生早就说过,过去的历史向来都是胜利者的历史,失败者如果不遭到痛骂,也要湮没无闻。何况,有明一代,以至清初,很多时间它都被当作一个异常敏感的政治问题。不过,就我闻见所及,痛骂建文帝的还没有,这对这位倒霉的流亡皇帝来说,也算是够幸运的了。

我从史书及方志中抄录了一些传说是建文帝遁迹禅林后的诗篇,其中有这样一首七律:

阅罢楞严磬懒敲,笑看黄屋寄云标。
南来瘴岭千层迥,北望天门万里遥。
款段久忘金凤辇,袈裟新换衮龙袍。
百官此日知何处,唯有群乌早晚朝。

这首诗当是初入空门时所作。尽管诗的文学价值不高,但确是一种真情的流泻。

那天,我漫步在狮子山的林间小径上,目视隐现在"云标"中的寺庙,默诵着建文帝的述怀之作,觉得他虽然已经侧身缁流,但对于往日的凤辇龙袍、早朝陛见,仍然流露出丝丝缕缕的眷恋,未能完全释然于怀。

后来,这位流亡皇帝经过南北东西的流离颠沛,沧海惯经,风霜历尽,百般磨折过去,世事从头数来,虽然未能如太上之忘情,脑子里有时仍然浮现着朝元阁、长乐宫的影子,但一切毕竟已经是梦幻、泡影了。这种情怀,充分反映在他的晚期的诗作中:

牢落西南四十秋,萧萧白发已盈头。
乾坤有恨家何在,江汉无情水自流。
长乐宫中云气散,朝元阁上雨声收。
新蒲细柳年年绿,野老吞声哭未休。

忽忽几十年过去了,松风吹白了鬓发,山溪涤荡着尘襟。"绝顶楼台人倦后,满堂袍笏戏阑时。"旧梦如烟,岂堪回首;风光不再,漏尽灯残。漫步山野间,这位白头老衲不禁慨然低吟:

杖锡来游岁月深,山云水月傍闲吟。
尘心消尽无些子,不受人间物色侵。

这里与其说杂有某些颓唐之气,毋宁说是翻过筋斗、勘透机锋之后的一种智慧与超拔,是经过大起大落的一种高扬的澄静。

后人也许正是根据这番诗意,撰写了一副对联刻在建文祠阁的廊柱上:

沧桑变太奇,可怜一瓶一钵一袈裟,忽忽把君王老了,直到那华发盈头,面目全非,听夜静钟声,皇觉始归正觉;

> 黄粱梦已醒,回忆走东走西走南北,处处都荆棘丛生,何如这昙云满地,庄严自在,看潭澄月影,帝心默认禅心。

6

由于建文帝的下落是个极为尖锐、敏感的政治问题,在明永乐年间被视为一个禁区。当时,本来知情者大有人在,但是,正如后代诗人所写到的"国初杀气浑不除,越三十年还相屠",刀光血影中,人人都不寒而栗,噤若霜蝉。

明代中期以后,随着形势的变化和朝廷注意力由内向外的转移,诛杀较少,禁网渐疏,加上朱棣的后代已不再担心流亡皇帝会复辟,于是,士大夫中开始有人议论建文轶事。到了第十一代皇帝武宗临朝之后,甚至有人上疏请求为建文帝追加庙号、谥号。据《明实录》载,万历二年(1574)十月,神宗皇帝御临文华殿,曾与辅臣张居正谈论起建文帝的下落问题。说明此事已正式开禁。

正是在这个前后,记载建文帝行止的书也陆续出现。传闻明成化年间,浙江松阳人王诏闲游吴中治平寺,听到寺内转轮藏上咔嚓有声,遂上去查看,原来是几只老鼠在啃一本旧书,翻开一看,里面载有随建文帝出亡的二十几位旧臣的轶事。王诏怜其孤忠,在每人事迹之前各加数句赞语,题名为《忠贤奇秘录》,刊行于世。

到了万历年间,又传出署名史仲彬的《致身录》,记载了建文帝南京出走后亡命西南的经过。其他还有《建文朝野汇编》《罪惟录》等多种。其中,集大成者为刊行于清顺治十五年(1658)的《明史纪事本末》,以专门一章系统记述了建文帝出亡过程和流落西南各地的行迹。因为作者谷应泰是清初官员,又是一位颇有成就的史学家,而且这部书又是以正史面目出现的,所以传播甚广,影响颇大。

但是,到了清康熙十二年(1673)冬反清事件"朱三太子案"出现后,人们又开始讳言其事。清初,流传明崇祯帝第三子尚在民间,一些人即以"朱三太子"为号召,举兵反清。京师有个叫杨起隆的人,诈称他就是"朱三太子",组织旗下奴仆、佃户,密谋起事。因事机漏泄,为清廷镇压,杨起隆逃匿。

清康熙十九年(1680)、康熙四十年(1701),先后又在陕西和江浙,发现诈称与拥立"朱三太子"者,闹得假假真真,使清廷大伤脑筋。这在当时是绝对忌讳的。因为如果有明室的嫡裔子孙在,就可以系故臣遗民之望,可以为反抗新朝者资为号召。所以清廷一经发现,便断为伪冒,而格杀勿论。议论建文之事,颇有借古喻今之嫌,因此,人们都避开这一话题;有的甚至进而直接指斥"建文出亡说"之谬妄,以适应当时政治的需要。

康熙十八年(1679)诏修明史,自然会受到这方面的影响。王鸿绪在《明史稿》及《史例议》中,大放厥词以谄媚时君,明史馆修撰之臣也希旨迎合,认定建文帝焚死宫内,绝无逃匿之可能,都与此有直接关系。

到了乾隆末叶,明亡已逾百年,所谓"朱三太子"被获处死也过去了六十多年,朝廷已不再担心明室嫡裔复辟的事,于是在乾隆四十二年(1777),诏改明史本纪,把"建文焚死"改为"棣(永乐帝)遣中使出后(马皇后)尸于火,诡言帝尸"。这样,文士们才又旧话重提。乾嘉之际的赵翼在《金门川怀古》诗中,有"一领袈裟宵出窦,九江纨绮夜翻城";"从亡芒屩千山险,骈戮欧刀十族空"之句,坐实了建文出亡之事,并敢于议论明成祖残酷杀戮建文遗臣的暴政,即是明证。

7

联语中"狮山更比燕山高"一语,寓意十分丰富而深刻。它涉及建文帝与永乐帝的历史评价问题。由于作者认定建文帝匿迹武定狮子山,所以,这里以"狮山"借代建文,而"燕山"则指的是永乐。

这种句法原是从唐宋诗人那里学来的。唐人罗隐评价光武帝与严子陵,有"世祖升遐夫子死,原陵不及钓台高"的诗句。范仲淹则把东汉开国功臣拉出来和严子陵对比,结论是:"世祖功臣三十六,云台争似钓台高!"这些诗句,都是通过对严子陵那种不慕名利、淡泊自甘风范的颂扬,体现出浓重的士大夫自命清高、浮云富贵、粪土王侯的思想感情。联语中揄扬退位隐居的建文,而贬抑攘权窃位的永乐,与此有一定关系。

中国自古以来,就有崇尚隐逸的传统。几千年前的《易经》上就讲:"肥(飞)遁,无不利";"不事王侯,高尚其事"。特别是庄子,系统地宣扬了隐逸思想。他最先阐发了对后世发生极大影响的"身外之物"论。他说,外物偶然到来,只是寄托——寄托的东西,来时不能阻挡,去时不能挽留。可是,人们并不懂得这个道理,"寄去则不乐"。因此,他感喟地说:"今世俗之君子,多危身弃生以殉物,岂不悲哉!"

庄子为人们描绘了一幅热衷权势者的画像:权到手了战战兢兢,权势丢了痛哭流涕;睡了做噩梦,醒着不安宁。磨墨墨磨,弄权权弄。究竟是人在当官,还是官在磨人?这种隐逸思想文化的确立,正是泥涂轩冕、归钓江湖的严子陵被历代文人捧得那么高的社会思想背景,也是关于建文帝的这副联语的意蕴所在。

由于这副联语是悬置于正续禅寺的,因此,它对于是非、高下的判定,必然考虑到佛禅的"红尘觉悟"。佛家认为,功名富贵不过是因缘和合的一种偶遇,用终极关怀的眼光看,并不具备真正价值和实际意义。建文帝王冠落地,遁入空门,由大起大落而大彻大悟,在佛家看来,当然要比不择手段地追逐权位的永乐帝高超百倍。

如果不从庄、禅的角度,而是就史论史,专从事件本身来考究,联语中的结论也可说是言之成理,持之有故的。

据明史记载,朱允炆继位之后颇有一番作为,深得人心。他"天资仁厚""亲贤好学",对祖父的诛戮功臣、雄猜忌刻,一直持有异议。亲政之后有意识地调整那种君主集权政治,注重发挥臣下作用,提高文臣地位。同时诏行宽刑薄赋,举遗贤,兴教化,重农桑,赈饥民。这一系列的兴革措置,为长期生活在高压、紧张的政治环境里的官民,提供了一种宽松、温煦的气氛,一时道化融洽,万民称治。不期这位颇得人心的青年皇帝,只维持了四年统治,就横遭惨败,饮恨终生,自然引起了当时和后世许多人的同情与怀念。

明乎此,就容易理解:当朱棣挥师进入南京后,为什么朝中诸臣拒不降燕,战死及自杀者那么多,仅弃官逃走的就有四百六十多人。许多人无视酷刑峻法,甘冒斧钺之诛,抗命不屈,死得极为惨烈。史称,"建文诸臣,三千同周武之心,五百尽田横之客"。所表现的气节,简直比改朝换代、异姓称王还要厉害。

对此,明代诗人朱鹭借凭吊死难遗臣方孝孺做了真实的描述:

四年宽政解严霜,天命虽新故忍忘?
自分一腔忠血少,尽将赤族报君王。

而对于朱棣,在明、清两代文人中则多有微词。人们当会记得,吴敬梓在《儒林外史》中曾借一位儒士之口,说:"本朝天下要同孔夫子的周朝一样好的,就为出了个永乐帝,就弄坏了。"不仅朱棣本人,就连受他器重、辅佐他"靖难"夺位的僧道衍(姚广孝)也遭到了时人的非议与厌弃。

据《明史》和《逃虚子集》记载,由于道衍助"桀"为虐,滥杀无辜,在他贵登高位之后,回到家乡吴县去拜望姐姐,姐姐却闭门不纳。访问老朋友王宾,王宾也不肯相见,只是站得远远地连声说道:"和尚误矣,和尚误矣!"亲人、朋友的鄙视和冷漠,使他的心灵受到强烈的震撼,此后便不再参政,潜心遁迹佛门。

传说,在他的晚年还曾保护过逃匿在外的建文帝。但明朝的后世君臣对他仍无好感。嘉靖年间,明世宗以"姚广孝系释氏之徒,恐不足尊敬祖宗"为由,将他的牌位从太庙中搬出。

说句公道话,无论如何,永乐帝在历史上还算得一位英主。他继承太祖的基业，巩固了明王朝的统治。同时，坚持"怀柔远人"的方针，力求与周邻国家和睦相处，避免战祸，进而成功地建立了经济与政治的联系。他的名字将与郑和下西洋、营建北京城、修纂《永乐大典》的丰功盛烈同其千古。而且，评议历史人物的功过是非，既不应感情用事，也不能囿于封建伦理。无论叔侄二人哪个做了皇帝，应该说，都是代表封建地主掌权，代表统治者利益的。

8

这里想要指出的是，永乐朝的弊政为后世提供了许多深刻的教训。成祖之失，一是晚年一意北征，劳师耗饷，招致边境不宁；一是信用宦官，为政苛猛。永乐帝为侦查臣民的行动，除加强原有的锦衣卫外，又设置东厂，交由宦官掌管，秘密侦查朝内外官员动静，阁臣一切活动，都由宦官秘密陈报；甚至派遣宦官赴外地监军，以防范驻防军将专权。

但是，最大的最不能令人原谅的过失，还是夺位之后，对建文遗臣和所有的逆命之士，大开杀戒，滥用酷刑，从开国元勋、硕儒、宿将，到诸司官吏、州县衙役，一直到平民百姓，凡有牵连，就要满门抄斩，甚至诛灭九族，转相攀染，村里为墟，直杀得朝野震怖，四海惊心，因而不免要受到后世的强烈谴责。

据史料记载，建文帝有两个儿子，长子文奎在"靖难之役"中失踪；次子文圭当时仅仅两岁，但朱棣也不放过，告诉太监将他幽闭起来，只许喂饭，不许教他说话，让他成为会喘气的废物。结果，监禁了五十五年，出狱时果真成了白痴。建文帝的三个弟弟，有两个死于凤阳的牢狱；另一个由朱棣授意他人纵火，被烧死在家中。

朱棣在夺取皇位之后，有案可查的共杀戮了一万四千多人，而且，手段也非常残忍。胡闰被剥皮；铁铉被油炸；景清不仅本人被敲牙、割舌、剥皮，九族也诛灭无遗，连同村的人都全遭屠戮，这便是历史上所说的"瓜蔓抄";以文章、理学名世,人称"正学先生"的方孝孺,由于不肯为朱棣起草即位诏书,并号啕大哭,掷笔痛骂,先被削掉下颏、割断舌头,后又千刀万剐,并被诛灭九族及其门生,号为十族,共处死八百七十三人。

罪人的妻女则被发付到教坊去做妓女。一般的娼妓是静候嫖客,而她们按照永乐定法,需要不断"转营",每个兵营里都要住上几天,以便为尽可能多的男性所糟蹋。生出孩子来,被称为"小龟子"和"淫贱材儿",更要遭受非人的待遇。对前朝逆命之臣及其遗属,竟施以如此残酷、如此残暴的惩罚,在中外历史上都是少见的。

持续十几年的血腥屠杀,不仅斫丧了国家元气,而且在民族心理上造成了剧烈的创伤,以至清初有人总结明亡教训时,把这作为一个缘由。他们认为,由于朱棣残杀无度,毁坏了正气罡风,造成后来许多臣子只知明哲保身,顺时听命,持禄固宠,再也无心顾念社稷了。

离开武定狮子山后,每当记起有关建文帝的种种传说和后人对明初这场惨烈的流血斗争的评判,我总觉得,西哲的那句名言:"历史,就是耐心等待被虐待者获救的福音。"它的确是有些道理的。

第三十一篇

要留清白在人间

I

清嘉庆、道光之际,民族英雄林则徐曾两度在浙江杭州任职。他倡议集资整修明代政治家于谦的祠墓,并带头捐献自己的官俸。于谦祠竣工后,他亲撰楹联"公论久而后定,何处更得此人",置于殿门两侧。这是一副集句联,均出自《明史·于谦传》。楹联的上句是说历史老人毕竟是公正的,见传末《赞曰》:"公论久尔后定,信夫!"下一句讲的是公道自在人心。当有人说明景帝宠爱于谦太过,太监兴安回答:"即彼(指于谦)去,令朝廷何处更得此人?"殿门上面有四字匾额:"百世一人。"这四字可谓片言居要,一锤定音。

这一匾一联,从时空两个方面为于谦定位,确认了他在中国历史上的唯一性。虽然没有概述其高风亮节与卓越功勋,但于谦的地位、份量、价值却从中自可想见。

对于这个崇高的评价,我曾做过一番认真思考:作为近代杰出的民族英雄、伟大的爱国主义者,林则徐是不会轻易溢誉古人的。那么,他何所据而言于谦是"百世一人"呢?

我想,根据至少有三点:一曰忠臣,二曰能吏,三曰清官。

历史上,乱世也好,治世也好,效忠邦国,坚贞不渝者,何止百千!而能臣、干吏,无论是理政、惠民、弭乱、救灾,治绩彪炳千秋者,更是数不在少。再就是,廉洁自律、两袖清风的官员,同样是无代无之。那么,何以单单要说于谦是"百世一人",慨叹"何处更得此人"呢?恐怕唯一的解释,在于不难得其一,而难在三者齐备。

忠，是一种品质、一种德性、一种为官的底线，也是至高无上的要求；能，既是能力，也是才干。古时，"官""能"并称，"官""职"同义，因此，荀子有"能不称官""不祥莫大焉"之语（《荀子·正论》）。可以看得出来：能，是"官"之所以为"官"的根本标志。廉乃官之风骨，官之灵魂；官而不廉，如人之有肉无骨，有体无魂。只有三者兼备，才能胜任官职，能够称得上是一个立德、立功、立言"三不朽"的完人。可是，说来容易，翻开一部"二十四史"，够格者又能有几个人呢？

2

于谦是真的做到了。

于谦在担任兵部左侍郎期间，蒙古瓦剌部首领也先率兵入寇，明英宗在京郊西北土木堡被俘，京师大震，上下莫知所为。郕王监国，命群臣议战守之策，有人提议向南方迁都。于谦极力反对，认为京师一动则大势去矣，应该记取南宋的教训。可是，当时京师最有战斗力的部队、精锐的骑兵都已在土木堡失陷，剩下疲惫的士卒不到十万，人心不能不震惊惶恐。于谦建议郕王调集南北两京和河南的备操军、山东和南京沿海的备倭军、江北和北京所属各府的运粮军，尽快开赴京师，以应急需。当瓦剌兵逼京师时，于谦以兵部尚书身份分遣诸将，率师列阵九门外，并亲自督战，敌军终于退去。出于全局性考虑，于谦上言："南京重地，需要有人加以安抚稳定。中原有很多流民，假如遇上荒年，互相呼应聚集成群，这是很值得担心的。请敕令内外守备和各处巡抚用心整顿，防患于未然。"由于防守甚严，无隙可乘，终于迫使也先遣使议和，使太上皇得归。

于谦自值"土木之变"，誓不与敌人共生，夙兴夜寐，忧国忘身，经常住在值班处所，不回私第。而自奉简约，所居仅蔽风雨。朝廷在西华门赐给他一处宅第，他坚决辞退，说："国家多难，臣子何敢自安！"

本来，于谦在国脉颠危之际，挽狂澜于既倒，保卫京师，独撑危局，立下了卓绝的功勋;但后来由于朝廷政局发生变化,奸臣谗毁,反而以"谋逆"罪遭到冤杀。

于谦生前曾写过一首《石灰吟》,可以看作是自况:

千锤万击出深山,烈火焚烧若等闲。
粉身碎骨全不怕,要留清白在人间。

成化初年,于谦获得平反。皇帝诰文有言:"当国家之多难,保社稷以无虞,唯公道之独恃,为权奸所并嫉。在先帝已知其枉,而朕心实怜其忠。"《明史》本传中说:"谦忠心义烈,与日月争光";"忧国忘家,身系安危,志存宗社,厥功伟矣"。

下面再说他的治才。

实际上,前面已经讲得特别充分了,再补叙一些日常治绩。于谦在任期间,经常轻骑遍察各处,延访父老乡耆,探讨各项应兴应革、除害安良事宜,并立即上报朝廷,尽快部署落实。他曾建议:以河南、山西各积存的数百万石谷物,在每年的三月借给缺粮贫户,待秋收后收还;对因贫穷、疾病无力偿还者,可以予以豁免。凡州县官吏任满当迁者,如预备粮不足,不许离任。此事由风宪官员按时稽核巡查。得到了朝廷的批准,贫苦农民受益无穷。在巡抚河南时,他发现河堤经常溃决,对生产、生活造成了巨大破坏,便组织民众筑堤治水,设置亭长,专门负责河堤修缮事项。在山西,他剥夺边镇军官私占土地,改作官府屯田,以资边防所需。

当然,于谦最值得称颂的,还是清正廉洁。他把保持高尚的节操看得重于一切。"但令名节不堕地,身外区区安用求!"这是他的名言。他还写过这样一首诗:

名节重泰山,利欲轻鸿毛。
所以古志士,终身甘缊袍。

>胡椒八百斛,千载遗腥臊;
>一钱付江水,死后有余褒。
>苟图身富贵,暖剥民脂膏,
>国法纵未及,公论安所逃!
>作诗寄深意,感慨心忉忉。

诗的前四句,颂赞古代志士贤人重节操、轻利欲的嘉言懿行。"终身甘缊袍",出自《论语·子罕》篇。孔子表扬弟子仲由:身穿破旧的丝棉袍,同穿狐貉皮衣的人站在一起,自甘清贫,面无愧色。中间四句,列举历史上正反两方面的实例,进一步阐述其为政务须清廉的观点。唐朝宰相元载贪得无厌,后被抄家籍没,仅胡椒就抄出八百石,足见其受贿敛财之巨,结果遭人唾骂,遗臭万年;东汉时会稽太守刘宠,清正廉洁,离任时,郡中几个老年人送给他一百文钱,刘宠只接受了一枚,当即掷入水中,从而芳名流传百世。后面四句说明,如果贪图不义之财,剥削民脂民膏,即使暂时侥幸逃脱国法的制裁,也定会遭受公论的谴责。最后两句作结,说他写这首诗是忧心忡忡,寓意深远,寄慨遥深的。

于谦言行一致,怎样说就怎样做。

史称,他任河南、山西巡抚十九年,每议事京师,皆空囊(口袋)以入,未尝持一物交结当路者。正统年间,宦官王振专权,作威作福,肆无忌惮地弄权索贿。百官大臣争相献金求媚。每逢朝会期间,进见王振者,必须献纳白银百两;若能献白银千两,始得款待酒食,醉饱而归。而于谦每次进京奏事,从来不带任何礼品。有人劝他说:"您不肯送金银财宝,难道不能带点土特产去?"于谦朗声一笑,甩了甩他的两只袖子,说:"只有清风。"并作诗《入京》以明志:

>绢帕麻菇与线香,本资民用反为殃。
>清风两袖朝天去,免得闾阎话短长。

结果,于谦遭到权倾朝野的宦官王振的忌恨,他借故对于谦加以陷害,于谦不仅受到降职处分,还坐了三个月的大牢。后来,由于山西、河南两省公众据理吁求,朝廷才恢复了他的两省巡抚的职务。

于谦不送礼,不行贿,更不受贿。因而无论是登朝执政,还是居家燕息,都感到问心无愧,心安理得。

这在他的另一首诗里反映得很充分:

剩喜门前无贺客,绝胜厨内有悬鱼。
清风一枕南窗下,闲阅床头几卷书。

"悬鱼"是个典故。东汉庐江太守羊续拒绝收受各种贿物。一天,下属给他送来一些鲜鱼,他谢绝不成,便将那些鲜鱼高高地挂在屋檐之下,任它风吹日晒干瘪下去,送礼之风从此大为收敛。而于谦则更胜一筹,由于根本没人登门送礼,所以,连"悬鱼"的做法也免去了。

于谦蒙冤被杀之后,按例应该抄家,可是,当抄家的官员赶到一看,家中竟然空空如也,除了一些生活必需品,根本就没有多余的钱财,"萧然仅书籍耳"。唯独正室锁得很严,都以为是藏匿了金银财宝,打开一看,原来是皇帝赐予的蟒袍、剑器。

在场的人无不为之感动。

3

如同读书、做学问有三种境界一样,我以为,在廉洁自律、拒绝接礼受贿问题上也有三种境界:

第一种境界,是防范在前,通过各种形式发出拒贿告示;遇有送礼者,加以严厉谴责,并对送礼的行为表示出明确的排拒态度,绝不含糊、暧昧。羊续"悬鱼"当属这种情况。

第二种境界,是清廉自守,有所不为,使人心存戒惧,不敢在他的身上做出越轨的事。就是说,由于拒贿的决心已为公众所知,使行贿者心生畏葸,见而却步。唐代贤臣李廙,律己极严,生活清苦,官至尚书左丞,官府厅堂里却挂着一条破旧门帘。他的妹夫、户部侍郎刘晏,托人编织一个新的门帘,想要送给他,但"三携至门,不敢发言而去"。

第三种境界,是不要说接礼受贿,人们根本就不去打他的主意。即使逢着本人寿诞、儿女婚嫁等类节庆吉日,也没有人想着要去给他送礼,于谦四十五岁生辰,"门前无贺客",即属于这种更高层次的境界。

廉洁如此,贤能如此,忠贞如此,"要留清白在人间",谓为"百世一人",不亦宜乎!

第三十二篇

画家多诗人

I

北宋诗人、画家张舜民有句云"自古词人是画师";而诗、书、画"三绝圣手"东坡居士,说得更具体一些"诗不能尽,溢而为书,变而为画"。应该说,他们的论断是凿凿有据的。你看,古代许多诗词大家,如唐代的王维、顾况、张志和、皎然、杜牧,宋代的王安石、苏轼、晁补之、李清照等,他们同时也兼擅画艺。当然,也可以把这个论断翻转过来,说画家大都擅长写诗。这方面的事例就更多了,像古代的米芾、赵佶、王冕、赵孟𫖯、倪瓒、沈周、唐寅、文徵明、徐渭、董其昌、石涛、郑板桥,近现代的吴昌硕、黄宾虹、齐白石、陈半丁、刘海粟、张大千、潘天寿、陆维钊、吴䍩之、刘海粟、何香凝、林散之、谢稚柳,都是出色当行的作手。有鉴于此,我给出了"画家多诗人"的结论。

为了佐证此说,我想对明代的沈周、唐寅、文徵明、徐渭这四位知名画家的诗篇,做重点的分析、研究。

一说到明代画家,人们首先会想到的便是唐寅,也就是唐伯虎。他的知名度,不要说在明代,即便是放在唐、宋、元、清各个朝代的画家中,恐怕也是最高的。这倒并非纯然出于画艺,而是来源于流传广远的民间的话本、传说、戏剧和影视作品。那些关于唐伯虎偎红倚翠、脂腻粉香的风流故事,渗入到代代人群的记忆之中。可以说,唐伯虎的"花花公子"形象已经定格了,好像除了调情说爱,整天都不参与正事,同民生疾苦、艺术追求毫不相干。其实,这是很大的误会。

《明史》本传中说他,"性颖利,与里狂生张灵纵酒,不事诸生业"。看来他并不把科举仕进那一套放在心上。可是,由于他才华出众,聪明绝顶,尽管"不事诸生业",乡试(在省城举行,主考官由皇帝钦派,中式称为举人)还是获得了第一名,也就是"解元"。本传中载:"晚年颓然自放,谓'后人知我不在此',论者伤之";"而文才轻艳,倾动流辈,传说者增益而附丽之,往往出名教外"。这就把事情原委交代清楚了:唐寅性格狂放,无意于仕途,认为"后人知我不在此"。那么,"知我"是在哪里呢?显然是书画诗文。可是,由于"文才轻艳",结果,传说者就"增益附丽",大肆编排,弄得沸反盈天,"出乎名教之外"了。

这么说未免空洞,还是结合他的诗作来讲。

唐寅有一组七绝,标题是《风雨浃旬,厨烟不继,涤砚吮笔,萧条若僧,因题绝句八首,奉寄孙思和》,这里只选其中的第五首:

领解皇都第一名,猖披归卧旧茅簷。
立锥莫笑无余地,万里江山笔下生。

诗中说,他曾经考取南都应天府乡试的第一名,但并不以有幸夺魁为意,依旧保持其狂放不羁、猖披无忌的风格与气质。原来,唐寅在这次乡试中,以二十九岁华年,拔擢高第,声闻四海,自是豪气纵横,傲睨天下;不料,次年会试中却因卷入一场舞弊案被黜去功名,因而归卧茅屋,由天上一下子跌落到地下。

此时的他,既无资产,又无地位,不过是贫穷潦倒的一介书生。但他却说,别笑我贫无立锥之地,由于独擅丹青,凭着一支生花妙笔,顷刻之间,就会使万里江山涌出地面。言外之意是,物质生活虽然困苦,精神财富却异常丰盈,诗人深深以此自豪。艺术的通灵之处,或者说重要作用,就在于它作为主体的自由的希求,可以从窘境以及危机中,回复人的创造精神与生命活力。诗中不现丝毫萧索、困顿之气,格调高昂,意气风发,读了令人振奋。

还有一次,唐寅在福建宁德的旅馆住宿,见有画菊悬壁,愀然有感,因

题诗一首,借着对秋菊无人赏识的叹惋,抒发自己遭逢不偶、有志难骋的悲愤。这首《旅馆题菊》如下:

黄花无主为谁容?冷落疏篱曲径中。
尽把金钱买脂粉,一生颜色付西风!

大意是说,古语云,"士为知己者死,女为悦己者容"。可是,你这置身于冷僻无人的疏篱曲径之中的无主黄花,又究竟是为谁修饰容貌,为谁情妆打扮呢?唉!你像那孤处空闺的绝代佳人一样,抛尽了金钱去买脂粉,可是,打扮来打扮去,即便是再漂亮,又有谁欣赏呢?只是把一生美貌付与那凄冷的秋风罢了!题目说是秋菊,实际上写的是人。这个"人",是美女吗?是,又不是。真正的对象,应该是诗人自己。诗人从"黄花无主"联想到自己怀才不遇、潦倒终生的凄苦处境,借题画来抒发其愤懑不平之气,满纸悲凉,寄怀深远,堪称绝唱。他还有一首题画的七绝《题秋风纨扇图》:

秋来纨扇合收藏,何事佳人重感伤?
请把世情详细看,大都谁不逐炎凉!

《秋风纨扇图》是唐寅的水墨人物画代表作。画家以白描手法,运用高度洗练的笔触,描绘了一个眉宇间微露幽怨怅惘神色的绝代佳人,她手执纨扇,侧身凝望,衣裙在萧瑟秋风中飘动,身旁衬着双勾丛竹。画的左侧题写了这首七绝。过去有"秋扇见捐(被弃)"的成语。寥寥四个字,背后藏有一段凄怆哀婉的史事:汉成帝妃子班婕妤,由于色衰爱弛,悯芳华之不再,借秋扇以自伤,遂作《团扇诗》以遣衷怀:

新裂齐纨素,皎洁如霜雪。
裁作合欢扇,团圆似明月。

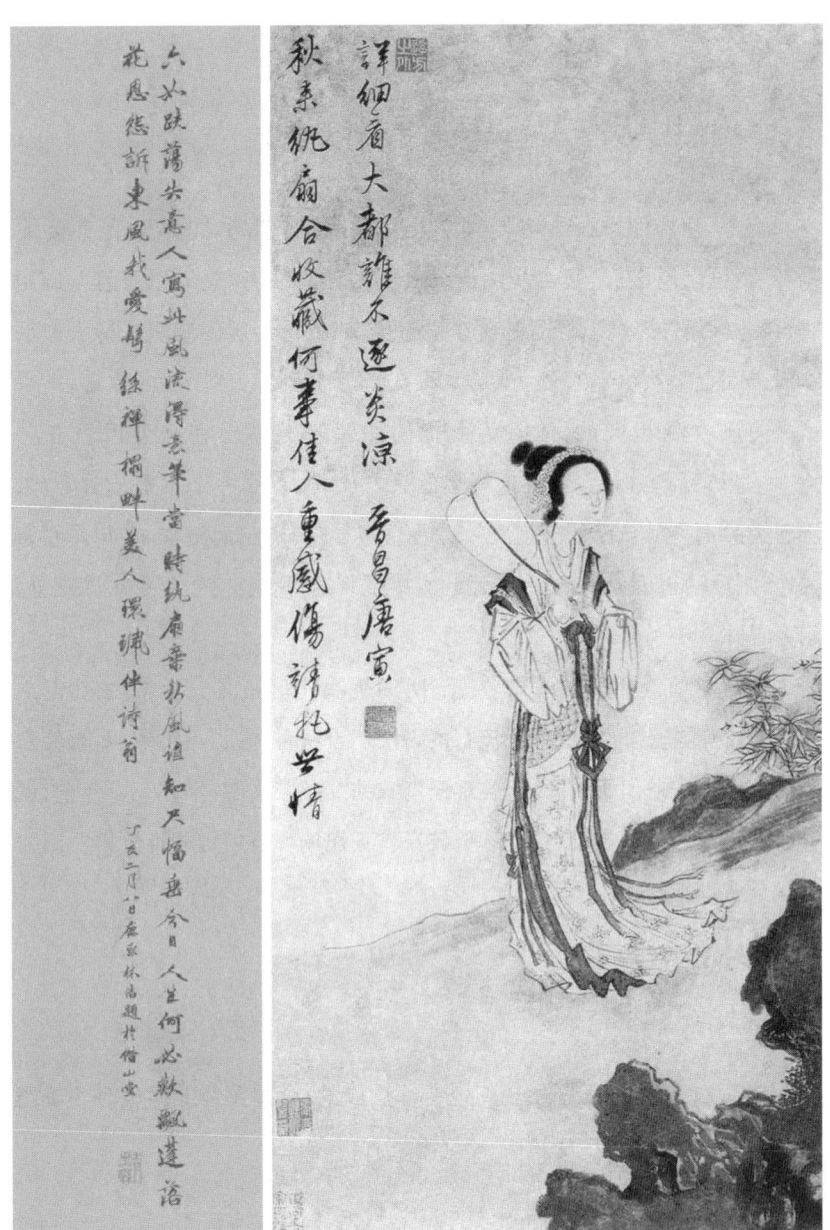

出入君怀袖,动摇微风发。
常恐秋节至,凉飚夺炎热。
弃捐箧笥中,恩情中道绝。

显然,唐寅的作画题诗,与其个人生活的凄苦遭遇,同样也有直接关系,甚至可以说,正是其自身际遇的真实写照。作者"立象以寄意",运用"秋风悲画扇"的故实,抒写其对于世态炎凉、人情冷暖的感慨。诗人似乎在对画面上手执纨扇的美女说:秋风乍起,天气渐凉,你手中的纨扇,本来就是应该收藏起来的,何必为此而过重地感伤呢?完全可以看开一点——世情原本如此,你看这博大的人群中,又有哪一个不是趋时附势,随着炎凉而变换自己的态度呢!诗写得很妙,句句正面解释,句句作慰藉语,实则反话正说,暗设机锋。比起直接批判,露骨地针砭,更是入木三分,耐人寻味。

看了这些诗章,一个悲歌失意、殁如不偶的落拓文士形象,灿然挺立在眼前,很难把他同那些广泛流行的,什么"点秋香"啦;"一笑魂飘,再笑断肠,三笑因缘"啦,联系在一起。难怪南宋的"诗翁"陆游,早在几百年前,就曾慨然兴叹:"斜阳古柳赵家庄,负鼓盲翁正作场。身后是非谁管得?满村听说蔡中郎。"

2

说过唐寅的题画诗,便想到他老师沈周的《桃源图》,上面也有一首题画诗:

啼饥儿女正连村,况有催租吏打门。
一夜老夫眠不得,起来寻纸画桃源。

作为美好理想的现实化,作为自由平等的社会、安宁富庶的家园的一种虚拟的典型,"桃花源"的意象一经面世,便成了千千万万人憧憬、向往、追逐的所在,更是历代诗人和画手驰骋才思、寄托心志的一个原型母题。画家沈周自是不甘人后,不仅绘制了《桃源图》的画面,同时,还在上面题写了这首十分别致的七绝。

说它"别致",是鉴于本诗的构想比较奇特,可以"逆向切入"四字概之。名曰"桃源图",诗中却没有一个字提及那里的仙乡胜境,触目可及的竟然全是现实中的污浊、动乱、苦难。首句说,年饥岁馑,兵荒马乱,啼饥号寒、孤苦无告的人很多,简直是哀鸿遍野,村村相连。次句加深一层,说光有饥荒还不算,随之而来的是催租逼债的人一阵阵地敲门索要,更是雪上加霜,难以应对。第三句说,这样一来,弄得我整整一夜睡不成觉。言下之意是,我之所以夜不成寐,固然是由于外部环境的喧嚣吵闹,但更主要的还是因为愁苦盈怀,以及对于饥寒交迫的贫苦民众的忧虑与同情。第四句为全诗题旨所在,诗境陡然一转,由灾难深重的现实生活,转入画图中的虚幻世界——眼前别有洞天,令人眼睛刷地一亮。由于现实环境动乱、恶浊,又缺少回天驭日之力加以改变,那么,这位画家诗人只好寄希望于世外仙乡了。这样,《桃源图》便诞生了。

不要说这种纯粹属于"嘴上会气"的纸上桃源,即便是历史上由哲学家或天才诗人精心设计出来的"乌托邦""理想国",又有哪个真正能够走出天国、植根大地呢?这是一个永远令人向往,也永远有待实现的虚无梦幻。应该说,它的价值,不在于能否付诸现实,而在于它作为实际存在的对立物,具有一种对于残酷现实的批判意义。这也正是本诗的特殊作用。

在美术界,题画诗是颇具中国艺术特色的一种类型,它把语言艺术的无形的诗同视觉艺术的有形的画,巧妙地融为一体,从而使画意与诗情相生相发,相互延伸,使意象、意境、意蕴更加深远,达致诗画一体的独特艺术境界。就诗论诗,《桃源图》也堪称精妙:意在言外,具见匠心,运思奇巧,耐人寻味。

草菴紀遊詩引
弘治十年二月十七日余有役于城
永寓草菴焉始遊此菴乃本大雲
菴有吉草菴者菴之主人謁為寺
菴莲使大雲之名揚而莫彰
菴迤南城竹樹叢密極顯村落間
而謂城市山林此圃菴望之地浸一
水中其水從蘇溪西西遶長洲縣

>>> 诗、书、画"三绝圣手"苏东坡说:"诗不能尽,溢而为书,变而为画。"中国古代许多诗词大家,如王维、杜牧、王安石、苏轼、李清照等,他们同时也兼擅画。也可以翻转过来,说画家大都擅长写诗,像米芾、赵佶、王冕、赵孟頫、石涛、郑板桥等,都是出色当行的作手。明代的沈周、唐寅、文徵明的诗篇是极好的例子,另外还有一位仇英,被称为"吴门四家"。明代沈周的这幅《草庵图》,也题有《草庵纪游诗》

唐寅之外,沈周还有一位弟子,他就是文徵明。这师徒三人都是苏州人氏,另外还有一位仇英,他们四人被称为"吴门四家"。

文徵明年轻时,即以书画、诗文名世,但他当时的志趣还是登朝入仕,二十七年间,先后九次赴考,全都名落孙山。后来经台省诸公举荐,以岁贡生身份,就任翰林院待诏,虽然职位低下,为从九品,但政治名望很高,而他的才学与德行,尤为在朝同僚所推重。但是,在以出身论品位的旧时官场,他也遭到一些人的嘲讽,有的竟当众凌辱他,说:"我衙门中不是画院,乃容画匠处此耶?"让他深感难堪。三年半的仕宦生涯,使他逐渐地看清了仕途的险恶,曾多次乞归,最后终于获准。出都时,他吟诗以谢诸友:"立马双桥日欲斜,沙尘吹雾暗徵车。从今绝迹江南去,只见青山不见沙。"完全是一副摆脱束缚、重返自由天地的心理写照。

嘉靖三年(1524),文徵明的少时学友钱元抑,以鸿胪寺丞致仕回乡,皇帝以其主动辞官引退,尽管已不在位,但仍赐予一个官衔。文氏写了十首七绝为其送行,其中的第五首是:

高人元(原)不爱高官,帝与官衔宠退闲。
添得空名将底(何)用?批风抹月管青山。

说的是,你不爱高官,原本是高人。皇帝赐予一个官衔,自含荣宠之意,但是,添得这个空名又有什么用处呢?看来,还是林泉高卧,每天吟风弄月、管领青山为好。题诗赠友,实际也是作者借以述怀言志,应该看作是他心灵隐秘的真实展示。

文徵明是位长寿画家,活了九十岁,主吴中风雅数十年。为诗题材,范围广泛。他有一首十分有趣的七绝《子弟》:

末郎旦女假为真,便说忠君与孝亲。
脱却戏衣还本相,里头不是外头人。

诗中说,男末女旦,粉墨登场,假戏真做,教忠教孝,演得惟妙惟肖,令观众为之感动。可是,一当脱掉戏装,洗净铅华,露出本来面目,就和所扮演的角色完全脱钩了,"里头人"的本相,与化装过的"外头人"完全两样。题中"子弟",指梨园年轻的戏子。"末""旦",为传统戏曲里的角色行当,明清戏曲中都有末,主要扮演中年男子,旦则为女角。这是一首讽喻诗,诗人借咏梨园子弟以讥讽社会上的假忠假孝、假仁假义的伪君子,有深刻的警世作用。扮戏云云,有狭义与泛指之分:狭义,特指作为专业的演戏。有些人台上演的是一套,台下做的又是一套。泛指,则是人生的社会角色。莎士比亚在剧作《皆大欢喜》中,曾借剧中人之口说:"全世界是一个舞台,所有的男人和女人都是演员。他们各有自己的进口和出口。一个人一生中扮演许多角色。"此之谓"戏扮人生,人生如戏"是也。

　　人的一生所处的社会关系及其行为模式,决定了个人所扮演的社会角色。但是,这种社会角色终究与自身本色不同。文徵明在其漫漫的生命历程中,自觉或不自觉地扮演了文人、书画家、鉴赏家以至政客的多种社会角色,经常作为一个品牌或商标,活跃在社会各个层面上。但他极度重视个人名节,时时以儒家道德规范自律,他拒绝高价卖画,遇有怀重金往求者,他总是说:"仆非画工,汝勿以此污我。"

　　《明史》本传记载:"巡抚俞谏欲遗之金(要送给他金子),指所衣蓝衫,谓曰:'敝(破旧)至此邪?'徵明佯不喻(假装没听懂),曰:'遭雨敝耳。'谏竟不敢言遗金事。"可是,有些人却不是这样,"里头不是外头人",当面一套,背后一套,台上一套,台下一套,整天都在"表演",完全丢掉了自身本色。他愤世嫉俗,写此诗以刺之。

3

　　我们要说的明代第四位画家兼诗人,名叫徐渭,字文长,号青藤道士、天池山人。这可是一位绝世的奇才,也是一位最为深重不幸的悲剧人物。

徐文长的一生,备极艰危凄苦,历经无数磨难,年轻时八试不第,尔后又坐牢七年,陷身囹圄之中,惨遭非人待遇,镣铐在身,行动不能自由,衣服不能换洗,以致满身生出虮虱。他出狱后,被永远剥夺入仕资格,从此抛却了一切功名心、青云路,甚至断绝了生存的希望,曾九次自杀,终未致死。徐渭原本就是一个个性极强、自由惯了的人,屡经挫折后,异端思想更其发展,因此在京居留时,放浪形骸,纵诞不羁,"视一世事无可当意者",根本不把上层权贵放在眼里,友人便常以"礼法"提醒和约束他,他怒气冲天地说:"吾杀人当死,颈一茹刃耳,今乃碎磔吾肉!"

学者陈刚指出:"在色彩斑斓的明代文化史上,徐渭之奇,世所公认。他的经历'奇':九赴科举皆败北,三次从军,两度出塞,杀妻坐牢,终老布衣;他的个性'奇':豪放、狂荡、傲岸;他的病'奇':数度发狂,数度自杀;他的艺术成就'奇':诗文、书画、戏曲、文论,无所不通,无所不精,凡所涉猎,无不惊世诧俗,各种艺术样式到了他手里,无不成了抒写个人情性、宣泄胸中磊落不平之气的凭借。……他以个人情性为最高存在的执着追求,他那孜孜不倦、至死不悔的人生实践,他那卓尔不群、敢笑敢怒的个体形象,显示了一股强大的闪耀着时代亮色的个性力量。无疑,这种力量具有历史的超前性和进步性。"惨痛的人生,凄苦的身世,忧心忡忡乃至惶惶不可终日的艰危处境,造就并强化了他抑郁、多疑、狂暴、易怒、眼空四海、极端自负的悲剧性格,最后发展到精神失控的地步。在性格与命运的激烈冲突中,他一步步走向死亡,死亡无情地卷走了一切,包括奇绝一世的艺术天才。他有一首《题墨葡萄》的七绝:

半生落魄已成翁,独立书斋啸晚风。

笔底明珠无处卖,闲抛闲掷野藤中。

一般的题画诗,多是从咏叹画面的景物入手,进而抒写自己的情志,寄托深沉的感慨,所谓即景抒怀,借题发挥。而徐渭的这幅水墨大写意的题画诗,却别开生面,抛开题目上的"墨葡萄",另起炉灶,索性直接谈诗人自己,仿佛画面上不是墨葡萄,而是半生沦落、四处碰壁、满腹牢骚的诗人自己,茕茕孑立在书斋前,临风啸傲,长歌当哭。实际上,是诗人以野葡萄自喻,沉痛地抒写他落魄失意,怀才不遇,胸藏"明珠"而无人赏识,只能"闲抛闲掷野藤中"的凄凉境遇、残酷人生。"诗圣"杜甫晚年浪迹巴蜀,流落荆湘,贫病交加,生计迫蹙,曾经嗒然兴叹:"百年歌自苦,未见有知音。"看来,徐渭在题画诗中所抒发的悲慨,也正是这种惨淡的情怀。

徐渭是一个典型的悲剧人物,有人说他是"中国的梵高"。这种命运的出现,除了个人的性格因素,也确实和他所处的极端污浊恶劣的社会现实、时代环境有直接关系。在他不算短暂的七十三年的生命历程中,看惯了重重叠叠的黑暗现实,经受了太多的精神刺激,饱尝了人生的苦难。这样,作为一位天才的艺术家,必然要把所思所感反映到其作品中去。他在题《宋人画睡犬》一诗中,有"不知酣睡何时觉,料尔都无警盗功"之句,意思是:现在是盗贼横行的世界,作为警盗犬,你怎么还能忍心睡大觉呢?料想你已经完全丧失了警盗的功能了。但最辛辣的讽刺还是这首七绝《仙人掏耳图》:

做哑装聋苦未能,关心都犯痒和疼。
仙人何用闲掏耳,事事人间不耐听!

徐渭苦心孤诣、惨淡经营,构思了一幅仙人在那里掏耳朵的画面,然后题诗其上,说现实社会中令人痛心疾首的事太多了,"事事人间不耐听"——不堪听,听不得。因此,只有装聋作哑,不闻不问,方为上策;可又常常苦于做不到,不忍心。看来,最理想的解决办法,就是让两只耳朵长久地堵塞着。而你这个仙人,真是不食人间烟火,不谙人生世事,怎么闲着没事,竟然掏起耳朵来了?岂非咄咄怪事!

借日常生活现象,发泄对社会弊端的愤慨之情,嬉笑怒骂,尖刻辛辣。

你掩饰,我揭穿;你造假,我求真。正话戏说,寓庄于谐,构思十分别致。

在诗文、戏剧、书画等各方面,徐渭都能独树一帜,给当世及后代留下许多艺术瑰宝,产生了深远影响。对于他的诗,明公安派文学大家袁中郎赞为"明代第一"。袁中郎在《徐文长传》中,有过生动的描述:"其胸中又有一段不可磨灭之气,英雄失路托足无门之悲,故其为诗,如嗔如笑,如水鸣峡,如种出土,如寡妇之夜哭,羁人之寒起。"清代学者王夫之对他的七绝尤为欣赏。他的剧作《四声猿》,受到同为16世纪新的社会思潮影响下的具备了新的思维模式、人格模式、生活模式的伟大剧作家汤显祖的极力推崇,汤显祖曾语人曰:"《四声猿》乃词坛飞将,辄为之唱演数通。安得生致文长,令自拔其舌。"其相引重如此。汤显祖还曾邀请他至南京会面,可惜,由于年老体衰,未能成行。至于绘画,青藤道士更在我国艺术史上独创新格,成就尤为特出,为郑板桥所拳拳服膺,极度倾慕,他曾刻一印,自称"青藤门下走狗"。而现代艺术大师齐白石,对他也深为敬服,有诗云:"青藤雪个(朱耷、八大山人)远凡胎,缶老(吴昌硕)衰年别有才。我愿九泉为走狗,三家门下转轮来。"白石老人自称徐渭、朱耷、吴昌硕"三家走狗",足见其倾慕之至。

4

"画家多诗人"这一有趣现象的出现,可以从多个侧面、多种角度来加以阐释。

就艺术创作规律而言,诗歌与画艺存在着相符互通之处。它们都处在一个纷纭万变、色彩斑斓的有形世界之中,可说是同源共生,若合一契。宋代哲学家邵雍有言:"画笔能使物无遁形,诗笔能使物无遁情。"掌握了绘画艺术,诗歌创作如虎添翼,反之亦然。

表面上看,绘画属造型艺术、空间艺术,而诗歌为音律艺术或时间艺术;画强调可见性,诗歌重视可感性,二者似乎歧途分向,不相兼容。实际上,恰恰相反。中国画历来主张"迁想妙得""传神写照",贵在传神,所谓"意足不求颜色似",而不取简单地模拟物象的做法。这和诗歌创作是完全相通的。画家平时作画,讲究驱遣意象,写起诗歌来,同样也需要随处点染,幻成一片化境。明代思想家李贽讲到艺术创造时,说一个是"画",另一个是"化"。画,就是要有形象;化,就是要把客观的、物质的东西化作心灵的东西,并设法把这种心象化为诗性的文字,化蛹成蝶,振翅飞翔。包括画家在内,艺术家的学问,并不以知识的面貌出现,而是化作悟性,亦即经由知性的路径,升华、炼化为人格、智慧、性灵与艺术。

在中国,古代也好,近代也好,文人从小接受儒家教育,诗歌是必读的功课,"不学诗,无以言"。科考应试,诗是一门;即便是尔后逸出仕途,专门从事艺术创作,诗歌仍然是重要的基本功。有人说,画家不会作诗,充其量只是个技艺型的画匠。事实上,在古代,整个士子阶层,也包括专精绘事的画家,无一人不懂诗,无一日不说诗,无一画不入诗,形成了画必题诗、诗画一体的特有现象。

为了提高作品的艺术品位,历来的书画家都十分注重诗歌的修养,力求能写出好诗。现代画家潘天寿对此深有感触地说:"我以为一张画,有时凑上一句或一首好诗,也像山水得风而鸣,得雨而润。能作诗的画家,他可以集中精力作画,把画所不能及的,用诗去补救;不会作诗的画家,知道自己无法补画不足,拼命在画上雕琢,反使画不自然。这是不会作诗的画家吃亏的地方。"

画家的艺术个性与创作追求,更使其诗歌写作直接受益。画家个性,志在创新。他们总是勇于突破成规、独辟蹊径。正像清代画家郑板桥所说的:"掀天揭地之文,震电惊雷之字,呵神骂鬼之谈,无古无今之画,原不在寻常眼孔中也。未画以前,不立一格;既画以后,不留一格。"画家的独特视角和观察事物的方式,生成于画家的艺术个性与职业需求。德国哲学家黑格尔说过:"人能够把本来不实在的东西想象成好像是实在的。"我们把这称之为赋形能力。

而画家带有直觉型的思维特点,这种赋形能力当然就更强些。画家的视角对形象极度敏感,他们善于用绘画的语言把内在的情理转化为画面与影像,在他们那里,客观事物总是以图形的面貌出现。按照唐代诗人兼画家王维的说法,就是"审象求形""凝情取象"。这种"象"或"形","凝情"之外,同时也具备事实阐述与论证推理的功能。

画家对于各种造型之间的联结、对比与分辨,具有很强的悟性和感受力。相比较而言,他们观察事物,要比一般人更为周严、细致。同样是走过一条街,经历一件事,接触一个人,画家所观察到的不仅要比一般人既多又细,而且,内在的蕴涵也要丰富得多。

凡此种种,对于诗歌创作,恰恰都是至关重要、必不可少的。

第三十三篇

龙湖之会

I

楚天三月,虽然没有"江南草长""群莺乱飞"的旖旎春光,倒也是芳菲照眼,绿树荫浓,到处都是迷人的景色。

这一天,袁中郎离开素有"百湖之县""江河走廊"之称的湖北公安的故里,搭乘了长江的下水船,顺畅地到了武昌,然后又舍舟登陆,直奔麻城而来。他原本性耽山水,喜欢漫游,但此刻却顾不上流连光景,一直是兴冲冲地赶路,到达龙湖已经是第二天傍晚了。李卓吾先生闻讯,带着满怀的欣喜,赶忙走出芝佛院的精舍,前往山下迎接。

宾主一照面,就显现出了强烈的反差:这一年中郎刚刚二十四岁,一副雄姿英发、气宇轩昂的气概;而卓吾先生已经是六十五岁的老人了,虽说身板还算得上硬朗,但剃得光光的头顶也还是丝光如雪,一绺花白的胡须罩着下颏,更显出来长者的风范。这一老一少像是相识多年的老朋友一般,紧紧地握着手,一边循着坡道向院堂缓缓地走去,一边纵声地交谈着,引来路旁一些僧众惊异的眼光。

袁中郎名宏道,号石公,又称六休。为人纵情放达,倜傥不羁,年届弱冠便已文名卓著,虽然他在袁氏三兄弟中排行第二,却已经成了晚明时期著名的文学流派公安派的领袖人物。一年前的会试中,他中了三甲进士,现在正在家中听调候选,过着无牵无挂、身心悠闲的日子。就在一年前,他有幸结识了流寓本省的前辈学人、名闻遐迩的思想家李贽。当时,卓吾先生因事有公安之游,落脚在离城数十里的柞林村的一座野庙里。家居赋闲的袁氏三兄弟,早就对这位异端思想家望风怀想,听到这个消息后,立刻束装就道,前往柞林拜访。双方尽管素昧平生,年龄差异也十分悬殊,但彼此相互知名,相慕已久,并且引为同道,因而倾盖相逢便亲热异常。特别是袁宏道,视李贽为"大奇人"和精神导师,尤其倾心俯首。三兄弟向卓吾先生提出了各式各样的问题,老人都一一披露了自己的见解。这在事后整理的《柞林纪谭》一文中有周详的记载。

2

也是在这一年,李贽的代表著作《焚书》在麻城印行。友人收到寄书之后,不约而同地给予了高度赞誉。有的说,"其立论多出前人所未有","煞有千古不可磨灭之见";有的认为,此人"能与之相朝夕,岂非大眼界大缘分哉"!还有的风趣地说,对这个老先生,如果和他不睦,就应该把他捧到莲花座上,从早到晚,顶礼膜拜,以消折他的福分;不应该批评挫抑,那样,反而会抬高他的声价呀!袁中郎得到赠书后,立即展卷诵读,赞赏不置,当即向李贽献诗一首,倾诉其无限景慕的衷怀:

似此瑶华色,何殊空谷音?
悲哉击筑泪,已矣唾壶心。

"瑶华色",比喻诗文的精美。"空谷音",形容珍贵难得。"筑"是我国先秦时代的乐器,以竹尺击之,声音悲亢、激越。荆轲西刺秦王,好友高渐离击筑送别。"唾壶心",南朝王敦酒后,吟"老骥伏枥,志在千里",心情忧愤或感情激昂,竟把唾壶击缺。

李贽,福建泉州人,出身于航海世家,自幼接触西方文明,又熟读百家之言,喜欢研诘庄老、佛禅的玄机妙义和阳明的"心学",养成了独立思索、辨理求真的良好习惯。对于许多社会、人生的课题,对于史籍中早有定评的成见,他都有自己独到的看法,是有明一代进步的思想家和卓然有成的文史学者。

李贽所处的晚明时代,堕落与生机并存,是异常复杂而多变的。随着城市、商业、交通以及印刷造纸技术的广泛应用,知识传播更为容易;其时,王阳明的"心学"在士人中广泛传播,体制以外的讲学之风盛炽,使长期定于一尊的理学渐渐失去其拯救心灵、驾驭权力和维护道德秩序的无上权威。原本统一的意识形态受到怀疑与冲击,出现了前所未有的缝隙和裂痕,官方的控制力随之而渐就松弛,伦理同一性的约束日趋减弱,知识阶层逐渐出现了比较宽松的言论空间,透出一种相对自由的空气,为一个多元的思想领域的形成与发展提供了有利条件。

大约从 16 世纪二三十年代开始,也就是明嘉靖、隆庆年间,成长了一批思想激进、特立独行、主张个性解放的人士。李贽之外,像思想界的何心隐、罗汝芳,文学界的徐渭、汤显祖、袁宏道以及佛禅中的达观等,或抨击当时普遍遵奉的历史传统、思想理念和社会秩序,或把俗人与圣哲、日常生活与理想境界、世俗情欲与心灵本体一概打通,承认世俗生活的合理性,肯定人的存在价值和生活意义。其哲学渊源,大都程度不同地和阳明心学有一定的联系。而袁宏道则直接师从李贽,剧作家汤显祖在《怀卓老》一诗中有句云:"都将舌上青莲子,摘与公安袁六休。"明确指出了他们的师承关系。清初学者钱谦益也说:"中郎以通明之资,学禅于李龙湖,读书论诗,横说竖说,心眼明而胆力放,于是乃倡言击排,大放厥词。"

3

芝佛院坐落在城外的一座山上,它并非正式的寺庙,仅是一家私人的佛堂,规模却十分宏阔。卓吾老人平素不喜与常人交接,而对于中郎的来访却备极热心,务求周到,当即把他安置在佛院的客舍里住下,日日陪着他倾谈与游观。这一对忘年交,对坐在高踞于山巅的精舍里纵情谈笑,放眼四围湖光山色,心情格外舒畅。像卓吾老人一样,中郎也是一位封建思想的叛逆者。他刻意追求个性解放,曾说:"大丈夫当独往独来,自舒其逸耳。岂可逐世啼笑,听人穿鼻络首!"他厌恶官场,向往自由自在、任情适性的生活,主张"性之所安,殆不可强;率性而行,是谓真人"。因此,他对李贽佩服得五体投地。这次来,就是抱着虚心求教的态度,以门生身份晋见的,话题自然也是围绕着《焚书》《藏书》的内容来展开。

作为富有批判性的思想家,李贽勇于抨击封建意识形态,否认圣人的绝对权威,反对"以孔子之是非为是非"。他贬抑儒家,不承认孔学正脉,而推崇诸子百家,认为只要论道有理,不限何宗何派,都应成为研究的对象。他说,伪道学打着圣人的幌子,干些蝇营狗苟的勾当,"阳为道学,阴为富贵,被服儒雅,行若狗彘"。他既不把孔子的话当作万世之至言,也不把众人、世人的是非标准当作准绳,完全以自己的心智去判断社会、悟解人生。他从人的个性发展的角度,指出"仁者"的害人在于以德、以礼禁锢人的思想,用政、用刑束缚人的行动;他要求发展人的"自然之性",重视人的主体地位和价值;他提出"天子庶人壹是无别","庶人非下,侯王非高"的观点,挑战封建等级制度。

李贽陪着袁中郎走进佛堂,看挂在里面的孔子画像,说"其曰'攻乎异端',是必为老与佛也",干脆把他们弄到一起去,且看如何措置。《论语》里有"攻乎异端,斯害也已",意思是批判那些不正确的议论,祸害就可以消灭了。李贽认为,孔子说的"异端",必定是指老子和佛家。现在,他开了一个玩笑,索性把孔子的像挂在佛堂里,看他们在一起怎样处置。这本身就是对已被后世捧上云端的孔圣人的嘲讽。他还引导中郎会见了在当地结识的朋友,其中有僧有尼,有孤老寡妇,也有畸人奇士。如同他给朋友的信中说的,"今世俗子与一切假道学,共以异端目(看待)我,我谓不如遂为异端,免彼等以虚名加我"。

4

那些天,他们在一起交谈得最多的还是有关文学的见解。卓吾先生主张抒写胸中愤懑,反对无病呻吟,"世之真能文者,比其初皆非有意于为文也。其胸中有如许无状可怪之事,其喉间有如许欲吐而不敢吐之物,其口头又时时有许多欲语而莫可所以告语之处,蓄积既久,势不能遏","发狂大叫,流涕恸哭,不能自止"。他提倡"童心说",认为天下至文皆出自童心,而反对以"闻见道理"(实即孔孟之道)为心,那样只能"以假人言假言,而事假事、文假文"。

与提倡"童心说"相联系,李贽热烈赞赏百姓日常的"迩言",即街谈巷议、俚言野语,"上等人"所不道、君子所不乐闻者。他强调自然之美,认为化工胜于画工;坚决反对复古思潮,重视一切新的文学样式,高度评价戏曲、小说的社会意义。主张从思想内容、艺术风格到体裁样式,建立一种适合当时市民要求的新兴文学。他的诸多见解都与中郎的看法完全一致。

中郎在此间足足住了三个月,两人谈得非常融洽,相聚日久,更是依依难舍,最后,李贽把他送到武昌才挥手告别。中郎感到此行的收获极大,正如其弟袁中道所记(大意):

> 中郎见到龙湖先生(指李贽)以后,才知道过去一向掇拾陈言,株守俗见,困死在古人的话语之下,结果,一段精华光彩不得披露出来。现在情况不一样了,浩浩焉,就像鸿毛遇到了顺风,巨鱼放归到深渊里。如佛经所言,"能为心师,不师于心";能够驱遣古人,而不受古人古语所拘缚。发而为语言,一一从胸襟流出,盖天盖地,有如巨象截断急流,洪雷震开蛰虫伏处的洞穴,浸浸乎,实在是没有涯际呀!

两年后的初夏,袁宏道又同哥哥宗道、弟弟中道一道重访龙湖,同李贽聚首多日,相与评古酌今,参禅悟道,切磋文学,也议及当时艰危的处境,进一步深化了友谊。

这是他们的最后一面。

5

孔子所要消除的"异端",实际上,是与怀疑、批判精神紧相联结的。当时所谓"异端",主要是指诸子百家,后世把它集中在老庄和佛禅上。如果说,儒家经典是对传统政治文化思想的正面阐扬,那么,老庄之学则表现为不同程度的怀疑与批判。这一点,连有些外国人都认识到了。英国的奥斯卡·王尔德就说过:"我在《庄子》一书中见到了一种我从未遇到过的对现代生活的最尖锐和最苛刻的批评。"至于《道德经》里的"反者道之动",则集中地体现了怀疑主义原则,本意为把一切被颠倒了的再颠倒过来。其引申之义,越是经过圣人认可的,越是人们认为理所当然的,就越是值得怀疑。秦始皇时就开始捉拿"思想犯"——偶语者可以弃市;而后世,"百代都行秦政制",遇到李贽这样的居然肆无忌惮地公开以"异端"相标榜的狂悖之徒,"大人先生"们还能会把他轻轻地放过吗?

实际上,16世纪前期那种民间思想空间的扩大,思想信仰领域的多元化,已经给濒临绝境的明王朝制造了诸多事端,在内忧外患夹击下无异于雪上加霜。于是,主流意识形态便挟持政治势力对此实行了坚决的弹压。针对嘉靖、隆庆年间各地讲学、授徒风行,万历七年(1579),朝廷下诏拆毁天下书院,此禁一出,当即有六十四所书院被毁。也就是在这一年,与李贽相融相契,具有独立精神、异端色彩浓重的学者何心隐,以"妖逆"的罪名在武昌横遭杀戮,这都标志着形势的急转直下。

其实,对于面临的险恶处境,李贽还是早有预见的,《焚书·自序》中就讲到,《焚书》以其切中膏肓、痼疾,迟早必被查纠,付之一炬;而《藏书》则因纵论数千年是非,有干时议,必须藏之名山,只能等待适当时机得以传播。多年来,面对着官方与非官方的持续不断的凌辱、诬陷与迫害,他始终像一株傲雪的寒梅、后凋的松柏,屹立不屈。最后,朝廷下了毒手,以"敢倡乱道,惑世诬民"的罪名将他逮捕下狱,同时下令:将其已刊、未刊的书籍尽搜烧毁,不许存留。万历三十年(1602)三月,这位晚明著名的异端思想家,终因不堪严重的心灵伤害和缧绁之苦,以七十六岁高龄自刎弃世。

就在李贽被迫害致死的两年前,在地球的那一边,意大利的著名天文学家布鲁诺也因为捍卫真理、坚持独立思考而被教廷以异端治罪,死在火刑柱下。看来,无分东方西方、朝廷教廷,也不管是蓝眼睛、黄眼睛,一切反动统治者对于异端思想都是绝不留情的。他们钳制思想、驯服心性的"驭人术",竟惊人的一致,其共同目标是要把所有的知识者驯服成俯首甘为奴役的"会说话的畜生"。而其操作规则,则都是分类处置:对死心塌地的忠顺奴才予以旌扬、褒奖;对野性未除、时有越轨言行的要严加整饬,务必使其从根性上得到驯化,乖乖地就范;对于那些矢志不渝、之死靡它的清醒者、叛逆者,杀无赦!

李贽就是这样的靶子,布鲁诺也是。

第三十四篇

宦祸

I

北京的东厂胡同,已是一个人烟辐辏而又恬静安详的去处。披着温煦的阳光,人们很早就沿着一条条狭街曲巷,进进出出——这里有欢跳着奔赴学校的儿童,有跨出房门疾徐有致地遛弯儿的老伯伯,也有坐在台阶上安闲地晒太阳、抽旱烟的老奶奶……"您早!""走好!"大家互相亲切地打着招呼,人人都面带着笑容,充满了温馨。

可是,说来也许难以置信,这里——正是这里,几百年前,却是一个满布着腥风血雨、特务横行、缇骑塞路的暗无天日的所在。

明朝永乐皇帝登基的第四年,下令筹建北京宫殿,并重新改造北京城。永乐十八年(1420)工程全部告竣,北京正式成为大明帝国的首都。同一年,在这里建立了"专门缉访谋逆、妖言、大奸恶等"的东厂——这是在锦衣卫镇抚司之外,专门设置的一个特务机关,厂、卫均由太监直接控制。就是说,太监成了名副其实的特务头子。

尔后,三百多年的时间里,东厂、锦衣卫、阉宦三位一体,祸国殃民,史家称之为"明朝三大害"。不知有多少人丧命其间,有多少人在这里惨遭酷刑,被剥皮、剜眼、油炸、寸磔。可以说,这里的每一个院落都留存着种种惨绝人寰的记忆,每一堵墙上都淋漓着斑驳的血迹,回荡着哀鸣惨叫的声波。主其事者,都是那些"不能人事"的擅权太监,在当时,下属则把他们称为"厂公"。

《明史·刑法志三》记载:一天,四个朋友聚集在一个十分隐秘的去处吃酒闲谈,一人喝得有些过量,破口大骂权倾朝野的大宦官魏忠贤,其他三人吓得吐着舌头,不敢出声。这边的人喷着酒气还没骂完,那面已经闯进来几个特务,立刻把四个人抓走。带到东厂后,那个痛骂魏阉的人被活活剐死,而另外三人由于没有跟着骂街,受到了奖励。可是,他们早已吓得魂飞魄丧,呆若木鸡。

还有一部叫《幸存录》的明人笔记,亦有类似的记载:

> 忠贤凶恶异常,国史当备载之。余见一术士徐姓者,言游都下,五人共饮于逆旅,忽一人倡言忠贤之恶,不久当败。余四人或默或骇,讽以慎言。此人大言:"忠贤虽横,必不能将我剥皮,我何畏?"至夜半熟睡,忽有人排门入,以火照其面,即擒去。旋拘四人,并入内地,见所擒之人,手足咸钉门板上。忠贤语四人曰:"此人谓不能剥其皮,今姑试之。"即命取沥青浇其遍体,用椎敲之,未几,举体皆脱,其皮壳俨若一人。四人骇欲死,忠贤每人赏五金压惊,纵之出。

中国的宦官始于何时,已不易查考,大概殷周时期就已经出现了。《周礼》一书中,即有阉、寺、竖等称谓。当时,他们主要的职责是守门,做一些服侍皇帝和皇族的杂务,并没有实际权力,而且数量不多。宦官擅政,秦末赵高是始作俑者,人们所熟知的"指鹿为马"的故实,就发生在赵高身上。但是,宦官作为一个群体,真正成了"大气候",还是在以后,东汉与晚唐始臻其盛,至明王朝而集其大成。

明代宦官擅政,特别是到了魏忠贤当权,可谓登峰造极,故而有"最大的太监帝国"之称。前代的宦官专权祸国,只限在宫廷之内,到了明代,宦官的威权已经无远弗届,由帝座宫门延伸到整个社会。他们威福自恣,无恶不作,笞辱朝臣,草菅民命,涂炭生灵,至于万劫不复之境。正如有的史料所指出的:用宦官以监边则敌寇入,以之监矿则矿盗起,以之监税则民变作,以之监场、监珠则国库空,以之监军则军力弱,以之监民则民怨腾,以之御清则通敌,以之典镇则降贼。总之,明朝的宦官是"无所不监""无所不乱"！

当然，在明朝，这种阉宦政治的形成与发展，也有一个渐进的过程。从立国伊始太监并没有什么实权，发展到后来集军事、政治、人事、财经、外交权力于一体，大体上经历了上百年的时间。这期间，出了几个大阉——英宗时的王振、宪宗时的汪直、武宗时的刘瑾、熹宗时的魏忠贤。他们权势最大，威焰最烈，为害最深。

魏忠贤出身民家，目不识丁，却颇有胆略，又残忍无情，喜欢奉承，自以为是。他年轻时与人赌博，输钱跑掉了，后来被人捉拿住，当时大受窘迫，一气之下，自行阉割。随后就投奔到掌管东厂的太监手下，通过阿谀取容、小心服侍，讨得了熹宗皇帝的欢心。又跟皇帝的奶妈客氏勾搭在一起，从而青云直上，气焰熏天，有人甚至称他"九千九百九十九岁"，他也和"万岁爷"只差一岁。他的权力之大，不仅能够随意迫害无辜臣民，而且竟然矫传圣旨，害死选侍赵氏、张裕妃、冯贵人等几位皇帝的嫔妃，甚至对皇后都能暗下毒手。

魏忠贤的阉党里有"五虎、五彪、十狗、十孩儿、四十孙"等，其中包括专门为他出谋划策的谋士，任职于厂、司，充当"鹰犬"的打手，还有一些外官和军队中丧心灭良的无耻之徒。此外，又从宫中选出三千名小太监，在禁中统一操练、习武，以备日后应急之用。他们凭借魏阉的权势，狼狈为奸，用刑逼供，设阱陷人，暗杀对头，残酷镇压所有反对过魏阉的官员。并在东厂和锦衣卫，设立多种名目，实行种种酷刑。还别出心裁地发明一种所谓"全刑"——对被关押者施行笞杖、枷锁、脚镣、手钮、夹棍、拶指（把手指挤掉）、压膝以及断脊、刺心、剥皮等各种酷刑。东厂内外，惨叫哀号之声，日夜不绝。一个个呼天抢地，痛不欲生，令人毛骨悚然。

魏阉依靠这些人，对所有得罪过他的人施行残酷的报复，既能使宫廷内外都感受到那种"顺我者生，逆我者亡"的豪强气派，为自己大树淫威；又为自己和同伙剪除了异己，报仇雪恨；而且，铲除异己之后，可以空余出许多官位，用来安插党羽、亲信，进而聚敛更多的财物，供其恣意挥霍，真是一举数得。

朝廷中各个衙门都要受到东厂和锦衣卫的监视。三法司会审大案、要案时,必须有东厂人监审,叫做"听记"。每天各衙门发生了什么事,某官员干了些什么事,都有人向东厂报告。然后再把情报送进东华门,即使是深更半夜,提督太监也有办法送进内宫,到达皇帝手中。东厂的一项重要使命,就是对反对魏忠贤的官员一律施行残酷的镇压。当时有两个"直声素著"的大臣——杨涟和左光斗,上疏皇帝,弹劾魏忠贤。魏阉立即指使他的党羽,诬陷杨涟、左光斗等人接受辽东经略熊廷弼的贿赂(当时,熊廷弼正身陷狱中),必欲置之于死地。一时闹得沸反盈天,群情震恐。凡是过去与杨涟、左光斗有过关系的人,都在东厂的跟踪、盯梢之列。因为害怕受到牵连,有人终日闭户不出,有的竟被迫自杀。杨涟和左光斗在狱中受尽了折磨,最后被迫害致死。杨涟死时,土囊压身,铁钉贯耳,悲惨之状,令人不堪目睹。

魏忠贤的侦缉、诬陷,都是事先经过周密策划,一步步实施的。他会同党羽拟出许多黑名单,然后照单缉捕,逐个捉拿归案。在这种特务政治的威慑下,朝廷中一大批没有骨气的官员,趋炎附势,百般献媚邀宠,以求得晋升。

内阁宰辅顾秉谦,《明史》本传中说他"庸尘无耻","曲奉忠贤,若奴役然"。一次,他带领小儿子到魏府去,给大阉叩头请安,说:"本欲拜依膝下,恐不喜此白须儿,故令稚子认孙。"魏阉含笑点头。当时,这还是个小孩子,就被授以尚宝丞的官职。内阁中另一宰辅魏广微,与魏阉同乡同姓,开头自称"宗弟",后又觉得不妥,便自认是魏忠贤的侄儿,一切有关魏阉事由,无不曲意逢迎。

时人称这些宰相为"魏家阁老"。阁老都属于魏家,其他六部九卿就更不在话下了。他们毫无廉耻地自称干儿,拜大阉为父,甚至自称义孙。有人曾写出《百子图演义》一书,以记其丑恶的"盛况"。从中可以看出明末官风士气败坏到何等程度。

2

明代,无疑是我国历史上一个十分重要的朝代。经济、科技的发展自不必说,单单说起人文荟萃、俊采风流来,我们的脑子里就会立刻浮现出许多令后人仰视、引以为骄傲的政治家、军事家、思想家、文艺家、科学家的名字,他们留下的宝贵精神财富,至今还在润泽着、滋养着我们。然而,也毋庸讳言,这个朝代确实又是中国历史上一个非常腐朽、没落、混乱的时代。翻开那二百七十六年的史页,特别是十六个皇帝的宫廷史,里面充满了上层统治集团内部的疯狂争夺、血腥搏斗。令人记起元代作家马东篱的散曲中所描绘的场景:"蛩吟罢一觉才宁贴,鸡鸣时万事无休歇。争名利何年是彻?看密匝匝蚁排兵,乱纷纷蜂酿蜜,急攘攘蝇争血。"真是乱糟糟一团,剪不断理还乱,看得人脑涨头昏,眼花缭乱。

当然,也还有三条线索可供把握,即皇位争夺、阁臣内讧、阉宦擅权。而无论是皇位争夺,还是阁臣内讧,都和阉宦的擅权和参与有着直接联系。三者紧紧地缠绕在一起,盘根错节,错综复杂。最高统治集团几乎把全部精力、大部分时间都花费在这上面,而使朝政日趋荒废,日益腐败,国势逐渐衰颓,直至灭亡。

这种荒政,这种朽局,这种颓势,似乎与虑远谋深、励精图治的开国皇帝朱元璋没有干系。表面地孤立地看,可以这样认为。但是,如果寻根溯源,就其发生发展的整体过程来考究,又不能不说肇基于此——就是说,有明二百多年的祸患,在高皇帝朱元璋那里,已经早早地埋下了根子。这一论断,似乎有点耸人听闻,实际上,却是凿凿有据的不刊之论。

朱元璋本为淮西地区一介平民,在元末烽烟遍地、群雄并起的情势下,因时乘势,叱咤纵横,十数年间,便实现了宇内一统,成就了煌煌帝业。万机之暇,他总是手不释卷,认真披阅史籍,并礼遇儒臣,共同研索长治久安之策,特别是对于帝王统治权术和保证权归帝座不使旁落的经验尤为关注。概括起来,包括四个方面:一是一切权力集中于皇帝,裁削相权;二是接受东汉末年和晚唐时期的沉痛教训,严防宦官干预朝政;三是惩戒历代的女宠之祸和外戚之乱,禁止母后临朝,不加封皇后本家;四是警惕藩镇叛乱,不预授武将兵权。就中尤以一、二两项最为重要。

明初的国家机构,基本上沿袭元朝体制,中书省的丞相权力很大。朱元璋考虑到这很容易导致相府专恣、帝权旁落,因而于洪武十五年(1382)毅然撤销了中书省,罢除丞相,并使之制度化、绝对化。《明太祖实录》记载,他曾宣布一道铁的命令:"以后嗣君并不许立丞相。臣下敢有奏请设立者,文武群臣即时劾奏,处以重刑。"丞相罢除后,设吏、户、礼、工、刑、兵六部,由皇帝统一管辖。这样,朱元璋便成了中国历史上空前的封建专制独裁者——擅权最甚、权力最大的帝王。

对于宦官干政,这位朱皇帝有着更为深远的忧虑。他起自民间,不仅耳闻目睹宦官为害之烈,而且从切身实践中认识到,"此曹(这类人)善者千百中不一二,恶者常千百,若用为耳目,即耳目蔽;用为心腹,即心腹病。驭之道,在使之畏法,不可使有功。畏法则检束,有功则骄恣"。但是,防范"此曹"也有一定的难度。他说:"阉寺之人,朝夕在人君左右,出入起居之际,声音笑貌,日接乎耳目,其小善小信,皆足以固结君心。"所以,君主很容易对他们产生好感,对之依恋与信赖,最后为阉宦所迷惑,所包围,所愚弄,所左右。而阉宦之"便嬖专忍,其本态也。苟一为所惑而不之省,将必假威福,窃权势,以干预政事。及其久也,遂至于不可抑,由是而乱阶多矣"。

有鉴于此,朱元璋主张阉宦数量必须大大削减,越少越好。为防范其越位干政,他规定宦官只供洒扫侍奉,"不许读书识字","不得兼外臣文武衔",敕令百官不得与宦者有文书往来。据史书记载,洪武十年(1377),"有内侍以久事内廷,泛言及朝政,即日斥还乡,终身不齿"。到了洪武十五年(1382),朱元璋更明确地宣布:"内臣不得干预政事,预者斩。"还把它铸上铁牌,立于宫门前,使所有阉宦及文武百官一体周知,并垂戒于万世。应该说,认识是够深刻的了,防范措施也不为不力。可是,结果却大谬而不然。

大概这也是"非知之艰,行之维艰"的一个佐证吧。严酷的现实总是为设言者摆出一系列难于跨越的矛盾。朱元璋当然也不例外。

朱元璋说阉宦这种人不宜多,可是,骄奢淫逸、安富尊荣的宫廷享乐生活,繁杂琐屑的内廷事务,决定了对于"此曹"的实际需要,人员不多也得多,机构不设也得设。洪武初年,宦官不及百人,二十几年过去,他还在位的时候,内官机构就已大大增加了,设有十二监、四司、八局,总称"宦官二十四衙门",人员也随之增长了数倍;到了宪宗成化年间,"监局内臣,数以万计";及至明末崇祯时期,已经多达七万人。

就亲政、勤政情况而论,历史上的皇帝可分为几种类型:像李后主、宋徽宗、明神宗那样,或者淫逸享乐,或者心有别骛,长期不理政事,算作一类;再一种是,主动过问朝政,也要有所作为,但毕竟比较超脱,所以暇豫也比较多;还有少数皇帝,像唐太宗、明太祖、清康熙帝那样,不仅勤于政事,宵衣旰食,同时还悉心读书,研讨治乱兴衰之道,当然是极为忙碌的。尤其是朱元璋,他集各种大权于一身,即使有丞相帮助,也仍然难于应付;何况,中书省废除了,丞相没有了,事事要亲自过问,成为名副其实的"日理万机",自然就叫苦不迭了。那么,靠谁来帮忙呢?对于才智双全的文官武将,总有些放心不下。最后,还是找到了身旁的"不识之无"的宦者。

开始时,他只是让他们帮助处理一些日常事务,尔后,随着"声音笑貌,日接乎耳目,其小善小信皆足以固结君心",渐渐地又把一些属于政治活动的重要事项交付他们去办了。洪武之世,仅史书上记载的,就有派遣宦官赵成去河州以绫罗绮帛换马,让宦者吴诚到总兵官的行营里探观方略,甚至指令宦官随大臣出国访问等多起安排。只是由于当时管束甚严,尚未造成显著的危害罢了。

可是,一当他的儿子朱棣(明成祖)继承了帝统,情况便立刻发生了变化。在"靖难之役"中,当时还称燕王的朱棣,就是通过勾结宫中太监而掌握了建文帝的动向,此后,在围攻南京时,又靠着与宫内的太监里应外合取得了胜利,登上了皇帝的宝座。因此,朱棣夺位后,一方面抱着感恩心理;

一方面又害怕得罪了宦官,会像建文帝那样被宦官出卖,故而不惜背叛祖训,曲意拉拢宦官。

《明史·刑法志》云:"初,成祖起北平,刺探宫中事,多以建文帝左右为耳目,故即位后专倚宦官,立东厂于东安门北,令嬖昵者提督之。"就是说,明成祖在建立特务机构的同时,专授宦官以权柄。这是一笔地地道道的政治交易。此后,他对于阉宦一直格外倚重,视为心腹,派其镇守边防,或者以监军身份监视各地的守将;至于派遣三宝太监郑和统率浩浩荡荡的船队七下西洋,更是中外皆知的事。迨至宣宗、英宗之世,宦官权力得到进一步的扩张;到明宪宗时,距离开国时间仅仅百年,就已经是"利源兵柄,尽以付之,犯法纵奸,一切容贷";及至正德年间,太监刘瑾竟有"立皇帝"(明武宗是坐着的皇帝)的俗称;天启一朝的太监魏忠贤已经成了公认的"九千岁"(明熹宗是万岁爷),算是达到了权力的巅峰。明朝也因而成为历史上宦官专权最久、权势最盛的一个朝代。

"靡不有初,鲜克有终。"同宵衣旰食、朝乾夕惕的开国帝王形成鲜明的对照,越到后来,其继承者便越是趋于因循怠惰、荒淫腐化,这是中国每一个朝代都反复上演的一部回环曲。继位者得来容易,坐享其成,当然体会不到其先祖创业的艰辛,遂享乐深宫,不问政事,权柄往往委之于最亲信的宦官。于是,宦官的权力便得到了不断的扩张。

宣德年间,明代的第五任皇帝宣宗设立内书堂,以提高宦官文化水准,意在培养他们能秉承旨意,做个帮手,所谓秉笔太监。由于他还注意对太监的批文进行审查,当时的秉笔太监尚未敢夹杂私货;但是到了后来,他的子孙们就没了这份细致,为了腾出更多的时间淫逸享乐,干脆就撒手不管,宦官"遂得以逞其志矣"。

武宗时的宦官刘瑾,遇一军人向其贿赂,他便批示:授某某官,转发兵部。兵部在批示上盖上大印,就成了正式任命文书,武宗则完全蒙在鼓里。至于熹宗,更是历史上有名的"顽童皇帝",走马、戏水、做木匠,无所不能,就是不理朝政,因此,魏忠贤才能肆无忌惮,为所欲为。

宦官的专权干政，引起了朝野上下许多有识之士的深深忧虑。宪宗时，庶吉士邹智在谏疏中讲："高皇帝（明太祖）制阉寺（指宦官），唯给扫除，不及以政。近者旧章日坏，邪径日开，人主大权尽出其手。内倚之为相，外倚之为将，藩方倚之为镇抚，伶人贱工倚之为做奇技淫巧，法王佛子倚之以恣出入宫禁，此岂高皇帝所许哉！"真是义正辞严，句句切中要害。无奈皇帝老倌儿根本不予理睬——高皇帝早已成了冢中枯骨，他"不许"又能怎么着？

事态竟然发展到这个地步，当日高皇帝无论怎么头脑清醒，虑远谋深，恐怕也没有料到。对他而言，这真是一个绝大的讽刺。看来，事物的发展是不以人的意志为转移的，诚如民谚所说："原本要跑向草原，结果却跌进了马厩。"事物的结局与初始的愿望恰相背反，这也是"文化悖论"中的一种表现形式吧？

根本问题在于没有法制做保证，法律、规章的制定完全取决于人主的个人意志，这是明代——也是历代宦官权力失控、擅政步步升级的根本原因。由于封建社会是人治而不是法治，统治者对制度、法律的确立与废除有很大的随意性，他完全可以根据自己的需要颁布新的律例，而不受包括祖训在内的一切制度的约束。于是，历史就上演了这样一幕讽刺剧：朱元璋最怕宦官专权，但恰恰是这个明朝，成为中国历史上宦官最有权势的时代，这不能不引起我们的深思。

3

当代作家兼学者柏杨在《中国人史纲》一书中指出，中国历史上有过三次"宦官的时代"：第一次是在2世纪的东汉时期，特别是从汉和帝到汉灵帝那一阶段。由于宦官帮助皇帝扑灭了外戚的擅权，遂逐渐参与朝政，并掌管禁军，从而握有独揽朝纲的实力。从159年十三个宦官先后封侯，正式以高级政府官员身份出现，到189年士大夫与外戚联合，除掉朝中全部宦官,前后达三十一年。第二次宦官时代,发生于9世纪的晚唐。宦官的权势大大超过东汉时期,他们依靠手中的军权,不但操纵了皇帝的废立,甚至皇帝的生死也都由他们来决定。第三次宦官时代发生在明朝,始于15世纪30年代宦官王振当权,终于17世纪中叶明王朝覆亡。明代宦官之盛,历时最久,为害至巨,前后达二百多年,可说是空前绝后了。

清代入关之后,一切政制基本都因袭明朝,但惩于前朝的教训,对于宦官的管理,更加自觉更为严厉了。当时专门设立了内务府,确定太监归内务府管辖。这样,清代的太监就受到了一定的限制,虽然晚清期间也出了崔德贵、李莲英、小德张之流的弄权太监,但他们终究没有刘瑾、魏忠贤那样的权势,和东汉、晚唐时期的宦官也有所不同。而内务府,由于它是流职,随时都在升迁流转,任职时间不长,所以它也不可能广树党羽,作恶多端。

历史上有一个规律性的现象,就是一些宫廷政变、皇室阴谋活动,往往都和宦官有关。这是衰微的社会和没落的统治集团的一大共同的弊害。由于封建帝制维护的是万世一系的"家天下"帝统,而不可能是天下为公,选贤任能,这就决定了皇室内部的血肉拼搏、刀光剑影,必然层出不穷。继统也好,夺嫡也好,立长也好,里面都直接关联着某一皇族、某些后妃、某些外戚,以至某些阁臣、某些阉宦的切身利益,直至荣枯兴废、生杀予夺的命运。发生于晚明时期的"三大宫廷案件"——"梃击案""红丸案""移宫案"集中地体现了这一点。

阉宦政治是封建专制主义集权政治的必然产物,是封建统治黑暗、腐朽的集中展现。如果把它比作一个恶性膨胀的毒瘤,那么,封建专制制度就是一具生长着各种病毒与细菌的腐尸。封建帝王为了巩固自己的权力、地位,必然要找一些他认为较之文武百官更为可靠的忠实奴才,放在自己的周围,并委之以重任。阉宦之流当然是他的首选。

而封建皇帝荒淫无度的多妻制,则是阉宦制度得以出现的直接原因。汉代有的皇帝姬妾多达四万余人,以平均一个宦者服侍十人来计算,宫廷中至少需要四千多名宦官。到了明代,更是急剧增长,内监总数达到一万人,另外还有九千名宫女。为了侍候一个皇帝,居然要投入如此巨大的人力。换句话说,一个男人当皇帝了,就要剥夺一万个男人做男人的资格,剥夺九千名青春女子个人的幸福。所以,归根结底,这笔总账应该记在封建制度和封建帝王身上。不彻底铲除反动腐朽的封建制度,是不可能消除这种弊害的。

除了政治制度、社会环境的影响,宦官作恶,也同这个阶层的构成及其特定的人格、人性有着直接关系。宦官长年封禁在深宫之中,生活孤寂单调,枯燥无味,过着穷极无聊的日子。《明史》中说他们"饱食逸居,无所事事,多寝寐不安。又三五成群,饮酒掷骰,看纸牌,耍骨牌,下棋,打双陆,至二三更始散,方睡得着也。又有独自吃酒肉不下者,亦如前约聚,轮流办东,帮凑饮啖,所谈笑者皆鄙俚不堪之事。多有醉后纷争,小则骂僮仆以迁怒,大则变脸挥拳,将祖宗父母互相唤骂"。

他们手中的资财来得容易,也用不着节省下来留给子孙后代,因而轻抛虚掷,挥霍成性。加之,身旁没有亲人、没有朋友、没有后嗣,眼前又看不到光明的前途,看不到生机与出路,自然就会形成性格的乖戾、心理的变态。这种人群,形体和心灵饱遭摧残之后,心理产生扭曲,直接的表现是恨多爱少,许多人都心怀仇恨与报复心理,变得阴暗、忮刻、狠毒、残暴,以致完全丧失人性,经常干一些有背常情常理的事情。比如,他们一般对父母都刻薄寡恩,有的根本不认,甚至鞭笞毒打。

他们从小就低三下四地伺候人,或者干一些丧失人格的低贱之事,养成了奴颜婢膝、寡廉鲜耻、没有节操的品行;又兼看惯了宫廷中的相互仇杀、残酷斗争,只能攀缘附势,在夹缝里生存,因而普遍形成一种奴性和畸形变态的人格。宦官没有什么文化,大都迷信固执,自卑多疑。有人就是因为无意中讲到"茶壶没把""秃驴没尾巴""猫狗尾巴短"等闲话,引起了阉宦的多心,而招致杀身之祸。

那些得势的阉宦,享尽了人间富贵,常把不能御女引为终生憾恨,于是,就渴望恢复性能力。魏忠贤就曾杀过多名囚犯,吃了他们的脑髓。宦官高策为了恢复性能力,竟听信了术士所谓"童男的脑髓有效"的妄说,杀害了无数小孩,并食其脑髓。恶性劣行,不一而足。试想,由这样一个人群来当权执政,其后果如何还用问吗?

当然,这是就阉宦阶层的整体而言。在解剖阉宦政治这一毒瘤过程中,我们还须把少数当权的大太监和宫廷中广大的宦者加以区分。民间对于宦官,历来是没有好感的,说起他们来总是带有一种鄙视、轻蔑、憎恶的情绪。这主要来自于传统曲艺和现代影视作品,不能说没有根据。但客观地说,像刘瑾、魏忠贤那样聚敛资财、作威作福、横行霸道、祸国殃民的大憝元凶,终究是少数人。而大多数的普通宦者,还是受骗或者被迫进入宫中的,他们既没有弄权、贾祸的条件和地位,更非个个都具有罪恶的本性。他们从小时候,形体上就遭受残酷的戕残,一辈子都过着非男非女、亦人亦鬼的凄苦日子,同样是充满兽性与罪恶的阉宦制度的受害者。

唐代诗人顾况有一首《囝》的四言古体诗,愤怒控诉对于年幼无知的儿童施行阉割手术的恶行:

> 囝生闽方,闽吏得之,乃绝其阳。为臧为获,致金满屋;为髡为钳,如视草木。天道无知,我罹其毒;神道无知,彼受其福。郎罢别囝,吾悔生汝。及汝既生,人劝不举;不从人言,果获是苦。囝别郎罢,心摧血下。隔地绝天,及至黄泉,不得在郎罢前。

福建一带,习惯呼子为"囝",父为"郎罢"。据柏杨译成的白话,全诗的大意是:

> 孩子啊,你生在穷乡
> 官员捉住你,把你损伤
> 为了进贡给皇帝,为了获得满屋金银

下狠心,把孩子带上刑具,当作猪羊
上天啊,你慈悲何在,使孩子遭此毒手
神明啊,你公正何在,使官员享福受赏
爸爸送别孩子:"儿啊,我后悔生下你
当你初生时
人们都劝我不要抚养
我不忍心
果然你遭此悲惨下场——"
孩子告别爸爸,心已粉碎,流下血泪两行
"爸爸啊,从此远隔天壤
直到死于黄泉
再见不到爹娘——"

单从摧残人性这一点来说,阉宦政治这一毒瘤,也必须彻底地摘除。

第三十五篇

初心意味长

I

辽东山区的滚马岭,浓荫密布,万木葱茏,这里那里——其实不知是从哪里——渗出了涓滴的水线,穿出山体,越过峭岩,潜入丛莽,由开始的纤纤一脉最后化为滚滚滔滔、浩浩荡荡的浑河。浑河古称沈水,水北曰阳,沈阳以其在浑河之北而得名。古籍《荀子》中说,江"始出也,其源可以滥觞"。意思是,长江源头的水量甚小,仅仅能够浮起酒杯来。浑河源头也正是这样。站在竖有"浑河之源"碑石的旁边,我蹲下身子,双手捧起清湛得可以辨形鉴影的泉流,猛劲地喝了几口,觉得清爽、甘甜,还带着丝丝凉意。至于志书上所记载的"浑河以其水势湍激,泥土混流而得名",乃是下游的情况。难怪古人说,"在山泉水清,出山泉水浊"啊!当时,我即兴吟了两首七绝:

　　意绪飘岚入莽苍,高山流水翠云廊。
　　涓涓不弃成江海,始觉源头意味长。

　　穿林破嶂不栖迟,矢志南奔似有知。
　　物理人情通一体,滔滔沈水是良师。

浑河上游,原是满族以及清王朝的肇基之地。翻开一部清前史,人们会注意到,中国历史上杰出的政治家、军事家、满族的民族英雄努尔哈赤创建后金的整个历程,不仅同浑河流域紧密地联系在一起,可说是结下了不解之缘;而且,它的由小到大,由弱到强,战胜了重重险阻,一路由东向西、由北向南,矢志不移,锐意扩展的进程,恰同浑河从源到流,步步向西、向南,最后奔流入海,一模一样。——这当然是巧合了。

2

满族从古代的肃慎、中世的女真发展而来。努尔哈赤一支起身于建州女真,14世纪中叶,这支人马从牡丹江流域迁到辽东山区的浑河上游一带定居下来。他的祖父和父亲皆以女真部首领世袭明朝的建州左卫指挥使,他们一贯忠于职守,岁时朝贡,同朝廷保持着良好的依附关系。明嘉靖三十八年(1559),努尔哈赤出生在浑河主要支流苏子河畔的费阿拉(一说赫图阿拉),从小就喜欢读《三国演义》和《水浒传》,受汉文化的影响比较深。他通过采集山货和参与马市贸易,结识当地许多汉人,学得多方面知识,熟悉辽东山川地理、风物人情。

明万历十一年(1583),努尔哈赤的祖父和父亲在一次战役中遭到明军误杀,虽然朝廷和地方长官一再表示歉意,但他始终耿耿于怀,到底还是以报仇为名率众起兵,当时矛头的公开指向,是声讨有关的当事者。四年后,开始在费阿拉筑城池,建宫室,定朝政,陆续统一女真建州五部,征服长白山三部。万历三十一年(1603),努尔哈赤率部由规模十分狭小的费阿拉迁往地势宏阔的赫图阿拉,筑城据守,图谋发展。在并吞异己的同时,对朝廷施行两手策略:明里称臣纳贡,互市通好;暗中积蓄实力,伺机而动。

万历四十四年(1616),努尔哈赤公开称汗,登上九五之尊,宣布成立后金国,建元天命。尔后,在两年多的时间里,集中主要精力整顿内部,同时也不忘记扩充实力、拓展疆土的各项军事目标。天命三年(1618)四月,他感到明廷朝政腐败,军事废弛,辽东地区灾荒严重,这正是可以利用的有利时机,于是,以"七大恨"告天,誓师伐明,激发女真人的民族情绪,把群众的不满引向明朝。首战告捷,用计突袭了辽东重镇抚顺城,接着又拿下了清河。这时,腐朽、颟顸的明朝君臣,才上下震惊,莫知所措。经过十个月的酝酿和准备,组织西、南、北、东四路大军,一齐扑向后金都城赫图阿拉,全面进击。当时号称四十七万(实际是十万余人),以壮声威,尔后金兵力仅有六万余人。明军的战略部署是兵分四路,分进合击;努尔哈赤则采取"集中优势兵力,各个击破"的战略原则,他有一句名言,叫做:"凭尔几路来,我只一路去。"结果,在"萨尔浒之战"中,以少胜多,大获全胜,歼灭明军四五万人,使双方攻守之势互换了位置,军事地位发生了根本性的变化。

此后,努尔哈赤为了进军辽沈,决定把大本营由赫图阿拉西迁一百二十里,建都界凡城,作为向明军发动大规模进攻的前哨阵地。天命五年(1620)九月,又自界凡城迁往萨尔浒。次年二月,后金发动"辽沈之战",连克沈阳、辽阳,攻下城堡七十余座。紧接着,就把都城迁往辽阳,很快就占领了广宁、义州、锦州,挺进辽西。天命十年(1625)三月,迁都沈阳,奠定了大清(1636年后金改名清)席卷东北,最后挥师入关的坚实基础。

3

在努尔哈赤几十年的战斗生涯中,当军事进攻取得节节胜利、不断向前推进之时,他为了适应战争的需要,曾多次建都、迁都,一步步靠近军事斗争前线。有人也可能产生疑问:迁都、建都之事十分复杂,他何以那么轻而易举地实施呢?这里有两个关节点:一个是打仗要求"指挥靠前",司令部需要不断地前移,否则,在从前信息极不发达的情况下,容易贻误军机;同时,还有安全方面的考虑,临时都城应该既靠近前线,又易守难攻,而且交通便利。这是讲需要。二是频繁迁都,完全有可能。因为那时的少数民族政权,大本营也好,根据地也好,都城也好,都是至为简陋的,并没有多少建筑,不过是一些营帐,搬运起来比较容易。当然,即使这样,由于人们存在一种"安土重迁"的保守思想,由于下属一班人贪图眼前安逸,满足既得利益,留恋家园,胸无大志,因此,要实现及时搬迁,以适应形势需要,就要求统帅必须具有一往直前、锐意进取、不恤一时劳苦,以成百世盛业的远见卓识。

事实上也是，努尔哈赤的每一次迁都，都遇到了这种由短视与惰性所形成的强大阻力。其中最激烈的有三次——

一次是从定居十六年之久的赫图阿拉迁都界凡。诸贝勒、大臣缺乏战略眼光和远大抱负，以劳师久战、人疲马乏为由，共同向天命汗努尔哈赤请求班师整顿，"息马浓荫之下"，"且使士卒还家，缮治兵仗"。努尔哈赤力排众议，晓谕大家：

现今正值六月盛夏，行兵已经二十日矣。若是还都赫图阿拉，需要两到三天才能到达，军士由都城返回各路屯寨又得三到四天。炎热之时，这么折腾起来，兵马怎么能够壮健？如果按照我的安排，在界凡城安营扎寨，牧马于此，人员也得以休养生息，到八月间就又可以兴师矣。

在他的坚持下，到底还是没有返回旧都，而是就地筑城，安顿人马。实践证明，这一决策是完全正确的。当年七月，就攻下了铁岭，八月收取了叶赫部，一切均如所愿。

另一次争议，是由仅居住半年的萨尔浒迁都辽阳。当初修建萨尔浒城，的确耗费了很多人力物力，本来也想多住一个时期。但是，形势发展之快为始料所未及。努尔哈赤感到，此间山路险阻，继续住下去很不利于向外扩展；而辽阳作为大明的辽东首府，人口众多，货财丰富，补给充足，交通便利，军事地位极为重要。无奈，那些贝勒、大臣已习惯于攻下一座城池，抢掠完毕，就弃城回归，因此，很不愿意移居新地。努尔哈赤严厉批驳了他们贪图暂时安逸、留恋眼前富贵、不思进取的想法。靠着他的无可动摇的绝对权威，半是说服劝解，半是强制执行，总算勉强统一了意志，统一了行动，最后，迁都辽阳，新建城隍，取名东京。

四年后再由辽阳迁往沈阳，同样经历了一场激烈的争议。诸贝勒、大臣认为，东京城宫室新建，迁往新地必将再次大兴土木，只恐劳役过重，民不堪命,因而竭力加以劝阻。努尔哈赤考虑的却是后金的长远发展大计和长治久安之策。他感到辽阳离海口较近,深恐敌军从海上进袭;而沈阳进可以攻,退可以守,又靠近抚顺、铁岭、开原等女真故地,既有利于巩固后方,突出满族共同体的核心地位,又可以在西征大明,北伐蒙古,东略朝鲜中发挥其地域、经济、资源方面的优势。

由于沈阳地处辽河平原的中心地带,沃野千里,资源丰足,而且水有浑河之利,陆扼关外要冲,交通极为便利,切实成为辽沈地区乃至整个东北经济、政治、军事、文化的中枢。建都沈阳之后,后金王朝迅速获得了长足的发展,为接下来的进军关内、统一全国奠定了坚实的基础。

古今中外,一切民族和国家,经济、文化的发展往往都借助于地缘与地理优势,军事、政治更不必说。而军事、政治上的胜负成败,又突出地表现在定都、迁都的措置上。这一重大问题的妥善处理,需要最高决策人具备战略的眼光、卓绝的识见。努尔哈赤以父、祖十三副遗甲揭竿而起,最后发展到数十百万大军,战胜攻取,靠的就是这种政治上的远见和坚忍不拔、之死靡他的奋进精神。他像浑河那样,认准了一个方向,不管遇到什么样的崎岖险阻,都要一往无前地流向前方。这对于一个身临战阵,指挥百万雄师的领导者来说,无疑是一种极为可贵的素质。

4

提到努尔哈赤的迁都、建都,使人联想起那位"一世之雄"的西楚霸王项羽。宋代文学家苏洵有过评论,说项羽"有取天下之才,而无取天下之虑",当年如果他能引军趋秦,及锋而用,即可以据咸阳,制天下;可是,最后他却留恋故土,挥师而东,定都彭城。所持理由十分幼稚可笑:"富贵不归故乡,如衣绣夜行,谁知之者!"完全不像出自一位叱咤风云的盖世雄杰之口。

据《资治通鉴》记载:刘邦开始定都洛阳,齐人娄敬劝他迁都长安。他一时拿不定主意,组织群臣讨论。群臣中当地人占多数,大家争着言说洛阳优势,唯独张良大讲关中在政治、经济、军事方面的重要地位,指出洛阳四面受敌,"非用武之国"。刘邦甚以为是,即日决定迁都长安。宋代学者胡致堂盛赞此举:"帝起兵八年,岁无宁居,至是天下平定,当亦少思安逸之时也。而敏于用言,不自遑暇如此。其成帝业,宜哉!"(在这方面,努尔哈赤何其相似乃尔!)

清代诗人王昙写过一首评说项羽的七律,可谓恰中肯綮:

> 秦人天下楚人弓,枉把头颅赠马童。
> 天意何曾袒刘季,大王失计恋江东。
> 早摧函谷称西帝,何必鸿门杀沛公。
> 徒纵咸阳三月火,让他娄敬说关中。

诗的开头,用了两个典故:"秦失其鹿,天下共逐之";"楚人遗(丢失)弓,楚人得之"。这句诗的大意是,在群雄逐鹿中,西楚霸王项羽为了夺取天下,首当其冲。次句说,项羽最后以失败而告终(他在乌江自刎时,答应把头颅送给同乡吕马童)。下面六句,分析他的失败缘由。第三句,针对项羽死前说的"此天之亡我,非战之罪也",劈头断喝,说天意并没有袒护刘邦。第四句紧接上句,说项王的失策在于他留恋江东,决计要回故乡,以致坐失良机。第五、六句进一步展开说,如果能够早日攻破函谷关,进军长安,登上帝座,又何必等到后来刘邦成了气候,才想到设下鸿门宴去杀他呢!最后两句说,这一切都没有做到,项羽只是徒劳无功地纵火烧了咸阳的阿房宫,人家刘邦倒是听了谋士娄敬的进言,最后建都关中,终成大业。

唐代诗人李商隐也有一首咏史诗,是把刘帮、项羽二人拉到一起来加以论说的:

> 乘运应须宅八荒,男儿安在恋池隍!
> 君王自起新丰后,项羽何曾在故乡。

诗中一正一反，对比鲜明。有以"八荒为宅"的宏图远志的刘邦，在建立了统一全国大业之后，可以按照自己的意愿，另建和家乡一样的新丰；而眷恋"池隍"的项羽，到头来兵败身亡，又何尝能在故里称王称霸，矜夸富贵呢！

对于努尔哈赤来说，这一千八百年前的往事，富有直接的教益。

同样，认真研究一番比努尔哈赤迁都稍后的闯王李自成的失败教训，也是很有意味的。李自成领导的农民军，没有注意建设巩固的根据地，始终是流动作战，随得随失，重蹈历史上"流寇主义"的覆辙，结果如一首民谣所说："朱家面，李家磨，蒸了一锅大馍馍，双手送与赵大哥（指清朝）。"终于一败而不可收拾，被入关的清军摘取了胜利果实。

确立明确的军事战略目标，矢志不移，一往直前。在这方面，努尔哈赤与李自成十分相似。但是，他比李自成棋高一着的是在挥师猛进的同时，时刻不忘建立巩固的后方，像爱护眼珠一样，牢牢地守护着他的"源头"。浑河流域始终是他据以战胜攻取的大本营。这个战略思想，终清之世，得到了继承与发展。

努尔哈赤的祖陵在其龙兴故地，今为新宾满族自治县永陵镇，紧靠着故都赫图阿拉和浩浩荡荡的浑河。而他自己及其继承者皇太极，死后也都埋骨浑河岸边，俗称"东陵""北陵"，附近还有他们亲手擘画的殿宇巍峨的皇宫。它们都坐落在沈阳。

5

由沈阳再说承德。承德避暑山庄，它的旖旎风光，人们无不交口称赞，叹为观止。而其灿烂、丰厚的文化蕴涵，尤其令世人倾倒。可以说，这里浓缩了一部多姿多彩的清代历史，而且，随处都能感受到当日创建者的深谋远虑、良苦用心。

徜徉其间，人们首先会想到康熙大帝。当时，处于内忧外患频仍之时,特别是沙皇俄国侵略扩张的触角已经伸向了黑龙江地区,这引起了康熙帝的高度警觉和深重忧虑。于是,在平定了"三藩之乱"后,及时地把主要精力转向了北方,着手策划反击沙俄的侵略和统一厄鲁特部蒙古。而这一切,都有赖于整军经武,弘扬民族的尚武传统,保持八旗军固有的勇悍战斗力。为此,他坚持了由顺治皇帝始创的"北出口外,围场射猎"的制度,并圈建了总面积约一万平方公里的木兰围场,以身作则,倡导娴习骑射、演练兵马。

与开辟木兰围场相结合,康熙四十二年(1703),又在靠近围场的承德武烈河畔始建避暑山庄。这里"左通辽沈,右引回部,北压蒙古,南制天下",地理位置十分优越,是沟通中原与东北,直达黑龙江、尼布楚,连接蒙古全境的必经通道。而且,此间离京师不过二百多公里,驿差驰马传递文书,往返只需两天时间。如果用"五百里加急"方式传送皇帝诏谕,甚至可以朝发夕至,确实是个理想的所在。

纵观历代园林之营造,一般都着眼于创造理想的栖居环境。尤其是皇家园林,几乎无一例外,都是为皇帝提供游幸、憩居、享乐、赏玩的生活空间。而康熙帝营造避暑山庄,则有意突破这一局限,除了夏日避暑,更多的还是出于巩固政权、治理国家的考虑,带有浓重的政治色彩。结果,这里成了以弘扬民族尚武传统、安抚和团结边疆少数民族、巩固国家统一为旨归的清代第二个政治中心。在康熙皇帝心目中,此处之山水园林,实际上是表达与寄托着帝王政治思想与治国抱负的特殊场所。诚如他的孙子、后来的乾隆帝所言:"我皇祖建此山庄于塞外,非为一己之豫游,盖贻万世之缔构也。"西方哲人黑格尔也敏锐地发现了这一点,他从避暑山庄这座园林诸多与众不同之处,特别是从"周围那些规格高贵的寺庙",看出了"亚洲大皇帝的用心"。这种政治考量,当时的朝鲜使臣也分明注意到了,他们在山庄接受觐见后,就说,此乃"天子身自备边也";具见"康熙皇帝之苦心。而其曰避暑者,特讳之也"。

这从康熙皇帝在山庄题写的两首《望月》七绝中,也可以充分地看出:

荒塞天低夜有霜,一轮明月照苍凉。
不贪玉宇琼楼看,独在遐陬理外疆。

桂树清光挂碧天,云开万里塞无烟。
远人向背由敷政,唯在筹边与任贤。

前一首,通过述志抒怀,表达了这位雄才大略的帝王的志趣:不贪恋九重丹陛、玉宇琼楼的荣华、尊贵,而是居安思危,励精图治,置身遐荒塞外,处理安边固本的大事。后一首,由绘景抒怀进入理性思考,得出规律性的认识——面对着蟾桂高悬、云开万里的碧空清景和边烽不举、紫塞无烟的升平气象,他想到了政策与策略关系着人心向背、国脉兴衰这一千古至理,要想"合内外之心,成巩固之业",一在筹边,即实施恰当的民族政策,同时,整军经武,建立牢固的国防;一在选贤任能,治理内政。

康熙大帝深深懂得,历代边关不宁,多在北方,祸患往往起于居无定所的游牧民族。为此,他把维护国家统一、笼络北方民族、实现民族团结作为营造避暑山庄的落脚点。为了接待蒙古王公,在山庄周围敕建了溥仁寺、溥善寺等豪华的寺庙,营造一种浓重的神秘的宗教气氛,用以象征边疆各民族心向朝廷,如众星之拱月。以后又应其他各族之需,修筑了十多座寺庙,笼括了藏传佛教、中土佛教、各地民俗多神信仰、伊斯兰教和尊孔崇儒等多方面供奉的内涵,以及各具特色的建筑格局,形制华美、壮观,格调威严、肃穆,成为北部、西北部和西南边疆各个民族礼佛、朝觐向往之所在。其用意是既深且远的。

当然,更实际也是更深层的考虑,还是通过辟建围场,开展名为"木兰秋狝"的习武、射猎活动(实质上即是古代形式的大规模的军事演习),保持与发扬本民族的尚武精神。满族原本是一个在严酷的自然环境下成长起来,以骑射宰制天下的勇猛精进的民族。可是,自从八旗军进关之后,数十年间,承平日久,渐远干戈,昔日那种勇武剽悍的传统已日渐式微。表现在平定吴三桂叛乱的战斗中,许多当关的将帅已无攻城拔寨之志,而个别久战沙场的名将,一听说要提兵打仗,竟然托病请求免征,有的甚至丢开队伍,临阵脱逃。这一危险的兆头,使康熙帝深感忧虑。

于是,康熙帝下决心对八旗将士严加整饬,首先由皇子皇孙、宗室子弟带头,先行严格训练。规定从康熙二十年(1681)开始,每年都要定期北巡,组织骑兵、射手去木兰围场习武射猎。前后达四十八次之多,每次二十天左右。他把这里看作训练军队的战场,磨炼皇子皇孙意志、体力的熔炉。那个时期的围猎活动,要求与实地作战一样,非常严格,非常艰苦。康熙帝有言:木兰秋狝,"往来沙塞,风尘有所不避,饮食或致不时",可以让那些公子哥儿,"博犀兕以作气,冒风雪以习劳"。用意是十分鲜明的。

6

显然,康熙帝创建避暑山庄的初衷,是弘扬祖上尚武传统和中华大一统精神,开展多种有利于巩固边疆的活动。而几十年过后,到了他的孙子乾隆帝手里,这里的主要功用,便逐渐转化为赏赐封爵、召见各民族首领、开展各种外事活动。一以迎宾宴集,歌舞承欢;一以笼络各方,强化统治;一以宣扬中华大国的天威。当时,正处在清代的鼎盛时期,又兼乾隆帝本人极爱也极善于表现自己,所以,整个山庄便成了他借以示富、示威、示盛、示恩的理想场所。即以木兰秋狝来说,名称没有改变,但内容实质已发生了变化,遵照蒙古习俗,在这里举行所谓"塞宴四事":赛马、什榜(演奏活动)、相扑(摔跤)、教(驯马表演)。从山庄中满布着一些赏景、饮宴与观戏之设施,即可以充分地看到由实战性向娱乐性的转变。

继位的第六年,乾隆帝首次以君王身份驻跸山庄,曾即兴赋两首七绝:

香风摇荡碧波涵,花正芳时伏暑三,

词客关山月休怨,来看塞北有江南。

>>> 康熙帝创建避暑山庄几十年过后,到了他的孙子乾隆帝手里,整个山庄便成了借以示富、示威、示盛、示恩的场所。以木兰秋狝来说,名称没有改变,但内容实质已发生了变化,遵照蒙古习俗,在这里举行所谓"塞宴四事"。

> 菱花菱实满池塘,谷口风来拂棹香。
> 何必江南罗绮月,请看塞北水云乡。

《关山月》,汉乐府横吹曲名,出自文人笔下,内容多写边塞士兵久戍不归伤离怨别的情景。唐人王昌龄《从军行》有"更吹羌笛关山月,无那金闺万里愁"之句。乾隆之诗翻用了这层诗意。两首七绝的主旨,都是说山庄就是"塞北江南"。正因为塞北也有江南,所以,告诫词人不要再谱写怨别伤离的《关山月》曲了。他写的也是塞外,而且也写到了月华,我们不妨拿它同康熙帝的两首《塞外望月》对照一下,研究一下他们祖孙在立意方面的差异。

乾隆的诗没有多少味道,但应该承认,他的感觉还是不错的。漫步在芝径云堤上,与如意州、冷香阁隔水相望,确实有一种置身江南的感觉。想象中,一列文臣雅士在风流皇帝带领之下,衣冠雍容,神情潇洒,凭栏远目,赏景吟诗,实在很难把他们同那个轻骑射猎、骁勇顽强的民族联系起来。心中不由地涌出了一句话:"真个是——江南妩媚,雌了男儿!"

乾隆皇帝的寿辰为农历八月十三,当时称为"万寿节",正处于山庄避暑季节。因此,除个别时候要返回京师庆贺,平时每年的祝寿活动都要在山庄内举行。在他的七十寿诞那天,所有部院大臣和全国各地的督府、大员都赶到避暑山庄来向皇帝送厚礼,结果在古北口外,当时运送礼品的大车就有三万多辆。同康熙时代"落日照大旗""沙场秋点兵"的寒光闪烁、刀剑争辉的场景相对应,此际的笙歌彻夜、舞影蹁跹的承平气象,成了山庄的另一类风景线。

举行于山庄万树园等处的"草原盛宴"是另一类的典型。乾隆年间,先后经历了对厄鲁特蒙古两个部落的战争,对回部布拉尼敦、霍集占的战争,完成了天山南北的统一,从而最终实现了全国的统一。对这一煌煌胜绩,乾隆颇引以为自豪。因此,每当回部、厄鲁特部、哈萨克部首领入朝进贡时,他都要在避暑山庄设宴款待,设置多处大黄幄宝殿,可容纳上千人,宗室王公、贝勒和各少数民族首领都要与会,俗称"大蒙古包宴"。银花火树,万盏齐明,亮同白昼。乾隆帝曾咏诗以记其盛:

> 西陲平定已多年,宴赉频施毕后先。
> 孰意新归额济勒,山庄重看设灯筵。

乾隆帝在山庄的生活,可说是穷奢极侈。这里只说一件事:他听说泉水份量越轻,水的质量便越好,于是便把全国各地的名泉统统收集起来进行比较,其中有无锡的惠山泉、杭州的虎跑泉、济南的趵突泉、北京的玉泉山水,经过用戥子分别称量,认定北京玉泉山的水最好。可是,这时又有专家说了,泉水不仅要"轻",还必须"清"。那么,比玉泉山水更"清"的是什么呢?唯有荷花上面的露珠了。这样,他就要喝露水,要用露珠来烧水泡茶。结果,避暑山庄里每天都要出动很多人划着船去荷塘中收集露珠。他所享用的水果也必须是最新鲜的,要用驿站快马不分昼夜地从福建运送鲜荔枝过来,像当年的杨贵妃那样:"一骑红尘妃子笑,无人知是荔枝来。"

到了晚年,乾隆皇帝对于这种奢侈无度的生活,也曾有所悔悟。在《避暑山庄后序》中,他写道:

> 若图己乐而忘人苦,亦非仁人之所为也。若夫崇山峻岭,水态林姿,鹤鹿之游,鸢鱼之乐,加之岩斋溪阁,芳草古木,物有天然之趣,人忘尘世之怀,较之汉、唐离宫别苑,有过之而无不及也。若耽此而忘一切,则予之所为膻芗山庄者,是设陷阱,而予为得罪祖宗之人矣。此意蓄之久而不忍言。今老矣,终不可不言,故书之,既以自戒,仍警告我后人。
>
> 若后人而忘予此言,则与国休戚相关之大臣,以及骨鲠忠直之言官,执予此言以谏之可也。设谏而不从,或且罪之者,则是天不佑我

国家,朕亦无如之何也,已矣!

尽管这种悔悟为时已晚,但其恳挚的态度、沉痛的话语,仍然发人深省,令后世感怀无限。当然,即使他逐渐形成了忧患意识,但也没有觉察到,实际上,这个天朝帝国已经危机四伏,种种盛极而衰的气象已经显露出来。听听外方人士的说法,也许要较为清醒与客观一些。乾隆五十八年(1793)七月下旬,由马戛尔尼率领的多达六百人的英国外交使团,经海道至天津大沽口岸,然后赴承德避暑山庄,以为皇帝祝寿名义,被恩准觐见乾隆皇帝。在接受了一大笔十分贵重、当时比较罕见的祝寿礼品之后,大清皇帝给予使团以很高的接待规格,招待费每天为银币五千两,但对使团所提出的通商、建交及一些具有殖民主义性质的无理要求都一一加以回绝。最后,为了显示天朝的富庶与强大,安排他们纵穿中国本土,一路南下,取道海上回归。然而,这一切恰恰给予马戛尔尼广泛接触社会、客观了解中国的绝好机会,他没有为豪华的排场、纷繁的表象所迷惑,当乾隆皇帝大肆夸耀其"十全武功",沉醉在盛世狂欢中的时候,他却敏锐地发现:不管英国人进攻与否,"中华帝国只是一艘破败不堪的旧船,只是幸运地有了几位谨慎的船长,才使它在近一百五十年期间没有沉没。它那巨大的躯壳使周围的邻国见了害怕。假如来了个无能之辈掌舵,那船上的纪律与安全就都完了"。船"将不会立刻沉没。它将像一个残骸那样到处漂流,然后在海岸上撞得粉碎",而且"将永远不能修复"。马戛尔尼对清王朝的印象,遂成为英国制定以后对中国外交政策的主要参考依据。

7

"人事有代谢,往来成古今。"大清王朝这一艘"躯壳巨大"的航船,终于更换了掌舵者。继康熙、乾隆帝这对祖孙之后,紧接着,山庄又迎来了嘉庆、咸丰帝这一对祖孙。

嘉庆帝的才华不及他的父亲乾隆皇帝，但素质差强人意。他不像乃父那样爱炫耀，尚虚荣，喜奉承，游山玩水，征歌选色。登基以后，在修身、用人、节用、奖廉方面，都做出了积极努力，并取得了一定成果。但是，封建社会的末日和清王朝的没落，两者重叠在一起，实实地压在他的身上。这注定了他难以有所作为，只能以悲剧收场。嘉庆一朝，可说是与变乱相终始，一波未平，一波又起，确是没有一天宁静过。

乾隆朝后期，社会矛盾日益滋长，灾患频仍。嘉庆帝一登上龙墩，就赶上了湖北、四川的白莲教徒武装起义；接着，又遇到东南沿海所谓"海贼"的骚动和几乎酿成大乱子的接连三次发生在陕西宁陕、西乡和四川绥定的兵变；尔后，便是直隶、河南、山东的天理教徒起义；并且在十年间，先后发生了刺客闯劫御轿和农民起义军冲进紫禁城的险情。这使他精神上受到了强烈的刺激。当时官贪、兵疲、民乱、河决、财困，整个社会千疮百孔。在位二十五年，他曾跑到避暑山庄来十七八次，主要目的已经不同于先祖的尚武、筹边，甚至连乾隆时期那种歌舞升平、强化统治、宣扬国威的气象也不见了。虽然也曾举行过秋猎活动，但已经不具备往昔那种浩荡的气派和声势了。结果，就在这次秋狝中病倒了，回到避暑山庄后，即"觉痰气上壅，至夕益盛"，最后于烟波致爽殿"龙驭宾天"。其死因，可能是年逾花甲、身体肥胖、天气暑热、旅途劳顿，诱发心脑血管疾病而猝死。

四十年后，其嫡孙咸丰皇帝遭遇到比他更为惨淡的结局。他在位十一年，虽然也有锐意图治之举，但其自身纵情声色、宴安怠惰之行愈益发展。同他的祖父一样，咸丰朝同样一直处于多事之秋，内忧外患，如影随形。内忧是洪秀全领导的太平天国革命，遍布几十个州的捻军，以"按三尺剑以开基，重见汉高事业；着一戎衣而戡乱，依然周武功勋"为号召的杜文秀率领的云南回民等反清势力。贪官污吏的勒索和水灾旱灾造成的饥馑，迫使农民大批离开土地，加入这些造反队伍；外患是，英国人占广州，英法联军占京城，俄国人占伊犁和黑龙江流域大片地区，举凡"亚罗号事件"、第二次鸦片战争、圆明园被焚、《北京条约》签订，都给他以沉重的打击。

自从《天津条约》签订之后,咸丰帝就整天忧思抑郁,更加寄情文酒,贪恋女色。鉴于宫中行止有节,诸多不便,因而"尤喜园居"。整天蜗居在圆明园里,又是制曲,又是排戏,有时还去如意洲看戏,恣意享乐。直到英法联军北犯通州,他就再也稳不住神了,当即打算逃遁到热河行宫躲起来,一时京城上下惶恐万分,纷纷迁徙。清军八里桥败退之后,他更是丧魂落魄,紧急任命奕䜣为钦差大臣,督办和局,自己则于次日凌晨,带上皇后钮祜禄氏、宠妃叶赫那拉氏等十三名妃嫔及五岁的小皇子载淳逃往避暑山庄,变"避暑"为"避难"。由于没有足够的准备,一路上,又饥又渴,又惊又累。出发不久,就紧急发谕,让奕䜣等留京官员设法牵制英法联军,防止他们再向热河进逼。

尽管奕䜣等多次请求圣驾回銮,但咸丰帝由于害怕回京后遭到外国侵略者的挟制,硬是在山庄里躲避了十一个月,这是他以皇帝身份"北巡"山庄的第一次,也是他的最后一次,同时也是清朝最后一位走进山庄大门的最高统治者。这样,北京城则完全处于失去任何抵抗的状态。很快,英法侵略军就闯进了圆明园,先是抢劫园内珍宝,最后放火焚烧,使中国珍宝荟萃的皇家宫苑一时化为灰烬。而他则躲在烟波致爽殿里,整天贪恋女色美酒、丝竹皮黄,过万寿庆典,赏"有功"群臣;再就是屈辱含愤地"御批"几个丧权失地的卖国条约,其他没有任何堪足载记的修为,最后也是在这里黯然辞世。

比起康熙帝的雄才大略,乾隆帝已经差逊一筹,但这对祖孙毕竟还是有所作为的。而嘉庆、咸丰帝这一对祖孙,就只剩下丧权辱国、丧魂失魄、窝囊晦气了。除了称之为"龙头鼠尾"、一代不如一代,夫复何言!

第三十六篇

拷问灵魂

I

我喜欢踏寻古迹。

定居沈阳二三十年,凡是在历史上有点名堂的地方,几乎我都到过,唯独龙王庙的遗址至今还不知其确切所在。翻遍了各种书,也问过许多人,最后还是茫然不晓。这也难怪,因为它原本是清代初年布满盛京的几百座庙宇中最普通的一座,而且,可能坐落在城外的浑河岸边,料想也是非常简陋的。只是由于一位名人在里面寄宿过很长一段时间,才使它与众有所不同,在史书上留下了名字。

我说的这个人名叫陈梦雷。他是有清一代赫赫有名的大学者,康熙年间的翰林院编修,编纂过著名的典籍《古今图书集成》。在一次突发事件中,陈梦雷被他的"知心朋友"李光地出卖了,结果,人家吞功邀宠,步步莲花,享不尽的荣华富贵;而他却险些脑袋搬了家,后来亏得同僚说情,圣上开恩,被判作戴罪流放,流落到此间给一户披甲的满族之家当奴隶、干苦力。

提起这类背信弃义,卖友求荣的勾当,心里总是觉得十分沉重,郁闷杂着苦涩,很不是滋味。看来,它同嫉妒、贪婪、欺诈、阴险一样,都属于人性中恶的一面,即便算不上常见病、多发病,恐怕也将伴随着人类的存在而世代传承,绵延不绝。"啊,朋友!这世界上本来就没有朋友。"亚里士多德的这番话,未免失之过激,但它肯定植根于切身的生命感受,实为伤心悟道之言。

远的不去说它,只就我们这辈人的有限经历来讲,大概很多人对于过去一些"运动"中的投机、诬陷、倾轧,直至出卖朋友的行径,都不会感到生疏。这种种恶行有时则更是花样翻新,变本加厉。有些人竟然以种种名义,在所谓堂堂正正的旗帜下,有组织、有领导地大张旗鼓地公开进行。在这种情势下,那些充满个人的无助感、卑微感、绝望感的受害者,迫于当时的具体情形,不大可能进行绝交、申讨之类的直接对抗。加之个人的卑劣人性往往被"时代悲剧"等重重迷雾遮掩起来,致使大多数人更多地着眼于社会环境因素,而轻忽了、淡化了个人应负的道义责任。充其量,止于就事论事,辨明是非,而很少有人能够烛隐抉微,透过具体事件去进行心灵的探察、灵魂的拷问。

世事驳杂,人生多故,究竟应当如何面对这类问题?轻轻地放过,固然不可取,但简单的牙眼相还,睚眦必报,也只是一时痛快而已。我以为,不妨参照陈梦雷的做法,坚定地守护着思想者的权利,在痛定思痛,全面披露事实真相的同时,能够深入到心灵的底层,从人性的层面上,揭示那班深文周纳、陷人于罪者居心之阴险,手段之龌龊,灵魂的丑恶。这样,不仅有功于世道人心,为后来者提供一些宝贵的人生教训;而且,可以净化灵魂,警戒来者,防止类似的人间悲剧重演。

从这个意义上说,拂去岁月的埃尘,翻开三百多年前的史页,旧案重温,再现陈梦雷上当受骗、沉冤难雪、终于痛写《绝交书》、使真相大白于天下的血泪交迸的历程,确是不无教益的。

2

陈梦雷出生于一个富有文化教养的诗书门第,父亲教子有方,管束极严,在他的身上倾注了全部心血。因而,他得以年少登科,刚刚十二岁就入泮成了秀才;八年后参加乡试中了举人;又过了一年便高中庚戌科的二甲进士,被选为翰林院庶吉士,不久即授翰林院编修。真是春风得意,平步青云。康熙十二年(1673),由于母亲在京师不服水土,他临时请假护送南归,返回原籍福建侯官(福州),从而结束了三载安富尊荣的京官生涯。这一年他刚刚二十五岁。他万万没有想到,此番南下竟成了他"运交华盖"的人生转捩点。

"可怜一枕还乡梦,断送功名到白头!"陈梦雷回到家乡不久,就赶上了"三藩之乱"爆发,靖南王耿精忠拥兵自重,据闽叛清,一时间闹得人心浮荡,满城风雨。为了网罗名士,壮大声威,硬逼着陈梦雷改换门庭,出任伪翰林院编修,由于本人拒不接受,而降授为户部员外。陈梦雷无奈,便披缁削发,躲进了僧寺,托病不出。叛军还是不依不饶,三天两头地催逼就道,他脱身无计,只好虚与委蛇,准备寻觅机会一走了之。

就在这时,与他同为福建乡亲,同年考中二甲进士,同为翰林院编修,而且有很深交情的李光地,也因为探亲返回了家乡。由于李光地是著名的理学家,在当地名气很大,耿精忠想要借助他的声望招摇作势,便派人到他的安溪故里,召他出仕。他趁着耿精忠亲自接见的机会,悄悄来到了侯官,暗地里与陈梦雷会面。两个知心朋友好久没在一起谈心了,而今难里重逢,自有诉不尽的衷肠,说不完的款曲,足足倾谈了三个晚上,内容主要是围绕着如何对待面临的艰危形势,筹谋应付叛军的对策。

他们考虑到,陈梦雷已经陷身罗网,轻易脱不了身,只好因势乘便,暂时留下来出面周旋,同时做一些了解内情、瓦解士心的工作,待讨耿清军一到,便做好内应,以应时变;而尚未出任伪职的李光地,则赶紧藏匿起来,并且尽快逃离福建,然后设法与朝廷取得联系,密报耿军实情,剖白两个落难臣子的耿耿忠心。

握别时,陈梦雷激动不已,当即向李光地誓约:他日如能幸见天日,那时我们当互以节操鉴证;倘若时命相左,未能得偿夙愿,后死者也当会通过文字来展示实情,使天下后世知道,大清国养士三十余年,在海滨万里之遥的八闽大地,还有一两个矢志守节的孤臣,死且不朽。李光地听了这番情辞恳切的内心剖白,颇有一番感慨,在点头称许之余,趁便向陈梦雷提出代为照料家中百口的要求,并嘱咐他安心在这里留守:"光复之日,汝之事全部包在我的身上。"

这样,李光地便放下心来,返回安溪,然后遁迹深山,筹措出逃之计。由于此间远离侯官六百余里,消息十分闭塞,为了更多地掌握耿军内情,了解其发展态势,他又几次派人专门到陈梦雷那里去打探虚实,进一步摸清底细,以便北上之后,向朝廷进献讨逆破敌之策。

过了不多日子,李光地就顺利出逃了。在陈梦雷的多方周旋下,叛军对李光地潜逃一事没有加以深究,其家口也赖以保证了安全。这壁厢的陈梦雷,身处叛军之中,如坐针毡,度日如年,日夜翘首北望,企盼着挚友有信息传来;那壁厢的李光地,脱开虎口之后,则鸿飞冥冥,杳无踪影,再也没有只言片纸告慰别情。原来,他已经把由陈梦雷提供的耿军内情和行阵虚实全部整理成文字,用蜡丸封好,作为密疏上报给朝廷,并提出建议:南下清军应以急攻为主,不宜迁延岁月,以免日久生变。而密疏上却只署了自己的名字,丝毫没有提及陈梦雷曾经参与其事。康熙皇帝得报,如获至宝,真是"欲渡河而船来",立刻将它遍示群臣,同时命令兵部抄寄前方,使将帅知之,采取相应的对策。康熙帝满口称赞李光地:"真忠臣也!"很快就加以厚赏重用,超授李光地为侍讲学士。

康熙十六年(1677),清军收复福建,叛将耿精忠率众投降。这时,李光地又以平叛功臣和接收大员的姿态再次莅临福建,声威赫赫地出现在侯官衙署。在接见陈梦雷的时候,亲口告诉他:"你做了大量尽忠报国的事情,不是一样两样,吾当一一地向皇帝禀告。"并且题诗相赠,有"李陵不负汉,梁公亦反周"之句,赞扬他身在伪朝,像投降匈奴的李陵、身仕北周的梁士彦那样,能够苦心孤诣、勤劳王室。一番经过刻意构思、措辞美妙的甘言旨语,说得满脑袋书呆子气的陈梦雷,像是泡在蜜糖罐里,身心舒坦地回到了家里,静候着回黄转绿、苦尽甘来的佳音。每天每日,他都可怜巴巴地向往着:朝廷如何重新起用他,给他以超格的奖掖;纵不能如此,退出一万步去,圣上也必能体察孤臣孽子在极端困苦处境中忠贞不渝的苦心。

3

有道是，无巧不成书。也是合该着陈梦雷倒霉晦气，"福建之乱"中偏偏有一个叫做陈昉的人主动投靠了耿精忠的叛军，并被授为翰林院大学士，由于他们同姓，又同在叛军中供职，结果，京师中就把这个人误传为陈梦雷。为此，他受到了刑部的传讯。紧接着，收降的叛军里又有人举报陈梦雷曾经参与倡乱。这样，刑部便以"从逆"的罪名逮他入狱。陈梦雷万万没有料到会有这一遭——靖逆的功臣没有当上，反倒成了祸患不测的阶下囚，正是"有怀莫剖，负谤难明"。

当然，尽管他的深心里非常痛苦，但还抱有足够的希望：一是他认为康熙皇帝洞悉其中内情，最后总会公正、客观地对待他（他满以为李光地已经如实上报了）；二是身为朝廷命官、皇帝宠臣，又对事实真相一清二楚的李光地，更会不忘前情，践履旧约，鼎力加以营救。可是，他哪里知道，事实恰好相反，那个满口应承必定予以厚报的李大老爷，早把这个昔日的"知心朋友"、患难中的救命恩人丢在了九霄云外。对于面临灭顶之灾的陈梦雷，不但避之唯恐不远，未置片言只语以相救援，反而在其著述中，借着叙述当年在福建的那段遭遇，把陈梦雷写成甘心事敌还不算，并且企图陷害朋友于不义，要把他也拉下水，用以表白自己的立场坚定，旗帜鲜明。这么一"撇清儿"不打紧，可就把陈梦雷送上了绝路——进一步坐实了他的"从逆"罪证，使之成为一桩铁案，结果是以死刑论斩。而最后拍板敲定这个死刑案的，恰恰是康熙皇帝。

对于完全出于无奈，被迫就任伪职的陈梦雷——且不说在被拘中他还有立功表现——科以如此重刑，许多与此事毫无瓜葛的局外人，都觉得量刑过于酷峻，未免有失公允；尤其为李光地的背信弃义、卖友求荣深致愤慨，因而明里暗里站在陈梦雷一边，帮助他说了一些好话。与李光地同为侍讲学士的徐乾学，出于怜才惜士之殷，劝说李光地应恪尽朋友情谊，勇于出面,上疏营救,不要坐视不顾。而李光地却以"恐怕无济于事"为辞加以推脱。在徐乾学一再催促之下,才勉强答应以他的名义上疏,但呈文要由徐乾学来代拟。与此同时,明珠太傅也上殿说情,奏请康熙皇帝从宽发落。最后总算免除了一死,把陈梦雷流放到盛京,给披甲的满洲主子为奴。李光地则在紫禁城里独享富贵,稳做高官,声望日隆;他视陈梦雷如同陌路之人,未曾有过片纸通问,什么往日的深恩,当面的承诺,早已淡忘如遗。

对于陈梦雷来说,这场奇灾惨祸如果也还有什么裨益的话,那就是从中认识到仕途的险恶、人事的乖张,也擦亮了眼睛,看清了所谓"知心朋友"的真面目。他是一个心实性善的厚道人,虽说通今博古,满腹经纶,却未免过分迂阔,带有浓重的书生气。他真正识破李光地的心术与心迹,是经历了一个曲折而长期的过程的。当他开始得知李光地并没有在蜡丸中如实披露事实真相时,虽然有些震惊,深感失望,但还觉得情有可原,李光地有其难言之隐,主要是为了回护自己,洗清干系,以免横生枝节;当时他绝没有料到,李光地竟会乘机倾陷,落井下石,必欲置之于死地尔后已。后来,随着事态的发展,一桩桩一件件令人心胆俱寒的事实亮了出来,才完全暴露出李某人的嘴脸,这使他痛苦到了极点,也痛恨到了极点,正所谓"不救之失小,而下石之恨深"。

他长时期沉浸在极度苦闷之中,有时甚至不想再活下去。平素他是最尊崇孔圣人的,懂得"仁者不忧,智者不惑,勇者不惧"的道理;他也十分欣赏庄子,对于《南华经》中所倡导的心斋,坐忘的超人境界,"安时而处顺、哀乐不能入"的人生理念,从小就谙熟于心,而且经常说给别人听,讲得头头是道;可是,真正临到了自己头上,却无论如何也修炼不到那种火候。他曾经幻想过,哪一天喝上一杯"孟婆茶",或者饱饮一顿"忘川水",把过往的一切愤懑、忧烦、伤心、气恼,统统地丢到耳旁脖子后去;也曾想,学学那位华山道士陈抟老祖,连续睡上一百天,架构一场"梦里乾坤",换来一个全新的自我;可是,一切都是徒劳,不要说沉沉地睡上一百天,就连一个晚上也未曾安眠过。那噩梦般的前尘往事,无日无夜不在纠缠着他,困扰着他,直弄得他"千辛百折,寝食不宁"。

经年的困顿已经习惯了,沉重的苦役也可以承担,包括他人的冷眼、漠视统统都不在话下,唯独"知心朋友"的恩将仇报,背信弃义,是万万难以忍受的。如果说,友谊是痛苦的舒缓剂,哀伤的消解散,沉重压力的疏泄口,灾难到来时的庇护所;那么,对友谊的背叛与出卖,则无异于灾难、重压、痛苦的集束弹、充气阀和加油泵。已经膨胀到极点了,憋闷使陈梦雷片刻也难以忍受;如果不马上喷发出来,他觉得胸膛就会窒息,或者炸开。因而,在戴罪流放的次年秋天,他满怀着强烈的愤慨,抱病挥毫,写下了一纸饱含着血泪的《绝交书》。

拷问(之一)

《绝交书》全文四千余言,大体上包括四层内容:开头以少量文字交代写作意图;接着叙述他和李光地面对叛军逼迫,筹谋对策的原委;第三、四部分揭露李光地背信吞功、卖友求荣的事实真相,并对此予以痛切的谴责,进行灵魂的拷问,为全文的重心所在。

下面,摘要引述《绝交书》中的部分内容:

> 自不孝(陈梦雷自称)定案之后,洊历寒暑,年兄(指李光地)遂无一介,复通音问,其视不孝不啻握粟呼鸡,槛羊哺虎,既入坑阱,不独心意不属,抑且舞蹈渐形。盖从前牢笼排挤之大力深心,至是而高枕矣。
>
> ············
>
> 然奏请者有人,援引释放之例者有人。年兄此时身近纶扉,缩颈屏息,噤不出一语,遂使圣主高厚之恩,仅就免死减等之例,使不孝身沦厮养,迹远边庭。
>
> 老母见背,不能奔丧;老父倚间,不能归养。而此时年兄晏然拥从鸣驺,高谈阔步,未知对子弟何以为辞?见仆妾何以为容?坐立起卧,俯仰自念,果何以为心耶?

夫忘德不酬,视危不救,鄙士类然,无足深责;乃若悔从前之妄,护已往之尤,忌共事之分功,肆下石以灭口,君子可逝不可陷,其谁能堪此也?

　　············

　　向使与年兄非同年、同里、同官,议论不相投,性情不相信,未必决裂至此!

　　回思十载襟期,恍如一梦,人生不幸,宁有是哉?

引文的大致意思是:

　　自从我罪案判定之后,已经过去一年多的时间,你老兄连一封书信也没有寄过,再也不复过问,看来我在你的心目中是没有丝毫地位的,简直如同手里抓着一把米可以随意吆喝的小鸡,如同圈里的随时准备饲虎的绵羊。既然我已经落入陷阱,系身牢狱,你便不但完全不把我放在心上,而且,高兴得手之舞之,足之蹈之。如果说,从前你还有所顾忌的话,那么,到了现在,过去对我进行牢笼、排挤的大力深心,就完全放了下来,高枕无忧了。

　　············

　　案发之后,许多人都对我表示同情,给予关照,有的给皇帝上疏,奏请圣上法外施恩;有的援引已往的成例,要求将我无罪开释。那么,此时正飞黄腾达、身近内阁(明清时宰辅所在之处为"纶扉")的你老兄又是怎么做的呢? 你在一旁缩着脖子,屏住气息,噤若寒蝉,不发一语。致使圣上虽然施恩高厚,也仅仅依照罪行减等之例,免除了我的一死,结果造成我沦为卑贱的奴隶,流放到辽远的边庭。老母去世,我不能前往奔丧;年迈的父亲整天地倚门伫望,我也未能归养。而你老兄,此时却晏然处之,心安理得,出行时,骑卒传呼喝道,前呼后拥,坐下来,高谈阔论,意气风发。我不知道,对于了解情况的子弟们,你将用什么言辞来交代？见到仆从和妻妾们,怎么去雕琢粉饰？行走坐卧,辗转思量,如何才能安顿下这颗心来？

那种知恩不报、见危不救的行为,如果发生在鄙陋不堪的俗人身上,固然不足加以深深的责备,而你身为堂堂的理学名臣、一代道德冠冕,竟然这样掩饰自己从前的过失,不仅独吞两人合作共事所获得的成果,而且心怀忌恨,暗中落井下石,企图灭口销赃。士可杀不可辱,可以从容面对死亡,却绝不能忍受这种无端的倾陷。

…………

我也曾想过,如果我们不是同年登第、同乡,又同在翰林院供职,如果相互间素无情谊,没有共同语言,性情也不投合,彼此不相信任,今天大概也不至于决裂到这种程度。你的所作所为实在太令人痛心疾首了！回想我们十载交情,相互期许,于今恍如一场梦境,全部化作虚无。人生难道还有比这更不幸的吗？

陈梦雷是有清一代的学问大家、文章巨匠,《绝交书》写得声泪交迸,震撼心扉;即事论理,层层剖断,极富说服力、感染力;而且,在叙述策略上也十分考究:他考虑到此文必将流布天下,并能上达宸听,因此,充分利用"哀兵必胜"的心理,采取"绵里藏针"的手法,以争得广泛的同情,占据主动地位。当然,这也和中国古代知识分子素来讲究"交绝不出恶声"的传统礼仪有关。就是说,不到万不得已,不肯撕破脸皮,把朋友间的龃龉彻底张扬出去;即使公开决裂了,也还要讲究说话的方式、方法。

晋代的嵇康写过一篇《与山巨源绝交书》,在文学史上是赫赫有名的。山涛,字巨源,原本"竹林七贤"之一,后来丧失操守,投靠司马昭当了选曹郎,他在调升散骑常侍以后,想举荐嵇康来充任这一职务。当时,司马氏篡魏自立之势已成,嵇康在政治上与之处于对立地位。山涛却要举以自代,拉着他一同下水。在嵇康看来,这是对他的人格的蔑视与污辱。于是,投书加以拒绝,并断然与之绝交。

而陈梦雷的这份《绝交书》,则着眼于剖白蜡丸密疏真相,彻底揭露李光地"面诺背违,下石飞矢"的伪君子面孔。这对于满口仁义道德、孝悌忠恕,以"理学名臣"彰闻于世的李光地来说,无疑是致命的一击。

因此,一当《绝交书》面世,李光地便立刻授意子弟,组织人四处查收、销毁。然而,效果不佳,反倒欲盖弥彰,流传更为广远,直至"分赠诸师友,转相抄诵,而使万人叹赏"了。以不畏权势名重当时的黄叔威,有一篇评论颇具代表性。他说,《绝交书》"前面多少含忍,后面则痛心已极,无复可奈。不知是泪是血,是笔是墨?其文气一往奔注,有怒浪翻空,疾雷破柱之势"。他赞扬陈梦雷"慷慨激烈之气,可以贯金石动鬼神","后死有人,当不令如此大节,遗落天壤也";反过来,对于李光地则痛加鞭挞,竟至呼出:"噫!安得立请上方斩马剑,一取此辈头乎!"

拷问(之二)

看到这里,我想,读者一定会循着《绝交书》中质问的"何以为辞""何以为容""何以为心"的线索,提出一系列的问题,比如,李光地如此丧心昧良,难道他就没有丝毫顾忌吗?

那么,李光地将如何面对陈梦雷这个过去的"知心朋友"?

其实,对付的办法说来也很简单。当陈梦雷对面责问时,他只是"唯唯而已"。这样一来,你也就拿他没有办法。在"当红大佬"李光地的心目中,陈梦雷——一个永无翻身之望的戴罪流人,不知哪一天就将填尸沟壑,即使勉强得以苟延残喘,也是"有若无,实若虚"也,"不啻握粟呼鸡,槛羊哺虎",是可以随意摆布,甚至完全否定他的存在,连正眼都无须一瞬的。

那么,作为著名的理学家,孔圣人的后学嫡传,二程、朱熹的忠实信徒,李光地总该记得孔夫子的箴言"君子有三畏:畏天命,畏大人,畏圣人之言",不能什么也不怕吧?他总该记得曾子的训导:"吾日三省吾身:为人谋而不忠乎?与朋友交而不信乎?传不习乎?"他在清夜无眠之时,总该扪心自问:为人处世是否于理有亏,能否对得起天地良心?难道他就不怕良心责备吗?

"三畏""三省"的修养功夫,孔、孟、颜、曾提出的当日,也许是准备认真施行的;而当到了后世的理学家手里,便成了传道的教条,专门用以劝诫他人,自己却无需践行了。他们向来都是戴有多副人格面具,到什么山上唱什么歌的。至于所谓"良心责备",那就只有天公地母知道了,于人事何干?你同这类人讲什么"天地良心",纵不是与虎谋皮,也无异于夏虫语冰、对牛弹琴了。

那么,是非自有公论,公道自在人心。你李光地可以不在乎陈梦雷,也可以不去管什么"天地良心",难道就不怕社会舆论、身后公论吗?

那李光地也自有应对的办法——反正是"死猪不怕开水烫"。厚起脸皮来,笑骂由人笑骂,好官我自为之。有道是:"身后是非谁管得?""青史凭谁定是非?"

那么,私谊、公论全不在乎,身后是非也尽可抛开不管,对付这样的人也真是毫无办法。不过,能够直接决定李光地命运的康熙皇帝怎么看他,那他还得认真考虑吧?康熙老佛爷可是眼睛里揉不进沙子的。

康熙皇帝精于世事,这不假,但他也要分别情况。对于这类"狗咬狗"的琐事,他老人家才不会作兴去管哩!在这个雄鸷、精明的最高封建统治者眼里,汉族官员都是一些奴才坯子,一些只供驱使的有声玩具,是无所谓"义",无所谓"德"的。恨不得他们一个个斗得像乌眼鸡似的才好哩!互相攻讦,彼此监控,那就更容易加以驾驭、钳制了。

本来,对于李光地的心术、品行,万岁爷也好,一般僚属也好,上上下下都看得十分清楚,"若犀燃镜照而无遁形"。全祖望说得更是直截了当:"榕村(李光地号)大节,为当时所共指,万无可逃者。"可是,由于皇帝的百般回护,尽管告讦、揭发者不乏其人,他还是仕途顺畅,一路绿灯,后来以七十七岁高龄卒于任所。康熙帝深情悼惜,无限感伤地说:"知之最真无有如朕者,知朕者也无有过于李光地者。"雍正帝对他也十分赏识,即位之前即曾亲笔赐赠"昌时柱石"的匾额,表彰李光地的劳绩;登基后,在日理万机的劬劳之余,还记怀着已经作古多年的李光地,特予追赠太子太傅,并恩准其入祀贤良祠。

原来,在这些封建帝王脑子里,社会伦理学是服从于现实政治需要的。他们所关心的是,你是否效忠于朕躬本身,是否效忠于大清王朝,你为捍卫"家天下"的帝统和巩固皇权做出过什么贡献,是否算得上一个够格的忠顺奴才。在这方面,应该承认,李光地是无可挑剔的。连陈梦雷都曾对康熙帝说过,李光地虽然愧负友人"千般万般,要说他负皇上却没有"。对于李光地来说,只这一句话就够了,等于加上了千保险、万保险。这也就无怪乎康熙皇帝对这位"真忠臣也",恩波浩荡,褒赏有加了。从这里也可以看出陈梦雷的忠厚而颟顸的书生本色。这样的"直巴头"来和八窍玲珑、鬼精鬼诈的李光地过招儿,自然是"孔夫子搬家——尽是书(输)了"!你看人家李光地怎么说他:"自甘从逆""辜负皇恩"。专拣要害的地方叼,用语不多,却字字着硬。

说到底,那些所谓"圣帝贤王"是绝对靠不住的。

早在初唐时期,位居"四杰"之首的王勃就曾在《滕王阁序》中提出过疑问:"屈贾谊于长沙,非无圣主;窜梁鸿于海曲,岂乏明时?"说的是两汉,实际上意在本朝。汉、唐尚且如此,遑论其他!

所以,我对于一些历史小说和电视剧狂热地吹捧康、雍、乾祖孙三辈,一向不以为然。最不可理解的是《康熙王朝》的主题歌中,竟然深情脉脉地替这位老皇上畅抒宸衷:"我还想再活五百年!"这还得了?如果他老人家真的再活上五百年,那就要横跨七个世纪,在金銮殿的龙椅上一直坐到21世纪20年代,那样,我们中华民族就还得在封建专制的铁轭下弯腰俯首二百几十年。

你说悲哀不悲哀,可怕不可怕呀?

4

不算结尾。

西哲"读史使人明智"的说法,无疑是正确的。不过,我觉得,还可以从另外一个视角来切入。

读史,也是一种今人与古人灵魂的撞击,心灵的对接。俗话说,"看三国掉眼泪——替古人担忧"。这种"替古人担忧",其实正是读者的一种积极参与和介入,而并非以一个冷眼旁观者的姿态出现。它既是今人对于古人的叩访、审视、驳诘、清算,反过来也是逝者对于现今还活着的人的灵魂的拷问,拉着他们站在历史这面镜子前照鉴各自的面目。在这种重新演绎人生的双向心路历程中,只要每个读者都能做到不仅用大脑,而且还能用心灵,切实深入到人性的深处、灵魂的底层,渗透进生命的体悟,恐怕就不会感到那么超脱、那么轻松、那么从容自在了。

第三十七篇

词心

I

  初秋的傍晚,清爽中已经微微地透着一些凉意了。我信步走进西直门外的紫竹院公园,拣了个视野开阔的地方坐下来。斜晖一抹,弥望里,翠筱娟娟,晴波潋潋,整个园林显现一种萧疏之美。这情调,这景色,正契合此时的心境。我睁大眼睛向四下瞭望——我在刻意搜寻着,不,应该说追寻着纳兰公子当日在此"夜伴芳魂,孤栖僧寺"的踪迹。

  时光毕竟流逝三百多年了。明明知道,失望在等待着我,到头来只能是满怀的惆怅、一腔的憾惋。无奈,感情这个东西从来就是这样不可理喻。临风吊古,无非是寄慨偿情,实质上是一种释放,有谁会死凿凿地期在必得呢?

  尽管岁月的尘沙已经吞蚀了一切,不要说佛堂、梵刹踪迹全无,就是断壁残垣、零砖片瓦也已荡然无存,甚至连僧寺的遗址所在也难以确切地指认了;但我还是执拗地坐在这里,出神地遐想,从纳兰词句"淅沥暗飘金井叶"、"经声佛火两凄迷"的咀嚼中,体味他的凄恻幽怀,感受当时的苍凉况味。

  这里原是明代一个大太监的茔墓地,万历初年在上面建起了一座双林禅院。清康熙十六年(1677)五月,纳兰性德的妻子卢夫人病逝后,灵柩暂时停放在禅院中,直到第二年初秋入葬纳兰氏祖茔皂荚村为止。这期间,痴情的公子多次夜宿禅林,陪伴夜台长眠的薄命佳人,度过那孤寂凄清的岁月。

忆生来，小胆怯空房。到而今，独伴梨花影，冷冥冥，尽意凄凉。

他知道爱妻生性胆小怯弱，连一个人独处空房都感到害怕，可如今却孤零零地躺在冰冷、幽暗的灵柩里，独伴着梨花清影，受尽了暗夜凄凉。

夜深了，淡月西斜，帘栊黝黯，窗外淅沥潇飒地乱飘着落叶，满耳尽是秋声。公子枯坐在禅房里，一幕幕地重温当日伉俪情深、满怀爱意的场景，眼前闪现出妻子的轻颦浅笑、星眼檀痕。他眼里噙着泪花，胸中鼓荡着椎心刺骨的惨痛，就着孤檠残焰，书写下一阕阕情真意挚、凄怆恨惋的哀词，寄托其绵绵无尽的刻骨相思。

心灰尽，有发未全僧。风雨消磨生死别，似曾相识只孤檠。情在不能醒。

生死长别，幽冥异路，思恋之情虽然饱经风雨消磨，却一时一刻也不能去怀。他已经完全陷入无边的痛苦之中而不能自拔，迷离惝恍，万念俱灰。除了头上还留有千茎万茎的烦恼丝，已经同斩断世上万种情缘的僧侣们没有什么两样了。

一阕《浪淘沙》更是走不出感情的缠绕：

闷自剔银灯，夜雨空庭。潇潇已是不堪听。那更西风不解意，又做秋声。　　城柝已三更，冷湿银屏。柔情深后不能醒。若是情多醒不得，索性多情！

情多、多情，醒不得、不能醒……回旋婉转，悱恻缠绵，沉酣痴迷，已经是难以自拔。深悲剧痛中，一颗破碎的心在流血，在发酵，在煎熬。

纳兰的妻子不仅姣好美艳，体性温柔，而且高才凤慧，解语知心。婚后，两人相濡以沫，整天陶醉得像是腌渍在甘甜的蜜罐里。随着相知日深，爱恋得也就越发炽烈。小小的爱巢为纳兰提供了摆脱人生泥淖、战胜孤寂情怀的凭借与依托。任凭他外部世界风狂雨骤,朝廷里浊浪翻腾,于今总算有了一处避风的港湾,尽可以从容啸傲,脱屣世情,享受到平生少有的宁帖。

在任何情况下,意中人乐此不疲地相互欣赏,相互感知,都是一种美的享受。朝朝暮暮,痴怜痛爱着的一双可人,总是渴望日夜厮守,即便是暂别轻离,也定然是依依相恋,难舍难分。有爱便有牵挂,这种深深的依恋,最后必然化作温柔的呵护与怜惜,产生无止无休的惦念。纳兰这样摹写将别的前夜:

画屏无睡,雨点惊风碎。贪话零星兰焰坠,闲了半床红被。
生来柳絮飘零,便教咒也无灵。待问归期还未,已看双睫盈盈。

夫妻双双不寐,絮语绵绵,空使灯花坠落,锦被闲置。他们也知道,这种离别皆因王事当头,身不由己,祷告无灵,赌咒也不行,生来就是柳絮般飘零的命。既然分别已无可改变,那就只好预问归期了,可还没等她开口,早已就秋波盈盈,清泪欲滴。一副小儿女婉媚娇痴之态,跃然纸上。

2

在旧时代,即使是所谓的"康熙盛世",青年男女也没有恋爱自由,只能像玩偶似的听凭父母之命、媒妁之言的随意摆布;至于皇亲贵胄的联姻往往还要掺杂上政治因素,情况更为复杂。身处这样的苦境,纳兰公子居然能够获得一位如意佳人,成就美满婚姻,不能不说是一桩幸事。不过,"造化欺人",到头来他还是被命运老人捉弄了——彩云易散,称心如意的偏叫你胜景不长。一对倾心相与的爱侣,不到三年时光,就生生地长别了,这对纳兰公子无疑是一场致命的打击。

脉脉情浓,心心相印,已经使他沉醉在半是现实半是幻境的浪漫爱河中,向往的是百年好合,白头偕老。而今,一朝魂断,永世缘绝——这个无情的现实,作为未亡人,他是无论如何也接受不了的。因而,不时地产生幻觉,似乎爱妻并没有长眠泉下,只是暂时分手,远滞他乡,"影弱难持,缘深暂隔,只当离愁滞海涯";他想象会有那么一天:"归来也,趁星前月底,魂在梨花。"当这一饱含苦涩滋味的空想成为泡幻之后,他又从现实的向往转入梦境的期待,像从前的唐明皇那样,渴望着能够和意中人梦里重逢。虽然还不是"悠悠生死别经年,魂魄不曾来入梦",但却总嫌梦境过于短暂,惊鸿一瞥,瞬息即逝,终难惬意。

一次,纳兰公子梦见妻子淡妆素服,与他执手哽咽,临行时脱口吟出:"衔恨愿为天上月,年年犹得向郎圆。"醒转来,他悲痛不已,立刻写下了一首《沁园春》:

> 瞬息浮生,薄命如斯,低徊怎忘? 记绣榻闲时,并吹红雨,雕阑曲处,同倚斜阳。梦好难留,诗残莫续,赢得更深哭一场。遗容在,只灵飙一转,未许端详。　　重寻碧落茫茫。料短发、朝来定有霜。便人间天上,尘缘未断;春花秋叶,触绪还伤。欲结绸缪,翻惊摇落,两处鸳鸯各自凉。真无奈,把声声檐雨,谱出回肠。

这样一来,反倒平添了更深的怅惋。有时想念得实在难熬,他便找出妻子的画像,翻来覆去地凝神细看,看着看着,还拿出笔来在上面描画一番,结果是带来更多的失望:

> 凭仗丹青重省识,盈盈,一片伤心画不成。

纳兰几乎无时无日不在悲悼之中,特别是会逢良辰美景,更是触景神伤,凄苦难耐。

> 辛苦最怜天上月。一夕如环,夕夕都成玦。若似月轮终皎洁,不辞冰雪为卿热。

面对银盘似的月轮,他凄然遐想:这月亮也够可怜的,辛辛苦苦地等待着、盼望着,可是,刚刚团圆一个晚上,尔后便夜夜都像半环的玉玦那样亏缺下去。哎,圆也好,缺也好,只要你——独处天庭的爱妻,能像皎洁的月亮那样,天天都在头上照临,那我便不管月殿琼霄如何冰清雪冷,都要为你送去爱心、送去温暖。

目注中天皎皎的冰轮,他还陡发奇想:妻子既然"衔恨愿为天上月",那么,我若也能腾身于碧落九天之上,不就可以重逢了吗?可是,稍一定神,这种不现实的向往便悄然消解——这岂是今生可得的?

> 海天谁放冰轮满?惆怅离情。莫说离情,但值凉宵总泪零。
> 只应碧落重相见,那是今生!可奈今生,刚作愁时又忆卿。

人处在幸福的时光,一般是不去幻想的,只有愿望未能达成,才会把心中的期待化为想象。纳兰公子就正是这样。当他看到春日梨花开了又谢的情景,便立刻从零落的花魂想到冥冥之中"犹有未招魂",想到爱侣,期待着能够像古代传说中的"真真"那样,昼夜不停地连续呼唤她一百天,最后便能活转过来,梦想成真。于是,他也就:

> 为伊判作梦中人,长向画图清夜唤真真。

妻子的忌日到了,他设想,如果黄泉之下也有人世间那样的传邮就好了,那就可以互通音信,传寄尺书,得知她在那里生活得怎样,与谁相依相伴,有几多欢乐、几多愁苦:

重泉若有双鱼寄,好知他年来苦乐,与谁相倚?

情到深处,词人竟完全忽略了死生疆界,迷失了现实中的自我。意乱情迷,令人唏嘘感叹。一当他清醒过来,晓得这一切都是无效的徒劳,便悲从中来,辗转反侧,彻夜不能成眠。但无论如何,他也死不了这条心,便又痴情向往:今生是相聚无缘了,那就寄希望于下一辈子,"待结个他生知己";可是,"还怕两人俱薄命,再缘悭、剩月零风里"——像今生那样,岂不照例是命薄缘浅,生离死别!

他就是这样,知其不可而为之,非要从死神手中夺回苦命的妻子不可。期望——失望——再期望——再失望,一番番的虔诚渴想,痛苦挣扎,全都归于破灭,统统成了梦幻。最后,他只能像一只遍体鳞伤的困兽,卧在林荫深处,不停地舐咂着灼痛的伤口,反复咀嚼那枚酸涩的人生苦果。

他正是通过这种层层递进的痴情泛溢,这种超越时空的内心独白,这种了无遮拦的生命宣泄,把一副哀痛追怀、永难平复的破碎情肠,将一颗永远失落的无法安顿的灵魂,一股脑儿地、活泼泼地摊开在纸上。真是刻骨镂心,血泪交迸,令人不忍卒读。

3

不堪设想,对于皈依人间至纯至美真情的纳兰来说,失去了爱的滋润,他还怎能存活下去?爱,毕竟是纳兰情感的支柱,或者说,纳兰的一生就是情感的化身。他是一个为情所累,情多而不能自胜的人。他把整个自我沉浸在情感的海洋里,呼吸着、咀嚼着这里的一切,酿造出自己的心性、情怀、品格和那些醇醨甘露般的千古绝唱。他为情而劳生,为情而赴死,为了这份珍贵的情感,几乎付出了全部的心血与泪水,直到最后不堪情感的重负,在里面埋葬了自己。

这种专一持久、生死不渝、无可代偿的深爱,超越了两性间的欲海翻澜,超越了色授魂与、颠倒衣裳,超越了任何世俗的功利需求。这是一种精神契合的欢愉,永生难忘的动人回忆、美好体验和热情期待,一朝失去了则是刻骨铭心的伤恸。

情为根性,无论是鹣鲽相亲的满足,还是追寻于天地间而不得的失落,反正纳兰哭在、痛在、醉在自己的爱情里,这是他心灵的起点也是终点,在这里他自足地品味着人生的千般滋味。

生而为人,总都拥有各自的活动天地,隐藏着种种心灵的秘密,存在着种种焦虑、困惑与需求,有着心灵沟通的强烈渴望。可实际上,世间又有几人能够真正走入自己的梦怀?能够和自己声应气求,同鸣共振?哪里会有"两个躯体孕育着一个灵魂"?"万两黄金容易得,知音一个也难求!"即使有幸偶然邂逅,欣欣然欲以知己相许,却又往往因为横着诸多障壁,而交臂失之。

当然,最理想的莫过于异性知己结为眷属,相知相悦,相亲相爱,相依相傍。但幸福如纳兰,不也仅是一个短暂而苍凉的"手势"吗?

但也多亏是这样,才促成纳兰以其绝高的天分、超常的悟性,把那宗教式的深爱带向诗性的天国,用凄怆动人的丽句倾诉这份旷世痴情。有人说,一个情痴一台戏。作为情痴的极致,纳兰性德在其短暂生涯中,演足了这出戏,也写透了这份情。"情在不能醒",多少为情所困的痴男怨女,千百年来,沉酣迷醉在纳兰的诗句之中。

艺术原本是苦闷的象征。刘鹗在《老残游记》的自序中有言:

> 灵性生感情,感情生哭泣。
> 《离骚》为屈大夫之哭泣,《庄子》为蒙叟之哭泣,《史记》为太史公之哭泣,《草堂诗集》为杜工部之哭泣;李后主以词哭,八大山人以画哭;王实甫寄哭泣于《西厢》,曹雪芹寄哭泣于《红楼梦》。

那么,纳兰性德呢?自然是寄哭泣于《饮水词》了。

作为一位出色的词人,纳兰公子怀有一颗易感的心灵,反应敏锐,感受力极强,因而他所遭遇与承受的苦闷,便绝非常人能够比拟。为了给填胸塞臆的生命苦闷找出一条倾泻、补偿的情感通道,他选定了诗词的形式,像"神瑛侍者"那样,誓以泪的灵汁浇灌诗性的仙草。

在经受深重难熬的精神痛苦之后,词人不是忘却,也没有逃避,而是自觉强化内心的折磨,悟出人生永恒的悖论,获取了精神救赎的生命存在方式。在这里,他把爱的升华同艺术创造的冲动完美地结合起来,以诗意般的情感化身展现出生命的审美境界,把个体的生命内涵表现得淋漓尽致,从而结晶出一部以生命书写的悲剧形态的心灵史,它真纯、自然、深婉、凄美,突破了时空限制,具有永恒的价值。

纳兰公子是"性情中人",有一颗平常心。他听命于自己内心的召唤,时刻袒露真实的自我,在污浊不堪的"乌衣门第"中,展现出一种新的人格风范。他以落拓不羁的鲜明个性之美和超尘脱俗的人格魅力,以其至真至纯的内质,感染着、倾倒着后世的人们。尽管他像夜空中一颗倏然划过的流星,昙花一现,但他的夺目光华却使无数人的心灵为之震撼。他那中天皓月般的皎皎清辉,荡涤着、净化着,也牵累着、萦系着一代代痴情儿女的心魂,人们为他而歌,为他而泣,为他的存在而感到骄傲。

4

走过紫竹院来到后海,在康熙年间,坐落这里的明珠太傅府邸里有一座渌水亭。说是亭子,实际上,厅、堂、廊、庑,一应俱全,原是个很宽敞的去处。亭子前面,是澄波一碧的明湖,菡萏千枝,芳香四溢;身后坡陀蜿蜒,隔着一带花丛、竹坞,与相府的翠阁朱楼遥相对映,颇饶隽雅、萧疏的韵致。

纳兰公子十分喜欢它,风晨月夕,斜晖晚照中,他总要来这里勾留数刻,凭栏四望,披襟当风,把那久久郁塞于胸臆间的难剪难理的怅绪幽情,尽情地排遣开来。有时心情特别好,还会即兴拈毫,浓涂艳抹地描绘一番

眼前的景色:

> 墙依绣堞,云影周遭;门俯银塘,烟波滉漾。蛟潭雾尽,晴分太液池光;鹤渚秋清,翠写景山峰色。云兴霞蔚,芙蓉映碧叶田田;雁宿凫栖,秔稻动香风冉冉。

而那首《渌水亭》七绝,则是淡处着墨,更显得摇曳多姿:

> 野色湖光两不分,碧云万顷变黄云。
> 分明一幅江村画,着个闲亭挂夕曛。

与历史上的兰亭、醉翁亭一样,此间也是一处以文会友、诗酒谈欢的所在。不过,比起前两座亭子,渌水亭的名气还没有那么大,命途也要乖蹇一些。——随着纳兰公子的早逝,文人雅集即告终止,落下个"渌水亭边宾客散,乌衣巷口衰杨舞"的局面。加之,亭子坐落在"天临尺五"的帝京繁华之地,王侯第宅之中,直接受到政治变迁、园林易主的影响,不要说置酒高会、吟苑歌场再也见不到了,最后竟连这座建筑本身也杳无踪影,这不免引起过往行人的喟然慨叹。晚清诗人边袖石写过这样一首七绝:

> 鸡头池涸谁能记,渌水亭荒不可寻。
> 小立平桥一惆怅,西风凉透白鸥心。

寥寥二十八字,道尽了世事沧桑、园林兴废之感,今天读起来,也还觉得一股凄凉、惆怅的况味漫涌在心头。

不过,当日的渌水亭却有一段壶觞歌咏、诗酒风流的峥嵘岁月。公余之暇,纳兰性德总要陪同一些久享文誉且又情同知己的朋友在此间雅集,宾主一道饮酒赋诗,寻幽览胜,脱略形骸,"此间萧散绝,随意倒壶觞"(纳兰诗),为后世文坛留下了许多逸闻佳话。康熙十八年(1679)夏天那次"赏荷"宴集中,姜宸英、严绳孙、陈维崧等十几位诗人,狂歌醉咏,佳作迭出,宴会气氛极为热烈,正像朱彝尊在词中所描绘的:

不知何者是客,醉眼无不可,有底心性?斲粉长笺,翻香小曲,比似江南风景,看来也胜。

连侍立一旁斟酒布菜的婢女,也深深受到环境和气氛的感染,眼饧耳热之余,情不自禁地脱口吟出清新自然的诗句:

一杯一杯又一杯,主人醉倒玉山颓。
主人大醉卷帘起,招入青山把客陪。

后来,乾隆朝的大诗人、性灵派的主帅袁枚发现了这首诗,予以很高评价,还把它收进《随园诗话》,使之得以广泛流传。

这次雅集之后,纳兰公子把那些与会者即兴吟哦的诗词全部汇集起来,编成一部《渌水亭宴集》,还仿效王羲之的做法,在前面冠上一篇《诗序》,以"宁拘五字七言,不论长篇短制,无取铺张学海,所期抒写性灵云而"为依归,在清代初年诗坛产生了积极的影响。

5

大批文人学士对于渌水亭主人,之所以那样向风慕义,倾心相与,固然和纳兰公子的文采风流、才华横溢有直接关系,但更主要的还是他那襟怀磊落、待人以诚的人格魅力,焕发出强大的吸引力。翻开纳兰性德的交游录,人们会发现一种特异的现象:一边是少年得志、锦冠绣服、神采飘逸的满族天潢贵胄;另一方面,却是一些年华老大、穷愁潦倒、郁郁不得志的汉族饱学之士，其间形成了巨大的反差。本来，身份地位的悬殊，民族心理的隔阂，也包括年龄、阅历方面的差异，像一堵厚厚的高墙，拦阻在他们中间。但这位"翩翩浊世之佳公子"却把它轻轻地跨越了。他把视线的焦点平移到那些寒士身上。他以自己独特的方式、叛逆的情怀，迸发出超越身份、蔑视门第的抗争与呐喊。

> 非关癖爱轻模样，冷处偏佳。别有根芽，不是人间富贵花。
> 谢娘别后谁能惜？漂泊天涯。寒月悲笳，万里西风瀚海沙。

如果不了解实情，任谁看了这首《采桑子》词，都不会相信它出自于一位"鲜花着锦，烈火烹油"般的贵介公子的笔下。词的副题为《塞上咏雪花》，但读者一眼就能看出，实际上是词人的"夫子自道"——是他自我胸襟、志趣的写照。上阕抒写他鄙视人间富贵，不慕世俗荣利的衷情；下阕说，此花漂泊在西风瀚海、寒月悲笳的天涯绝域，很少受到人们的爱怜和顾惜，言下之意透露出高处不胜寒、知音难觅的悲凉孤寂之感。

如果说，通过这种借喻方式，他只是曲折委婉地向外传递出个人的胸怀襟抱和价值观念；那么，下面这首《金缕曲》则是面对挚友顾贞观，不假雕饰地坦诚昭示了自己的人生鹄的：

> 德也狂生耳。偶然间、缁尘京国，乌衣门第。有酒唯浇赵州土，谁会成生此意。不信道、遂成知己。青眼高歌俱未老，向樽前、拭尽英雄泪。君不见，月如水。　　共君此夜须沉醉。且由他、蛾眉谣诼，古今同忌。身世悠悠何足问，冷笑置之而已。寻思起、从头翻悔。一日心期千劫在，后身缘、恐结他生里。然诺重，君须记。

这一年，纳兰性德二十二岁，刚刚获殿试二甲七名，赐进士出身，可说是"春风得意马蹄疾"，正在人生舞台上成功地旋转着。而所处环境、背景，更容易促成他跨俗凌虚，目无余子。当时，尚属满族军事贵族入主中原的初年，他们总是自觉不自觉地以征服者的面目出现，醉心武力，崇尚威权，骄横不可一世，吆五喝六，颐指气使，一般汉族文士在他们眼中，贱如鸡豚犬彘，动辄肆意加以凌辱。可是，纳兰公子却大异其趣，满不在乎皇亲贵胄、御前近侍的特殊身份，在和顾贞观这样一个沉居下僚的汉族文士交往中，竟以知音相许，以完全平等的态度、真诚炽热的感情，捧出一颗赤诚的心，不拘形迹地尽情倾吐其深沉的积郁，着实难能可贵。

词中不仅尽出肺腑，直抒胸臆，表达其不矜门第、唯求知己的渴望，发出相见恨晚的慨叹；并且，对贞观所遭受的世俗白眼和游辞无根的谗构，表示深切的同情和慰藉。

古人把对素所敬重的人垂青称为"青眼"。当年杜甫曾以"青眼高歌望吾子"的诗句，表达他对年少有为的王郎的期许。在这首词里，纳兰同样以"青眼高歌"四字移赠顾贞观，寄寓了他对知心朋友拳拳服膺的敬意和殷切的期望。

顾贞观，号梁汾，江苏无锡人，才气纵横，却只当了一名位卑职小的典籍官，未获重用。但他对于仕途也并不怎么热心，因为在宦海漩涡面前，他一直是心存戒惧的。其题壁诗"落叶满天声似雨，乡关何事不成眠"，曾为江左诗文大家所激赏。贞观长纳兰十八岁，二人志趣相投，互相倾慕，一经接谈，遂成知己。纳兰有句云，"知我者，梁汾耳"；贞观则说，"其敬我也，不啻如兄，而爱我也，不啻如弟"。他们"无一日不相忆，无一事不相体，无一念不相注"。贞观到纳兰家做客，常被引到楼上，然后撤去梯子，关起门来，做数日之欢谈，抚琴度曲，作赋吟诗，沉酣在忘我的气氛里。纳兰《偕梁汾过西郊别墅》诗中对此有所描述：

迟日三眠伴夕阳，一湾流水梦魂凉。
制成天海风涛曲，弹向东风总断肠。

公子辞世后,贞观悲痛欲绝,不久也就抱病还乡,隐居惠山脚下。

纳兰性德是一个醉心风雅、酷爱生活而薄于功名利禄的人。虽然出身豪门望族,却不愿意交结达官贵人,尤其看不起那些趋炎附势的"热客"和饫甘餍肥、醉生梦死的纨绔子弟;相反,对于一些穷途失意、落拓京城而人品和文品俱佳的汉族诗人、雅士,则竭至诚,倾肺腑,以礼相待,遇有困厄,必全力周济,"生馆死殡,于资财无所计惜"。他在一首怀友词中,有"结遍兰襟,月浅灯深"之句,绝非虚饰之语。

在纳兰的诗文集中,与朋友酬赠、送别、相忆、追怀之作甚多,无不披肝沥胆,发于至情。那些朋友,比他都年长许多,有的甚至可以称为父辈,却都敬重他、爱戴他。他们之间纯属道义之交,不受门第的约束,没有庸俗的捧场,多的是诗文的酬答,学问的切磋,品格方面的相互砥砺。

驰誉当日文坛的"江南三布衣"之一姜宸英,性格狷介狂放,洁直自持,不肯卑躬屈节,且又胸无城府,心直口快,常常出语伤人,因而仕途上历尽坎坷,"举头触讳,动足遭跌",不为执政者所容,饱遭世俗的冷遇,最后连生计都成了问题。纳兰公子不仅在精神上多方安慰,与他诗酒往还,结为忘年之交;而且,在生活方面给予保证,专门为他安排了很好的住处。有关他们间的交往,姜宸英有过一段发自肺腑的深情追忆,活脱脱地刻画出两个人的鲜明个性:

> (纳兰)与人交,遇意所不欲,百方请之不可得谐。及其所乐就,虽以予之狂,终日叫号慢侮于其侧,而不予怪。盖知予之失志不偶,偶而嫉时愤俗特甚也。

后来,宸英奔母丧归里,公子又捐资相助,并写下了感人至深的《金缕曲》,与他依依握别:

> 谁复留君住?叹人生、几番离合,便成迟暮。最忆西窗同剪烛,

却话家山夜雨。不道只、暂时相聚。滚滚长江萧萧木,送遥天、白雁哀鸣去。黄叶下,秋如许。　　日归因甚添愁绪。料强似、冷烟寒月,栖迟梵宇。一事伤心君落魄,两鬓飘萧未遇。有解忆、长安儿女。衰敝入门空太息,信古来、才命真相负。身世恨,共谁语!

上阕一往情深地追忆他们西窗剪烛、雨夜倾谈的往事,抒写聚散无常的离别之苦;下阕以温言软语加以慰藉,劝说他暂解离愁:回到家里,总比"栖迟梵宇"、面对"冷烟寒月"强得多,且有儿女绕膝,可以尽享天伦乐事。但关节点还是对其"落魄""未遇"的"身世恨",表示深切的惋惜与同情。"才命真相负",为一篇之诗眼。纳兰在赠梁汾词中,亦有"高才自古难通显"之句。都与唐人李商隐诗"古来才命两相妨"同义。愤慨不平之鸣,溢于纸上。

6

在友朋交往中,纳兰公子最为世人所称道的,还是冒着政治风险营救吴兆骞一事。

诗人吴兆骞,苏州吴江人。自幼刻苦读书,擅长诗赋,被目为稀世才子,有"江左凤凰"之美誉。但因恃才傲物,性不谐俗,乡里之人多不喜欢与之接近。顺治十四年(1657),清廷为打击江南地主势力,借惩办科考舞弊而兴起一场"丁酉科场案"。由于遭到仇家的诬陷,吴兆骞也被列入科场舞弊者名单,遂被流放到东北边陲的宁古塔。悉知内情的人无不为之感到冤枉,"一时送其出关之作遍天下"。诗人吴伟业的《悲歌行》,最为愤激沉痛,寄慨遥深:

人生千里与万里,黯然魂销别而已。君独何为至于此?山非山兮水非水,生非生兮死非死。

············

> 日月倒行入海底,白昼相逢半人鬼。噫嘻乎悲哉！生男聪明慎勿喜,仓颉夜哭良有以,受患只从读书始。君不见,吴季子！

到康熙十五年(1676),兆骞已经在穷边绝塞苦苦熬过了十八个年头。对于这位才高命蹇的挚友,顾贞观一直挂记在心头。他在与纳兰公子结为至交后不久,便提出了解救吴兆骞的请求。纳兰深深知道这件事复杂的背景——它不同于一般案件,涉及满汉关系和南北方汉族官员之间的矛盾,牵扯清朝上层统治者对待汉族士子的政策问题。营救一个人会触及一连串敏感而严重的政治纷争,自然不能不慎重考虑。

尽管如此,他出于对吴兆骞悲惨境遇的深切同情,又为顾贞观对朋友的灼灼真情所感动,还是诚恳地表示:"此事三千六百日中,弟当以身任之。"考虑到这件事的困难程度,表示要以十年为期,设法把吴兆骞营救出来。但是,顾贞观救友心切,也顾及不得许多,便率意提出"不情之请",进行讨价还价:"十年为期？总共他还能活多长时间！能不能在五年内实现？"

这可是出了个大难题。经过一番覃思苦虑,纳兰又以词代柬,向贞观表示了一个原则的却是十分果决的态度:

> 绝塞生还吴季子,算眼前,此外皆闲事。

意思是,悠悠万事,唯此为大。除了营救吴兆骞,其他任何事情都排不上号。他愿意为此承担一切风险,不惜任何代价。

孰料,就在筹划过程中,纳兰性德受任乾清门三等侍卫之职,这要经常随驾出巡,驰驱南北,很少有自己能够支配的时间;加之,爱妻染病,恸赋悼亡,更使他时时陷在深悲剧痛之中。但他还是拼力奔走,多方斡旋,以践履自己的然诺。在自己力所不及的情况下,又搬出"老太爷子"明珠太傅和当朝重臣、座师徐乾学的大驾来,征得他们的参与和协助。终于经过五年努力,最后通过纳款,使吴兆骞得以生还。

这在当时,可说是一桩绝无仅有的特例。受清初政策制约和种种矛盾交织的影响,凡是流放宁古塔的江南汉人,不仅没有生还的希望,即使死后以灵柩归葬,也是阻碍重重。难怪为欢庆吴兆骞赦归,文友们吟出"廿年词赋穷边老,万里冰霜匹马还";"居人把袂呼长别,迁客惊心贺独还"的诗句——这么多年,还没有第二个人活着回来啊。

这里还有一个带戏剧性的很有意味的插曲——

吴兆骞极具诗人气质,不谙世事,且又久居穷边塞外,不仅对牵扯此事的朝廷内部复杂矛盾并不十分清楚,甚至对顾贞观为营救他而煞费苦心、惨淡经营,也并不完全了解。贞观本人更是从未特意向他表白,市恩买好。两人后来以小事失和,甚至不相往来。纳兰公子察知后,与父亲商定,在当日贞观为营救友人向太傅求情的内斋设宴,以捅破实情,披露真相,促使他们重归于好。

这天,兆骞早早地来到了明珠府邸的内斋,拜见过太傅大人,又同公子纳兰天南海北地闲叙过一番诗词文赋。偶然抬起头来,他发现厅内两棵抱柱上竟都贴有纸条,左边的写有"顾贞观为吴兆骞饮酒处",右边柱子上写着"顾贞观为吴兆骞屈膝处"。一时甚感诧异,忙向主人问询底里缘由。纳兰公子告诉他,那年贞观到太傅家,向老大人提出营救落难朋友的请求。太傅大人说:"吴君素负才名,又与先生为莫逆之交,老夫愿意为此一效绵薄之力。只是,先生素不饮酒——这我知道,那么,今日您能不能为朋友尽饮一杯呢?"贞观听了,二话没说,举起酒杯,一饮而尽;因为当朝的太傅亲口承诺愿意帮忙,他感激涕零,赶忙向大人坐处趋前一步,屈膝请安。

听到这里,吴兆骞犹如拨云见日,茅塞顿开,不禁感愧交加,两行热泪刷地涌了出来。纳兰公子当即请出贞观,安排二人在内斋相见。面对着充满欣慰之情的贞观,兆骞长跪不起,哽咽着说:"君于我有生死骨肉之恩,而我却以口舌之争辜负殆尽,兆骞实在是不齿于人类了!"

两人相对唏嘘不已,自是情好逾初。

第三十八篇

两千年一"梦"

I

从公元前 286 年伟大的思想家兼文学家的庄子去世,到公元 1715 年伟大的文学家而兼思想家的曹雪芹诞生,中间整整相隔了两千年。在这两千年历史长河的精神航道上,首尾两端,分别矗立着辉映中华文明以至整个世界文明的两座摩天灯塔——两位世界级的文化巨人。他们分别以其《南华经》(《庄子》)和《红楼梦》,卓然特立于世界文化之林。

曹雪芹生当所谓"康乾盛世",距今不过二三百年,而其活动范围,也只有南京、北京两地,可留存下来的文献资料却少得出奇,以至连本人的字、号,生年、卒年,有关行迹及住所、葬地,还有生父、妻子等,都存在着争议,这倒和两千多年前的庄子十分相像。而且,从已知的有限记载中得知,他的身世、处事、阅历,特别是心灵历程、思想追求、精神境界,也和庄子有许多相似之处——

与庄子为宋国没落贵族的后代一样,曹雪芹也出生于没落的贵族家庭。他的祖上是一个百年望族,属于大官僚地主家庭,其曾祖父、祖父、父亲,三代世袭江宁织造达六十余年之久。曹家与清皇室的关系非常密切,雪芹的曾祖母曾是康熙的乳母,祖父当过康熙的侍读。雪芹出生于南京,十三岁之前,作为豪门公子,过着锦衣纨绔、饫甘厌肥的生活。尔后,由于其父受到株连,被革职抄家,家道中落,财产丧失殆尽,社会地位一落千丈;移居北京后,成为普通贫民,饱经沧桑巨变,备尝世态炎凉之酸苦,"寂寞西郊人到罕","故交零落散如云"。清人笔记中载:"素放浪,至衣食不给";"老而落魄,无衣食,寄食亲友家"。所居房舍,"土屋四间,斜向西南,筑石为壁,断枝为椽,垣堵不齐,户牖不全",生活十分贫寒、困窘。

曹雪芹与庄子一样,天分极高,自幼又都曾受到过系统的传统文化教育,饱读诗书,胸藏锦绣;又都做过短时期的下层职员:庄子曾在蒙邑任漆园吏两三年时间;雪芹也曾做过内务府笔帖式,从事文墨、缮写差事,职位很低,只有年余,尔后便进入右翼宗学,担任助教、夫役,时间也不太长。庄子曾凭借编织草鞋以维持生活,雪芹则是以出售书画和扎绘风筝赚取收入;庄子熟悉并能亲自操作编织、刻竹、制漆等工艺生产,雪芹对金石、编织、织补、印染、雕刻、烹调与脱胎漆器等工艺美术也有研究。这样,他们便都有条件了解底层社会,同普通民众接触,包括一些拒不出仕的畸人、隐者,进而与之建立良好的关系。

除了长篇小说《红楼梦》,曹雪芹还留下一部《废艺斋集稿》,详细记载了金石、风筝、编织、印染、烹调、园林设计等工艺艺程。其中《南鹞北鸢考工志》自序中写道:"是岁除夕,老于(残疾人于叔度,曾向曹雪芹学习扎糊风筝技艺)冒雪而来,鸭酒鲜蔬,满载驴背,喜极而告曰:'不想三五风筝,竟获重酬;所得共享之。'"反映了曹雪芹的平民意识与助残济困的高尚情怀。这使人想到庄子置身于百工居肆,乐于同支离疏、王骀等残疾人打交道,听他们倾诉惨淡人生的遗闻轶事。

曹雪芹厌恶八股文,绝意仕进,根本不去参加顺天乡试。他和庄子一样,都是以极度的清醒,自甘清贫,洁身自好,逍遥于政治泥淖之外,始终和统治者保持着严格的距离。乾隆年间,朝廷拟在紫光阁为功臣绘像,诏令地方大员物色画家。当时雪芹为寻访故地,回到南京,江南总督尹继善遂推荐他充当供奉,兼任画手,不料雪芹却未予接受。拒绝的原因,他没有直说,想来大概是:当年庄子为了追求人格的独立与心灵的自由,奉行"不为有国者所羁"的价值观,却楚王之聘,不做"牺牛";我虽不如庄子也不能去自投罗网,在那"犹如火宅,众苦充满,甚可怖畏"(借用佛经上的话)的龙楼凤阁中,做个笔墨奴才,给那些乌七八糟的所谓"功臣"画影图形,既无趣又可怕。

曹雪芹与庄子一样，都是旧的传统礼教的叛逆者，反对儒家的仁义教条，厌弃"学而优则仕"的世俗观念，批判专制，警惕"异化"。要之，他们都是物质生活匮乏而精神极度富有的旷世奇才。他们的思想都与现实社会环境极不协调，甚至尖锐对立；他们的言行举止，超越凡俗，脱离固有的社会价值、伦理观念的框范，而不为世人所认同与理解。这样，处世就不免孤独，而作品更有"都云作者痴，谁解其中味"的悲凉感。

"怅望千秋一洒泪，萧条异代不同时。"（杜甫句）庄子如果地下有知，当会掀髯笑慰：两千年的期待，终于又觅得一个异代知音。

2

曹雪芹在西单石虎胡同的右翼宗学担任教职（一说曹雪芹为敦惠伯家西宾，紧邻右翼宗学）时，结识了清朝宗室的一些王孙公子，如敦氏兄弟与福彭等。初识时，曹雪芹三十岁，敦敏十六岁，敦诚仅十一岁。在漫长的冬夜，他们围坐在一起，这些公子哥儿听年长他们很多的曹雪芹充满智慧、富有谐趣的清谈雅教，与他说古论今。在较长一段时间的接触中，他们亲炙了雪芹的高尚品格与渊博学识，都从心眼里敬服他。大约三年过后，曹雪芹移居北京西郊，过着著书、卖画、挥毫、唱和的隐居生活。其间，除了敦氏兄弟仍然常相过从之外，当地还有一位张宜泉，与雪芹交往甚密，意气相投。他年长雪芹十多岁，功名无份，穷愁潦倒，靠教几个村童度日。

"二敦""一张"在题诗、赠诗、和诗中，留下了一些关于雪芹的十分可靠的珍贵文献资料。诗中真实地状写了雪芹贫寒困顿的隐逸生涯、超迈群伦的盖世才华和纵情不羁的自由心性。在这里，诗人运用"立象以尽意"的艺术手法，驱遣了"野浦""野鹤""野心"这三种颇能反映本质的意象：

野浦冻云深，柴扉晚烟薄。

山村不见人，夕阳寒欲落。

敦敏在这首《访曹雪芹不值》的小诗中,形象地描绘了雪芹居处的落寞、清幽、萧索,可说是凄神寒骨。前此,他还曾写诗《赠芹圃》,有句云:

碧水青山曲径遐,薜萝门巷足烟霞。
寻诗人去留僧舍,卖画钱来付酒家。

"曲径遐""足烟霞",描绘其环境清幽;"留僧舍"、卖画沽酒,记述其日常生活。敦诚在《赠曹雪芹》诗中,亦有"满径蓬蒿老不华,举家食粥酒常赊。衡门僻巷愁今雨,废馆颓楼梦旧家"之句。前两句,写居住环境荒凉、生活条件艰苦;后两句,写世态炎凉,繁华如梦。"今雨"用典,出自杜甫的《秋述》小序:"常道车马之客,旧雨来,今雨(新结交的朋友)不来。"杜甫居长安时,初被唐玄宗赏识,众人都主动上门结交,一时车马不绝,但他后来并没有做成什么官,于是,人们便对他疏远了。世态炎凉,人情冷暖,同样反映在曹雪芹的境遇中,令诗人感喟无限。

说过了"野浦",再讲"野鹤"。敦敏曾写过这样一首七律,题为《芹圃曹君霑别来已一载余矣,偶过明君琳养石轩,隔院闻高谈声,疑是曹君,急就相访,惊喜意外,因呼酒话旧事,感成长句》。首联与尾联云:"可知野鹤在鸡群,隔院惊呼意倍殷";"忽漫相逢频把袂,年来聚散感浮云"。此前一年多时间,雪芹曾有金陵访旧之行,现在归来,与敦敏相遇于友人明琳的养石轩中。诗中状写了别后聚首、把袂言欢的情景。这里值得注意的是"野鹤在鸡群"之语,其意若曰:曹公品才出众,超凡独步,有如鹤立鸡群。典出晋人戴逵《竹林七贤论》:"嵇绍入洛,或谓王戎曰:'昨于稠人中始见嵇绍,昂昂然如野鹤之在鸡群。'"(见《晋书·嵇绍传》)宋代诗人陈刚中也曾写过:"高士常徇俗,无心欲违世。野鹤在鸡群,饮啄同敛翅。"大约就在这次聚会中,雅擅丹青的曹雪芹,乘着酒兴,画了突兀奇峭的石头,以寄托其胸中郁塞不平之气。敦敏当即以七绝题画:"傲骨如君世已奇,嶙峋更见此支离。醉余奋扫如椽笔,写出胸中块垒时!""傲骨""嶙峋""胸中""块垒"云云,活灵活现地道出了曹公的倨傲个性与愤激情怀。

与此紧密相关,是张宜泉诗中的"野心"之句。诗为七律《题芹溪居士》:

> 爱将笔墨逞风流,庐结西郊别样幽。
> 门外山川供绘画,堂前花鸟入吟讴。
> 羹调未羡青莲宠,苑召难忘立本羞。
> 借问古来谁得似?野心应被白云留。

核心在后四句。红学家蔡义江对此有详尽而准确的解读——

"羹调"句写,曹雪芹并不羡慕李白那样受到皇帝的宠幸。李白号青莲居士,以文学为唐玄宗所赏识,玄宗曾亲自做菜给他吃,所谓"以七宝床赐食,亲手调羹"。"苑召"句,写曹雪芹善画,但他不忘阎立本的遗诫,而不奉苑召。《旧唐书·阎立本传》载,唐太宗召阎立本画鸟,阎立本闻召奔走流汗,俯在池边挥笔作画,看看座客,觉得惭愧,回来即告诫儿子:"勿习此末技。""野心"句的野心,谓不受封建礼法拘束的山野人之心。这句是说,曹雪芹鄙视富贵功名,只有山中的白云可以与他做伴。唐末,陈抟举进士不第,隐居华山云台观。入宋后,数召不出,作谢表,中有"数行丹诏,徒教彩凤衔来;一片野心,已被白云留住"之句(《唐才子传》)。

穷愁困踬中,曹雪芹以坚韧不拔的毅力,十数年如一日,坚持创作《石头记》(《红楼梦》)。晚年因幼子夭亡,悲痛过度,忧伤成疾,于乾隆二十七年(1763)除夕病逝。敦诚、敦敏、张宜泉等分别以诗悼之。

综观曹雪芹的一生,以贫穷潦倒、维持最低标准的生存状态为代价,换取人格上的自由独立,保持自我的尊严与高贵,不肯苟活以媚世;精神上,从容、潇洒,营造一种诗性的宽松、澹定的心态,祛除一切形器之累,从而获得一种超然物外的陶醉感与轻松感。

3

鲁迅先生针对生民处于水火之境的艰难时世,说过一句痛彻骨髓的话:"人生最苦痛的是梦醒了无路可以走。做梦的人是幸福的;倘没有看出可走的路,最要紧的是不要去惊醒他。"接着又说,"假使寻不出路,我们所要的倒是梦。"曹雪芹和庄子都生活在社会危机严重、理想与现实对立、"艰于呼吸视听"的浊世,都是"无路可以走"的。这样,他们两人便都不约而同地选择了梦境,借以消解心中的块垒,寄托美好的愿望,展望理想的未来。

作为文人写梦的始祖,庄周托出一个虚幻、美妙的"蝴蝶梦"(见《齐物论》),将现实追求不到的自由,融入物我合一的理想梦境之中;而织梦、述梦、写梦的集大成者曹雪芹,则通过荣、宁二府中的"浮生一梦",把审美意识中的心理积淀,连同诗化情感、悲剧体验、泣血生涯等和盘托出,在卑鄙、龌龊的现实世界之上,搭建起一个以女儿为中心的悲凄、净洁、华美的理想世界。有人统计,《红楼梦》一书中共写了三十二个梦,其中最典型的是贾宝玉梦入太虚幻境的警幻情悟,预示其看破红尘、人生如梦的觉解。

《庄子》与《红楼梦》这两部传世杰作,归根结底,都可说是作者的"谬悠说""荒唐言""泣血哭""辛酸泪"。清末小说家刘鹗在《老残游记·自叙》中说得好,"《庄子》为蒙叟之哭泣","曹雪芹寄哭泣于《红楼梦》"。

在中国古典小说中,《红楼梦》应是引用《庄子》中典故、成语、词句最多的一部作品,作者信手拈来,触笔成妙;看着觉得眼熟,结果一翻,竟然分别出自《人间世》《大宗师》《胠箧》《秋水》《山木》《盗跖》《列御寇》等篇章,令人惊叹作者学识的渊博。雪芹对于庄子其人其文极度倾慕,曾借助以"槛外人"和"畸人"自命的妙玉之口说:"文是庄子的好。"同妙玉一样,小说中众多人物都喜欢《庄子》,特别是宝玉、黛玉这两位主人公,对于这部哲学经典,已经烂熟于心,能够随口道出,恰当地用来表述一己的处世态度、思想观念、生活情趣。显然,作者称引《庄子》,绝非矜富炫博,装潢门面,而是为

>>> 《红楼梦》一书中共写了三十二个梦,其中最典型的是贾宝玉梦入太虚幻境的警幻情悟,预示其看破红尘、人生如梦的觉解。

了彰显他的价值观、倾向性与人生态度,因为他们是同道者、知心人。

庄子是中国思想史上第一个提出争取和捍卫人的自由的思想家。高扬自由意志,追求个性解放,可说是《庄子》的一条红线,也是庄子思想影响后世的最重要的一个方面。而曹雪芹,则把自由的思想意志奉为金科玉律,当作终生信条,他正是通过贾宝玉这一典型人物的典型性格,来集中阐扬这种精神意旨的。就是说,《红楼梦》的哲学蕴涵,主要是隐含在人物形象之中。贾宝玉的坚决反对"仕途经济""八股科举",无拘无束、我行我素、放纵不羁、自由任性的个性特征,以及他所赞赏的"无知无识、无贪无忌"的赤子般心境,还有他借龄官的嘴说出的对封建地主家族的控诉,"你们家把好好的人弄了来,关在这牢坑里",完全失去自由,等等。显然,这之中都有庄子思想的影子。宝玉曾多次谈到死亡,他说:"等我有一日化成了飞灰——飞灰还不好,灰还有形有迹,还有知识的。等我化成一股轻烟,风一吹就散了的时候,你们也管不得我,我也顾不得你们了,凭你们爱哪里去,哪里去就完了。"这也让人联想到庄子关于死亡的那番旷达、超迈的话语。看得出来,庄子思想是他(当然也包括黛玉)主要的精神支柱。

《红楼梦》中大家所熟知的《好了歌》及其解注,还有那句"可知世上万般,好便是了,了便是好。若不了,便不好;若要好,须是了"的警语和"太虚幻境"中"真假""有无"的对联,骨子里所反映的"万物齐一",一切都具有相对性与流变性的观念,自然都和庄子的《齐物论》有一定的关联。

至于《红楼梦》《庄子》这两部杰作的叙述策略与话语方式,也同样有其相似之点:一个隐喻为"假语村言""荒唐无稽之词";一个则明确地讲,"以谬悠之说、荒唐之言、无端崖之辞"出之,"其辞虽参差,而諔诡可观"也。

4

应该说,曹雪芹接受庄子的影响,主要是接受"一种理想人格的标本","游心于恬淡、超然之境"。正是这种精神原动力,使他们面对"心为物役"、人性"异化"的残酷现实,能够解除名缰利锁的心神自扰,以其熠熠的诗性光辉,托载着思想洞见、人生感悟、生命体验,以净化灵魂、澡雪精神、生发智慧、提振人心。

看得出来,这种天才人物之间的吸收与接纳、递嬗与传承,是作用于内在,而且是创造性、个性化的。从这个意义上说,师承也好,赓续也好,不会一体雷同,只能具有相对性。

为此,在肯定两人相同或相似这主导一面的同时,也应注意到他们在思想观念方面存在着一定的差异。比如,迥异于庄子的雪芹的佛禅情结、色空观念、虚无意识,广泛地浸染于作品之中;"家亡人散各奔腾","好一似食尽鸟投林,落了片白茫茫大地真干净",是其最具代表性的经典表述。其成因皆是复杂的,大抵同他所遭遇的残酷的社会环境、天崩地坼般的家庭剧变、本人的文化背景和信仰观念,有着直接关系。

即此,也充分反映了天才人物的独创性与特殊性。这一特征决定了他们之间绝对重复的现象是不存在的,根本不可能"如法炮制"。就是说,只能有一,不能有二,他们在世间都已成了绝版——从辞世那天起,原版即已毁掉,永远也无法复制。

司马迁在《报任安书》中曾经慨乎其言:"古者富贵而名磨灭,不可胜记,唯倜傥非常之人称焉。""倜傥非常",卓异超凡之谓也。从世界的眼光和时代的高度来审视,庄子也好,曹雪芹也好,这两位文化巨匠的思想见地、艺术造诣、人格精神,都处于人类智慧的巅峰。两千年的期待,两千年的守望,两千年的传承。庄子、曹雪芹分别作为中华传统文化的重要开山者和中国封建文化的总结、批判、继承者,都以毕生心血凝铸而成了旷世奇文,为中华民族奉献出辉煌的文化瑰宝,并为促进人类文明的共同发展做出伟大的贡献。从而在浩瀚无垠的文化星空中,这一对"双子星座",以其无可取代的独特地位,千秋万世放射着耀眼清辉。

第三十九篇

深情者

I

解读诗人,有读诗和读人两层内涵。读的途径也有两条:一条是因人而及诗,比如曹操,我就是先知道这个历史大名人,尔后才找来他的"东临碣石,以观沧海"的;另一条路径,是由诗再到人,应该说,这类情况比较多。

对于清代诗人黄仲则,就属于后一种情况。

偶然之中,从报刊上看到一首黄仲则《别老母》的七言绝句:

搴帷拜母河梁去,白发愁看泪眼枯。
惨惨柴门风雪夜,此时有子不如无!

看到这涌动着灼灼真情、凝结着生命体验、纯然发自肺腑的诗篇,即刻觉得全身打个激灵,不禁凄然泪下。"搴帷拜母""白发愁看",此情此景,宛然如在目前。我立刻就联想到自己慈祥的老母亲,她老人家许许多多的往事一起涌上心头,历历在目。

回转头来,我就产生了要认真地解读一番黄仲则本人的愿望。

刚好我有江苏常州之行,知道黄仲则隶籍常州,便抽暇去了他故居所在的马山埠。记得它坐落在市中心繁华商业街的后面,巷子不怎么宽,故居房子十分破落,仅存了一间而已,白色的山墙突兀地立在那里,十分显眼。房子前面,还有个不大的庭院,于今荒草离离,看了顿生苍凉、凄婉之感。

黄仲则故居名为"两当轩",其诗集也叫《两当轩集》。叩其缘由,问过几个人,都莫知所以。后来看到羊牧之的《"两当"一解》,说是由于黄氏家贫,没有书房,便以厢房当作书房,复当卧室,故名"两当"。是耶,非耶?

那次造访,留下的总体印象,就是诗人生涯拮据,家境贫寒,穷困潦倒。这样,再联系到他诗章的内容、风格,理解便加深了一步。

2

黄仲则,名景仁,乳名高生,因为他于乾隆十四年(1749)出生在江苏高淳的学署。那时,祖父黄大乐在高淳县学担任训导,子女随行。四岁时候,他的父亲早逝;到了七岁,便随祖父回到了常州故里。十二岁前,祖父、祖母、兄长又相继去世。门衰祚薄,伶仃孤苦,他从小与母亲相依为命。

那首《别老母》,当是一个严寒的冬日,离开常州到安徽太平时所作。那一年,他二十三岁。离家后不久,到了除夕,他又写了一首怀念母亲的七律,中有"廿载偏忧来日促,一身但觉负恩多。遥知慈母尊前意,念子今宵定若何"之句。读来,同样令人亲情涌荡,九转肠回。

就在这次写作《别老母》的同时,诗人还有一首《别内》诗:

几回契阔喜生还,人老凄风苦雨间。
今夜别君无一语,但看堂上有衰颜。

十九岁那年,他与赵姓女子结婚。几年过后,为生计所迫,不得不外出"作稻粱谋",抛妻别母。就在这次同妻子依依惜别之际,仍然是殷殷以照看好老母亲相嘱。

仲则给妻子还写过一首词,名为《踏莎行·十六夜忆内》:

珠斗斜擎,云罗浅熨,蟾盘偷减分之一。重圆又是一年看,明年看否谁人必。　　今夜兰闺,痴儿娇女,那知阿母销魂极。拟将归棹趁秋江,秋江又近潮生日。

当时,他在安徽朱筠幕中,时年二十四岁。家中儿女成双,留得妻子一人奔波劳碌,心中感到愧疚。上阕写中秋之夜刚过,银盘初减,若要重看中秋月圆,还要等待一年;只是不知明月明年谁来看了。下阕说,痴儿娇女怎知阿母的辛酸劳苦。自己本想趁着秋高时节,回去探家,无奈路阻潮高,而且,宦囊羞涩,又拿什么给家人呢?

又过去六年,他在顺天府(北京)迎接秋天的乡试,就便把老母亲从江南接了过来,眷属也随侍北行。《移家来京师》一诗,对此有所记载:

四海谋生拙,千秋作计疏。
暂时联骨肉,邸舍结亲庐。

但是,北方秋季寒凉,心中不能不挂念着老母和妻儿适应不了此间的气候:"全家如一叶,飘堕朔风前";"预恐衣裘薄,难胜蓟北寒"。
在《都门秋思》四首七律中,他深情无限地写道:

寒甚更无修竹倚,愁多思买白杨栽。
全家都在风声里,九月衣裳未剪裁。

以"寒甚"与"愁多",领起后面两句感人至深的掏心掬肺之言,令人加倍伤怀、加倍同情、加倍感动。杜甫诗中有"天寒翠袖薄,日暮倚修竹"之句,这里借用来说明凄寒困顿的外部环境。下句则借用汉代古诗"白杨多悲风,萧萧愁杀人",喻写诗人悲凉愁苦的心境。

组诗中还有"一梳霜冷慈亲发,半甑尘凝病妇炊。寄语绕枝乌鹊道,天寒休傍最高枝"之句,同样是满蘸着泪血、饱蕴着苍凉的至性至情的文字。"天寒休傍最高枝",富含哲思理蕴,发人深省。

3

黄仲则确实是"深于情者"。他的诗不仅吟咏了牵肠挂肚的亲情,还描写了使他终生难以忘怀的初始的恋情。

少年时,他和表妹曾有过一段痴情悱恻的热恋,后来不知什么原因,这对情人未能成为眷属。这个小妹妹远嫁多年之后,有一次在她儿子的汤饼宴会上,与表兄仲则偶然相遇,她流露出旧情未忘的惆怅情怀,引起诗人无限的追忆与感伤,遂作《绮怀》七律十六首。下面是其中的第十五首:

> 几回花下坐吹箫,银汉红墙入望遥。
> 似此星辰非昨夜,为谁风露立中宵。
> 缠绵思尽抽残茧,宛转心伤剥后蕉。
> 三五年时三五月,可怜杯酒不曾消。

"绮"是一种美丽的丝织品。"绮怀"意为美好、艳丽的情怀。而眼下这种美好、艳丽,却来自一种爱情的失落与绝望,因而尤其凄婉动人。写作这组诗时,黄仲则二十七岁,正在安徽寿州教书。不堪孤馆寂寥,充满人生感慨。追忆那失去已久的青春绮梦,心中自有无限悲怆。正如法国诗人缪塞所说:"最美丽的诗歌也是最绝望的诗歌,有些不朽的篇章是纯粹的眼泪。"黄景仁这首《绮怀》,也正因为这种绝望与清纯,而更加有魅力。

诗中说,当年我多少次坐在花树下吹箫,通过箫声来向她倾诉心中的爱情。汉代风流才子司马相如不就是"琴挑"卓文君么,还有那秦代的箫史与弄玉,也是凭着一支箫管成就了良缘,那是多么富于浪漫的色彩啊!然而,现实生活留给我的只是一片怅惘和终生的遗憾。红墙近在咫尺,却有如远不可及的九霄云汉。泰戈尔有言,"世界上最遥远的距离,不是生与死,而是明明心中相爱,却不能在一起"的绝望。绝望,贯穿始终的就是这条绝望的愁丝恨缕。

诗人说,已经过去的原本应该让它过去,万万未曾想到,多少年后,因着一场邂逅,这青春的恋情又翻腾起来,搅得我再也无法平静下来。清夜难眠,只好走出户外,在皎洁的星月交辉下,踯躅,徘徊。他一边涵泳着李商隐的"昨夜星辰昨夜风"的诗句;一边想着,自己当年不也曾与热恋中的她,幽会于"画楼西畔桂堂东"吗?可是,诗人马上就从惝恍迷离中醒转过来,喟然发出一声长叹:星辰依旧,可毕竟不是当年那温馨旖旎的夜晚了。记得当年那个夜晚,两人依偎着,无比亲昵、热烈,竟至忘记了时间的流逝;可是,现在却只身鹄立于风露之中,这又为的是谁呢?

不过,诗人自己也感到惊奇,时间已经过去这么久了,那段为时暂短的恋情,竟然令人如此刻骨铭心!如今,缠绵的情思,已经像春蚕那样吐尽了;这颗心哪,也像芭蕉一样被一层层剥光了叶片,眼看就要枯萎。

最后,又重新回到记忆之中,至今还清楚地记得——正是自己十五岁时,一个月圆之夜,她深情地斟给我一杯美酒,我完全喝掉了;直到多年后今天的夜晚,我似乎仍旧陶醉在酒的香醇、情的温馨里。只是,往者已矣!今生今世,怕是再也不可能消受这种甜美的生活。而那时的美酒,在今夜,早已被酿成苦涩,酿成伤感,酿成悲凉,自斟自饮了。这种苦涩、伤感与悲凉,却是永生永世也无法消除的。

4

黄仲则不仅亲情浓烈、爱情执着,而且在友情方面也特别真挚。由于他家境拮据,生涯愁苦,性格耿介,"一身坠地来,恨事常八九",在人际交往上,总是落落寡合,孤独内向。但他仍有一些交谊甚厚的知心朋友。

他与诗人洪亮吉,幼小即相识,"我家君家不半里,中间只隔白云渡"(仲则诗句)。并共同在邵齐焘主讲的龙城书院受业,先生常亲切地呼之为"二俊"。后来,他们又一起入安徽学政朱筠幕中,白天同在衙门检校诗文,夜间则共寝一室,饮酒赏诗。仲则经常深夜苦吟,每吟出一首好诗,就把亮吉叫醒品评,一夜数次,甚至吟到天明,亮吉全无烦恼之意。

在回乡共同祭奠恩师邵齐焘时,仲则触景伤情,突然以编印遗集相托。后来,亮吉入陕西毕沅幕,并力荐仲则,毕沅预付五百金,以相资助。第二年,仲则在前往西安的路上,病困于山西运城,亮吉闻讯后,从西安借马疾驰四昼夜,赶到安邑时,仲则已辞世,仅得以"身后事"相嘱的临终遗札。最后,他扶柩千里,措资归榇于家,葬于阳湖永丰西乡,并撰联以挽之:

噩耗到三更,老母寡妻唯我托;
炎天走千里,素车白马送君归。

这固然体现了洪亮吉为人的至诚至信,从中也能看出黄仲则在交游中的人格魅力。

黄仲则与有"骚坛盟主"之誉的随园老人袁枚,很早就已订交,结成为相知相重、终生不渝的忘年知己。袁枚长于仲则三十三岁,却对这个后生推崇备至,视之为"当代李白",关爱有加。而仲则年少时即闻得先生大名,至为钦慕和崇敬。二十六岁那年秋天,他到金陵参加乡试,随园老人曾热情宴请,但仲则因病未能出席,深以为憾;次年,专诚写了《呈袁简斋太史》四首七律,极尽感激、敬仰之诚。其二云:

雄谈壮翰振乾坤,唤起文人六代魂。
浙水词源钟巨手,秣陵秋色酿名园。
几人国士曾邀盼,此地苍生尚感恩。
我喜童时识司马,不须拥彗扫公门。

首联是对袁枚骚坛地位的肯定与赞颂。颔联说,先生出生于浙江杭州,那里钟灵毓秀,开启词源,化育出诗文巨擘。秣陵即南京,先生在这里构建了一代名园——随园。颈联上句讲先生主盟诗坛,"化育多士";下句讲先生七年地方任职中造福生民的德政。尾联,具体落实到个人身上,说童年就幸识先生。"拥彗",成语,典出晋人郭璞《尔雅序》,意为拿着扫帚在人前扫地引路,以示尊重。

仲则在南京时,曾多次造访随园;后来到了北京,还深情怀念随园老人,在《岁暮怀人》组诗中,有一首就是怀念袁枚的,老人十分欣赏,还把它选入了《随园诗话》。诗云:

> 兴来词赋谐兼则,老去风情宜即家。
> 建业临安通一水,年年来往为梅花。

三年后,仲则就去世了。

袁枚闻此丧讯,非常痛惜,乃作《哭黄仲则》七律以悼之,有"叹息清才一代空,信来江夏丧黄童";"伤心珠玉三千首,留与人间唱恼公"之句。"恼公",犹言扰乱我的心曲。这里有个典故:与仲则同样英才早逝的唐代诗人李贺,曾有《恼公》诗作。

5

黄仲则幼年聪明好学,博览群书。据洪亮吉《黄君行状》中记述:

> 三月上巳,为会于采石之太白楼,赋诗者十数人,君(指黄仲则)年最少,著白袷(双层衣衫),立日影中,顷刻数百言,遍视坐客,坐客咸辍笔。时八府士子,以辞赋就试当涂,闻学使者高会,毕集楼下,至是,咸从奚童(未成年男仆)乞(索取)白袷少年诗竞写,一日纸贵焉。

从洪氏生动形象的描绘中,看得出,黄仲则一是年少颖慧,一是诗才敏捷,因而为全场所敬服。他的诗篇,由于人们传抄竞写,竟达到"洛阳纸贵"的程度。

也确实是这样,仲则十六岁那年,应童子试,在三千人中考了个第一,次年即补博士弟子员。但此后,则终生潦倒,困踬穷途,从二十岁到三十二岁,他五应江宁乡试、三应顺天乡试,均未得中。后来通过捐资,勉强谋求一个县丞职位,长才绝慧未能施展于万一。最后,客死他乡,年仅三十五岁。命运老人对于这样一个文学天才,真也是够残酷无情的。

但他的诗,却在有清一代,独树一帜,开辟出继屈原、李白之后的又一崭新领域,高踞骚坛上游,影响至大。《两当轩集》也流传下来,为人传诵。对于他的诗作,年长于他的清代学者、《四库全书》纂修官翁方纲曾予以极高评价:"其诗尚沉郁清壮,铿锵出金石,试摘其一二语,可通风云而泣鬼神。"清代学者、文学家包世臣在《齐民四术》中说黄仲则的诗,"称噪一时,乾隆六十年间,论诗者推为第一"。而另一位清代诗人吴嵩梁,在《石溪舫诗话》中,则认为"仲则诗无奇不有,无妙不臻,如仙人张乐,音外有音;名将用兵,法外有法"。

最后,我要特别提到现代文学家郁达夫的评论:"要想在乾嘉两代的诗人之中,求一些语语沉痛、字字辛酸的真正具有诗人气质的诗,自然非黄仲则莫属了。"人们喜欢谈论亲情、爱情、友情以及人生、人性、命运等话题,我以为,专就这点来说,黄仲则的《两当轩集》也是很值得一读的。

第四十篇

末代之累

1

说到晚清读书士子的历史命运,首先会想到晚清名臣曾国藩、李鸿章这两位举足轻重的大人物。作为一对师徒,他们尽管都身居高位,声威煊赫,却都有其难以言说的处境上的艰难和心灵上的痛苦。

曾国藩的苦楚,主要来自于内在,来自于过多、过高、过大、过强的欲望。他要建盖世的功勋,又要当浊世的圣人,结果不仅横遭猜忌,内心也充满矛盾,"功名两个字,用破一生心",活得又苦又累。李鸿章的苦楚主要来自于外部环境。他所秉承的哲学,是"笑骂由他笑骂,好官我自为之",似乎活得潇洒从容一些;可是,他同样备尝苦楚——身处阴险的西太后和强权的洋主子之间,"两大之间难为小"。无法逃脱"签订卖国条约的专业户"这一千般耻辱、百倍难堪的角色,这样,就得时时记得、刻刻面对国人的唾骂,内心自然也痛苦不堪。

2

曾国藩大名鼎鼎,是大家熟知的人物。他是中国历史上最有影响的人物之一。他的人生、他的智慧、他的思想,深深地影响了几代中国人,以至他虽已去世一百余年,可是提起他,人们仍然津津乐道。青年毛泽东说过:"愚于近人,独服曾文正,观其收拾洪杨一役,完满无缺,使以今人易其位,其能如彼之完满乎?"后来又说:"打倒太平天国出力最多的是曾国藩","他是地主阶级最厉害的人物"。蒋介石的评价是:"曾公乃国人精神典范","我认为曾、左能打败洪、杨是他们的道德学问、精神与信心胜过敌人"。有的评论者说:如果以人物断代的话,曾国藩是中国古代史上的最后一人,近代史上的第一人。这话从某一角度,概括了曾国藩的个人作用和影响。同时,他也是近代中国地位最显赫而争议最大的一个人物。

曾国藩是一个极为复杂的生命个体,可说是一部内容丰富的"大书"。在解读过程中,我们会发现,他的清醒、成熟、机敏之处实在令人心折,确是通体布满了灵窍,积淀着丰厚的传统文化精神,到处闪现着智者的光芒。当然,这是从文化学、社会学、心理学的角度来研究;如果就人性批评意义上说,却又觉得他的人生道路并不足取。在他的身上,智谋呀,经验呀,知识呀,修养呀,可说应有尽有;唯一缺乏的是本色,是天真。其实,一个人只要丧失了本我,也便失去了生命的出发点,迷失了存在的本源,充其量只是一个头脑发达而灵魂贫乏的机器人。

关于苦,佛禅讲得最多,有所谓"人生八苦"的说法:生、老、病、死,与生俱来,可说是任人皆有的,只是程度不同而已;而求不得、厌憎聚、爱别离、五蕴盛,则是由欲而生,就因人各异了。古人说:人之有苦,为其有欲;如其无欲,苦从何来? 曾国藩的苦,主要是来自过多、过强、过盛、过高的欲望,结果就心为形役,苦不堪言,最后不免活活地累死。古有立德、立功、立言"三不朽"之说,这也是曾国藩的终极追求。一方面,他要通过登龙入仕,建立赫赫事功,达到出人头地;一方面要通过内省功夫,跻身圣贤之域,"不愧为天地之完人",达到名垂万世。

这种人生目标,无疑是至高、至上的。许多人拼搏终生,青灯皓发,碧血黄沙,直至赔上了那把老骨头,也终归不能望其项背。而曾国藩却是一个少见的例外。他二者全都得到了。他居京十载,中进士,授翰林,拔擢内阁学士,遍兼礼部、兵部、刑部、工部、吏部侍郎,外放之后,办湘军,创洋务,兼署数省总督,权倾朝野,位列三公,成为清朝立国以来汉族大臣中功勋最大、权势最重、地位最高之人,应该说是超越了平凡——这是立功;在立德、立言方面,作为封建时代最后一位理学家,他在思想、学术上造诣精深,

曾文正公遺像

同治十一年壬申春月
敬望日吳縣葉沅敬題

七十二芙蓉迴嶂抱祝融星辰人物起湘中沈滾
資元老持危振大風平生堅忍力含蓋眾英雄
金革脫麻衣先華秉萬機惠心平國難忍痛律哀
東將帥羅摩策威靈措國棋言誠天感日纔始戮
鯨鯢冷居雙楓館經車積想勞拳成新粉獨是
奮風標圖曾凌煙寫魂恐宋五招辭香私淋意須上
補二豪人以多骷聖十非一碧長詩書通象辣文氣
辭陰陽戒涌三城□鏈菓百鍊劉麼俗兵大刧尸祝日江
鄉文臣遺像向在平齋吳太守家不知何時散落人間今
為友人所得因題五律四章公所自後學陸譚

当世及后人称之为"道德文章冠冕一代",甚至被目为"今古完人"。可说是,志得意满,功成名就。

可是,人们是否晓得,为了实现这个"三不朽",他曾耗费了多少心血,历经何等艰辛啊?只要翻开那部《曾文正公全集》浏览一过,你就不难得出结论,他是一个地地道道的悲剧人物。"功名两个字,用破一生心。"他自从背上从儒家那里承袭下来的立功扬名的沉重包袱之后,便坠入了一张密密实实的罗网,进入了无形的炼狱。

封建王朝一切建立奇功伟业者,都免不了要遭遇忠而见疑、功成身殒的危机,曾国藩自然也不例外,而且,由于他的汉员大臣身份,在种族界隔至为分明的清朝主子面前,这种危机更像一柄"达摩克利斯之剑"时时悬在头上。这是一种无法摆脱的两难选择:如果你能够甘于寂寞,终老林泉,倒可以避开一切风险,像庄子说的,山木"以不材得终其天年",这一点是他所不取的;而要立功名世,就会遭谗受忌,就要日夕思考如何保身、保位这个严峻的问题。明乎此,就不难理解曾国藩何以怀有那么强烈的危机感,几乎是惶惶不可终日。他对于古代盈虚、祸福的哲理,功高震主、树大招风的历史教训,实在是太熟悉、太留意了,因而时时处处都在防备着杀身之祸。

曾国藩一生的主要功业在镇压太平军方面。但他率兵伊始,初出茅庐第一回,就在"靖港之役"中遭致灭顶的惨败,眼看着积年的心血、升腾的指望毁于一旦,一时百忧交集,痛不欲生,他两番纵身投江,都被左右救起。回到省城之后,又备受官绅、同僚奚落与攻击,愤懑之下,他声称要自杀以谢湘人,并写下了遗嘱,还让人购置了棺材。心中惨苦万状,却又"哑巴吃黄连"——有苦说不出",只好"打掉门牙肚里吞"。

那么,获取胜利之后又怎样呢?扑灭太平天国,兵克金陵,是曾氏梦寐以求的胜业,也是他一生成就的辉煌顶点,一时间,声望、权位如日中天,达于极盛。按说,这时候应该一释愁怀,快然于心了。可是,他反而"郁郁不自得,愁肠九回",城破之日,竟然终夜无眠。原来,他在花团锦簇的后面看到了重重的陷阱、不测的深渊。同是一种苦痛,却有不同层次:过去为求胜而不得，自是困心恒虑，但那种焦苦之情常常消融于不断追求之中，里面总还透露着希望的曙光；而现在的苦痛，是在历经千难万险终于实现了胜利目标之后，却发现等待着自己的竟是一场灾祸，而并非预期的福祉、升迁，这实在是最可悲，也最令人伤心绝望的。到现在，情况已经非常清楚了，尽管他竭忠尽智，立下了汗马功劳，但因其用兵过久，兵权太重，地盘忒大，朝廷从长远利益考虑，不能不视之为致命威胁。过去所以委之以重任，乃因东南半壁江山危如累卵，对付太平军非他莫属。而今，席卷江南、飙飞电举的太平军已经灰飞烟灭，代之而起的、随时都能问鼎京师的，是以湘军为核心的精强剽悍的汉族地主政治、军事力量。在历史老人的拨弄下，他和洪秀全翻了一个烧饼，湘军和太平军调换了位置，成为最高统治者的心腹大患。"去了一个洪秀全，来了一个曾国藩。"这是他最怕听的两句话。在这种情况下，你说他能不苦吗？

有句成语，叫"孤树加双斧"。曾国藩正处于这种状态，他还有另外一个方面的苦楚。他既要建非凡的功业，又要做天地间之完人，从内外两界实现全面的超越；那么，他的痛苦也就同样来源于内外两界：一方面是朝廷上下的威胁，用他自己的话说"处兹乱世，凡高位、大名、重权三者皆在忧危之中"，因而"畏祸之心刻刻不忘"；另一方面，是内在的心理压力，时时处处，一言一行，为树立高大而完美的形象，同样是如临深渊、如履薄冰般的小心谨慎。他完全明白，居官愈久，其阙失势必暴露得愈充分，被天下世人耻笑的把柄势必越积越多；而且，人都是有七情六欲的，种种视、听、言、动，未必都合乎圣训，中规中矩。在这么多的"心中的魔鬼"面前，他还能活得真实而自在吗？

他对自己的一切翰墨都看得很重，不要说函札之类本来就是写给他人看的，即使每天的日记，他也绝不马虎。他知道，日记既为内心的独白，就有揭示灵魂、敞开自我的作用，生前死后，必然为亲友、僚属所知闻，甚至会广泛流布于世间，因此，下笔至为审慎，举凡对朝廷的看法，对他人的评判，他都绝少涉及，为的是不致招惹麻烦，甚至有辱清名。相反地，里面倒是记载了个人的一些过苛过细的自责。比如,当他与人谈话时,自己表示了太多的意见;或者看人下棋,从旁指点了几招儿,他都要痛苦自责,在日记上骂自己"好表现,简直不是人"。甚至在私房里与太太开开玩笑,过后也要自讼"房闱不敬",觉得于自己的身份不合,有失体统。在外面苦,到家里还苦;在人前苦,在私下里也苦。

世间的苦是多种多样的。曾国藩的苦,有别于古代诗人为了"一语惊人",刳肚搜肠之苦。比如唐朝的李贺,他的母亲就曾说:"是儿要呕出心乃已耳!"但这种苦吟中,常常含蕴着无穷的乐趣。曾国藩的苦,和那些终日持斋受戒、面壁枯坐的"苦行僧"也不同。"苦行僧"的宗教虔诚发自一种真正的信仰,由于确信来生幸福的光芒照临着前路,因而苦亦不觉其苦,反而甘之如饴;而"中堂大人"则不然,他的灵魂是破碎的、心理是矛盾的,他的忍辱包羞、屈心抑志,俯首甘为荒淫君主、阴险太后的忠顺奴才,并非源于什么衷心的信仰,也不是寄希望于来生,而是为了实现现实人生中的一种欲望。这是一种人性的扭曲,绝无丝毫乐趣可言。从一定意义来说,他的这种苦难经验,倒与旧时的贞妇守节有些相似。贞妇为了挣得一座节烈牌坊,甘心忍受人间最沉重的痛苦;而曾国藩同样也是为着那块意念中的"功德碑",而万苦不辞。

在曾国藩身上,存在一种异常现象,就是所谓"分裂性格"。比如,他在家书中、文章里说得是极为动听,可是,做起来却难免形成巨大的反差。加之,他以不同凡俗的"超人"自命,事事求全责备,处处追求圆满,般般都要"毫发无遗憾",其结果,自是加倍苦累,而且必然产生矫情与伪饰,以致不时露出破绽,被人识破其伪君子、假道学的真面目。明人有言:"名心盛者必作伪。"对此,清廷已早有察觉,曾降谕于他,直白地加以指斥。至于他身旁的人,那就更是洞若观火了。邵懿辰曾当面责之以虚伪,说他"对人能作几副面孔";左宗棠更是逢人便说:"曾国藩一切都是虚伪的。"

作为一位正统的理学家,曾国藩的高明之处在于,他在接受程朱理学巧伪、矫饰的同时,却能不为其迂腐与空疏所拘缚,表现出足够的成熟与圆融。也许正是因为这样,我总觉得,在他身上,透过礼教的层层甲胄,散发着一种浓重的表演意识。人们往往难以分辨他究竟是在正常地生活还是逢场作戏,究竟是出自真心去做还是虚应故事;而他自己,时日既久,也就自我认同于这种人格面具的遮蔽,以至忘记了人生毕竟不是舞台,卸妆之后还须进入真实的生活。

实际上,他心里清清楚楚,正如日记中写的:"近来焦虑过多,无一日游于坦荡之天,总由于名心太切,俗见太重二端。"但他已经被捆绑在自制的战车上,是无法逃脱的。他非常注重养生:节欲、戒烟、制怒、限制饮食,起居有常,保真养气,日食青菜若干、行数千步,夜晚不出房门,防止精神耗损……但是,他却疾病缠身,体质日见衰弱,终致心力交瘁,中风不语,只勉强活到了六十二岁。"了却君王天下事,赢得生前身后名。可怜白发生。"而他,竟然是一命呜呼了。死,对于他来说,其实倒是一种彻底的解脱。什么"超越",什么"不朽",统统地由他去吧!

3

与曾国藩相类似,李鸿章同样也是声名显赫,而且又最具争议。生前,他官至直隶总督兼北洋通商大臣,授文华殿大学士,身后被慈禧太后称赞为"再造玄黄"之人。清朝追赠他为太傅,赐白银五千两为他治丧,在其原籍和立功省份建立祠堂十处。他是清代汉族官员中唯一在京师建立祠堂的人。他奉曾国藩为老师,早年曾以"年家子"身份,投帖拜在曾国藩的门下,学习经世之学,奠定了一生事业和思想的基础;后来,又通过曾国藩的举荐,走上了飞黄腾达之路。

关于这位"李二先生",我已经琢磨多少年了。起始,还停留在一些概念上,形象影影绰绰,模模糊糊;后来逐渐地变得清晰,一个有血有肉的活生生的人物,挺立在我的眼前;最后,竟然依次显现出几种形象:

李鸿章是个"不倒翁"。一生中,他始终处于各种矛盾的中心,经常在夹缝里讨生存。上面坐着阴险的老太后、怯懦的小皇帝,身旁围绕着数不清的王爷、太监、宰辅、权臣,一个个钩心斗角,狗扯羊皮,像掐架的乌眼鸡似的;而他居然能够斡旋其间,纵横肆应,游刃有余,如同他自己所说的,"少年科第,壮年戎马,中年封疆,晚年洋务,一路扶摇"。在他当政的几十年间,可以说,朝廷的每一件大事都和他挂连着。不妨掰着指头算一算,晚清时期那些丧权辱国的条约,哪一个不是经他手签订的!他真的成了"签约专业户"。这样,就难免遭来连番的痛骂。可是,骂归骂,他却照样官运亨通,而且官越做越大。单就这一点来说,当时的满朝文武,从他的老师曾国藩算起,包括光绪皇帝的教师爷翁同龢、号称"变色龙"的张之洞,还有后来的阴谋家袁世凯,大概没有谁能比得过他。

这当然得力于他的宦术高明,手腕圆活。他有一套善于腾挪、招架的过硬本领,他是一个出色的"太极拳师"。

李鸿章还有一种形象,就是"撞钟的和尚"。"我能活几年?当一日和尚撞一日钟,钟不鸣了,和尚亦死了。"这是他的夫子自道。当时掣肘、下绊者多多,处境十分艰难,话里夹带着哀怨,透露出几分牢骚。那时候,社会上流行着两首《一剪梅》词:

> 仕途钻刺要精工,京信常通,炭敬常丰。莫谈时事逞英雄,一味圆融,一味谦恭。　　大臣经济要从容,莫显奇功,莫说精忠。万般人事在从容,议也毋庸,驳也毋庸。

> 八方无事岁年丰,国运方隆,官运方通。大家赞襄要和衷,好也弥缝,歹也弥缝。　　无灾无难到三公,妻受荣封,子荫郎中。流芳后世更无穷,不谥文忠,便谥文恭。

这两首词形象地概括了晚清官场中的流弊。不过,李鸿章的勤政是出了名的,他既做官又做事,不是那种"多磕头少说话",敷衍塞责,坐啸画诺的混混儿。七十四岁那年,他还奉旨出访俄国,尔后水陆兼程,遍游欧美,历时二百多天,奔波九万余里。对于大清王朝,他称得上是鞠躬尽瘁、死而后已的楷模。

当然,李鸿章最具哲学意味的还是"裱糊匠"的形象。李鸿章曾把清王朝比作一间破纸屋,自己是个裱糊匠。他说:"我办了一辈子的事,练兵也,海军也","不过勉强涂饰,虚有其表,不揭破犹可敷衍一时。如一间破屋,由裱糊匠东补西贴,居然成一净室,虽明知为纸片糊裱,然究竟决不定里面是何等材料。即有小小风雨,打成几个窟窿,随时补葺亦可支吾对付。"正所谓:屋不成屋还是屋,糊无可糊偏要糊。

他所扮演的正是这种角色。

李鸿章这一辈子,虽然没有大起大落,却是大红大绿伴随着大青大紫:一方面活得有头有脸,风光无限,生荣死哀,名闻四海;另一方面,又是受够了苦,遭足了罪,活得憋憋屈屈,窝窝囊囊,像一个饱遭老拳的伤号,浑身青一块紫一块的。北宋那个"奉旨填词"的柳三变,是"忍把浮名,换了浅斟低唱";"李二先生"倒是忍把功名,换得骂名远扬。

作为一种文化现象,李鸿章的出现不是偶然的。他是腐朽没落,外强中干,色厉内荏的晚清王朝的时代产物,是中国官僚体制下的一个集大成者,是近代官场的一个标本。

李鸿章所处的时代——如他自己所说的——为"三千年未有之变局"。

他出生于道光继统的第三个年头(1823年)。鸦片战争那一年,他中了秀才。从此,中国的国门被英国人的舰炮轰开,天朝大国的神话开始揭破了。封建王朝的末世苍茫,大体上相似,但晚清又有其独特性。其他王朝所遇到的威胁,或来自内陆边疆,或遭遇民变蠭起,或祸起萧墙之内;而晚清七十余年,却是海外列强饿虎捕食一般,蜂拥而上。外边面临着瓜分惨剧,内囊里又溃烂得一塌糊涂,女主昏庸残暴,文恬武嬉,官场腐败无能达于极点。在这种情势下,李鸿章的"裱糊匠"角色,可以说是命定了的。

当然,这并非他的初衷。由于深受儒学的熏陶,他从小就立下了宏誓大愿。二十岁时,他写过十首《入都》诗,里面满是"丈夫只手把吴钩,意气高于百尺楼";"出山志在登鳌顶,何日身才入凤池";"倘无驷马高车日,誓不重回故里车"之类的句子。果然次年就中了举人,三年后又中进士、入翰林。他在参加殿试时,借着《孟子曰:予岂好辩哉?予不得已也》的考题大肆发挥:"今当举世披靡之会,使皆以缄默鸣高,则挽回风运之大权,其将谁属耶?"以力挽狂澜、只手擎天自任,大有一种"舍我其谁"的骄人气概。

李鸿章在他七十八年的生命途程中,以 1862 年经曾国藩举荐正式出任地方都抚为中线,前后恰好都是三十九年。他历任江苏巡抚、两江总督、湖广总督、直隶总督兼北洋通商大臣、两广总督及武英殿大学士、文华殿大学士,直到 1901 年因病死在任上。他是晚清政坛上活动时间最长、任事最多、影响最大的一个核心人物。

热心仕进,渴望功名,原是封建时代大多数中国知识分子的共同追求,但像李鸿章那样执着、那样迷恋,却是古今少见的。一般人是"穷则独善其身,达则兼济天下";而李鸿章则是不分顺境逆境,不问成败利钝,总是过河卒子有进无退。他把功名利禄看作命根子,入仕之后一天也没有离开过官场,真是生命不息,做官不止。他是一个道道地地的"官迷"。曾国藩说过,他的两个弟子,"俞樾拼命著书,少荃(鸿章)拼命做官"。以高度的自觉、狂热的劲头、强烈的欲望追逐功名仕进,这是李鸿章的典型性格。

李鸿章一生功业甚多,但他蜚声中外,以至成为"世界级"的名人,主要是在洋务、外交方面。在慈禧太后和洋人的心目中,李鸿章与清廷的外交事务是一而二、二而一的。每当大清国外事方面遇到了麻烦,面临着危机,老太后总是"着李鸿章为特命全权大臣",于是这个年迈的衰翁便会披挂上阵,出来收拾残局,做一些"人情所最难堪"之事。在他生命的最后十五年间,竟连续签订了《中法新约》《马关条约》《中俄密约》《辛丑和约》等四个屈辱条约。

俗话说,伴君如伴虎。可以想见,李鸿章在西太后身边,日子是不会好过的。相传,德国铁血宰相俾斯麦与李鸿章交谈时,曾暗喻他只会打内战,他听了喟然长叹道:"与妇人孺子共事,亦不得已也。"老李当然无法与老俾相比。威廉一世和老俾君臣合契,是一对理想的搭档。书载,威廉皇帝回到后宫,经常愤怒地摔砸器皿。皇后知道这是因为受了老俾的气,便问:"你为什么这么宠着他?"皇帝说:"他是首相,下面许多人的气他都要受,受了气往哪儿出?只好往我身上出啊!我又往哪儿出呢?就只有摔茶杯了。"老李受的气决不会比老俾受的少,但他敢找"老佛爷"出气吗?

李鸿章在甲午战争中,声名尤为狼藉,民怨沸腾之下,清廷不得不给他"褫去黄马褂"的处分。一天,江苏昆曲名丑杨三演出《白蛇传》,在演到"水斗"一场时,故意把台词做些改动:"娘娘有旨,攻打金山寺,如有退缩,定将黄马褂剥去。"观众心领神会,哄堂大笑。李鸿章的鹰犬也都在场,恨得牙痒痒却又不便当众发作,但事后到底把杨三弄得求生无路,惨痛而死。悲愤中,有人撰联嘲骂:

杨三已死无苏丑,李二先生是汉奸。

李鸿章的长兄不忍心看着弟弟遭罪受辱,劝他早日离开官场,一起告老退休,他却坚决不肯。中日《马关条约》签订之后,"杀李以谢天下"的呼声遍于朝野。而李鸿章则"晏如也",毫无退避之念,"笑骂由他笑骂,好官我自为之"。他故作镇定,撰联悬于书斋:

受尽天下百官气,养就胸中一段春。

这也是跟他的老师学的——曾国藩当年也曾写过类似的联语:

养活一团春意思,撑起两根穷骨头

他们二人所奉行的都是一种"挺经"。

你若说他全然不在乎,倒也未必。有时候,处境过于艰难,他也会头脑暂时清醒一些,显现出一种平常心来。比如,当他接到已经退出官场的湘军名将彭玉麟的函件后,看到这位故人徜徉于湖光山色之中,逍遥在世虑尘氛之外,不禁涌起艳羡的情怀。他在复函里说:

> 弟日在尘网中,劳劳碌碌,于时事毫无补救,又不敢言退。仰视孤云野鹤,翱翔天表,听其所止而休,岂啻仙凡之别!江山清福,唯神仙中英雄退步,始能独占。下视我辈陷入泥涂如醉如梦者,不知几时可醒耳。

这自是真情流露,但也无非说说而已,实际上却根本做不到。对于李鸿章来说,官场的荣华富贵毕竟要比湖山的清虚冷落更具诱惑力。

彭玉麟的辞官不就,视富贵如浮云,是出了名的。他曾三辞安徽巡抚,三辞漕运总督,一辞兵部右侍郎,一辞两江总督并南洋通商大臣,两辞兵部尚书。每次辞官,他都情真意切,绝非借此鸣高,沽名钓誉。他能在功名场中陡然收住脚步,"英雄回首即神仙",有其深刻的思想基础,像他在诗中所咏叹的:"黄粱已熟前番梦,白发新添昨夜霜。布袜青鞋容我懒,金貂紫绶任人忙。""纵使平生遭际盛,须防末路保全难。登场端赖收场早,进步何如退步安。"这种境界,高于李鸿章何止十万八千里!而他的那几句诗:"我笑世人心太热,男儿抵死觅封侯";"底事老僧最辛苦,利心热透道心微",简直就像专门说给李鸿章听的。无奈,言者谆谆,听者渺渺,最后只能是"马耳东风"。

4

李鸿章的飞黄腾达,得益于曾国藩者甚多,他们之间的师承关系比较明显。两人都具有深厚的儒学功底,恪守着封建社会的政治原则,都为维护大清王朝的统治而竭忠尽智;但二人的气质、取向不尽相同,因而为官之道也存在着差异。

曾国藩看重伦理道德,期望着超凡入圣;而李鸿章却着眼于实用,不想做那种"中看不中吃"的佛前点心。他公开说,人以利聚,"非名利,无以鼓舞俊杰";"天下熙熙攘攘,皆为利耳。我无利于人,谁肯助我?"当然,曾国藩说的那一套也并非都要实行,有些是说给别人听的;而李鸿章却是连说也不说。反过来,对于一些于义有亏的事,曾国藩往往是做而不说;李鸿章呢,却是又做又说。其差别就在于,一个是伪君子,一个是真小人。李鸿章声明过,他"平生不惯作伪人",这与城府极深、诚伪兼施的乃师相比,要显得坦白一些。

由此我想起了一个故事:袁世凯看京戏《捉放曹》,当听到"宁叫我负天下人,休叫天下人负我"这句时,他说,可惜曹操当时没有把陈宫也干掉,否则,这句有损于曹操形象的恶言就不会传出了。记得讲故事的人紧接着又补充一句:"其实,老袁也是没有心计,既有此意,何必说出?"李鸿章对于袁世凯是很欣赏的。临终前,他还曾举荐袁世凯以自代。

在政治上,曾国藩患有一种"恐高症",他一向主张知足知止,急流勇退。每当立下大功,取得高位,总是如临深渊,惕惧不已。咸丰十年(1860),他被任命为钦差大臣、两江总督,江、浙、皖、赣四省军务及巡抚、提督以下各官均归其节制。这一高官显位,不知使多少人艳羡、垂涎,但曾国藩却并不开心,他说:"权位太尊,虚望太隆,可悚可畏!"面对天京城破这一期望多年的胜局,他不仅没有欣喜若狂,反而终夜难眠,认为物极必反,名之所至,谤亦随之,因而诚惶诚恐。在《家书》中,他特意告诫子弟:"处大位大权而兼享大名,自古曾有几人能善其末路者?"为此,必须持有三种心态:一是不参与,好像事情与己无涉;二是不善终,高位都是险地,居高履危能够善终的很少;三是不胜任,好像在朽烂的跳板上驾驭着六马奔车,随时都有坠入万丈深渊的危险,所以战战兢兢,唯恐不能胜任。他的韬晦之计,后来发展成为功成身退、避祸全躯的行动。他多次奏请开缺回籍,归老林泉。对于老师晚年一再消极求退的做法,李鸿章颇不以为然,直接批评为"无益之请"。他说:"今人大多讳言'热中'二字,予独不然。即予目前,便是非常热中。仕则慕君,士人以身许国,上致下泽,事业经济,皆非得君不可。予今不得于君,安能不热中耶?"

一冷一热,一退一进,这和他们所处的境遇不同有直接关系。曾氏当政时,清王朝所面临的威胁主要来自农民起义;他所时刻警戒的,集中在功高震主、拥兵自重方面。阴险毒辣的西太后,承袭了祖上康熙皇帝的惯用伎俩,善于利用大臣间的矛盾以制衡其权力与威势,她一面重用曾国藩,一面又扶植左宗棠、沈葆桢,发展李鸿章的淮军势力。就是说,你曾国藩已经翦除了太平军,我的心腹之患消除了,在你身后,左、李、沈都壮大起来,不怕你曾氏兄弟兴风作浪,没有你这两个"鸡蛋",我照样能做"槽子糕"。

而在李鸿章当政之后,情况就不同了:曾国藩已死;左宗棠虽在,正远征西北;恭亲王已被免了议政王,芥蒂既生,宠信自不如前;至于翁同龢等帝党头目和"清流派"的张之洞、李鸿藻等,或老朽顽庸,或徒逞空谈,难抵实用。尤其是面临着列强鲸吞之势,要与之斡旋谈判,折冲樽俎,更非李鸿章莫属。此之谓"形势比人强"也。

在封建社会里,任何时期都得有替君王承担失误责任、代杖受罚的大臣。晚清时期的李鸿章,就充当了西太后的这种角色。他像避雷针那样,把因兵败求和、割地赔款、签订丧权辱国条约所激起的强大的公愤"电流",统统吸引到自己身上,从而缓和了人们对朝廷的不满,维护了"老佛爷"的圣明形象。试想,这样的角色还能倒下吗?而且,李鸿章不像曾国藩那么古板,也不像左宗棠那么刚愎自用,更不像张之洞那么浮华、惜名,他纵横捭阖,巧于趋避,有一套讨好、应付"老佛爷"的招法,因而能够一路胜出。

一次,朝廷要他查办四川总督吴棠贪墨索贿的案件。他敷衍了几个月,最后上了一道奏折,说吴棠一贯忠厚廉谨,官声尚好,所参各项查无实据,而且在籍士绅都赞颂他善政利民。结果是,吴棠安然过关,而原参者却受到申斥。实际上,所参各项都完全属实,只是由于吴棠曾有恩于慈禧,李鸿章便做了这种违心灭良的处置。原来,吴棠任清河县令时,一个老朋友的灵柩路过那里,吴知县派人送去三百两银子作为赙礼。不料,当时河里并排停着两艘大船,仆役把银子错送给邻船了。吴棠盛怒之下处分了仆役,正待上船索还,一个幕僚从旁解劝说,邻船上的是入京参选秀女的满洲闺秀,说不定日后成了贵人,还能够借利呢!吴棠听了甚以为是,便换成一副笑脸,登船问候母女三人。那位母亲慨然地说,如今世态炎凉,我们孤儿寡母一路上受尽了冷落,唯独吴老爷古道热肠,真是难得,我们母女誓不能忘。那两个女儿,你知道是谁吗?一个就是后来的慈禧,另一个做了醇亲王的福晋。"偶因一着错,便为人上人。"从此,吴棠平步青云,一路飙升。

大清的国运如何,"老佛爷"可以不在乎;唯独"垂帘听政"的大权必须把在手里,拼死也不能丢。李鸿章深知这一点,所以不管签订什么和约,总要坚持一条底线:割地赔款的条件再苛刻也没关系,只要能够维护"老佛爷"的干政地位,就一切都好说。"庚子之役",八国联军进北京,"老佛爷"仓皇逃窜,压在她心头最重的一块石头,就是怕议和中追究祸首追到她的头上。她事先就交代给李鸿章:和议中如有"万难应允"之事,"先为驳去,是为至要"。对此,李鸿章是心领神会的。果真,联军代表瓦德西暗示要追究祸首,他立刻封了门,表示:什么都好说,唯独这个事由不能谈。结果,议和条件苛刻无比。慈禧见里面并未涉及她本人,便也放下心来;至于花些银子吗,她一辈子已经大手大脚惯了,谁花不是花呢?反正不用掏她的腰包,着李鸿章去张罗就是了。不过,这回"李二先生"却破例地撂了挑子,天可怜他,没等"老佛爷"銮驾归来,他就提前"翘辫子"了。

5

追念这个"李二先生"的勋劳,清廷特旨封谥文忠公,追赠太傅,晋升一等侯爵,入祀贤良祠,赐予有清三百年来汉员大臣生荣死哀的最高恩典。

李鸿章死后,有人给他编了个"五子登科"的俏皮嗑儿,叫做:"巴结主子,搞小圈子,耍手腕子,吓破胆子,死要面子。"说他死心塌地地做奴才,使尽浑身解数,以讨取主子欢心;为结党自固,织成一个密密实实的关系网;在官场中耍尽权术,机关算尽;被洋人吓破了胆子,一意屈从,奴颜婢膝;日常生活中,他死要面子,端足架子,俨然不可一世。这不仅概括了李鸿章屈辱一生的奴性本色,也为晚清广大官僚阶层绘制了一幅群体的画像,这在《官场现形记》和《二十年目睹之怪现状》等小说中都曾有过淋漓尽致的揭露。

李鸿章巴结主子,趋奉慈禧的高超手法,具如前述;而他织关系网、搞小圈子的本事,亦非常人所能及。拉帮结派,任人唯亲,原本是旧时代官场的通弊;而晚清办团练和私人幕府制度,又为这种结党营私行为提供了合法而方便的条件。如同曾国藩的湘军、幕府是其大本营一样,李鸿章的淮军和幕府,也是他搞小圈子、拉帮结派的直接依托。梁启超在《李鸿章传》中,对于他任用私人,徇情舞弊,做了淋漓尽致地揭露:那些同乡、同事、袍泽、部下,"昔共患难,今共功名,徇其私情,转相汲引,布满要津,委以重任",出了事还要多方回护,包庇过关,从而结成了一个严密的关系网。

他生来就是一个做官的材料,在弄权术、耍手腕方面,具有绝顶的聪明、超常的智慧;又兼平生所经历的宦途险恶,境遇复杂,人事纠葛纷繁,更使他增长了阅历,练达了人生。因而其宦术之圆熟、精湛,可谓炉火纯青,集三千年中国仕宦"圆机活法"之大成。难怪他敢夸口:这世上唯有做官最容易,一个人若是连官都不会做,那就太低能了。

醇亲王奕譞是不好对付的,他仗着慈禧太后的妹夫、光绪皇帝的生父这一特殊身份,一贯作威作福,眼里放不下人。现在又取代了恭亲王,接手总理北洋事务,成了李鸿章的顶头上司。他一上来,马上就找办洋务的李鸿章,要他拿出一笔经费,支持修建颐和园。理由是堂皇正大的,他撇着京腔儿说:整修昆明湖,兴办海军学堂,这可是关系国家兴亡的头等大事呀!李鸿章不慌不忙,笑容可掬地应对道:亲王大人,您的高尚情怀,宏伟抱负,赤诚为国,苦心孤诣,实在令我由衷景仰,一定竭尽全力照办!接着立刻就把难题推还给了对方:王爷,我正好有事要向您禀报哩——增加海军军饷,现在找借无门;四艘军舰即将从欧洲驶回,本国人经验不足,须雇请外国员弁管理;还要出钱备置燃料,日常费用也须一体安排——这些款项,恳请亲王鼎力支持!醇亲王一听,脑袋立刻就大了。这个只知酒色征逐的"阔大爷",哪里懂得什么筹措资金,可嘴里又不便说出,只好唯唯否否,掉头而去。这出大耍手腕的"官僚斗法"把戏,玩得该是多么精彩呀!

李鸿章对内应付裕如,可是在外国人面前却少了招数。长期以来,慑于列强的强大威势,使他觉得处处无法赶上人家,从而滋生一种百不如人的自卑心理。当时,在晚清朝廷中存在着两个认识上的极端:不了解西方实际的人,往往盲目地妄自尊大,完全无视列强环伺的险情;而对外部世界有较多了解,对照本国腐朽、庸懦的现状,又常常把敌我力量对比绝对化,觉得事事皆无可为,从而一味主张避战求和,患上了致命的软骨症。李鸿章属于后者的代表。加之,他还有挟洋以自重的个人打算。他深知慈禧太后同样被列强诸国吓破了胆,人家咳嗽一声,在她听来如同五雷轰顶一般。而李鸿章在洋人眼中是有身份、有地位的。有这些外国主子在后面撑腰,也就不愁老太婆施威发狠了。

一方面吓破了胆子,一方面他又死要面子、端足架子。这看似相互矛盾,实则是一方镜子的两面。凡是孱头、自卑者,都最怕别人瞧不起,因此就得端足架子、维持面子。鲁迅先生讲到"面子"时有一段话,恰是这种心态最好的注脚:

> 相传前清时候,洋人到总理衙门去要求利益,一通威吓,吓得大官们满口答应,但临走时,却被从边门送出去。不给他走正门,就是他没有面子;他既然没有了面子,自然就是中国有了面子,也就是占了上风了。

李鸿章出访欧美各国时,可说是出尽了风头,抖足了威风。轮船上高悬着大清国的龙旗和特命头等钦差大臣的旗帜,呼啦啦几十人,招摇过市。至于李鸿章本人,别看他的官德、口碑很差,却生就一副举止端庄、威仪堂堂的做派。在外国人的笔下,他"长身玉立,具有某种半神、半人,自信、超然、文雅和对于芸芸众生的一种超越感"。

相传,晚清时节,好事者把讽刺明代的伪清高者陈眉公的诗:

> 妆点山林大架子,附庸风雅小名家。
> ……
> 翩然一只云中鹤,飞去飞来宰相衙。

加以改窜以后,转赠给了中堂大人李鸿章:

> 妆点天朝大架子,附庸狼虎老名家。
> 一生百事劳心拙,太息屎头宰相衙!

连讥带诮,惟妙惟肖,可谓"谑而且虐"者也。

李鸿章就是这样一个很真实、很有个性的老头子。他的思想轨迹确实是比较驳杂的。他奉行实用主义哲学,既有儒家"知其不可而为之"那种刚性,又混杂着见风使舵、唯利是图的圆滑成分;他娴熟"水鸟哲学"(表面平静,暗里动作),洞明世事,善于投合、趋避,三分耿直中带着七分狡黠。既忠于职守,又徇私舞弊;讲求务实,却并不特别较真。

李鸿章的为官诀窍,前面已经引述过,即"士人以身许国,事业、经济,皆非得君不可"。何谓"得君"?说穿了就是能讨得君王的喜欢,得到君王的信任。而要讨得喜欢,获取信任,首先必须摸准主子的脾气,透彻地掌握其用人的标准。在这方面,李鸿章的功夫是很到家的。他知道,清王朝择臣的准则是,只要你肯于死心塌地地当奴才,忠心耿耿地为朝廷卖命,就照用不误,为贤为愚,或贪或廉,都无关大体。对于所谓"名儒"与"名臣",清朝皇帝向来是不感兴趣的。鲁迅先生曾一针见血地指出:

> 清朝虽然尊崇朱子,但止于"尊崇",却不许"学样"。因为一学样,就要讲学,于是而有学说,于是而有门徒,于是而有门户之争,这就足为"太平盛世"之累。况且以这样的"名儒"而做官,便不免以"名臣"自居,"妄自尊大",乾隆是不承认清朝会有"名臣"的。

道理很简单,历史上的名臣,往往与昏君、庸君相对应,圣明天子之下还能有什么"名臣"吗?所以,李鸿章从来不以正人君子自命,无意去充当那种"道德楷模"。明乎此,也就晓得了对于曾国藩那一套追求高大完美的"心灵的朝圣",他之所以不以为然,真谛就在这里。

李鸿章考虑得最多的,不是是非曲直,而是切身利害。他论势不论理,只讲有用,只讲好处,急功近利,不择手段,不看重道德,不讲求原则。梁启超评论他是"有阅历而无血性之人","弥缝苟安,而无立百年大计以遗后人之志",这是很准确的。他缺乏中国传统知识分子那种为救亡图存而奋不顾身、宁为玉碎的精神魅力。在签订各项屈辱条约时,他缺乏硬骨头精神,妥协退让,委曲求全,不能仗义执言,拼死相争,一切都以能否保官固宠为转移,这正是"市侩式"的实用哲学在外交中的集中表现。

19世纪英国首相帕麦斯顿有一句名言:"我们没有永久的盟友,没有永久的敌人。我们的利益才是永久不变的。"这是一种极为灵活的对外策略,为后世所普遍奉行,而李鸿章却把它搬用过来,作为处置内部事务的一条准则。在这种准则支配下,必然是不问宗旨,不管对错,只要你得势了,或预计将能得势,他便会采取审慎的合作态度,明里暗里表示支持;而一当发现你已经丧失了使用价值,便会毫不犹豫地弃置不顾。

在对待戊戌变法和维新派的态度上,充分反映了李鸿章的这一特点。变法伊始,由于事关重大,而且形势不明,他经过反复权衡,确定置身事外,不去直接参与。为了避嫌,他曾向慈禧表示,"废立之事,臣不与闻",公开申明这一立场。维新党人张元济不晓得个中微妙,曾恳切地请求他:"现在太后和皇上意见不合,你是国家重臣,应该出来调和才是。"他申斥说:"你们小孩子懂得什么?"但是,当维新派遭到慈禧镇压,康有为、梁启超被定为"乱臣贼子之尤"时,身为两广总督的李鸿章却暗地里输诚相与,采取保护的对策。因为他了解到日、美、英诸国对维新派是支持的,推测他们日后定会大有作为。如果完全跟着老太后跑,一旦维新派在外国支持下掌了大权,自己将难以处置。因此,他特意委托日本人向逃亡海外的康、梁致意,表示对他们的关心。朝廷指令他铲平康、梁两家祖坟以儆奸邪,他则以"香港近有新党欲袭广东,恐过激生变"为由,建议稍缓进行;而在慈禧面前,则极力贬斥、丑诋维新派,说他们不可能有什么作为。他就是这样"脚踩两只船",运用"两面手法",来保全自己,预留后路。待到后来,他观察到维新派已经到了穷途末路,不可能东山再起,而清廷又紧追不放,如果一味拖延,行将危及自身利益,便一反故常,断然采取严厉打击的行动,不仅迅速铲平了康家的祖坟,还把清政府的赏银,由十万两提高到十四万两。他一切都以保全自己为前提,以对自己是否有利为转移。

其实,这种实用主义在传统的中国价值观念中,人们是并不生疏的。实用主义是一种生活哲学,与功利主义相通。孔夫子一向被认为是重仁义而轻功利的,可正是这位"圣之时者",把"敏而有功"作为区别是否仁人的一条标准。他也特别讲究灵活变通,一次,他的学生子路救了一个落水者的生命,那人感激他,送了一头牛,子路收下了牛,就给大家宰吃了。孔子表彰他,说这事做得对,救了人有肉吃,有好处,将来鲁国的人就都愿意救人了。依照鲁国的法令,主家的奴隶被人赎回,要交赎金,可孔子的学生子贡出于廉洁,却不收赎金。孔子责备他,认为这样过分清廉,效果并不好。可见,孔老夫子是非常灵活的。他公然声称,自己是"无可无不可"的,以至被墨家目为"污邪诈伪"。

在民间,典型的实用主义表现在对待神佛的态度上:你能给我带来好处,我就信;否则,我就不信。这是从实用出发,而并非建立在信仰的层次上——宗教信仰是不讲条件的,我得到好处了,感谢赐予;我现在境遇不好,没有获得幸福,那也是在考验我。总之,享福受罪,心甘情愿。

官场实用主义在李鸿章身上发扬光大,有其深刻的根源——

其一,李鸿章是儒学中"活学活用"的典范。在他来说,精研儒学并不是为了传道立人,志在圣贤,而是要掌握取悦人主、谋求爵禄的手段。他认为学问不是知识,而是从人生体验中来,所谓"世事洞明皆学问",他把学识提升到智慧、谋略的层面上。

其二,李鸿章的圆融、圆通的个性和热中仕进的政治追求,起到了催化、触媒作用。

其三,晚清的社会时代使然。社会越是混乱、无序,人们便越是注重实利,讲求实惠,直到鄙视操守、厌弃理想。

中国历史上有三个时代最讲求实用:战国时期、五代十国,还有晚清。它们分别产生了许多代表性人物:比如战国末期的李斯,他通过研究茅厕里的老鼠,悟出了人生必须有所凭借的现实道理;五代时的冯道,"历事五朝长乐老",靠什么?靠的就是娴熟的宦术;再就是晚清的这个实用派"李二先生"。

一曾一李,难师难徒,末代之累。

第四十一篇

长夜先行者

I

"愚于近人,独服曾文正。"这是一位伟人年轻时说的话。这里的"近人"有特定时限,既非泛指古人,也并不涵盖时人。时间过去近百年了,如果依照这个时代范围,站在今天的角度,认定我所拳拳服膺者,倒是觉得略晚于曾文正的张謇,堪当胜选。套用前面的句式,就是说:"愚于近人,颇服张謇。"

其实,表述一己的观点,说"独服张謇"亦无不可。只是考虑到,知人论世,评价历史人物,有一个视角选择问题,亦即看问题的角度。角度不同,结论会随之而异。参天大树与发达的根系,九层之台与奠基的垒土,孰重孰轻,视其着眼于功用抑或着眼于基础而定。而且,评判标准往往因时移易。前人有言,品鉴人物不能脱离"一时代之透视线";"一时代之透视线"变化了,则人物之价值亦会因之而变化。看来,涉及这类主观色彩甚浓的事,还是避免绝对化,留有余地为好。

既然说到曾国藩了,那么,我们就来研索一下:论者当时所"独服"的是什么?叩其主要依据,不外乎在近代中国他是唯一真正探得"大本大源",达致超凡入圣的人物;"世之不朽者有办事之人,有传教之人",曾公乃"办事而兼传教之人也"——也就是传统上说的立功而兼立德、立言。实质上,亦即曾公所毕生追求的"内圣外王"的人生境界。

在晚清浊世中,曾国藩诚然是一位不同凡俗的佼佼者,堪资令人叹服之处多多,仅其知人善任、识拔人才一端,并世当无出其右者。但也毋庸讳言,他的头上确也罩满声闻过实的炫目虚光,堪称是被后人"圣化"以至"神化"的一个典型。泛泛而言"道德文章,冠冕一代",固无不可;如果细加检索,就会发现,他的精神底蕴仍是恪守宋儒"义理之学"的型范,致力于正心诚意、修身养性,克己省复、困知勉行,以期达到自我完善,成为圣者、完人。说开了,就是塑造一尊中国封建社会夕晖残照中最后的精神偶像。志趣不可谓不高,期待视域也十分宏阔。可是,即便是如愿以偿,终究是个人的事;到头来,又何补于水深火热中的苍生?何益于命悬一线的艰危国运?至于功业,举其荦荦大端,当属"收拾洪杨一役,完满无缺"。这又怎样?无非是使大清王朝"延喘"一时,挽狂澜于既倒罢了。

再说张謇。

观其抱负,实不甚高:"天之生人也,与草木无异,若遗留一二有用事业,与草木同生,即不与草木同腐。"没有什么"为天地立心,为生民立命,为往圣继绝学,为万世开太平"的经天纬地、惊天动地之志,不过是"不与草木同腐"而已。当然,对于大多数人来说,做到这一点,也绝非易事。

张謇活了七十三岁。前半生颠扑蹉跌于科举路上;状元及第之后,做出重大抉择——毅然舍弃翎顶辉煌、翰林清望,抛开传统仕途,转过身来创办实业。用他自己的话说:"愿成一分一毫有用之事,不愿居八命九命可耻之官。"他确立了"父教育而母实业"的发展思路,先后创办了二十多个企业,涉及纺织、印染、印刷、造纸、火柴、肥皂、电力、盐业、垦牧、蚕桑、油料、面粉、电话、航运、码头、银行、房产、旅馆等多种行业,涵盖了轻重工业、银行金融、运输通信、贸易服务等门类。看得出,他所说的"实业",大体相当于今天的第一、二、三产业。在他所兴办的三百七十多所学校中,中小学之外,重点是师范教育、职业教育(包括师范、女子师范和农业、医务、纺织、铁路、商船、河海工程等)。他同时创建了工科大学、南洋大学,并积极支持同道创办复旦学院,将医、纺、农三个专科学校合并为以后的南通大学,还联合教育界一些知名人士,酝酿高师改为大学,东南大学因而正式成立。他的设想,是"师范启其塞,小学导其源,中学正其流,专门别其派,大学会其归",从而创建了从学前教育的幼稚园到中小学直至高校,从普通教育到职业教育、特种教育、社会教育,形成一个门类齐全的完整的现代教育体系。

兴办规模如此宏阔的实业、教育,显示出他的远大抱负与惊人气魄;而在中国近代化进程中,筚路蓝缕,勇为人先,进行大量开创性的探索,则突显了他的卓绝识见与超前意识。实业方面,他成功地摸索出"大生模式",推进了中国近代企业股份制,最早创办了大型农垦公司和企业集团;教育文化建设中,他所兴办的博物馆、师范学校、女子师范学校、刺绣艺术馆、新式剧院、戏剧学校、盲哑学校以及气象台等,都是在全国首开先河。他在创建图书馆、伶人学会、更俗剧场和多处公园、体育场的同时,还将目光和精力投向弱势群体,兴办了养老院、育婴堂、残废院、盲哑学校、贫民工厂、栖流所、济良所等一大批慈善事业。而无论是办实业、兴文教、搞慈善,全都着眼于国计民生,为的是改造社会,提高国民素质。

思想理论建树,有所谓"照着说"与"接着说"的差别。前者体现传承关系,比之于建筑,就是在固有的楼台上添砖加瓦;后者既重视传统,更着眼于创新、发展,致力于重起楼台,另搭炉灶。张謇作为开创型的实践家,当属于后一类。两类人物,各有所长,缺一不可。但从历史学的角度,后人推崇某一个人,总是既考察其做了何等有益社会、造福群黎之事,更特别看重他比前人提供了哪些新的东西。我说"颇服张謇",其因盖出于此。

2

如果说,曾国藩的言行举止,与其所遇时代、所处社会、所受教育完全统一,若合符契的话;那么,张謇则在许多方面恰相背离,甚至截然相反。为此,人们总是觉得,这位"状元实业家"身上充满了谜团、悖论,从而提出大量疑难问题:

——张謇四岁至二十岁,从名师多人,读圣贤之书,习周孔之礼,可说是浑身上下,彻头彻尾,浸透了正统的儒家血脉。那么,就是这样一个由封建社会按照固有模式陶熔范铸的中坚分子,怎么竟会走上一条完全背离传统仕途的全新道路？岂不真的应了那句俗话："种下的是龙种,收获的是跳蚤!"

——明清两朝制度,非进士出身不得入翰林,非翰林出身不得做宰相。而历经千辛万苦终于攀上科举制金字塔顶尖、获授翰林院修撰的状元郎张謇,距离相府、天枢已经"近在咫尺";可是,他却弃之如敝屣,意外转身,掉头不顾,追逐"末业",从"四民"之首滑向"四民"之末,究竟是为了什么？

——传统士人的思维模式,是每在行动之前,必须为自己寻求某种道义上的依据。那么,张謇走上这条新路的道义依据是什么？或者说,是什么理想追求赋予他以超常的勇气和动力,使他突破"学而优则仕"的陈旧格局,摆脱重道义而轻功利的价值观？

——存在决定意识。在晚清封闭的社会里,他没有进过新学堂,没有出国留学过,一生大部时间倨处通海一隅；那么,他的新思想、新思路、新眼光,是怎么形成的？

——封建士人的文化心理结构,是老成持重,"不为天下先",重性理而轻经济,尚虚文而不务实际。而张謇不仅勇开新路,并且脚踏实地,始终专注于经世致用,这又是怎么养成的？

那天到海门叠石桥参观,这里是中国最大的绣品市场。沈寿园里,绣女们在全神贯注地穿针引线。我惊喜地发现,一位女工正在绣着张謇的大幅肖像。在盛赞其精美绝伦的绣功的同时,我凝神静睇张謇的眼睛。记得他曾说过："一个人办一县事,要有一省的眼光；办一省事,要有一国之眼光；办一国事,要有世界的眼光。"为此,我想透过绣品,寻索他的眼光,进而搜求某些答案。可是,看来看去,也并未发现有什么特异之处。原来,目光、眼力也好,视野、视界也好,说到底,都是一个识见问题。有了超凡的识见,才会有超常的智慧、勇气与毅力。

世间种种看似神秘莫测的东西,其实,它的背后总是有规律可循的。即以人生道路抉择、人的种种作为来说,那个所谓的"冥冥之中看不见的手",往往植根于自身素质、社会环境、文化教养、人生阅历诸多方面,并以气质、个性、文化心理结构形式,制约着一个人的进退行止,影响着人生的外在遭遇。

张謇出生于江海相交的海门。这里天高地迥,望眼无边,视野极为开阔。而居民均为客籍,来自江南各地。江南为吴文化区域,是东西方文化会接的前沿地带,尽得风气之先。这些移民原本思想就比较开放,具有一定的市场观念、商品意识;而移居到"江海门户",沙洲江岸的时涨时坍,耕田方位的时北时南,生涯变换,祸福无常,更增强了忧患意识和顽强拼搏精神,练就了善于谋生、勇于自立的本领。这些特征,在张謇父亲的身上都有所体现。儿子四岁时,他就送进私塾,延聘名师调教,激励其刻苦向学,成才高就;但他又有别于一般世家长辈,十分通达世务,晓畅经营之道,看重经世致用,诚勉儿子注重接触实际,力戒空谈,经常参加一些农田劳作与建筑杂活,使"知稼穑之艰难"。人是环境的产物。张謇从小就浸染在这种社会环境中,又兼乃父的耳提面命,身教言传,为他日后养成开拓的意识、坚毅的性格、务实的精神,进而成为出色的实业家,打下了坚实基础。

张謇从小就坚强自信。一次随祖父外出,过小河时,不慎跌落桥下。祖父惊骇中要下水把他拉起,他却坚持自己爬上岸。说是"要自己救自己"。一天,塾师的老友来访,见天色转暗,便顺手燃起红烛。客人见张謇在侧,有意考考他的文才,遂以红烛为题,令他以最少的字作答。张謇随口说出:"身居台角,光照四方。"还有一次,塾师正在给张謇讲书,见门外有骑白马者经过,便即兴出句:"人骑白马门前过";张謇对曰:"我踏金鳌海上来"。看得出他自小就志存高远,吐属不凡。

在求知请益、读书进学方面,张謇也有其独特的悟性。他熟谙经史,却不肯迂腐地拘守章句,而是从中摄取有益养分,择善而从。传统文化价值体系中,有些合理内核是可以超越时代,成为现代精神资源的。比如,儒家所崇尚的以天下为己任、关心民族兴亡的强烈社会责任感,就在张謇身上深深扎下了根。在他看来,儒学本身,作为一种文化积淀,也在不断地进行自我调适以应世变之需。因而对于孔孟的"义利之辨",他便加以扬弃与改造,提出"言商仍向儒"的新思路——从一开始,便着眼于国计民生,坚持诚信自律的伦理道德和取之于民、用之于民的返本回馈思想,超越一般唯利是图的市井商贾,而成为追求社会整体效益的新型实业家的前驱。张謇特别鄙视传统士人脱离实际、徒尚空谈的积弊:"日诵千言,终身不尽,人人骛此,谁与谋生?"主张"学必期于用,用必适于地"。在一次乡试答卷中,他援引圣人的实践以阐明自己的思想,说"孔子抱经纶万物之才","裕覆育群生之量",亦尝为委吏、乘田之猥琐贱事,而且,务求将会计、牛羊管好,"奉职唯称",做"立人任事之楷模"。而这一切,都为他毅然勇闯新途提供了道义依据。

在人生道路抉择中,有三个重要关节点对张謇影响至大。概括起来是:敞开了一扇门——实力报国之门;堵塞了两条路——科举与仕进之路。

张謇走出国门,前后不过三次。有两次是分别参加日、美博览会;就中以光绪八年(1882)随吴长庆赴朝参战,磨炼最多,获益最大。他当时二十九岁。起因是清朝的藩属朝鲜爆发了反抗封建势力和日本侵略者的"壬午兵变",日驻韩公使馆被烧,日本借机出兵干预。吴长庆麾下的庆军,奉命援护朝鲜,张謇以幕僚身份随行,"画理前敌军事"。处此列强相互争夺的远东焦点,他在近四十天时间里,通过与朝鲜、日本众多官员、学者交流政见,切磋时局,增广了见闻,弥补了旧有知识的缺陷,形成了纳国事于世界全局的崭新视野。特别是了解到日本明治维新全面进行社会改革,"殖产兴业""富国强兵"的经验,在国内洋务派一意趋骛西方"利器""师敌长技"之外,找到一条全新的路径,使认识高度进入一个新的层次。

光绪二十年(1894),对于张謇来说,是极不寻常的一年,可说是人生道路的分水岭。他从十六岁考中秀才,后经五次乡试,均名落孙山;直到三十三岁,才有幸中举。但此后四次参加会试,尽遭失败。至此,他已心志全灰,绝意科场。这次,因慈禧太后六十寿辰设恩科会试,他本无意参加,但禁不住父亲和师友的劝进，才硬着头皮应试。状元及第，竟于意外得之。当师友们欢庆他"龙门鱼跃"时，他却无论如何也兴奋不起来。他没齿难忘：科举之路上二十六载的蹉跎颠踬；累计一百二十昼夜"场屋生涯"的痛苦煎熬——那时的考棚窄小不堪，日间弓身书写，夜里蹉伏而卧，炊茶煮饭，全在于此。"况复蚊蚋哺肤，熏蒸烈日。巷尾有厕所，近厕号者臭气尤不可耐。"日夜寝馈其间，导致经常伤风、咳嗽、发烧，以致咯血。且不说科举制、八股文如何摧残人才、禁锢思想，单是这令人不寒而栗的切身感受，已使他深恶痛绝，从而坚定了创办新式学堂、推广现代教育的信念。

几个月后，中日甲午战争爆发。在"蕞尔小国"面前，"泱泱华夏"竟然不堪一击，遭致惨败，随后签订了丧权辱国的《马关条约》。深重的民族危机，使他惊悚、觉醒，改弦更张，走上了一条全新道路。他对晚清积贫积弱的根源做如下剖析：中国之病，"不在怯弱而在散暗。散则力不聚而弱见，暗则识不足而怯见。识不足由于教育未广，力不聚由于实业未充"；"国威丧削，有识蒙垢，乃知普及教育之不可以已"。于是，他毅然决定抛开仕途，走实业、教育兴国之路。

第三个关节点，是戊戌变法伊始，在慈禧太后操控下，恩师翁同龢被黜，开缺回籍，永不叙用，交地方官严加管束。此事对张謇刺激极大。他们交谊三十年，"始于相互倾慕，继而成为师生，终于成为同党"，患难与共，至死不渝。对于两朝帝师、官居一品的资深宰相，做如此严厉处置，为有清一代所仅见。这使张謇预感到，"朝局自是将大变"，因而"忧心京京"，心灰意冷。生母临终前谆谆告诫的"慎勿为官"的遗言，仿佛又响在他耳边。面对帝党、后党势同水火，凶险莫测的政局，"三十年科举之幻梦，于此了结"。

对于这一重大的人生道路抉择，张謇是慎重、清醒、谋定而动的。病逝前一年，他曾回顾说，经"反复推究，乃决定捐弃所恃，舍身喂虎。认定吾为中国大计而贬，不为个人私利而贬，謇愿可达而守不丧。自计所决，遂无反顾"。

3

关于张謇，胡适于1929年做过这样的评价："张季直先生在近代中国史上是一个很伟大的失败的英雄，这是谁都不能否认的。他独立开辟了无数新路，做了三十年的开路先锋，养活了几百万人，造福于一方，而影响及于全国。终于因为他开辟的路子太多，担负的事业过于伟大，他不能不抱着许多未完的志愿而死。这样的一个人，是值得一部以至于许多部详细传记的。"

"伟大英雄""开路先锋"，评价准确而充分，胡适毕竟是明于知人。在暗夜如磐、鸡鸣风雨中，能够像张謇那样，"专利国家而不为身谋"，通过个人努力，开创难以计数的名山事业，取得如此广泛的成功，晚清名流中确是屈指可数。

张謇一生经历曲折复杂，活动范围广泛，身兼晚清状元、改革思想家、资本主义企业家、新式教育家、公益活动家和政府官员多种角色，"崛起于新旧两界线之中心"，而能"适于时代之用"。他把道德自觉、伦理规范建筑在现实生活的功利基础之上，直接同物质生产联系起来。就身份类型来分，他属于行者，而不是言者；但他的许多论述十分精当，而且富有实践理性。他善于融各种角色及其资源于一体，将中国古代士人以天下为己任，关心民族兴亡和黎民疾苦，崇尚经世致用的优良传统，同西方工业文明中的创新、进取精神结合起来，创造出一种新型的中国实业家精神，并娴熟地运用于各项事业之中。

论其功业，可以用三句话来概括：作为中国历史上最特殊的状元，他开创了一条由封建士子"学而优则仕"转化为近代知识分子通过实业教育救国的新路；作为中国近代化的早期开拓者，他是晚清社会中具有理想主义色彩的实业先驱的一个标本；作为出色的实业家，他摸索出一条以城市为龙头、农村为基地、农工商协调、产学研结合的"南通模式"。1922年，在北京、上海的报纸举办的民意测验中,投票选举"最景仰之成功人物",张謇获得的票数最高。而其成功要素,前人认为:一曰纯洁,二曰创造性,三曰远见,四曰毅力。

说到失败,张謇同任何成功人物一样,在其奋斗历程中总是难免的。而处于半封建半殖民地社会的特殊环境下的民族工业,面对外国资本的冲击,生存艰难甚至终被吞并,本属常事。其价值在于创辟了一条新路,提供了可贵的标本、模式,在于进行了成功的实验。尽管在当时的条件下有些事业遭受挫折,却仍可以"耀后世而垂无穷"。正如钱穆所言:"人能在失败时代中有其成功,这才是大成功。在失败时代中有其成功,故能引起将来历史上之更成功。"

当然,张謇并非完人。我们肯定其事业之成功,绝不意味着他在各个方面都完美无缺。他勇立潮头,呼唤变革,却害怕民众革命;他为实现强国之梦而苦斗终生,但直到撒手红尘,对于这条新路究竟应该何所取径,也似明实暗。由于时代的局限性,他的思想、见地,并没有跳出近代民主主义的藩篱。在历史人物中,这种功业在前,而政见、主张相对滞后的现象,是常有的。

作为一个智者,张謇颇有自知之明。晚年,他在南通中等以上学校联合运动会上,有过一次演讲。他说:"謇营南通实业教育二十余年,实业教育,大端粗具";"言乎稳固,言乎完备,言乎发展,言乎立足于千百余县而无惧,则未也未也"。"实业教育,大端粗具",说得恰如其分。而"完备、发展",就任何前进中的事物来说,都不能遽加肯定。这不等于承认失败,也并非谦卑自抑,恰恰反映出他严谨的科学态度。与此相照应,他在生圹墓门上曾自撰一副对联:"即此粗完一生事,会须身伴五山灵。"回首平生,他还是比较惬意的:一生事业已经大体完成,死无憾矣;现在到了回归自然,与秀美的五山长相依伴的时刻。

一位史学家曾经说过:"张謇与南通这两个名字已经紧紧联结在一起。在中国近代史上,我们很难发现另外一个人在另外一个县办成这么多事业,产生这么深远的影响。"是呀,先生"五山归卧"已经过去九十多个年头了。可是,无论是走进工厂、车间,放眼当年围垦的粮田、草场,还是置身于他所创办的大中小学;无论是潜心浏览于博物苑、图书馆,赏艺于电影院、更俗剧场,还是在濠河岸边、五公园里悠然闲步,都会从亲炙前贤遗泽、享受他所创造的成果中,感受到张謇的永生长在。张謇的事业立足于通海,而他的思想、抱负却是面向整个中国的,他是整个中华民族的骄傲。借用古人的话:"乃邦家之光,非闾里之荣也。"

我曾两入南通,一进海门,看到过张謇生前在各个场合的留影,还有数不胜数的画像、绣像、塑像。他那粗茁的浓眉、智慧的前额,饱含着忧患的深邃目光,留给我难以忘怀的印象。面对着书刊上、广场上、影视中张謇的形象,我喜欢做无尽的联翩遐想。这样,就有一幅饱含诗性的画面成形于脑际,浮现在眼前——

一个霜月凄寒的拂晓,在崎岖、曲折的径路上,一位年过古稀的老人,踽踽独行。看上去,既没有"踏遍青山人未老"的改革家的豪迈,也缺乏诗人"杖藜徐步立芳洲"的闲适与潇洒,又不见一般年迈之人身躯伛偻、迟回难进的衰飒之气,而是挺着腰身,迈着稳健的步子,向着前方坚定地走去,身后留下了两行清晰的脚印。

既然称为一幅画,就总得起个名字,那就题作"长夜先行者"吧!

末章

"家国天下",中国知识分子的这种担当意识,有两千多年的悠久传统,这是中国历史上的一个重要文化现象。也正是为此,其地位崇高,其价值特殊。

第四十二篇

家国天下

I

中国古代知识分子,泛称士子,或儒生、儒士;做了官的,就叫做士大夫。这部分人专指掌握"四书""五经"的学人,医生、术士、匠人等并不包括在内。他们肩负着治国理政、传播道统、赓续文脉、塑造心灵的特殊使命。中国古代知识分子有些什么重要品格、基本特点呢?

其一,强调不仅要有知识,同时必须有社会责任感,所谓社会的良心、时代的眼睛,是也。单就这一点看,倒有些和西方的知识分子概念相似。中国古代知识分子的这种担当意识,有绵延两千多年的悠久传统,这是中国历史上的一个重要文化现象。也正是为此,他们在社会上享有崇高地位,在文化传统上也有其特殊价值。中国古代称为"四民社会"——士、农、工、商。士以外的那三类人分担着社会的实际工作,唯独士这类读书人与之不同,所谓"万般皆下品,唯有读书高"。据现代学者钱穆考证,夏商周三代就已经有了士的存在,像春秋时代的列国卿大夫中的柳下惠、管仲、晏婴、子产等人,都已经成为后来士的代表人物,他们是贵族,有地位,有特权。而被称为"素王"的孔子,则是平民学者的典型,但其思想却塑造着尔后两千余年的文化人格,因而被后世尊为"万世师表"。可以看出中国古代知识分子在社会上的崇高地位。即使到了封建的末世,依然可以从鲁迅先生的小说(如《长明灯》)中看到普通民众对于知识分子近乎痴狂的信服,甚至崇拜。

其二,中国古代知识分子具有"游士"性质,即流动型的。由于他们地位特殊、价值崇高,这就衍生出"欲得天下,必先得士"的社会现象。当时列国诸君,尊贤养士之风炽盛,以至于平民学者取代了贵族阶级在学术文化上的权威地位。为了行道,为了实现自己的政治主张,孔子率领弟子风尘仆仆地周游列国。他先是在鲁国参政,三年后对朝政感到失望,遂率领部分弟子前往卫国。这年他是五十四岁。中间三起三落,待了四年后,又去了陈国。人家说他"累累若丧家之狗"。后来又遇到战事,只好从陈国逃离,奔往楚国,路上忍饥挨饿,所谓"在陈绝粮"。尽管这样,他也并不灰心丧气,还是信念十足地说:"发愤忘食,乐以忘忧,不知老之将至云尔。"但终究还是受到楚狂人的讥讽。不久,他便又离楚回卫,在卫国不能被重用,最后返回鲁国。这时他已经六十八岁了,在外面足足转悠了十四年。"亚圣"孟子的处境,要比孔子好一些。仕途上虽然并不得意,但在周游列国时,他仍有"后车数十乘,从者数百人,以传食于诸侯"的气派。梁惠王、齐宣王等当时最有权势的君主,都想笼络他。如果孟子稍稍迁就一些,即可以"布衣立谈成卿相"。

其三,按照钱穆的说法,那时的士具有一种超越品格。这首先表现在超越个人的经济利益上。孔子并不反对常人希求鲜衣美食,但他提出,倘使作为一个士,就应该"不耻恶衣恶食"。他说:"士志于道,而耻恶衣恶食者,未足与议也。"而且,也不计较眼下或将来的报酬。从这个意义上,可以说,中国的士显现出一种宗教精神。特别是,当读书士子介入了政治生活,领取了国家的俸禄,就更应该夙夜在公,不能谋求个人私利。这就是说,士的凭借是在道上,在人文理想方面,士的行为志向不以个人经济利益为转移,人生实践超越经济的制约。因此,有点类似于宗教。——和尚、道士都是超越个人经济利益和人生处境的。不同的是,庙里修行的是"单料和尚",他们虽然没有家室之累,没有经济方面的考虑,却并不参与政治。而中国的士是"双料和尚",一方面,他们拥有家庭,只是不谋私利,"不别治生",专事讲道、治学;一方面,还要参与政治,承担修、齐、治、平的社会责任。钱穆这种"双料和尚""单料和尚"的说法,形象而深刻地揭示了中国古代士人的超越品格和宗教精神。

其四，中国古代知识分子从其现身之日起，就和政治纠结在一起。他们总是密切地关注社会进步，积极参与社会政治实践。这是中国古代知识分子和中国传统知识文化的最主要特点，它与西方古代知识分子有很大的不同。古希腊时期，知识精英强调理论的理性、思辨的理性，叫做"静观的人生"，与后来的"行动的人生"是相互对立的。到了中古时代，基督教行世，宗教信仰压倒了古希腊的理性，哲学成了"神学的婢女"，知识分子在中古文化中根本找不到存在的空间。即使有理想，也是在天上，而不在人间。近代西方知识分子发生了变化，他们关心的不但是如何解释世界，而且更是如何改变世界，正如马克思所说的："哲学家从来只是以不同的方式来解释世界，但真正的关键是改变它。"

中国古代的知识分子，包括那些大思想家，真正只想做"哲学家"，像古希腊时那样只想做一个世界"静观者"，而不想去改造世界的则是少而又少。中国也从来没有基督教那样的有组织的统一的教会，说是儒、释、道三教并立，但儒家始终处在主体地位。儒家追求"知行合一"、经世致用，强调人生"三不朽"，主张"齐家、治国、平天下"。到了北宋大儒张载那里，目标就更高大了："为天地立心，为生民立命，为往圣继绝学，为万世开太平。"在这种原则指引下，中国知识分子都有个宏誓大愿，就是按照圣人规定的理想目标去改变世界。这也就决定了他们和政治不可能分割开来。

为了参与政治活动，实现政治主张，孔子、墨子都毕生奔走于列国之间，所谓"孔席不暇暖，而墨突不得黔"，至于专意讲学著书，那是晚年的事。即使如道家始创者老子、庄子，他们无意做官，但仍然通过著书讲学，表示对政治、理想的关注。他们在那里抨击政治、批判现实，同样证明了他们并没有抛掉政治意念。特别是老子，堪称"中国的政治艺术之父"。老子主张"无为"，却是无为而无不为，"无为"是一种以退为进的策略与权谋。可以说，以国家、社稷为重的忧国忧民的博大情怀和忧患意识，是后世历代知识分子的主题词。范仲淹的名句："居庙堂之高则忧其民；处江湖之远则忧其君。是进亦忧，退亦忧。然则何时而乐耶？其必曰'先天下之忧而忧，后天下之乐而乐'乎。"就是最典型的代表。如同当代学者余英时所言,越是遭逢"天下无道""世道浇漓"的乱世,孔子的"圣教"便越发显现出它的力量,参政、救世也就成了立身之本。从汉代知识分子在党锢之祸中,誓"以天下风教是非为己任",到明清易代之际,顾炎武提出"天下兴亡,匹夫有责",都充分证明了这一点。

其五,中国古代知识分子,既然与政治联系得这么紧密,那么,就出现一个现实问题:政治理想如何实现呢?也就是说,要实现自己的抱负,需要具备怎样的前提条件?首要一点,是必须凭借权势,正如汉代学者刘向说的,"道非权不立,非势不行"。他说,"五帝""三王"教以仁义而天下变,孔子亦教以仁义而天下不从。为什么?就因为一者有权位,一者没有权位。

而要取得权位,唯一的途径就是沿着立朝入仕的阶梯一步步地往上爬。面对现实,古代知识分子的第一选择,就是"登龙""入仕"。只有登龙门、走仕途,才能取得使用国家权力的合格证,才能将自己的思想主张推向社会,实现其政治抱负。结果,就像当代学者徐复观所说的:"知识分子一开始就是政治的寄生虫,便是统治集团的乞丐。"

中国古代社会的政治体制是君主专制制度,封建君主拥有至高无上、涵盖万有的一切权力,所谓"普天之下,莫非王土;率土之滨,莫非王臣"。但是,"徒法不足以自行",权力需要依靠臣子——亦即士大夫来运作与施行。就是说,封建帝王要借助士大夫的思想智慧与管理才能,将自己的权威意志贯彻到各个场所、各个环节。这样,他们之间就形成了相互依存,相互制约的关系。而处于主导地位的则是封建帝王,越是英明、雄鸷、强悍的帝王,越是起着决定性作用。中国古代一切知识分子都无法摆脱这样的生存环境。

2

上述分析,是就总体而言。随着各个朝代、各个历史时段的情况不同,中国知识分子的地位、处境又有很大的差异。

在商周时代,读书士子地位低下,他们处于社会金字塔的最底层。高高在上的是帝王,然后是诸侯,再后是卿大夫,压在最底层的是士人。士人就是奴隶,没有人身的自由。

春秋战国时期,王纲解纽,社会分崩离析、动荡不宁,诸侯、卿大夫各自为政,都要培植自己的势力范围,扩大政治资本。他们必然要求助于读书士子。这样,那些知识分子就成了香饽饽,到处抢夺,争相笼络,活动空间扩大了,为他们施展才智提供了宽阔的舞台。这是他们最自由、最行时的年代。他们可以到处流动,楚国不行,就到秦国,秦国不行,就去晋国。反正是"此地不养爷,自有养爷处"。改革家商鞅,本是卫国人,后来去了魏国,还觉得施展不开抱负,最后又来到秦国。那时候,"朝秦暮楚""朝三暮四"都是肯定的、正面的词语。再比如,战国时的辩士、纵横家苏秦。什么叫纵横呢?"战国七雄",齐、楚、燕、韩、赵、魏六国,都在函谷关以东,地面拖得很长,所以叫"纵";秦国独居函谷关以西,地面横宽,所以叫"横"。六国联合起来,以六攻一,叫"合纵";以一离六,各个击破,叫做"连横"。苏秦本来要游说秦惠王,让他实施"连横"战略,但十次上书,也没有说得动他。由于时间拖得很长,结果裘弊金尽,资用断绝,他只好返回洛阳老家。一眼看去,形容枯槁,面目黧黑,那个狼狈相就不用说了。历经波折,最后总算回到家里,结果,"妻不下纴,嫂不为炊,父母不与言"。这种穷途末路,大大激发了他的志气,于是,"悬梁刺股",发愤读书。然后,再次出行,这回是发动六国联合起来对抗秦国,收取了理想效果:他得以佩戴六国相印,"一人用而天下从","未烦一兵,未战一士,未绝一弦,未折一矢,诸候相亲,贤于兄弟"。你看,辩士的作用多么大呀!

那时候,从事何种职业,知识分子有充分的选择余地。从政不如意,就去教书授徒;还不行,行商坐贾,当个陶朱公也蛮好的。而且,还有足够的"思想自由",可以任意质疑,随意思考,甚至可以批评君主,也不致被杀头、抓辫子。《孟子》一书记录了不少对君主的批评:"今夫天下之人牧,未

>>> 中国古代知识分子强调不仅要有知识,同时必须有社会责任感,是社会的良心、时代的眼睛。他们具有"游士"性质,是流动型的知识分子。同时他们又具有一种超越品格,又和政治有千丝万缕的联系,需要通过入仕的方式,才能实现自己的政治理想和抱负。

有不嗜杀人者也","争地以战,杀人盈野;争城以战,杀人盈城";甚至直接骂出:"望之不似人君";"不仁哉,梁惠王也"!

《战国策》里记载:燕昭王为了增强实力,与强齐抗衡,便同谋臣郭隗商量如何罗致贤才。郭隗首先给他讲个故事,说古代有个国君,想以千金重价购买一匹千里马,可是三年过去了,还没有买到手。在急切的等待中,他的一个近侍却花了五百金买回一具千里马的骨头。国王看了,气急败坏地说:"真是不中用!我要你买日行千里的活马,怎么花那么多钱买了一堆马骨头呢?"侍臣说:"大王不要着急,听小臣解释:我这样做,四方人士就会想,君王买一具马骨头还肯花费五百金,更何况是活的千里马呢!估计很快就会把更多的千里马送上门来。"果然,不到一年工夫,报送千里马的就接连来了三次。郭隗讲完故事之后,奉劝燕昭王说:"大王要想招纳贤士,不妨先把我当作一具马骨,优礼相待,那样,四方贤达之士一看连我这样的庸愚之才都得到了重视,他们就会闻风而至。"昭王赞同并采纳了这个建议,于是拜郭隗为师,还在易水边上建筑高台,置黄金其上,称为"黄金台",用以招揽贤士。于是,燕昭王尊贤爱士的名声很快传遍四方,乐毅自魏往,邹衍自齐往,剧辛自赵往,大批贤才纷纷来归,为燕所用。从此,国力大增,很快地富强起来,黄金台招士的事也被传为千古美谈。

但是,到了秦汉大一统时代,情况发生了根本性变化。封建贵族逐步被消灭,入仕的途径只剩一条,而且有法定的顺序,谁也不得逾越违犯。读书士子的学术地位和气焰、锋芒,随之也大大降低。刘邦这个"无赖皇帝"竟然拿儒生的帽子小便。这种情势,发展到汉武帝时代,达于极点。东方朔曾经慨叹说:彼一时,此一时。时代变了,我们的身份和机会,哪能与战国人相比呢?扬雄也在《解嘲》中说:"当今县令不请士,郡守不迎师,群卿不揖客,将相不俛眉。"一股酸溜溜的味道。

到了魏晋南北朝,这是中国封建社会的一个大动荡时代。攘夺、变乱是这一时期社会政治生活的主旋律。统治集团内部篡弑频仍,政权更迭繁复,战乱连年不断,社会急剧动荡,给普通民众造成了极大的苦痛,士人群体也未能远祸全生。因此,《晋书》中说:"属魏晋之际,天下多故,名士少有全者。"而另一方面,这一时期推行九品中正制,世家权贵操纵着遴选人才大权,以致出现"上品无寒门,下品无世族";"世胄蹑高位,英俊沉下僚"的悖理现象。先赋角色深受世人景慕,而成就角色却极少出头机会,在整个社会造成了价值观念的误导,鄙薄事业、轻视功利的思想泛滥。这两种趋向,看似矛盾、交叉,实则殊途而同归,都有助于以崇尚老庄、任放不羁、遗落世事为特征的"魏晋风度"的形成。

读书士子的仕途发生了阻塞,而于思想、学术的发展却产生了积极效应。由于思想通脱,废除固执,"遂能容纳异端和外来思想,故孔教以外的思想源源而入"(鲁迅语)。社会秩序解体,儒家礼法崩溃,经学独尊地位已经动摇;玄名佛道,各派蜂起,嘘枯吹生,逞词诘辩,呈现出"户异议,人殊论,论无定检,事无定价",思想多元化的局面。魏晋时期,堪称中国政治上最混乱、社会上最苦痛的时代,"然而却是精神史上极自由、极解放,最富于智慧、最浓于热情的一个时代","是中国历史上最有生气、活泼爱美,美的成就极高的一个时代"(宗白华语)。文人学士在生活上、人格上的自然主义和自由主义不断高涨;他们蔑视礼法,荡检逾闲,秕糠功名利禄,注重自我表现,向内拓展了自己的情怀,向外发现了自然情趣,接受宇宙与人生的全景,体会其深沉的奥蕴,滋生了后世所说的"生命情调"和"宇宙意识"的萌芽。

阮籍、嵇康等"竹林七贤"为其代表人物。按照常礼,母丧期间必须茹素,但阮籍偏偏大啖酒肉。《礼记》规定,叔嫂不能通问,他却经常与嫂子聊天,其"嫂尝归家,籍相见与别,或以礼讥之,籍曰:'礼岂为我设耶?'"邻居家的妻子有美色,在酒店里卖酒。阮籍喝醉以后,就睡在这个女人身边,完全无视儒家"男女之大防"。他就是这样毫无顾忌地与纲常、礼教对着干,明确地说,君子之礼法乃天下摧残本性、乱危社会、致人窒息之术。阮籍和嵇康率先举起张扬自我、反对名教的大旗。阮籍辛辣地讽刺说,礼法之士如裤中之虱,行不敢离缝际,动不敢出裤裆,自以为得绳墨也。嵇康则响亮地提出"越名教而任自然"的口号。

隋唐以后,推行科举制度,对于知识分子来说,又进入了一个新的阶段。有两句诗:"太宗皇帝真长策,赚得英雄尽白头。"一个"赚"字,把封建统治者通过推行科举制,牢笼士子,网罗人才,诱使其终世沉迷,难于自拔,刻画得淋漓尽致。"以饵取鱼,鱼可杀;以禄取人,人可竭。"科举制度就是以爵禄为诱饵,把读书、应试、做官三者紧密联结起来,使之成为封建士子进入官场的阶梯,捞取功名利禄的唯一门径。

蜗居社会底层的读书士子,要想改变自己和家族的命运,就必须走上这条应举入仕的道路。只是,科举选士制度,无异于层层递减的多级宝塔,无数人攀登,最终能够爬到顶尖的却寥寥无几。许多人青灯黄卷,蹭蹬终生,熬得头白齿豁,老眼昏花,也未能博得一第。临到僵卧床头,一息奄奄,还放不下那颗眷眷的心。而那些有幸得中的读书种子,一旦登上庙堂之高,便会以全副身心效忠王室,之死靡他。这真是一笔大有赚头的买卖。因此,当太宗皇帝李世民看到黑压压的人头攒动,乖乖地涌进监舍应试的时候,不禁喜形于色,毫不掩饰地说:"天下英雄尽入我彀中矣。""彀"者,圈套也。封建统治者可以从中收"一石三鸟"之效,因此说它是"长策":一是网罗了人才,能够凭借这些读书士子治国安邦;二是有望获得"圣代无隐者,英灵尽来归"的好名声;三是把那些在外面有可能犯上作乱的不稳定分子吸引到朝廷周围,化蒺藜为手杖。

这种情势,一直延续到明代。

3

面对以少数民族入主中原的清代征服者与统治者,知识分子特别是广大汉族知识分子,历经了更为复杂、更为艰险的境遇。

清代皇帝清醒地认识到,坐天下和取天下不同,八旗兵、绿营兵的铁骑雄师终竟踏平不了民族矛盾和思想不同。解决人心的向背,归根结底,要靠文明的伟力,要靠广泛吸收知识分子。他们自知在这方面存在着致命弱点:作为征服者,人口少,智力资源匮乏,文化落后;而被征服者是个大民族,拥有庞大的人才资源、悠久的文化传统和雄厚的文化实力。因此,从一开始就把主要精力放在两件事上:一是不遗余力地处置"夷夏之大防"——采取行之有效的民族政策;二是千方百计地使广大汉族知识分子俯首就范,心悦诚服地为其效力。

清代皇帝对于广大知识分子(主要是汉族士人),有一套高明的策略:

——最基本的手段就是设饵垂钩,通过开科取士,使广大读书士子堕入功名利禄的圈套。按规定,先要取得秀才资格,然后,再参加三年一次的乡试(又叫秋闱),考中了的成为举人。这是科举考试中一个十分重要的环节。许多人就是卡在这个关口上,不得出人头地。取得举人资格后,再进京赶考,参加三年一次的会试(亦称春闱)。九天时间,共考三场,命中率不到十分之一。通过会试,才有望取得进士的称号,取得做官资格。一个人从考中秀才到考取进士,没有几十年工夫是过不来的。其结果,如同梁启超所抨击的"非哦几十年八股,非写几十年白折,非当几十年差,非捱几十年俸,非递几十年手本,非唱几十年喏,非磕几十年头,非请几十年安,则必不能得一官、进一职";待到捞得"红顶花翎之服色,中堂大人之名号"时,那就"脑髓已涸,血管已塞,气息奄奄,与鬼为邻"了。乾隆时代的老书生谢启祚,屡试不第,直到九十九岁才考中了举人。他写了一首自嘲诗,以老处女为喻,抒写他中举之后的苦辣酸甜、百感交集的心情:

> 行年九十八,出嫁弗胜羞。
> 照镜花生面,光梳雪满头。
> 自知真处女,人号老风流。
> 寄语青春女,休夸早好逑!

——不时发出严厉制裁的信号,大兴"文字狱",毫不留情地惩治、打击那些心存异念的桀骜不驯者。有件小事,颇堪耐人寻味。一天,顺治帝向弘文院大学士陈名夏发问,历代帝王以谁为最好?陈名夏按照通常的评价标准,答说是唐太宗。顺治帝一个劲儿地摇头,不对,明太祖才是最好的。这使陈名夏大感意外,但稍加思索也就懂得了,朱元璋通过严刑峻法包括可怕的"文字狱",建立了牢固的大明一统政治,实现了对于读书士子有效的思想箝制。这是清朝统治者所拳拳服膺的。

——寓监视、笼络于纂述之中,组织大批学者纂修《四库全书》,编撰《明史》。把他们集中到皇帝眼皮底下,免得一些人化外逍遥,聚徒结社,摇唇鼓舌,散布消极影响;整合思想,提倡程朱理学,推行八股制艺,扼杀读书人的个性,禁锢性灵,加重道德约束力。

在牢笼士子,网罗人才方面,清代统治者确是后来居上,棋高一着。他们从历史的经验和现实的环境中悟解到,仅仅吸引读书士子科考应试,以收买手段控制其人生道路,使其终生陷入爵禄圈套之中还不够;还必须深入到精神层面,驯化其心灵,扼杀其个性,斫戕其智能,以求彻底消解其反抗民族压迫的意志,死心塌地地做大清帝国的忠顺奴才。清初重要谋士、汉员大臣范文程曾奉献过一句掏心窝子的话:"治天下在得民心。士为秀民,士心得,则民心得矣。"从"驯心"的角度看,他正是一个理想的制成品,这番话可视为"夫子自道",现身说法。回过头来,这个"理想的制成品",又按照主子的意图,在针对其他"秀民"的"驯心"工程中,为虎作伥。

较之盛唐时期,清代的专制要严酷得多,惨烈得多。这样的专制社会越持久,专制体制越完备,专制君主越"圣明",那些降志辱身的封建士子的人格,就越是萎缩,越是龌龊。难怪有人说,专制制度是孕育奴才的最佳土壤。明乎此,就可以理解:为什么许许多多智能之士,一经跻身仕宦,便都"磨损胸中万古刀",泯灭个性,模糊是非,甚至奴性十足。

史载,康熙帝素以骑术专精自诩,一次出郊巡狩,坐骑突然炕起了蹶子,奔突腾跃不止,到底将他掀了下来,使他在众人面前丢了丑,他心里觉得特别窝囊。随从大臣高士奇见此情状,立刻偷偷跑到污水坑旁,滚上一身臭泥,踉踉跄跄,走到康熙面前,皇帝被这副狼狈相逗笑了。高士奇随即跪奏道:"臣拙于骑技,刚一跨上马鞍就掉了下来,正巧落在臭泥坑里。适才听说皇上的马受惊了,臣未及更衣,便赶忙过来请安。"一副摇尾乞怜的奴才相,跃然纸上。康熙听了,哈哈大笑:"你们这些南人啊,竟然懦怯到这种地步。你看我这匹烈马该有多么厉害呀,尥了半天蹶子,也没能把我怎么样。"从此,康熙便对他宠爱有加,竟至形影不离。

与高士奇这种奴才相相照应,还有曾国藩那样的畏缩、忧劳,亦足以看出封建统治下的知识分子的艰难困顿。封建王朝一切建立奇功伟业者,都免不了要遭遇忠而见疑,功成身殒的危机,曾国藩自然也不例外,而且,由于他的汉员大臣身份,在种族界隔至为分明的清代主子面前,这种危机更像一柄"达摩克利斯之剑"时时悬在头上。明乎此,就不难理解曾国藩何以怀有那么强烈的危机感,几乎是惶惶不可终日。他对于功高震主、树大招风的历史教训,实在是太熟悉了,因而时时处处都在防备着杀身之祸。扑灭太平天国,兵克金陵,原本是曾氏梦寐以求的胜业,也是他一生成就的辉煌顶点,一时间,声望、权位如日中天,达于极盛。按说,这时候应该一释愁怀,快然于心。可是,他反而"郁郁不自得,愁肠九回",城破之日,竟然终夜无眠。原来,他在花团锦簇的后面看到了重重的陷阱、不测的深渊。在历经千难万险终于实现了胜利目标之后,却发现等待着自己的竟是一场灾祸,这实在是最可悲的也最令人伤心绝望的。

在两千多年漫长的封建社会中,士是一个特殊的阶层。他们是文化传统的继承者和道义的承担者,肩负着阐释世界、指导人生的庄严使命;作为国家、民族的感官与神经,往往左右着社会的发展、人心的向背。但是,封建社会并没有先天地为他们提供应有的地位和实际政治权力;若要获取一定的权势来推行自己的主张,就必须解褐入仕,并取得君王的信任和倚重;而这种获得,却是以丧失一己的独立性、消除心灵的自由度为其惨重代价的。这是一个"二律背反"式的难于破解的悖论。

古代士人的悲剧性在于他们参与社会国家管理的过程,实际上就是驯服于封建统治权力的过程,最后必然形成普泛的依附性,只能用划一的思维模式思考问题,以钦定的话语方式"代圣贤立言"。李鸿章有句名言:"今人大多讳言'热中'二字,予独不然。即予目前,便是非常热中。仕则慕君,士人以身许国,上致下泽,事业经济,皆非得君不可。予今不得于君,安能不热中耶?"如果有谁觉得这样太扭曲了自己,不愿意丧失独立人格,想让脑袋长在自己的头上,甚至再"清高"一下,像李太白那样,摆一摆谱儿,"长安市上酒家眠,天子呼来不上船",那就必然也像那个狂放的"诗仙"那样,丢了差事,砸了饭碗,而且,可能比"诗仙"的下场更惨——丢掉"吃饭的家伙"。

4

谈论中国古代知识分子的历史命运,必然会涉及出世与入世这样一个根本出路问题。前面所谈到的登龙门、走仕途都属于入世;与此相对应的还有出世一途,最常见的形式,就是隐居不仕。这里又有多种情况:

战国时期的伟大思想家庄子,乃其佼佼者。一次,他正在濮水边上悠闲地钓鱼,忽然,身旁来了两位楚王的使者。他们毕恭毕敬地对庄子说:"老先生,有劳您的大驾了。我们国王想要把国家大事烦劳您来执掌,特意派遣我们前来请您!"庄子听了,依旧是手把钓竿,连看他们都没有看一眼,说出的话也好像答非所问:"我听说,你们楚国保存着一只神龟,它已经死去三千年了。你们的国王无比地珍视它,用丝巾包裹着,盛放在精美的竹器里,供养于庙堂之上。现在,你们帮我分析一下:从这只神龟的角度来看,它是情愿死了以后被人把骨头架子珍藏起来,供奉于庙堂之上呢?还是更愿意像普通的乌龟那样,在泥塘里快快活活地摇头摆尾地随便爬呢?"两位使者不假思索地同声答道:"它当然愿意活着在泥塘里拖着尾巴爬了。"庄子说:"说得好,那你们二位也请回吧!我还是要好好地活着,继续在泥塘里拖着尾巴爬的。"

还有东汉时期的严子陵,他早年曾同南阳郡的刘秀一起四出游学,彼此结下了很深的交谊;待到刘秀夺得了天下,登上皇帝宝座之后,文官武勇,风虎云龙,从四面八方聚集而来,唯有严子陵躲得远远的,并改名变姓,高隐不出。光武帝深深仰慕他的才情、人品,很想请他出来协助治理天下,便凭着往日的记忆,着人图写严光的形貌,下令各个郡县按图察访。后来,有人上书报告,在富春山下,发现一个身披羊裘、渔钓泽中的男子,形迹颇似其人。光武帝当即派人访查,果然是那个严子陵。于是,备下车辆和璧帛前往延聘,但是严子陵却推辞至再,拒绝出山。使者往返三次,才勉强登车来到京城洛阳。光武帝恳切地与他交谈,请他出山,可是,子陵却闭目不应,过了好一会儿,才说:"从前唐尧以盛德著称,但仍有巢父隐居不仕。人各有志,何必相逼呢?"光武帝无可奈何地说:"我贵为天子,富有四海,可是,竟不能屈你为臣呀!"说罢,叹息一声,登车而去。回去后,任命严子陵为谏议大夫,但他坚决不肯接受,执意回去隐居,最后只好听其自便。这样,严子陵就回到了富春山下七里泷中,继续钓他的酸菜鱼了。

隐逸之士为了追求人格的独立与心灵的自由,奉行"不为有国者所羁"的价值观,成为传统的官本位文化的反叛者;他们坚守其独特的价值取向和人格追求,仰仗着这种强大的精神支柱支撑,从身心两方面战胜种种强烈的诱惑;他们自觉地寻绎解脱之道,通过亲近大自然,获得一种与天地同在的精神超越。这是很不容易做到的。隐身容易隐心难,面对富贵的诱惑,父祖辈望子成龙的期待目光,妻儿、亲友们殷殷劝进的无止无休的聒噪,朝廷、郡县的使者之车的不时光顾,同学少年飞黄腾达、志得意满的显耀,如果没有坚定的意志、特殊的定力,是很难闯过这一关的。

有一些读书士子,在受到现实政治斗争的剧烈打击或深重刺激之后,仕途阻塞,便折向山林。开始时还做不到心如止水,经过一番痛苦的波折,逐步收心敛性,战胜自我。有些人开始是登龙入仕,干了一些年,幡然省悟,抽身而退。像陶渊明"不为五斗米折腰",归去来兮;还有郑板桥、袁简斋等,也都属于这种情况。许多隐居不仕的人,退了以后,从事各种社会事业，只是不肯当官。有些人著书修志，教书授徒，或当家庭教师，或执教于某些教育机构，比如书院，作为谋生手段。历史上，大量隐士其实又是政治人物，他们奉行"隐居以求其志，行义以达其道"的孔门圣教，在他们看来，出世与入世是统一的。隐居并非忘世，乃是养志守道，为将来的闻达做思想与智能的准备，隐居山林的过程也是充实、完善自己的过程。所以，虽然他们身在山林，却并不完全脱离朝政，而且，往往对天下大事了如指掌。最典型的，如殷周时的吕尚、三国时的诸葛亮、元末明初的刘基等。诸葛亮躬耕陇亩之时，即常常会友交游，纵谈时政，每自比于管仲、乐毅，后经刘备三顾茅庐，他出山建业，终于凤志得偿。有的身在山林却萦心魏阙、心系朝廷，甚至直接参与最高层决策的隐者，如以"山中宰相"著称的南朝的陶弘景。他在三十六岁之前，曾被朝廷辟为诸王侍读，后来，因求宰县未遂，而挂朝服于神武门，辞官归隐。梁武帝即位后，屡次召他入仕，均被拒绝。但国家每有吉凶征讨大事，都要找他咨询，月中常有数信往来，时时参与朝廷政务，成了不上朝的公卿大员。

当然，也还有一些坚贞之士是不肯俯首就范的。清初的黄宗羲、顾炎武等大学者，都把人格独立看得至高无上，重于功名利禄，甚至重于生命，立志终生不仕，潜心著述，粹然成为一代宗师。黄宗羲在《明夷待访录》中猛烈鞭挞封建君主专制，断言"为天下之大害者，君而已矣"。他明确指出，专制王朝的法律是帝王一家之法，非天下之法；法乃天下之公器，应该以天下之法取代一家之法。这比法国启蒙思想家孟德斯鸠在《法意》中论述近代资产阶级民主与法制，大约提前一个世纪左右。康熙年间，陕西有个李二曲，抱定坚决不与新朝合作的态度，称病在家，不去应试博学鸿词，官吏一再催逼，他便以拔刀自裁相威胁，朝廷只好作罢。后来，干脆把自己反锁屋中，"凿壁以通饮食"，不与任何人见面，朝廷也拿他没办法。明末清初遗民中有一位天文学家，名叫王锡阐，他隐居故里苏州吴江，夜夜爬上房顶，静观天象，发誓永不仕清，平常写字用篆书不想使人认识，出门穿古装衣服，不使用清朝钱币，死时立下遗嘱，把棺材放在树上，不入葬异族土地。

故国之思、亡国之痛,伴随着他的整个人生。从其晚年所赋《绝粮诗》中,可以看出他的气节和抱负。

尽道寒灰不更然,闭关岂复望人怜!
平时空慕荣公乐,此后方知漂母贤。
何必残形仍苟活,但伤绝学已无传。
存亡不用占天意,矢志安贫久更坚。

按说,王锡阐本来已经隐居故里乡下、退出政治舞台,但还情系前朝,心怀故国。这些都从另一个侧面,证明了中国古代知识分子与政治"斩不断,理还乱"的千丝万缕的联系。这种"家国天下"的情怀,植于心中,至深至深!